高职高专

会展策划与管理
专业系列教材

U0623233

"十二五"职业教育国家规划教材
经全国职业教育教材审定委员会审定

# 会展心理 第3版

主 编 谢 苏 李 俊 蒋永业

重庆大学出版社

## 内容提要

本书结合会展行业特点,探讨了会展活动中的心理现象。全书共 12 章,从会展消费心理入手,首先,介绍了会展业的概念、起源与发展趋势,分析了知觉、需要、动机以及人格、社会对会展心理的影响;然后,重点阐述了会展服务心理、会展服务阶段心理、会展商品销售服务心理以及会展管理心理;最后,论述了会展从业人员职业心理和会展企业的公共关系心理。每个章节从不同角度出发,对会展活动中的各种心理现象进行了深入全面的探讨。

本书可作为高职高专会展策划与管理专业和旅游类其他专业的学生教材,也可作为会展从业人员的培训用书。

**图书在版编目(CIP)数据**

会展心理/谢苏,李俊,蒋永业主编. --3 版. --
重庆:重庆大学出版社,2022.3
高职高专会展策划与管理专业系列教材
ISBN 978-7-5689-2721-5

Ⅰ.①会… Ⅱ.①谢… ②李… ③蒋… Ⅲ.①展览会
—商业心理学—高等职业教育—教材 Ⅳ.①G245

中国版本图书馆 CIP 数据核字(2021)第 102370 号

高职高专会展策划与管理专业系列教材
**会展心理**
**(第 3 版)**
主 编 谢 苏 李 俊 蒋永业
策划编辑:顾丽萍
责任编辑:曾 艳 版式设计:顾丽萍
责任校对:王 倩 责任印制:张 策
\*
重庆大学出版社出版发行
出版人:饶帮华
社址:重庆市沙坪坝区大学城西路 21 号
邮编:401331
电话:(023)88617190 88617185(中小学)
传真:(023)88617186 88617166
网址:http://www.cqup.com.cn
邮箱:fxk@cqup.com.cn(营销中心)
全国新华书店经销
重庆天旭印务有限责任公司印刷
\*
开本:787mm×1092mm 1/16 印张:19.5 字数:440 千
2022 年 3 月第 3 版 2022 年 3 月第 8 次印刷
印数:15 001—17 000
ISBN 978-7-5689-2721-5 定价:49.00 元

# 总序

　　进入 21 世纪以来,随着中国社会经济的飞速发展,综合国力的不断增强,国际贸易发展的风驰电掣,会展经济随之迅速成为中国经济的新亮点,在中国经济舞台上扮演着越来越重要的角色,正逐渐步入产业升级的关键时期。这一时期,会展业持续快速发展的关键是需要大量的优秀专业人才作为支撑,而目前市场还存在很大的会展专业人才供给缺口。为了适应国内对会展人才需求日益增长的需要,我国各类高校纷纷开设了会展专业或专业方向。据统计,截至 2017 年 5 月,全国共有 282 所高职院校开设了会展及相关专业,涵括专业方向的高校(包括本科、高职高专院校)则已超过百所,这在一定程度上缓解了我国会展人才紧缺的现状。但是由于我国会展教育起步较晚,在课程体系设计、教材建设和师资队伍建设等方面还有待完善,培养出来的学生在知识结构、职业素养和综合能力等方面往往与市场需求不对称。尤其是目前国内会展教材零散、低层次重复并且缺乏系统性的状况比较突出,很大程度上制约了我国会展教育和会展业的发展。因此,推出一套权威科学、系统完善、切合实用的全国高职高专会展策划与管理专业系列教材势在必行。

　　中国的会展教育起步较晚,但我国的会展教育经过分化发展,已经形成了学科体系的基本雏形。如今,会展专业已经形成中等职业教育、高职高专、普通本科和研究生教育这样完整的教育层次体系,展示了会展教育发展的历程和成果,同时也提出了学科建设中的一些迫切需要解决和面对的问题。其中最重要的一点,就是如何在不同教育层次和不同的教育类型上对会展教育目标和教育模式进行准确定位。为此,重庆大学出版社策划组织国内众多知名高等院校的著名会展专家、教授、学科带头人和一线骨干教师参与编写了这套全国高职高专会展策划与管理专业系列教材,以适应中国会展业人才培养的需要。本套教材的修订出版旨在进一步完善全国会展专业的高等教育体系,总结中国会展产业发展的理论成果和实践经验，推进中国会展专业的理论发展和学科建设，并希望有助于提高中国现代会展从业人员的专业素养和理论功底。

本套教材定位于会展产业发展人才需求数量最多和分布面最广的高职高专教育层次，是在对会展职业教育的人才规格、培养目标、教育特色等方面的把握和对会展职业教育与普通本科教育的区别理解以及对发达国家会展职业教育的借鉴基础上编写而成的。另外，重庆大学出版社推出的这套全国高职高专会展策划与管理专业系列教材，其意义将不仅仅局限在高职高专教学过程本身，而且还会产生巨大的牵动和示范效应，将对高职高专会展策划与管理专业的健康发展产生积极的推动作用。

在重新修订出版这套教材的过程中，我们力求系统、完整、准确地介绍会展策划与管理专业的最新理论成果，围绕培养目标，通过理论与实际相结合，构建会展应用型高职高专系列教材特色。本套教材的内容，有知识新、结构完整、重应用等特点。教材内容的要求可以概括为"精、新、广、用"。"精"是指在融会贯通教学内容的基础上，挑选出最基本的内容、方法及典型应用；"新"指尽可能地将当前国内外会展产业发展的前沿理论和热点、焦点问题收纳进来以适应会展业的发展需要；"广"是指在保持基本内容的基础上，处理好与相邻及交叉学科和专业的关系；"用"是指注重理论与实际融会贯通，突出职业教育实用型人才的培养定位。

本套教材的编写出版是在教育部高等学校旅游管理类专业教学指导委员会的大力支持和具体指导下，由中国会展教育的开创者和著名学者、国内会展旅游教育界为数不多的国家级教学成果奖获得者和国家级精品课程负责人，教育部高等学校旅游管理类专业教学指导委员会副主任、中国会展经济研究会创会副会长马勇教授担任总主编。参与这套教材编写的作者主要来自上海旅游高等专科学校、上海工程技术大学、上海新侨职业技术学院、湖北大学、武汉职业技术学院、湖北经济学院、湖北职业技术学院、浙江旅游职业学院、桂林旅游高等专科学校、广西国际商务职业技术学院、金华职业技术学院、昆明冶金高等专科学校、昆明学院、沈阳职业技术学院、广东交通职业技术学院、顺德职业技术学院、深圳职业技术学院等全国40多所知名高校。在教材的编写过程中，重庆大学出版社还邀请了全国会展教育界、政府管理界、企业界的知名教授、专家学者和企业高管进行了严格的审定，借此机会再次对支持和参与本套教材编审工作的专家、学者和业界朋友表示衷心的感谢。

本套教材的第一批选题已于2007年7月后陆续出版发行了21本，多本教材入选"十二五"职业教育国家规划教材，被全国众多高职院校以及会展企业选作学生教材和培训用书，得到广大师生和业界专家的广泛认可和积极使用。这套教材中一部分已被列选为国务院国资委职业技能鉴定和推广中心全国"会展管理师"培训与认证的唯一指定教材，以及全国会展策划与管理专业师资培训用书，等等。本套教材的作者队伍大多是国内会展学科领域的带头人和知名专家，涉及的专业领域十分广泛，包括了经济学、管理学、工程学等多方面；参与编写的会展业界人士，不仅长期工作在会展管理领域的第一线，而且许多还是会展业界精英。另外，作为国内高校第一套全国高职高专会展策划与管理专业系列教材，在选材内容和教材体系方面都是动态开放的。随着中国会展业的持续健康发展,为确保系列教材的前沿性和科学性,我们也会不断对该套教材进行再版修订,以及增补新的选题,欢迎各高校会展学科的学术带头人和骨干教师积极申报选题并参与编撰!

　　本套教材由于选题涉及面广,加之编写修订时间紧,因而不足和错漏之处在所难免,恳请广大读者和专家批评指正,以便我们不断完善。最后,我们期待这套新修订出版的全国高职高专会展策划与管理专业系列教材能够继续得到全国会展专业广大师生的欢迎和使用,能够在会展教育方面,特别是在高职高专教育层次的人才培养上起到积极的促进作用,共同为我国会展业的发展做出贡献。

**高职高专会展策划与管理专业系列教材**
**编 委 会**
2021 年 2 月

# 第 3 版前言

《会展心理》从 2007 年首次出版到今天已经走过了 14 年的光阴。回想当初,为了《会展心理》能够如期出版,我们在没有任何参考资料的背景下,通过对当时国内外会展业发展状态的调研,经过多次的脑力激荡与开会研讨达成共识,呕心沥血近一年终于如期完成该书第一版的撰写与出版任务。当时的我们还不够成熟,也多有缺憾,但唯一感到欣慰的是通过我们的努力,填补了会展策划与管理专业在"会展心理"教学方面的空白。第二版修订是在 2012 年,当时会展业在我国已经有了长足的发展,涌现出了不少典型案例,已经有了"上海世博会""杭州会展奖励旅游"等一系列的新生事物。因此我们在第二版的修订中,与会展业发展现状接轨,推陈出新,融入了一些新知识、新概念和新观点,突出了其"独特性""应用性""前沿性",取得了较好的教学效果。2020 年 4 月,正是全国"新冠肺炎"虐行的时期,我们身处武汉,正是疫情的中心,再次接到任务后,开始对《会展心理》进行第三次的修订。结合目前会展业日新月异的大好形势,我们经过多次视频会议的讨论,做出了如下思考:首先,根据我国目前会展业飞跃发展的大好形势,有必要将一些新的会展类别(如进博会、电博会、"一带一路"展览会等)纳入修订内容中来;其次,应该将会展业结合互联网技术,把会展服务展现出来的多层次、多方位、多形式的新鲜业态加入修订内容中来;最后,对原来教材体系中不够专业的表达方式进行修改与完善。

《会展心理》共 12 章:第 1 章是对会展业的概述;第 2,3,4,5 章从会展心理的综合概述到知觉、需要、动机、态度、人格、社会与会展心理的关系进行了较为深入的阐述;从第 6 章开始直至第 10 章对会展服务、会展服务心理、会展服务阶段心理过程、会展销售心理和会展管理心理做了较为详尽的介绍;第 11 章和 12 章补充了一些相关内容,主要是涉及了会展从业人员的职业心理和会展企业的公关心理。整本书的编写结构与章节安排应该是完整和充实的。这次的修订我们的主要着力点是在以下几个方面:第一,针对会展业在蓬勃发展中涌现出来的新事物、新业态和相关的前沿思考，我们将会在书中一一加以陈述。因此，我们对第1章第3节"会展业的类型"进行了修订，补充了较多相关的新内容。第二，根据目前国际与国内会展业的现实状态，修订了第2节关于"国际会展业发展的特点与趋势"和第3节"国内会展业的现状与前瞻展望"两个章节，增添了新的事物、新的观点与新的思考，希望拓宽会展策划与管理专业学生思考的范围与视角。第三，我们结合目前会展业与互联网接轨后产生的新形式、新方法和新业态，在第6章对"会展服务概述"中的内容进行了篇幅较大的修改与补充，力求使教材内容与行业的发展与时俱进。第四，我们对原来有些章节中不够专业的表述进行了修改，如第2章"会展心理综述"，我们就对第2节和第3节做了必要的调整，使之表述更加规范。另外，我们还统一了书中部分词语的表达，并在第11章"会展从业人员职业心理"中增添了一节"会展从业人员的职业道德"，使之更加完善。我们期待通过这次的修订能够让《会展心理》这本教材在原有基础上更上一层楼，更加符合目前会展策划与管理专业学生的教学实际，能够为会展教育的蓬勃发展增光添彩。

这次参与修订工作的是本书的主编谢苏教授、李俊副教授和蒋永业副教授。我们都是武汉职业技术学院旅游与航空服务学院的教师，长期工作在高等旅游职业教育的第一线，深切感受到会展业的发展与会展教育的不断前行。在修订过程中，一是为伟大祖国会展业的繁荣昌盛由衷感到高兴；二是因为通过自己的努力，能够为高等职业教育会展策划与管理专业的同学们提供一个更加丰富、更加全面且不断深入的学习平台感到非常自豪。我们希望经过修订后的《会展心理》能够最大程度地符合迅猛发展的会展业实际，能够让同学们真正掌握与理解会展心理对会展从业人员所起的不可替代的作用，毕业后能够与会展业零距离接轨，在未来的从业生涯中一展身手。《会展心理》第3版的修订工作安排：由谢苏教授负责拟订修订提纲，统稿与审定工作；李俊副教授负责第6章、第8—12章相关内容的修订；蒋永业副教授负责第1—5章、第7章相关内容的修订。在修订过程中，由于我们的水平有限，不可避免地会出现瑕疵；另外，虽然历经两次修订，《会展心理》的理论体系的归纳是否科学还需商榷；编写体例是否符合会展策划与管理专业学生在心理教育方面的实际也有待观察。为此，我们诚挚地希望得到研究会展教育与会展心理方面的专家与学者的指点与斧正，名家的指导将成为我们不断努力的动力。我们真心希望《会展心理》这本教材不断完善、日趋成熟，为我国高等职业教育会展专业人才培养做出应有的贡献。

编　者

2021 年 6 月 30 日于武汉光谷凌家山

# 目　录 CONTENTS

# 第 1 章
## 会展业概述

[学习目标]

- 了解会展业的概念、构成要素及功能
- 了解中国及世界会展业的起源及发展状况
- 了解世界主要会展组织
- 掌握中国会展业目前的发展现状及发展趋势

[关键概念]

会展业  会展类型  起源与发展  会展业的发展趋势

# 1.1 会展业的概念与内涵

## 1.1.1 会展业的概念与内涵

会展业是第三产业发展成熟后出现的一种新型经济形态,它已成为世界上许多发达国家国民经济新的经济点。改革开放以来,中国会展业以年均近20%的速度递增,行业经济规模逐步扩大,已成为国民经济发展的新亮点。但对于什么是会展业,目前国家还没有统一的标准,也没有准确的定义。当前,国内主要流行以下几种观点:

第一种:会展业是会议业和展览业的总称。

第二种:会展是会议、展览、节庆等集体活动的简称,是指在一定地域空间范围内,由多人参加形成的、定期的、制度化或非制度化的集体性活动。

第三种:会展是指会议、展览、大型活动等集体性活动的简称。其概念内涵是指在一定地域空间,许多人聚集在一起形成的、定期或不定期、制度化或非制度化的传递和交流信息的群众性社会活动,其概念的外延包括各种类型的博览会、展览展销活动、大型会议、体育竞技运动、文化活动、节庆活动等。

第四种:会展是指围绕特定主题,多人在特定时空的集聚交流活动。狭义的会展仅指展览会和会议;广义的会展是会议、展览会和节事活动的统称。会议、展览会、博览会、交易会、展销会、展示会等是会展活动的基本形式,世界博览会为最典型的会展活动。

第五种:1+9 经济即会展经济。包含:会、展、节、赛、演。在国外,像会展业较为发达的欧美地区,对会展也有类似的解释。美国解释为会展就是特殊活动,其包含的范围较广,所以产值大,占的比重高。而作为全球会展发源地的欧洲把会展解释为 M&E(Meeting & Exhibition)或者 C&E,即把 Meeting 换作 Convention。

按照国际惯例,国内会展业把会展定义为 MICE。MICE 指的是 M(Meeting):会议,主要指公司会议;I(Incentive Tour):奖励旅游,专指以激励、奖励特定对象为目的而进行的旅游活动;C(Convention):大型会议,主要指协会、社团组织的会议;E(Exhibition)、E(Events):展览会、节事活动。同时又特别强调会展的经济性,把会展业称为会展经济。会展经济是一种形象说法,是各种类型交流会、洽谈会、展览会、博览会的总称。它是利用一定的地域优势、经济特色、资源优势,由政府或社会团体组织,召集供需双方按照事先确定的时间和地点,举行以专业性或综合性的产品布展、宣传、交易和服务为内容的特色型经济活动。会展经济是通过举办各种形式的会议和展览、展销,带来直接或间接的经济效益和社会效益的一种经济现象和经济行为。

总之,会展是会议和展览的统称,具有狭义和广义之分,狭义包括会议和展览,广义则包括会议、展览、奖励旅游、节事活动等。会展是由举办各类大型会议、大型展览和大型社会活动所产生的一系列社会效益与经济效益而形成的产业形态,是现代服务业的重要组成部分。

## 1.1.2 会展的类型

### 1）商业性展销活动

根据国际展览管理联合会（LAEM）和国际展览业协会（UFI）的定义，商业性展销活动是由大量公司参加的、定期性开展的市场活动。在该活动中，参展商展示自身的主要产品，提供产品信息，并进行交易。需要注意的是，商业性展销活动与纯粹的文化艺术欣赏性的展示活动不同，其主要的区别在于活动的目的性存在差异。

商业性展销活动的主办方可以是政府部门、行业协会、私人机构、展览场馆或者各方的联合；而参与者则包括参展商、买家、政府官员、专业人士、一般公众等。商业性展销包括展览会、展销会、博览会、交易会、订货会等。

在会展业中，展销会、展览会和博览会三个术语经常交叉使用，导致人们对三者之间的区别不是很清楚。展销会主要指市场交换场所，具有直接进行商品交换的特性；而展览会侧重于商品展示；博览会是弥补展销会和展览会之间差异的纽带。博览会一般由政府部门组织或是企业团体在政府帮助下组织，其目的是商贸促销，制造商、贸易商、零售商和批发商应邀来展示商品，如"进博会"。博览会上通常不进行直接的商品买卖，参展目的是促进将来的销售。

### 2）会议活动

会议活动在过去很长一段时间里都没有引起人们的重视，因为人们对会议的认识还只是停留在租借一个开会场所，提供一点食物，或提供一些纸和笔之类的工作。然而现在，人们对会议活动的要求越来越高，会议活动所带来的利润也日益丰厚。

会议活动主要有四个要素：会议组织者或策划者、场地设施、服务和参与者。会议的策划者是指策划会议活动的个人或组织。活动策划者一般分为几类：非营利机构会议策划者（如政府会议、宗教会议等）、公司会议策划者、协会会议策划者和独立会议策划者。独立会议策划者主要是与主办方签订有关合同，然后根据合同的要求完成会议活动的组织或个人。

会议活动一般会在综合性酒店、会议中心、公司会议室、学校等地举行。各会议场所所提供的设施设备也不尽相同，一般的会议场所会提供所需的座椅、主席台等，而有些高档的会议场所还会提供先进的智能会议系统。各类会议场地均有不同的优劣势，在选择时要根据不同的会议类型和要求进行斟酌。会议活动提供的服务包括秘书礼仪服务、餐饮服务、住宿服务、通信服务、同声传译服务等。

### 3）节事活动

节事活动往往是举办地为提高该城市或地区的影响力或知名度，以艺术、体育、历史、民俗等文化或政治事件为媒介而进行的主题活动。所谓节事，就是节日（Festival）和特殊事件（Special Event）的简称。大型节事活动一般由政府部门或公共部门举办，如奥林匹克运动会、亚运会、世界杯足球赛、第二次世界大战胜利纪念活动等；也有部分节事活动是由企业、特殊利益群体谋划举办，如企业举办的啤酒节、残联举办的残疾人长跑运动、音乐节等。大型节事活动分为八种类型：文化节庆（包括节日、狂欢节、宗教事件、历史纪念活动）、文艺娱乐事件（音乐会、文艺展览、授奖仪式）、商贸及会展（展览会、博览会、会议、广告促销）、体育赛事（职业比赛、业余比赛）、教育科学事件（研讨班、专题学术会、学术讨论会、教课发布会）、休闲事件（游戏和趣味体育、娱乐事件）、政治/政府事件（就职典礼、授职仪式、群众集会）、私人事件（周年纪念、家庭事件、社交事件）。

### 4）奖励旅游

奖励旅游（Incentive Travel），又称为"激励旅游"，是指企业为了对创造了优秀业绩的员工进行奖励，增强员工的荣誉感，加强单位的团队建设，用公费组织员工进行的旅游；奖励旅游在很多时候也用于企业答谢优质客户。一般奖励旅游包含了会议、旅游、颁奖典礼、主题晚宴或晚会等部分，企业的首脑人物会出面作陪，和受奖者共商公司发展大计，这对于参加者来说无疑是一种殊荣。其活动安排也由相关旅游企业特别安排，融入企业文化的主题晚会具有增强员工荣誉感，加强企业团队建设的作用。更重要的是，常年连续进行的奖励旅游会使员工产生强烈的期待感，对于刺激业绩成长能够形成良性的循环。作为一种特殊的旅游形式，奖励旅游具有明显的会展活动特征，充分体现了旅游与会展的交融性。奖励旅游活动类型多样，特点鲜明，必须由专业经营机构按照特定的操作流程进行策划、组织与实施。

## 1.1.3  会展业的构成要素

### 1）主办者

主办者是对出资举行会议或展览的组织的统称。主办者一般分为三种：一是公司，二是协会，三是非营利机构（如政府机关、公众团体等）。

### 2）承办者

承办者是指被指定来负责会展组织工作的某个人或某个组织机构，有时这个人或机构也会被冠以其他头衔，比如规划人员、会议规划人员、设计人员、顾问、会议指导、展览经理等。承办者可以是主办方内部或外部的人选。现在出现了越来越多提供会议承办服务的公司担任会议承办者的角色，以适应会议业高度专业化发展的需要。

### 3）参展者

参展者将展览会作为展示企业形象、推广企业产品、促进产品贸易的舞台。参加展览会是企业最重要的营销方式之一，也是企业开辟新市场的首选方式。在同一时间、同一地点让某一行业中最重要的生产厂家和购买者集中到一起，这种机会在其他场合是找不到的。通过参加展览会，人们可以迅速全面地了解市场行情。许多工商企业正是借助展览会这个渠道,向国内外客户试销新产品、推出新品牌,同时通过与世界各地买家的接触,了解谁是真正的客户以及行业的发展趋势,最终达到推销产品、占领市场的目的。

### 4)会展场馆与场地

会展场馆与场地是举办会展的基本条件。可供举办会展的地点、场所很多,不仅有酒店、汽车旅馆、旅游胜地和专门的会议、展览中心,同时也包括其他一些地方,如历史性建筑、大学、娱乐场所和体育中心等。由于认识到会展活动能为城市带来巨大的经济效益,很多国家专门修建了举办重大活动的会展中心,像上海、马德里、汉诺威、东京、伦敦等。

### 5)会展观众

参展的观众可能有许多,但并不是所有观众都是参展商的潜在买家(专业观众)。非潜在买家对参展商意义不大,或只是参与者。因此,除特别说明,会展观众主要是指专业观众或潜在买家。

没有会展观众就没有会展。从某种意义上说,会展观众是会展中最有力量的人物。当一个单位决定要组织一场贸易展览或一次学术会议的时候,它的目标和期望就是使出席者认为参加这次会展是值得的。许多会展观众把出席会展活动作为获取信息的最佳渠道。

### 6)会展辅助服务机构

参展商如果要将展品运到展馆,则需要运输服务商提供相关的服务;组展者、参展商如要搭建展台,则需要展台设计搭建商来提供相关服务;参展商如要展示器材,则需要展览器材服务商提供相关的服务。

会展业的发展也要求相关辅助服务机构不断发展,以满足会展业发展的需要。会展辅助服务行业主要包括物流运输、餐饮住宿、旅游休闲、广告宣传、展台搭建、装潢设计等。

## 1.1.4 会展业的主要功能与分类

### 1)会展业的主要功能

信息社会中,会展被称为"信息冲浪""知识会餐""财富平台""城市经济的助推器"等,可见会展具有信息传播、经济辐射、人文关怀、文化教育等功能。与其他行业相比,会展业能利用最小的空间、最低的成本在最短的时间内创造出最大的收益。因此,"会展经济"已成为新的经济增长点。具体而言,会展具有以下功能。

(1)可产生直接的经济效益

会展业可以在短时间内汇集巨量的人流、资金流、信息流,并产生可观的直接经济效益。一位美国市长就曾说:"如果在我所在城市开一个国际会议,就好比有一架飞机在我们头顶上撒美元。"从国际上看，在瑞士日内瓦、德国汉诺威、慕尼黑，美国纽约，法国巴黎，英国伦敦，新加坡和我国香港等世界著名的"展览城"，会展业为其带来了直接的收益和经济的繁荣。美国一年举办200多个商业展会，带来的经济效益超过38亿美元；法国展会每年营业额达85亿法郎，展商的交易额高达1 500亿法郎，展商和参观者的间接消费也在250亿法郎左右。2019年度《中国会展经济发展报告》显示，2019年中国境内举办经贸类的展览会3 457个，展览总面积13 048万平方米，比上年增长了0.8%。其中，5万平方米以上的大型展览占比达到57.6%，比上年提高了6.3%。这些数据表明，中国展览业正向规模化和集中化发展，行业构成逐渐优化。在京津冀、长三角、粤港澳大湾区、中原城市群、长江中游城市群等发展战略的带动下，越来越多城市的会展业正迎来新的发展机遇。

（2）提供交流和交易功能

会展联系量大、面广、效果好，可以向会展组织者、参展商、观众提供彼此联系和交流的机会。展会参加者在专业展会上可以接触到行业主管部门领导、本领域专家、现有客户、潜在客户、供应者、代理商、用户等与己相关的各种角色的人，其中不乏决策人物、关键人物，形成的人际联系质量高。通常在短短几天的会展期间，参展商可以接触整个行业或市场的大部分客户。同时在会展中，丰富的信息、知识交流传播，消除了供求中的许多不确定因素，产生了高效低耗的经济功能。在展销会上，参展商可以在潜在客户表示出兴趣时就抓住机会开展推销、洽谈工作，直至成交甚至当场汇款。买卖双方可以完成介绍产品、了解产品、交流信息、建立联系、签约成交等买卖流通过程，促成供需双方达成商务合同。因此，会展市场孕育了无限的商机。

（3）较强的产业带动作用

会展经济的产业链很长，涉及服务、交通、旅游、广告、装饰、边检、海关以及餐饮、通信和住宿等诸多部门，不仅可以培育新兴产业群，而且可以直接或间接地带动一系列相关产业的发展。有关资料显示，国际上展览业的产业带动系数大约为1∶9，即展览场馆的收入如果是1，那么相关的社会收入为9。这样高的产业关联度使得会展经济成为带动城市和区域经济发展的新增长点，自然得到各方的重视和青睐。根据上海市的测算，上海展览业带来的相关经济效益，直接投入产出比为1∶6，间接可达到1∶9，对该市GDP的拉动效应非常明显（不同类型城市举办展览会的拉动系数不同，会议与展览也不同，国际化程度也不同，旅游与会展更不同）。会展经济还可带动集交通、住宿、餐饮、购物、旅游为一体的"第三产业消费链"。《中国2010年上海世博会跟踪审计结果公告》显示：2010年在中国上海举办的第41届世界博览会，总投资达450亿人民币，创造了世界博览会史上最大规模纪录。同时，在184天会期内吸引了7 308万游客前往参观，运营收支结余为10.5亿元。门票收入占最大比重，共计73.55亿元，约占运营总收入的56.52%。

2019年11月5日，第二届中国国际进口博览会（简称"进博会"）在上海开幕，规模、质量、布展水平与首届相比，均实现了新突破。专业观众注册超过50万人，其中包括7 000多位境外采购商，超过首届，采购商国际化程度进一步提高；采购商专业性更强，其中，境内企业中来自制造业的占32%，来自批发和零售业的占25%。此次进博会交易采购成果,按一年计,累计意向成交711.3亿美元,比首届增长23%。

第二届进博会期间,共举办380多场配套活动。其中,国家部委的政策解读类活动12场。国际组织中,世贸组织举办了《2019年世界贸易报告(中文版)》发布会,联合国工发组织举办了《2020年工业发展报告》发布会,世界知识产权组织举办了"打击侵权假冒国际合作论坛"。各省市举办了系列招商推介、经贸洽谈活动,促进了贸易、投资与产业合作。新品发布平台共组织53场发布活动,推出了多项新产品和新技术。为期3天的供需对接会上,来自103个国家和地区的1 367家参展商、3 258家采购商进行了多轮"一对一"洽谈,达成成交意向2 160项。首次集中亮相进博会的非物质文化遗产和"中华老字号"展示活动积极展现了中国传统文化特色,进一步促进了中外文化交流。

(4)传播信息、知识、观念

从科技发展史来看,许多划时代的发明创造,如电话机、留声机、蒸汽火车、电视机等都是在展览会上首先进行展示和推广的。即使是在信息技术和手段迅速发展的今天,会议和展览的便捷性、集中性、直观性和快速性,在新技术的推广方面仍起着不可替代的作用。会展经济还能促进国内外的政府与企业、企业与企业、企业与消费者以及社会其他各主体之间的沟通与交流,在这方面会议和论坛的作用十分明显。1996年首届亚欧首脑会议以来,亚欧会议在各个领域取得了显著成果,成为亚欧对话和合作的重要平台。尤其是在由美国次贷危机引发的金融危机对国际金融市场造成严重冲击的时候,第七届亚欧会议更成为亚欧各国加强对话,扩大共识,增进信任,深化合作的平台。

(5)提高城市知名度

国际上有许多以展览著称的城市,尤以德国为多。像汉诺威、杜塞尔多夫、莱比锡、慕尼黑等均是世界知名的会展之都,展览在为这些城市带来可观的经济效益的同时,也大大提高了它们在国际上的知名度。法国首都巴黎,平均每年都要承办300多个国际大型会议,因此,赢得了"国际会议之都"之称。我国的香港以其每年举办若干大型国际会议、展览而在国际上享有盛名。瑞士达沃斯,就是因为每年举办一个世界经济年会,从昔日地处穷山僻壤、名不见经传的六七千人的小镇,变成了世界著名的地方。法国戛纳原本为一个6万人的海边小镇,20年前还默默无闻,因为戛纳电影节的举办,现在已是世界著名的城市。海南的博鳌也因"亚洲经济论坛"的举办而扬名。

(6)带来巨大的社会效益

会展业在带动经济发展的同时,还拥有无法估量的社会效益。一次成功的国际性会展的举办,在很大程度上能改善一个城市的交通、卫生、水电以及其他基础设施,使当地居民受益匪浅。以2008年北京奥运会为例,仅北京市用于奥运会的投资就达2 800亿元,其中64%用于扩建机场、修建地铁、建设场馆、绿化道路等城市基础建设,城市的管理理念、管理机制不断创新完善,北京市民素质不断提高,城市的整体发展水平、影响力和软实力得到显著提升。再以2010年上海世博会为例,世博会留下的几十万平方米展馆及相关设施与现有的新国际博览中心相互配合,极大地满足了上海持续增长的大型国际展览会的需要。展览面积8万平方米的主题馆将转为标准展览场馆,它是亚洲最大的无隔断展览馆,可以自由组合隔断,弥补了上海5万~10万平方米展馆的空白,并且该展馆将与周边星级酒店、世博中心、中国馆、世博轴等共同打造成以展览、会议、节事活动和住宿为主的现代服务业集聚区。这不仅有利于弥补上海硬件的不足，推动上海向国际先进会展城市迈进，而且对带动国内其他城市会展业的发展也具有重要的示范和引导作用。

还有江南水乡乌镇，得益于世界互联网大会永久会址的确定，由一座知名的旅游小镇迅速升级为会展重镇，年均举行的会议上万场，国际论坛、大型商会、高端婚庆云集于此。

同时，国际性会展的举办必将引起全球的瞩目，提高城市的知名度，吸引投资。如我国海南省琼海市的小岛博鳌，也因为亚洲论坛首届年会的成功举办，一举成名。博鳌亚洲论坛给琼海市带来的投资达50亿人民币，其良好的发展前景和已经看到的投资回报，吸引了大量的投资商。

（7）城市服务功能

会展业是城市服务功能的重要组成部分，对城市的发展具有举足轻重的作用。第八届中国国际会展文化节将城市与会展文化作为主题，共同探讨会展业作为一种文化现象，对城市作用和城市经济发展的影响。反观城市经济发展对会展业发展的重大支撑作用，会展文化已经作为一种独特的文化生活方式渗透到各大城市人们生活的方方面面，具备了影响城市经济发展，带动城市文化，引领城市特色的社会功能。会展文化与会展经济的相互促进，互动发展，是会展业繁荣发展的主流趋势。我们应该充分关注和界定城市与会展文化的关系，这也必将成为未来一个阶段理论研究的热点。本届会展文化节继续秉承务实、高效、创新的理念，通过论坛、会议、洽谈、演出、大奖、比赛、培训、考察等各种类型的特色活动，研究会展行业发展过程中各类问题。总结会展行业经验教训，探寻合作机会，推动会展行业文化的建设，首次推出中国会展指数，是本次中国会展文化节的重要内容，也是几年来中国会展杂志社与业界知名专家共同努力的结果。它将成为业内同人观测行业发展状态与趋势的重要参考依据，会展人之歌衍生的会展人之舞，以及成都市为国内外会展人推出的会展文化大餐，会展人成都之夜的闪亮登场，这些活动进一步诠释和演绎会展文化的内涵，进一步挖掘了会展文化的精髓，激发了中国会展行业更强的生命力。

（8）增加大量就业机会

据测算，每增加1 000平方米的展览面积，就可创造近百个就业机会。1996年在德国汉诺威举办的世界博览会，创造了10万个就业机会，获得了145亿马克的利润及45亿马克的税收；在香港，一年的会展活动可为香港居民提供9 000多个就业机会。对于人口众多的中国而言，会展经济的发展无疑为增加就业提供了一条有效的渠道。2010年上海世博会的举办，为大学生就业带来了机遇，尤其是在公共关系、客户服务、物流管理、金融、通信、汽车、旅游会展、快速消费品和高端涉外等诸多行业需要大量人才。据统计，世博会为上海新增10万余个就业岗位。

2）会展业的分类

会展业包含的种类很多，根据会展的展览性质、内容、所属行业、规模、时间、地点等

不同标准,可以对会展业进行如下分类:

①根据展览性质,分为贸易、消费和综合性展览。贸易性质的展览是为产业即制造业、商业等行业举办的展览。展览的主要目的是交流信息、洽谈贸易。消费性质的展览基本上都以展出消费品为主,目的主要是直接销售。展览的性质由展览组织者决定,可以通过参观者的成分反映出来:对工商业开放的展览是贸易性质的展览,对公众开放的展览是消费性质的展览。具有贸易和消费两种性质的展览称作综合性展览。经济越不发达的国家,展览的综合性倾向越重;反之,展览的贸易和消费性质分得越清。

②根据展览内容,分为综合展览和专业展览两类。综合展览指包括全行业或数个行业的展览会,也被称作横向型展览会,比如工业展、轻工业展;专业展览指展示某一行业甚至某一项产品的展览会,比如钟表展。专业展览会的突出特征之一是常常同时举办讨论会、报告会,用以介绍新产品、新技术等。

③根据展会规模,分为国际、国家、地区、地方展览,以及单个公司的独家展览。这里的规模是指展出者和参观者所代表的区域规模,而不是展览场地的规模。不同规模的展览有不同的特色和优势。

④根据展览时间,分为定期(如一年四次、一年两次、一年一次、两年一次等)和不定期展览(视需要而定);长期(可以是三个月、半年甚至常设)和短期展览(一般不超过一个月)。

在发达国家,专业展览会一般是三天。在英国,一年一次的展览会占展览会总数的3/4。展览日期受财务预算、订货以及节假日的影响,分旺季、淡季。根据英国展览业协会的调查,3—6月及9—10月是举办展览会的旺季;12—次年1月以及7—8月为举办展览会的淡季。

⑤根据展览场地,可简单划分为室内场馆展览和室外场馆展览。室内场馆多用于展示常规展品,比如纺织展、电子展等;室外场馆多用于展示超大超重展品,比如航空展、矿山设备展。在几个地方轮流举办的展览会称作巡回展。比较特殊的是流动展,即利用飞机、轮船、火车、汽车作为展场的展览会。

## 1.2　会展业的起源与发展

### 1.2.1　会展业的起源及其发展状况

1)会展业的起源

会展业至今已有几千年的历史了,其起源可以追溯到原始社会。工业革命以后,会展业蓬勃发展,成熟度日益增加。纵观历史,国际会展的发展大体上经过了三个阶段,即萌芽阶段、起步阶段和快速发展阶段。

(1)萌芽阶段

人类社会展览的原始阶段萌发于原始社会的祭祀活动,直接以农畜产品(鸡、鸭、猪、羊、牛)、手工业产品(刀、斧、弓、箭、贝、壳)作为陈列手段的展览,可称为祭祀品展览;往后有宗教艺术展示,再发展到古代物品交易集市的商品陈列展销。欧洲被公认为国际会展业的发源地。

会展活动源于中世纪的集市,如古希腊的奴隶市场及古罗马的米市、油市等。集市被认为是展览的原始形式,因为其已经具备了展览的一些基本特征,如有固定的地点、定期举行等。工业革命之前,出于交通不便和商品缺乏等原因,人们只能自发地将商品拿到集市上进行交易,因而集市在很长时期内一直是欧洲重要的商贸场所和手段。

早期集市具有明显的农业社会特征,规模较小、组织松散,仅限于在某一地区内部举行,社会的发展推动了跨地区的集市及国际集市交易会的出现。公元629年,在法国圣丹尼斯举办的交易会,目前被认为是世界上最早的国际集市交易会。而大规模的集市贸易活动起始于12世纪左右,以法国的香槟集市为代表。香槟集市由法兰西的香槟伯爵建立,在其领地内的4个城市轮流举行,成为法、意、德、英等国商贾云集之地。香槟集市的形成和发展,是社会分工和生产力发展的结果,是古代会展活动较为完善的形式。现代意义上的贸易展览会实际上起源于德国。早在15世纪初,以莱比锡为代表的一些德国城市就已经成为著名的展览城市了。15世纪末开始的"地理大发现"进程,更是进一步推进了会展业的跨地区和国界的发展。

(2)起步阶段

起步阶段主要指的是公元17—19世纪世界展览的近代阶段,这一时期欧洲展览会出现了革命性的变化,出现了纯展示性的艺术展、纯宣传性的国家工业展。在工业革命的影响下,欧洲进入了以机械化大生产为特征的工业化时代,具有明显工业时代特征的工业展览会开始出现,并成为会展活动的主导形式。相对于集市,工业展览会有着严密的组织体系,其规模也突破了地方的局限性,成为跨地区乃至跨国家的展览活动。1798年,法国政府组织了世界上第一个工业产品大众展。这次展览会被公认为近代工业展览会的开端,自此欧洲的会展业进入了起步阶段。1851年的英国"万国工业博览会"(The Great Exhibition of Industry of All Nations)堪称世界展览会历史上的里程碑。"万国工业博览会"历时5个月,观众达600多万人次,标志着人类发现了一种国际大规模文明交流的新形式。这种展览会逐渐发展成全面反映人类科技、文化的独特的展览会——世界博览会。英国"万国工业博览会"被视作世界第一个世界展览会,此后,世界博览会两年一届,几乎不间断地延续到今天。每届世博会都是一部生动的百科全书。一个半世纪以来,世博会向人们展示了世界首创的重大发明:1876年费城世博会上的贝尔电话机、留声机,1939年纽约世博会上的电视机,1964年纽约世博会上的电子计算机技术、复印机,1985年筑波世博会上的机器人技术等。历届世博会千余种新开发的产品,记录了人类征服自然、提高生产率、改善生活质量的历程。

相对于欧洲,北美的会展活动起步较晚,一般被认为是从西欧直接传过来的。起初,北美的展览会只是作为当时专业协会年度会议的一项辅助活动,其功能主要是信息发布和形象展示。当时美国的博览会又被称为"州际贸易展览会",因为其大部分都是为了满足美国国内各州之间的贸易活动而设置的,来自国外的参展商比例非常小。

(3)发展阶段

19世纪末期,欧洲的展览业逐渐进入快速发展阶段,贸易展览会和博览会应运而生。1894年,在德国莱比锡举行的样品博览会是这一阶段开端的重要标志。作为现代贸易和博览会的早期形式,样品博览会以展示为手段,以交易为目的,同时具有集市的市场性及工业展览的展示性。从这个角度上讲,样品博览会可以说是集市和工业展览会的进化形式,因为其不但突破了传统集市规模小、组织手段落后,从而无法满足商品大批量流动的局限,而且克服了工业展览会单纯注重宣传展示功能,从而忽视市场功能的缺陷。第二次世界大战后,贸易展览会和博览会朝专业化方向发展,到20世纪60—80年代,在世界范围内急剧发展,成为一个庞大的行业,并形成完整的体系。

发展阶段一般分为四个时期,按照时间顺序分别是第二次世界大战前期、20世纪70年代前期、20世纪90年代前期及90年代后期。第二次世界大战前期,主要是综合性贸易展览会得以充分发展。从第二次世界大战后期延续至今,主要是专业展览会出现和成长的阶段。进入21世纪后,随着机械工程技术、电子技术、自动化技术、信息技术的快速发展,先进制造技术加速升级迭代,推动生产率不断提升,刺激了新兴经济体会展业的快速发展,也推动了会展业自身的变革,主要表现在:会展活动的科技含量越来越高,如线上展会、智慧展会、绿色展会等;伴随着分工体系进一步细分、融合后,带来的创新主体会展活动,如农博会、光博会、健康博览会等。

### 2)会展业的发展状况

会展业作为具有很大发展潜力的新兴产业,为人类带来了可观的经济和社会效益。虽然近20年来,国际会展业呈现比较平稳的发展趋势,但在全球范围内其发展仍处于明显的不平衡状态。欧洲是目前会展业当之无愧的龙头,其会展活动素来以数量众多、规模庞大、贸易性高和管理专业化而著称。北美的会展业比较发达,其总体发展水平仅次于欧洲。亚太地区的会展业发展迅速,市场前景广阔,是国际会展业的新生力量。而拉美和非洲虽然有少数国家会展活动发展势头良好,但大部分地区的会展业尚处在起步阶段。从全球角度看,主要有以下几个区域的划分:

①欧洲。作为世界会展业的发源地,且经过一百多年的积累和发展,欧洲会展经济整体实力最强、规模最大,欧洲的会展业占了世界会展市场的一半左右。在这个地区中,德国、意大利、法国、英国都是世界级的会展业大国。据国际会议协会(ICCA)统计,2005年世界上举办会议最多的前10个国家中有8个在欧洲;2005年举办会议最多的前10个国际型大都市有7个在欧洲,其中奥地利首都维也纳位居榜首。

以法国为例,其首都巴黎不但是著名的"展览之都",而且是世界第一大国际会议中心。巴黎每年举办的展览多达150多个,而其所接待的国际会议可以达到全球国际市场的2.61%、欧洲市场的4.62%。地处欧洲中心的德国则以其先进的场馆设施和优质的服务管理位列世界展览强国之首,又以国际性的展览会数量最多、规模最大、效益好、实力强而著名。世界上最大的 4 个展览中心有 3 个在德国,另外,世界十大知名展览公司中有 6 个是德国的公司。德国现拥有 23 个大型展览中心,其中,超过 10 万平方米的展览中心就有 8 个。

②北美洲。美国和加拿大是世界会展业的后起之秀,平均每年举办的展览会近万个,其中,净展出面积超过 4 600 万平方米,参展商 120 万,观众近 7 500 万。举办展览最多的城市是拉斯维加斯、多伦多、芝加哥、纽约、奥兰多、达拉斯、亚特兰大、新奥尔良、旧金山和波士顿。

虽然北美洲会展业的发展程度、国际化水平与贸易性都不及欧洲,但是由于该地区内部市场较大,因此对来自国外的参展商还是有很大的吸引力。然而到目前为止,在美国展览会上成交的仍然以国内批发商和零售商为主,国外参展商的成交批量都比较小。会展活动贸易性的欠缺,致使北美企业对会展的重视程度相对不足,从而在一定程度上限制了该地区会展业的发展。同时,南美洲的经济贸易展览会也不断发展,巴西、阿根廷、墨西哥等国家已经有长足的发展。

③亚洲。作为世界会展业的后起之秀,亚洲的会展业发展十分迅速,其规模可以说仅次于欧美。这一地区的会展业增长速度快、辐射面广、专业门类齐全,具有很大的市场潜力和很好的发展前景。中国、日本、新加坡是亚洲会展经济的中心。

中国内地、香港地区及新加坡的会展业竞争激烈,逐渐形成了亚洲会展市场上三足鼎立的局势。中国内地的会展市场最广阔,其发展空间远大于中国香港和新加坡。而相对于其他国家和地区,中国香港具有发展会展业的五大优势,即地理位置优势、资源优势、产业优势、管理优势及服务优势。以新加坡为例,该国的会展业起步于 20 世纪 70 年代中期,新加坡政府对会展业十分重视,新加坡会议展览局和新加坡贸易发展局专门负责对会展业进行推广。加之,新加坡本身具有发达的交通、通信等基础设施,较高的服务业水准,较高的国际开放度以及较高的英语普及率,新加坡 2000 年被总部设在比利时的国际协会联合会评为世界第五大会展城市,并连续 17 年成为亚洲首选会展举办地城市,每年举办的展览会和会议等大型活动达 3 200 个。随着中国经济持续快速的增长,城市建设水平的不断提升,中国内地已逐渐超越亚洲其他国家和地区,成为亚洲新的会展增长极。

④大洋洲。大洋洲会展业发展水平仅次于欧美,但规模则小于亚洲。悉尼奥运会可谓是澳大利亚会展发展史上的重要里程碑。此次盛会不但给澳大利亚带来了超过 60 亿澳元的经济收入,而且大幅度地推动了亚太地区会展业的发展,使其在国际会议市场上所占的份额由 3% 提高到了 7%。

大洋洲的会展业主要集中在澳大利亚,澳大利亚目前至少有 107 个展览馆、106 家展览会主办机构和 120 家展览会服务机构。该国每年大约举办 300 个大型展览会,吸引超过 5 万家参展商和 660 万参观者。

⑤非洲。非洲大陆的会展经济发展情况基本与拉美相似,主要集中于经济较发达的南非和埃及。南非凭借其雄厚的经济实力及对周边国家的辐射能力,其会展业在整个南部非洲地区处于遥遥领先的地位。北部非洲的会展业以埃及为代表,埃及凭借其连接亚

非欧和沟通中东、北非市场的有利地理位置,会展业近年来发展突飞猛进,展览会的规模和国际性大大提高,每年举办的大型展览会可达 30 个。当然,由于种种条件所限,大型展览会一般都集中在首都开罗举办。除南非和埃及外,整个西部非洲和东部非洲的会展经济规模都很小,一个国家一年基本上举办 1~2 个展览会,而且受气候条件的限制,这些展览会不能常年举办。

### 1.2.2 国际会展业的发展特点与趋势

1)国际会展业的特点

(1)会展业是现代服务业的重要支柱,已形成较大规模且持续增长

会展行业起源于 19 世纪中叶在英国举办的首届世界博览会,并迅速发展成为一个新兴产业,被世界各国所重视。随着经济全球化水平的不断提升,会展行业在促进贸易往来、技术交流、信息沟通、经济合作及增加就业等方面发挥着日益重要的作用。会展业具有极强的产业带动效应,不仅可以培育新兴产业群,还可以拉动交通、旅游、餐饮、广告、金融等行业发展。专家测算,国际展览业的产业带动系数可达到 1:9。因此,会展业是现代服务业的重要支柱,并凭借其较高的产业关联度带动区域产业聚集及所在城市的资源运行。

欧洲作为世界会展业的发源地,经过 150 余年的发展,欧洲会展经济在国际上整体实力最强,规模最大,德国、意大利、英国等国家均成为世界级的会展大国。国际大型展览场馆主要集中在欧洲,大多数行业顶级和世界大型展会在欧洲举办,其展出规模、参展商数量、国际参展商比例、观众人数、贸易效果及相关服务质量等均居世界领先地位。经过多年的发展,欧美发达国家的会展业已经成为成熟的产业,在组织管理、市场拓展、品牌扩张等方面都积累了丰富的经验,并在行业内倡导形成了国际展览局(BIE)这一政府间国际组织及国际展览业协会(UFI)、国际展览与项目协会(IAEE)、独立组展商协会(SISO)等国际性行业协会组织。根据上述组织及协会官方网站的介绍资料,其基本情况见表 1.1。

表 1.1 国际会展组织基本情况

| 名 称 | 基本情况 |
| --- | --- |
| 国际展览局<br>(BIE) | 国际展览业协会是协调、管理、举办世界博览会的政府间国际组织。根据《国际展览会公约》于 1931 年成立,总部位于巴黎,其宗旨是通过协调举办世界博览会,促进世界各国经济、文化和科学技术的交流和发展,目前主要举办世博会(WorldExpos)、国际专业博览会(International Specialized Expos)、园艺博览会(Horticultural Exhibition)和米兰三年展(Triennale di Milano)四类展会项目。 |
| 国际展览业协会(UFI) | 原名国际展览联盟,有 20 家主要展览公司于 1925 年在米兰发起成立,此后不断吸纳展览馆、会展公司、贸易协会、展览服务机构、展览媒体及其他会展业相关的机构,并对展览公司及展会项目进行 UFI 认证。 |

续表

| 名　称 | 基本情况 |
|---|---|
| 国际展览与项目协会（IAEE） | 由成立于1928年的国际展览管理协会更名而来,总部位于美国达拉斯,目前拥有6 700余家会员,1 300余家为展览组织,中国贸促会于2005年以团体会员身份加入。 |
| 独立组展商协会（SISO） | 由12家展览公司牵头于1990年成立,是世界上有影响、实力雄厚的展览会组织者协会,总部设在芝加哥,全球拥有170家会员,会员累计每年举办3 000多个贸易展览会。 |

资料来源:网络信息整理

　　由于会展业对国家经济及国际贸易具有明显的促进作用,会展业受到世界各国政府的重视。许多国家将会展行业作为国家经济贸易发展的重要环节,设立了全国性的展览管理组织以促进会展业的发展,如德国展览业协会（AUMA）、美国展览服务与承包商协会（ESCA）等。

　　(2)欧美会展业整体实力领先,行业发展重心向中国等新兴市场迁移

　　每个国家会展业的实力及发展水平与该国的综合经济实力、经济总体规模及其发展水平相对应,发达国家凭借各个方面的优势在会展业中处于主导地位并向世界各地扩张。

　　作为世界会展业的发源地,欧洲会展业的整体实力及规模均最强大,德国等欧洲国家相继成为世界知名的会展强国。根据2017年12月13日国际展览业协会（UFI）发布的《2017年全球展览馆地图》,欧洲共有496个室内展馆,总面积约15.8百万平方米,占世界展馆总面积的45.3%,大多数行业顶级和世界大型展会在欧洲举办,其展出规模、参展商数量、国际参展商比例、观众人数、贸易效果及相关服务质量等均居世界领先地位。

　　北美地区是世界会展业的后起之秀。北美自由贸易协定积极地促进了这个地区货物与服务的贸易。各个展会中,先进科技的进步及其应用给展商带来了潜在的收益。美国政府认为,会展是经济的重要刺激因素,因为会展同时促进了旅游业和就业。亚洲会展业规模和水平仅次于欧美,强于拉美和非洲。

　　日本、新加坡、阿联酋和中国凭借其巨大的经济发展潜力、发达的基础设施、较高的服务业水平及较为有利的地理区位优势,成为亚洲会展业发达国家。一方面,随着国际会展行业的不断发展,众多国际知名的会展品牌纷纷进入亚太、中东非市场,通过行业细分、跨地域的协调、延伸以巩固自身地位;另一方面,亚太、中东非地区经济的高速发展以及人民生活水平的日益提升,促使当地贸易需求增加,当地会展市场规模亦随之增长。据Technavio的研究报告,2018年年底,亚太地区会展业市场规模比2013年（51.4亿美元）增长了73.3%,年均增长率达8.52%,增长速度远远高于欧美地区。

　　拉美、非洲等区域则因为经济总量规模相对较小或发展较滞后,会展业规模相对较小。

　　(3)品牌化、集团化纷涌,国际化及信息化加速

　　依托于所在城市及区域的产业,发达国家主要会展地区与其本身的产业发展特点紧密相关,并形成了品牌效应。国际上诸多著名展会依托当地优势产业发展,如巴黎时装

文化展览会、汉诺威工业博览会、杜塞尔多夫国际印刷包装展等,上述专业展览会使得举办城市在国际会展上积累了较强的影响力,并打造了当地城市的会展品牌。

展览规模直接跟展览效果及经济效益相关,展会大型化、集团化、品牌化已成为国际展览业的发展趋势。发达国家的领先会展企业不断通过跨题材、跨区域兼并收购或强强联合的方式来扩大各自的展会规模,提高市场份额,并形成了多个展览集团如英国励展博览集团、德国汉诺威展览公司、意大利米兰国际展览公司等,见表1.2。

表1.2 全球知名会展公司

| | |
|---|---|
| 德国 | Messe Frankfurt Exhibition(法兰克福国际展览公司) |
| | Deutsche Messe AG, Hannover(德国汉诺威展览公司) |
| | Messe Düsseldorf(德国杜塞尔多夫展览公司) |
| | Koeln messe(德国科隆国际展览有限公司) |
| | Messe München International(德国慕尼黑国际展览集团) |
| | Messe Berlin GmbH(德国柏林展览公司) |
| | Messe Stuttgart(斯图加特展览公司) |
| | Messe Essen GmbH(德国埃森展览公司) |
| | Leipziger Messe(德国莱比锡展览公司) |
| | DEMAGE(德国德马吉展览公司) |
| 美国 | E. J. KRAUSE & ASSOCIATE, INC(美国克劳斯公司) |
| | Freeman Decorating Company(美国富瑞门集团) |
| | IDG World Expo(爱奇会展有限公司) |
| | MAGIC(美国麦杰克国际公司) |
| | PMMI(美国包装机械协会) |
| | International Housewares Association(全美家庭用品制造商协会) |
| | Questex Media(美国Questex传媒集团) |
| | CEA(美国消费电子产品协会) |
| | PennWell(美国PennWell公司) |
| | American Gaming Association(美国博彩协会) |
| 英国 | Reed Exhibitions(励展博览集团) |
| | Montgomery(蒙歌马利展览有限公司) |
| | ITE Group Plc(英国国际贸易与展览有限公司) |
| | IIR(英国国研会展集团) |
| | Brintex(英国Brintex公司) |
| | Allworld Exhibitions(奥伟展览集团) |
| 意大利 | FMI(米兰国际展览公司) |
| | Rivadel Garda Fierecongressi S. p. a.(里瓦德尔Fierecongressi股份有限公司) |

续表

| 意大利 | Fiera Milano S. p. a. (米兰博览会集团) |
| | Rimini Fiera S. p. a. (里米尼展览公司) |
| | Bologna Fiere Gruppo (意大利博洛尼亚展览集团) |
| 法国 | ComEXPOSIUM group (法国爱博集团) |
| | COM EXPO Paris (法国巴黎展览集团) |
| | SAFIM (马赛国际展览公司) |
| 日本 | CMP Japan Group (日本 CMP 集团) |
| | 日本康格株式会社 |
| | JTB COMMUNICATIONS, INC (日本杰科姆会展服务公司) |
| 新加坡 | Singapore Exhibition Services Pte Ltd. (新加坡展览有限公司) |
| | Singex Group (新加坡国际展览集团) |
| | CEMS (新加坡会议与展览管理服务有限公司) |

数据来源：根据网上资料整理

　　随着信息技术的不断发展，会展公司开始引入现代信息管理系统。国际领先的会展公司如德国汉诺威展览公司通过全球网上业务信息系统，建立以客户关系管理为基础的网络数据互动平台，并通过互动平台共享会展信息，实现"点对点、多对多"对话，帮助参展商将客户资源、销售管理、市场服务、营销决策整合起来提高效率；帮助专业观众把握行业动态，建立伙伴关系，实现线上与线下结合，深化营销沟通；帮助相关媒体获取会展信息，实时动态传播，助力品牌营销。

　　2）国际会展业的发展趋势

　　(1)世界会展产业"东移"趋势更加明显

　　伴随着亚太、中东非、中南美等新兴市场国家经济发展的提速，国际会展产业出现了重心由发达国家向发展中国家转移的趋势。欧美国家在保持行业主导地位的同时，市场增速放缓，而亚太、中东非地区因人均可支配收入和生活水准的提升，其会展行业市场正以较高的年复合增长率快速增长。

　　步入"新常态"的中国更加渴望有更多、更大的平台进行自我展示，一系列国际展会的成功举办也为会展行业带来了难得的机遇，作为世界第二大经济体的展览市场将越来越令世界展览业瞩目。过去几年里，米兰、汉诺威等国际展览业巨头纷纷在中国移植或者举办新的展览会，成绩斐然。可以预见，中国经济的进一步转型将为国际市场带来更加巨大的机会，国际市场和中国市场的双向需求将带动世界展览业加速"东移"。与此同时，为了展现中国制造，国家也将充分利用出国展览平台，将中国企业的形象输出到国外，国内的出国展览行业也将迎来历史性机遇。

　　(2)专业性展览会已成未来趋势

　　综合与细分是设定展会内容的两种思路。从展览业的发展看，展会的内容从综合到细分,是展览业发育成熟并迈向专业化的重要标志。欧美展览大国已经开始细分行业之后的"再细分",展览内容极具专业性,使采购商能够以最快的速度找到所需的产品。在我国,由于追求展览经济的规模效应和"大而全"的展示效果,偏综合性的展会仍大量存在。近几年,许多综合性展会开始将内容细分成专业性主题展览会或主题馆。虽然与欧美相比这种划分仍显粗放,却已体现出中国展览业专业化进程的加速。随着政府介入的逐步减少,中国展会将在市场的要求下对内容进行更合理、更专业的细分,许多大型展览会有可能分为规模更小、专业性更强的展览会,与国际展览业的发展更为紧密地联系在一起。

(3)会展公司重组兼并日趋频繁

会展业是一项投入大、回报快的产业,表现在微观领域,即对会展企业的资产总额、人力资源、技术力量等提出了很高的要求。随着会展市场竞争的日益加剧,众多小规模的会议或展览公司已力不从心,逐渐被有实力的公司兼并或收购,进而退出市场;实力雄厚的展览公司则以资本为纽带,采取联合办展、收购展会、资产兼并等方式不断壮大自己,成为市场的主宰。同时,组展产业链逐步凸显,分工亦开始细化,一部分小规模会展公司以通过代理、分销大集团的产品为主要的业务和利润来源。

(4)智能会展初具规模

随着科技的前进,会展行业也将各种各样的先进科技运用到行业之中,互联网大数据技术、RFID 技术(射频识别技术)、VR 技术、NFC 技术等现代科技,能够提高会展效果、提升观众体验,改变传统会展技术含量较低的陈旧模式。当前,越来越多的会展活动大量地使用现代科技,不断增加智能元素,增加观众体验。

(5)线上会展逐步壮大

随着电子商务的不断发展,以及"互联网+"战略的深化,越来越多的会展活动开始尝试线上的方式,有的采用线上+线下,有的全部转移到线上。

线上会展省去了租借实物场地的成本,通过 3D 技术、VR、AR 等先进科技对产品进行充分展示,还避免了运输过程中的损毁。观展不受时间和空间的限制。但是,线上会展对于一些需要触摸、品鉴的产品则不太适用,线上交流也不具备现场交流的效果。

### 1.2.3　中国会展业的发展特点与趋势

1)中国会展业的产生

中国会展业的起源可以追溯到奴隶社会出现的集市。中国会展发展史分为萌芽阶段、起步阶段和发展阶段三个阶段,分别对应三个不同的历史时期,即新中国成立前期、改革开放前期及改革开放后至今。

(1)萌芽阶段

中国会展业的萌芽阶段指的是古代集市的产生,一直到中华人民共和国建立这段时间。最早可以追溯到原始社会和奴隶社会出现的如悬挂图腾、物物交换等活动,但这只是原始形态的展示，宣传性展览也是很粗糙的岩画、文身、图腾崇拜，贸易性展览是牲畜、酒食、陶器、铁器等物物交换的地摊和简单的叫卖，出现了"敬天神、颂祖宗"的祭祀展览，以及钟鼓音乐、歌舞渲染等综合性的艺术展示活动。到了封建社会，出现了更为丰富的庙会、祭祀、敬天、集市等形式，宣传性展览便有大型洞窟绘画、华丽的壁画、武器陈列、绣像陈列（如麒麟阁功臣像、凌烟阁功臣图）等。宗庙和祭祀展览更为丰富和隆重，次数也更为频繁。贸易展览就出现了街市和庆会，尤其是庙会和集市，不仅定期举行，还伴有文艺表演如歌舞、杂耍、戏剧等。随着货币的发展和流通，这种贸易展览也由物物交换上升到货币结算，使展览起了质的变化。

事实上，受到历代封建王朝重农轻商政策的禁锢，中国的会展活动直到 19 世纪仍然发展非常缓慢。到了 19 世纪末，中国才开始尝试着参加各种世界博览会，自此中国近代意义上的会展业才开始真正出现并逐渐成长。1851 年，中国商人徐荣村等人首先带着国内的丝绸、茶叶等民族产品参加英国的万国博览会并获得大奖。随后在 1873 年，中国首次派代表参加维也纳的世界博览会。此后，中国又先后参加了 20 多次世界博览会，其中包括：1876 年美国费城的世界博览会、1878 年和 1900 年法国巴黎的世界博览会、1885 年美国新奥尔良的世界博览会及 1903 年日本大阪的世界博览会等。

在参加世界博览会的同时，中国在 20 世纪初期开始尝试着自己举办各种博览会，其中以南洋劝业会和西湖博览会最具代表性。南洋劝业会于 1910 年在南京召开，是中国晚清的第一次全国博览会。这次规模盛大的博览会为时半年，参观者达 30 万人以上，除了当时国内 22 个行政省全部参展以外，还吸引了德国、英国、美国、日本等多国前来参展。1929 年的西湖博览会以纪念北伐胜利的名义而举行，其主旨为提倡国货、奖励实业和振兴文化。虽然这次展会规模较大，但是由于受到当时经济、科技与文化的限制，其水平与当时国外的博览会还有很大的差距。但自 1926 年起到 1951 年期间，中国一直没有参加世界博览会，中国会展业在这一阶段进入了"休眠期"。

总体上讲，萌芽阶段，特别是 19 世纪末 20 世纪初的种种尝试对推动中国会展业的起步和进一步发展起到了重要作用。

（2）起步阶段

1951 年 3 月，新中国第一次参加国际性的展览会，即德国的"莱比锡春季博览会"，这标志着中国会展业起步阶段的开始。据统计，1951—1985 年中国共举办了 427 个出国展。在 1953 年中国国际贸易促进委员会接待了新中国成立后的第一次来华展览会——德意志民主共和国工业展览会。从 1953 年到 1978 年，中国共接待了 112 个来华展。

受多种政治经济因素的影响，中国会展业在起步阶段发展缓慢，只是在出国参展方面有一定程度的进展。这一阶段会展活动的主要宗旨被确定为：配合新中国政府的外交政策，冲破西方国家对中国的政治孤立和封锁，以及宣传新中国的建设成就。1982 年，中国参加美国诺克斯维尔世界博览会是中国会展业由最初的展示介绍为主，逐步发展到促进商务、贸易为主，并开始加速发展的重要标志。

（3）发展阶段

改革开放以来，随着市场化的不断深入，中国的会展活动逐渐由以政治为主导的起步阶段过渡到以经济发展为主导的迅速发展阶段。最近30多年来,会展业在全国范围内蓬勃发展,给举办地带来了可观的经济、社会和文化效益。作为潜力巨大的新兴产业,会展业在促进经济发展、文化科技交流和国际合作等方面起到了越来越重要的作用。

2001年中国加入了WTO,自此中国会展业的发展进程大幅度加快。在此历史背景下,中国政府于2004年1月颁布了《设立外商投资会议展览公司暂行规定》,并在规定中强调"国家鼓励引进国际上先进的组织会议展览和专业交流方面的专有技术,设立外商投资会议展览公司,促进我国会展业的发展"。2005年被公认为中国会展业发展史上的一个重要里程碑。同时,从2005年起,为了进一步吸引国外厂商来华参展,中国开始逐渐实行"展位收费并轨"。所谓"展位收费并轨",是指对来自国内和国外的展商实行统一收费。"展位收费并轨"的实施必将对引进国外资金,以及先进的技术经验起到积极的作用,从而进一步推进中国会展业走向国际化。随着国际化、市场化、专业化和产业化程度的日益提高,中国会展业将有可能在今后的20年内进入相对成熟的阶段。

在会展业快速发展的影响下,各路外资展览巨头对中国展览市场的布局提速。他们纷纷看好上海会展业的发展环境,不但带来了先进的管理运行经验,更重要的是还移植和举办新的行业展会。从近几年的国际展看,知名品牌展不少,包括国际知名跨国展览企业移植到上海的世界大展,如世界制药原料中国展、国际皮革展、国际缝制设备展、国际乐器展、国际五金展等。有业内人士称,上海已成为新观念、新知识、新产品、新技术交流和展示的世界之窗。如中德合资的上海新国际博览中心是我国首个中外合资的展览中心。2010年全部竣工时,展馆总数达到了17个,展览面积达33万平方米,成为全球规模最大的博览中心之一。

2)中国会展业的发展现状

①会展活动热闹活跃。据中国会展经济研究会的调查表明,举办和参加会展的数量不断增多,会展项目从2013年的7 319个增加到2018年的10 889个,绝对数量增长了3 570个,增长率为48.8%;展览面积由2013年的9 391.91万平方米增长到2018年的14 456.17万平方米。同时,间接带动了旅游、餐饮、交通、广告、娱乐、房地产等行业收入增长。

②建设规模不断扩大。从会展场馆数量和规模来看,截至2018年12月底,我国现有会展场馆286个,在建展馆23座,已立项14座,共计323座,室内可供展览面积1 537.1万平方米。从全国投入使用的展览场馆数量来看,山东省展览场馆达45座,为全国各省(直辖市、自治区)最多,占比达15.7%。江苏省30座,广东省27座,位居全国第二、第三,占比分别达10.5%和9.4%。在各省(直辖市、自治区)中,按投入使用展览场馆的室内可供展览总面积来统计,山东省达155.55万平方米,广东省达124.38万平方米,上海市达97.7万平方米,浙江省达96.89万平方米,江苏省达85.3万平方米,分列全国前五位。

③组展主体呈多元化。目前主要有四大主体:一为政府机构,包括政府部门、事业单位,承担政府主导的各种重大经贸洽谈展会和综合性展会,政府主导型的展会仍是一大

亮点，由国家部委和省市政府共同举办的大型展会活动，其中不少展会有高层领导人出席、讲话、剪彩、题词；二为行业协会，各种有影响的专业性会展大部分由行业协会主导或主办；三为民营企业，个别民营企业介入会展业，或主营或兼营，经营范围中有会展业务的民营企业在京、沪、穗这三地就超过千家；四为外资企业，境外的会展公司与国内有关单位结成合作伙伴，开展海外和国内招展，据不完全统计，目前国内举办的国际专业展将近40%有境外公司参与。

④会展形式丰富多样。经过多年发展，一些由政府主导或行业指导的综合会展向专业会展转变，随着市场化、专业化、国际化水平的提高而成为著名会展，已培育出一批具有特色的、高水平的、较大影响力的会展知名品牌，诸如广交会、高交会、上交会等综合展。专业化会展比重增加，几乎涉及经济的各个部门和主要行业，如北京的机床展、纺机展、冶金铸造展和印刷展等已跻身国际同行展的前四名，珠海国际航空展成为亚洲第二大航展，而号称"中国第一展"并享誉全球贸易展的"广交会"是我国历史最长、规模最大、层次最高、影响最广、商品种类最全、到会客商最多、成交效果最好的综合性国际贸易会展。

⑤会展群聚效应突出。主要分布在北京、上海、广州、大连、深圳、厦门等经济发达地区。有关调查数据显示：全国举办会展最多的省市首推北京，上海紧跟其后，广东则极为活跃。从会展收入看，广东、北京和上海占据了垄断地位，占全国会展收入的近90%。同时，新兴的会展业市场和一些具有一定实力的会展集团公司也在逐步形成。

# 1.3　中国会展业现状与前瞻展望

## 1.3.1　中国会展业现状特征

### 1）会展行业保持稳定增长

自2011年来，随着经济结构调整、贸易争端此消彼长以及全球贸易保护主义抬头，国民经济发展出现了波动。但会展行业一直持续保持着稳定高速增长，据统计，2013—2018年，全国展览业展览总数和展览总面积年均增长率分别达13.24%和9.75%。以2013年提供统计数据的83个城市为样本，其展览数量由7 319场增至10 889场，展览总面积由9 391.91万平方米增至14 456.17万平方米，见表1.3。

表1.3　2011—2018年全国展览数据一览表

| 年　份 | 经济贸易展览总数（场） | 净增值（场） | 展览总面积（万平方米） | 净增值（万平方米） |
|---|---|---|---|---|
| 2013 | 7 319 | — | 9 391.91 | — |
| 2014 | 8 009 | 690 | 10 276.51 | 884.6 |

续表

| 年　份 | 经济贸易展览<br>总数（场） | 净增值<br>（场） | 展览总面积<br>（万平方米） | 净增值<br>（万平方米） |
|---|---|---|---|---|
| 2015 | 9 283 | 1 274 | 11 798 | 1 521.49 |
| 2016 | 9 892 | 609 | 13 075 | 1 277 |
| 2017 | 10 358 | 466 | 14 285 | 1 210 |
| 2018 | 10 889 | 531 | 14 456.17 | 170.82 |

数据来源：中国会展经济研究会

2）市场竞争激发活力，产业素质不断增强

全国从业展览的企业有 2 万余家。其中，组展企业 0.5 万余家，展览工程、展览场馆及其他展览服务企业 1.5 万余家。上海、广州、北京的展览企业数量均在千家以上。

2017 年，在国内上市的展览企业累计 29 家，较 2016 年增加 5 家。

在上市公司中，主板上市的公司有 2 家，新三板上市的公司有 27 家。公司注册地在北京的有 10 家，在上海、深圳的各有 3 家，在广州、天津、杭州、武汉的各有 2 家，在太原、大连、苏州、常州、东莞的各有 1 家。这些公司 2017 年营业收入总额超过 40 亿元人民币。

此外，另有 5 家主板上市公司的主营业务包括会展服务。

3）大城市引领，中小城市整体抬升

以展览为例，上海、北京、广州、重庆已成为著名的会展城市。上海傲立全国之冠，其他城市奋起直追。同时，东莞、厦门、临沂、宁波、潍坊、苏州、大连、廊坊、中山、义乌等非省会城市会展业增长速度也很高，基本已成为省域会展副中心，见表 1.4。

表 1.4　2018 年部分城市展览面积增长一览表

| 序　号 | 城　市 | 2017 年 | 2018 年 | 净增长面积（万平方米） | 净增长率（%） |
|---|---|---|---|---|---|
| 1 | 上海市 | 1 689 | 1 906.31 | 217.31 | 11.40 |
| 2 | 长沙市 | 249.75 | 308.13 | 58.38 | 18.95 |
| 3 | 北京市 | 595.5 | 641.19 | 45.69 | 7.13 |
| 4 | 广州市 | 976 | 1 020 | 44 | 4.31 |
| 5 | 长春市 | 276.38 | 315.41 | 39.03 | 12.37 |
| 6 | 重庆市 | 876.5 | 913 | 36.5 | 4.00 |
| 7 | 武汉市 | 299 | 327 | 28 | 8.56 |
| 8 | 临沂市 | 176.2 | 202.6 | 26.4 | 13.03 |
| 9 | 青岛市 | 345 | 370.1 | 25.1 | 6.78 |
| 10 | 义乌市 | 80.07 | 104.02 | 23.95 | 23.02 |

数据来源：中国会展经济研究会

### 4）行业管理逐步规范，政府扶持有增无减

会展法规政策由管理类向促进类转变。从 1999 年大连会展业进行管理立法以来，中国在会展业方面的法律法规以及政策一直以政府管理为导向。然而，随着会展法律政策的逐步深入和中国政府职能转化，会展法律法规和政策开始由管理类向促进类转变。2018 年部分省市会展法律法规和政策明显体现了这种倾向。例如，《河南省人民政府办公厅关于进一步促进展览业改革发展的实施意见》《洛阳市人民政府关于促进会展业转型发展的实施意见》《杭州市人民政府关于深化会展管理体制改革的实施意见》《济南市促进会展业发展的若干措施》《武汉市会展业发展专项资金管理办法》《淮南市加快展览业改革发展实施方案》等。

各省市积极落实《国务院关于进一步促进展览业改革发展的若干意见》（国发〔2015〕15 号）。为了进一步促进展览业改革发展，更好地发挥其在稳增长、促改革、调结构、惠民生中的作用，各地在坚持专业化、国际化、品牌化、信息化方面继续推进和落实国务院会展 15 号文件。2018 年进一步出台关于落实国务院〔2015〕15 号文件的省、市有河南省、云南省、北京市、合肥市、洛阳市、杭州市和淮南市等，这些政策文件为：《河南省人民政府办公厅关于进一步促进展览业改革发展的实施意见》、《云南省展览业发展联席会议制度》、北京市商务委员会等部门关于印发《关于进一步促进展览业创新发展的实施意见》的通知、《合肥市促进会展业规范发展办法》、《河南省人民政府办公厅关于进一步促进展览业改革发展的实施意见》、《洛阳市人民政府关于促进会展业转型发展的实施意见》、《杭州市人民政府关于深化会展管理体制改革的实施意见》和《淮南市加快展览业改革发展实施方案》等。展览业的深化改革以及地位和功能作用已经越来越受到重视。以北京《关于进一步促进展览业创新发展的实施意见》为例，北京对展览业进行重新定位：展览业是服务北京"四个中心"建设的重要载体之一，已经成为构建现代市场体系和开放型经济体系的重要平台，具有服务经济、绿色经济、总部经济的产业特点，对社会和经济发展起到了引领、聚集、辐射的作用。

2018 年全国各地政府主管展览业机构见表 1.5。

表 1.5　2018 年全国各地政府主管展览业机构一览

| 序　号 | 省（直辖市、自治区） | 序　号 | 政府机构名称 |
|---|---|---|---|
| 1 | 重庆 | 1 | 重庆市会展办公室 |
| 2 | 浙江 | 2 | 杭州市发展会展业协调办公室 |
| | | 3 | 宁波市会展办公室 |
| | | 4 | 绍兴市柯桥区会展业发展办公室 |
| | | 5 | 义乌市旅游与会展管理委员会 |
| | | 6 | 余姚市会展办公室 |
| | | 7 | 海宁市会展管理领导小组办公室 |
| 3 | 云南 | 8 | 云南国际博览事务管理办公室 |
| | | 9 | 昆明市博览事务局 |
| | | 10 | 昆明会展产业促进会 |

续表

| 序　号 | 省(直辖市、自治区) | 序　号 | 政府机构名称 |
|---|---|---|---|
| 4 | 新疆 | 11 | 新疆国际博览事务局 |
| 5 | 天津 | 12 | 天津市会展办 |
| 6 | 四川 | 13 | 四川博览事务局 |
| | | 14 | 成都市博览局 |
| | | 15 | 泸州市博览事务局 |
| | | 16 | 眉山市博览局 |
| | | 17 | 绵阳博览事务局 |
| | | 18 | 内江市博览事务局 |
| | | 19 | 遂宁市博览事务局 |
| | | 20 | 汶川县博览局 |
| | | 21 | 宜宾市博览局 |
| | | 22 | 资阳市博览局 |
| | | 23 | 自贡市博览局 |
| | | 24 | 乐山市博览事务局 |
| 7 | 上海 | 25 | 上海市会展促进中心 |
| | | 26 | 上海市浦东新区会展办公室 |
| 8 | 陕西 | 27 | 西安市发展会展业领导小组 |
| | | 28 | 西安会展业发展办公室 |
| 9 | 山西 | 29 | 太原市会展工作办公室 |
| 10 | 山东 | 30 | 济南市会展办公室 |
| | | 31 | 广饶县会展节庆办公室 |
| | | 32 | 东营市会展工作办公室 |
| | | 33 | 临沂市会展业服务办公室 |
| | | 34 | 青岛市会展办公室 |
| | | 35 | 莘县节庆会展办公室 |
| | | 36 | 泰安市会展办公室 |
| | | 37 | 威海市会展办公室 |
| | | 38 | 淄博市张店区会展管理办公室 |
| 11 | 青海 | 39 | 西宁市服务业促进发展局 |
| 12 | 宁夏 | 40 | 宁夏回族自治区博览局 |
| | | 41 | 银川市会展办公室 |
| 13 | 内蒙古 | 42 | 呼和浩特市会展办公室 |
| 14 | 辽宁 | 43 | 辽宁省会展管理办公室 |
| | | 44 | 沈阳市会展办公室 |

续表

| 序　号 | 省（直辖市、自治区） | 序　号 | 政府机构名称 |
|---|---|---|---|
| 14 | 辽宁 | 45 | 大连市会展办公室 |
| | | 46 | 鞍山市会展办公室 |
| 15 | 江西 | 47 | 南昌市会展工作管理办公室 |
| 16 | 江苏 | 48 | 南京市会展业办公室 |
| | | 49 | 无锡市会展业发展办公室 |
| | | 50 | 苏州市会展工作领导小组办公室 |
| 17 | 吉林 | 51 | 吉林省博览事务局 |
| | | 52 | 长春市会展管理办公室 |
| | | 53 | 吉林市会展工作办公室 |
| 18 | 湖南 | 54 | 长沙市会展工作管理办公室 |
| 19 | 湖北 | 55 | 武汉市政府会展办公室 |
| | | 56 | 武汉市汉阳区会展和物流中心 |
| 20 | 黑龙江 | 57 | 黑龙江省会展事务局 |
| | | 58 | 哈尔滨市会展工作领导小组办公室 |
| | | 59 | 绥芬河市人民政府会展工作管理办公室 |
| 21 | 河南 | 60 | 河南省博览事务局 |
| | | 61 | 河南省商务厅服务贸易处（会展业管理处） |
| | | 62 | 郑州市会展工作管理办公室 |
| | | 63 | 洛阳市人民政府牡丹花会办公室 |
| | | 64 | 洛阳市人民政府会展办公室 |
| | | 65 | 三门峡市会展办公室 |
| | | 66 | 安阳会展办（安阳市商务局对外贸易发展科） |
| | | 67 | 安阳市航空发展建设办公室 |
| | | 68 | 开封市人民政府节会办公室 |
| | | 69 | 信阳市茶产业办公室 |
| | | 70 | 中国（漯河）食品博览会组委会办公室 |
| 22 | 河北 | 71 | 河北省会展业发展办公室 |
| | | 72 | 石家庄市会展业发展管理办公室 |
| | | 73 | 唐山市会展办公室 |
| | | 74 | 廊坊市展览工作领导小组办公室 |
| | | 75 | 邯郸市会展业发展管理办公室 |
| | | 76 | 沧州市会展管理办公室 |
| | | 77 | 邢台市会展办公室 |

| 序　号 | 省（直辖市、自治区） | 序　号 | 政府机构名称 |
|---|---|---|---|
| 23 | 海南 | 78 | 海南省会展局 |
| | | 79 | 海口市会展局 |
| | | 80 | 三亚市商务会展局 |
| 24 | 贵州 | 81 | 贵州省博览局贵阳市会展经济促进办公室 |
| | | 82 | 贵阳市南明区会展促进办公室 |
| | | 83 | 贵阳市云岩区会展经济促进办公室 |
| | | 84 | 贵阳市观山湖区会展经济促进办公室 |
| 25 | 广西 | 85 | 广西国际博览事务局 |
| | | 86 | 桂林市博览事务局 |
| | | 87 | 玉林市博览事务局 |
| | | 88 | 广西田阳县博览局 |
| 26 | 广东 | 89 | 深圳市经济贸易和信息化委员会（会展办） |
| | | 90 | 珠海市会议展览局（珠海市航展局） |
| 27 | 福建 | 91 | 福州市会展办 |
| | | 92 | 厦门会议展览事务局 |
| | | 93 | 厦门市会展办 |
| 28 | 安徽 | 94 | 合肥市会展经济发展工作领导小组办公室 |
| | | 95 | 淮南市大型节庆活动办公室 |
| | | 96 | 马鞍山市会展管理办公室 |
| | | 97 | 芜湖市发展会展经济领导小组办公室 |

数据来源：中国会展经济研究会

**5）进入到会展大国向会展强国的转型期**

首届中国国际进口博览会的成功举办，标志着我国进入由会展大国向会展强国的转型期。首届中国国际进口博览会（简称进博会）创造了多项国际博览会纪录，参展国别范围、展位面积、企业数量、企业质量、采购商规模、嘉宾人数都超出预期，共有 156 个国家、3 个地区和 13 个国际组织参加，其中二十国集团成员、金砖国家、上合组织国家全部参展，58 个"一带一路"沿线国家和 35 个最不发达国家参展，15 名外国国家元首、政府首脑和王室代表出席开幕式；汇聚了 3 617 家境外企业参展，其中 220 家世界 500 强和行业龙头企业参展，展览总面积达 30 万平方米，130 多个参展国家成交总额超过 578 亿美元，其中与"一带一路"沿线国家累计意向成交 47.2 亿美元。

同时，境外自主办展场次不断增加，2017 年境外自主办展 123 场，2018 年境外自主办展 124 场，见表 1.6。

表 1.6　2014—2018 年中国主办方境外办展统计

| 年　份 | 办展机构（个） | 展览数量（场） | 展览面积<br>（万平方米） | 展览平均面积<br>（万平方米） |
|---|---|---|---|---|
| 2014 | 36 | 84 | 26.8 | 0.3 |
| 2015 | 23 | 63 | 32.2 | 0.5 |
| 2016 | 37 | 128 | 78.0 | 0.6 |
| 2017 | 36 | 123 | 83.6 | 0.7 |
| 2018 | 34 | 124 | 66.2 | 0.5 |

数据来源：中国会展经济研究会

### 1.3.2　中国会展业发展趋势

中国会展业具有光明的发展前景。目前，会展经济的发展已经越来越多地引起政府和相关部门的高度重视，相关政策和措施陆续出台。随着世界经济格局的变化以及我国改革开放的深入，中国会展业将赢得众多发展的契机，尤其是加入 WTO 会使中国会展业在管理体制及运作机制上发生一系列变革。概括而言，在未来一段时期中国会展业发展将呈现出以下九大趋势。

1）区域协同发展

随着国家长江中游城市群、哈长城市群、成渝城市群、长江三角洲城市群、中原城市群、北部湾城市群、关中平原城市群、呼包鄂榆城市群、兰西城市群、粤港澳大湾区共 10 个国家级城市群的设立，区域融合发展优势进一步凸显，以中心城市带动城市群发展、城市群带动区域发展，区域融合互动的广度、深度将进一步提升，行政壁垒将进一步破除。再加上各地自行探索建立的城市群，会展业的发展环境将得到进一步优化提升，并随着区域经济的快速发展获得更好的发展机遇。

2）"一带一路"沿线国家与地区将成为出境展览重要区域

"一带一路"倡议得到越来越多国家的拥护，中国与沿线国家与地区的交往日益频繁和深入，随着经贸关系的不断加强，沿线国家与地区对中国的期望和信任与日俱增，会展业"走出去"的步伐也将不断加快，我国出国办展将进入高速发展期。

3）智慧化、绿色化会展的趋势越来越明显

随着互联网+、五大发展理念等国家重大发展政策的不断深化，会展业与自媒体、广告、旅游、酒店、餐饮、交通等行业的融合度会越来越深，物联网、区块链、大数据、VR、AR、NFC、RFID 等先进科技的广泛应用，将不断提升会展业的智能化水平，各个利益主体的便利度和获得感也会不断增强。同时，随着节能环保要求的深入，相关技术的不断优化，绿色会展的比重也会越来越大。

4）行业运营进一步优化、细分

会展业是典型的都市服务业，随着城市的快速发展，经济社会建设的持续进行，科学技术的快速发展，传统的运营模式将出现明显的升级迭代，轻量化、集团化、标准化、即时性等趋势越来越明显，同时，随着会展业与其他行业的融合，会展产业链也会迎来升级，分工体系也会进行重组和细分。目前，已经有一些小型会展企业以代理、分销大型会展企业的业务为生。

5）新兴产业激发会展新主题

在习近平总书记"办好一个会，搞活一座城"的思想指导下，在中国国际进口博览会成功举办的带动下，各地政府展再度掀起兴办热潮。河北、福建、江苏、安徽、湖南、江西、湖北、上海和重庆等地政府围绕新兴产业举办展览会，展览主题涉及智能制造、数字技术、消费电子、中非贸易、大健康、"一带一路"等方面，展现了地方政府利用经贸展览促进经济动能转换、扩大对外开放、扶持新兴产业尤其是高科技产业发展的战略意图。2018年单展展览规模 TOP 100 中，政府与国有企业主办展览数量为 35 场，占比 35%，展览面积达 763.14 万平方米，占比达 38.04%。

# 案例举要

## 网络营销为上海世博会先声夺人

从互联网、手机到虚拟现实技术，从 2 G 到 5 G，从本地媒体、全国性媒体到国际性媒体，还有"自媒体"的博客、微博客，多元化的传播媒介和传播技术，成为上海向全球观众宣传世博会的宽阔通道。上海市委常委、市委宣传部部长杨振武强调：上海世博会也是全国乃至全球的盛会，希望各家媒体充分发挥各自的优势和特长，报道出世博会的精彩。通过最大程度的传播，最大范围吸引受众参与，让更多受众了解世博、走进世博。

世博会主要网络营销手段：

1. 世博会官网——建设权威信息源活动官网已经成为重大活动的重要宣传营销手段

因其专业性、可掌控性、权威性，被主办方普遍采用。通过与本地和国内主流媒体、新闻网站、商业网站或国际网站展开合作，世博会官方网站已成为向全球观众发布世博会独家新闻、服务信息、最新动态的信息源。

2. 世博频道——遍布全国的虚拟平台

上海世博会开创性地推出网上世博会项目，作为实体世博会的引导、补充和延伸。通过互联网、虚拟现实等多种技术建立一个虚拟的、三维的网上世博园区，将实体世博会的精彩呈现在网上。世界各地的网友进入网上世博会，可以方便地了解世博园区概貌。世博会官网还与中国著名网络媒体共同开设世博会平台，及时发布世博会各类信息，使民众及时了解上海世博会的进展情况。截至目前，中央重点新闻网站和各商业门户网站都推出了世博频道。

**3. 独家网络赞助商——腾讯网**

腾讯作为世博会唯一网络赞助商，不仅承建了世博会官网，还将全程全方位报道世博会进程，除图文报道和视频点播外，还有基于腾讯产品的独特工具，例如QQ新闻推送。同时，腾讯也将在世博会的各个阶段推出丰富的主题在线交流活动。在互联网增值应用方面，腾讯将推出相关的虚拟社区、虚拟形象产品、网络拍卖、QQ空间的个性化展示等。据悉，腾讯将对自身品牌、产品和资源进行有机整合，实现对世博会的整合推广营销。

**4. 网络媒体世博报道联盟——整合网络资源**

2009年12月11日，由搜狐网、东方网联合发起，全国31家主流地方新闻网站共同组建的"全国网络媒体世博报道联盟"正式启动。联盟将在新闻报道、品牌活动、线上线下、资源共享等方面展开全方位合作，力图成为2010年上海世博会新闻报道的主力军。

**5. 世博报道联盟——整合资源，报网互动**

由新华社长三角新闻采编中心、《新闻晚报》《中国青年报》《南方都市报》等全国50多家主流媒体共同发起的世博报道联盟，于2009年12月11日在上海启动。世博报道联盟覆盖了31个省份，旨在充分发挥媒体的传播优势，打造上海世博会的媒体报道平台。联盟设立统一标识，开展新闻报道和媒体活动等合作，加强报、网深度互动。世博报道联盟活动具体由《新闻晚报》和网易承办。其中，网易是唯一的网络媒体。

**6. 无线网络发力——4G从上海世博会开始**

移动通信和无线网络技术在世博会的营销中也起到了巨大的作用。上海世博会无线官网2008年12月17日正式开通。全球手机用户可通过手机登录，实时浏览世博概况、世博新闻、热点活动、园区场馆等内容。上海世博会官方网站手机网络也推出了上海世博会无线官方网站和名为 *Shanghai Daily* 的英文手机日报。

另外，在上海世博会倒计时200天之际，上海世博局和世博会赞助商中国移动共同发布全球通信和世博历史"双首创"的中国2010年世博会手机票，不仅实现了刷手机就可以就餐、购物，在世博园畅行无阻，还可以用手机刷卡坐公交、地铁往返世博园与市区之间。上海还将搭建一个TDLDE的试验网，这个准4G移动通信网络将实现通过无线网络传递，坐在黄浦江游船上也可以看到世博园区各个展馆开展的各种各样的精彩活动。

这些创举在网友当中引起了巨大反响，网友惊呼：4G从上海世博会开始！世博会科技嘉年华的概念也因此得到强力推广。

**7. 知名网络媒体上海世博行——为冲刺呐喊**

上海市网宣办、上海世博局于2009年11月21—28日举办了"城市，让生活更美好"全国知名网络媒体上海世博行活动。全国24家知名网络媒体围绕世博主题进行采访、互动、交流活动。活动期间，各网络媒体共制作专题20多个，发布稿件3 500篇，图片950幅，视频65个，活动产生了巨大的影响力和辐射力。

**8. 志愿者网络活动——搭建志愿者互动平台**

世博会志愿者网络活动以"点心愿之墙，展志愿风采"为口号，旨在搭建一个寄语世博、传递志愿的互动平台。

活动期间,网友可登录上海世博会志愿者官网,以上传个性照片和填写祝福语的形式点亮世博会志愿者主口号。活动结束后,主办方将收集人气指数排名靠前的 2 010 位参与者照片,制作成 2010 年度限量版纪念年历,作为奖品回馈给幸运者。

9. "自媒体"——草根网民的心声表达

更多的普通网民通过博客、微博客、播客等"自媒体"平台,表达自己躬逢世博会的由衷喜悦和热切期盼。仅新浪博客一家,就可以检索到与"上海世博会"相关的博文共 1 119 万篇,远远超过同样受关注的"广州亚运"相关博文的 306 万篇。如此巨大的关切度,在近年来的个人博客主题中十分少见。

评析:

此案例说明网络营销等现代化信息手段对会展活动的成功举办起到了积极的促进作用。从最初的贸易集市演变而来的世博会,已成为一个多元文化交流的平台和人类心灵沟通的桥梁,被誉为世界经济、科技、文化的"奥林匹克"盛会。以"城市,让生活更美好"为主题的 2010 年上海世博会,"城市最佳实践区"和"网上世博会"最具看点,这也是本届世博会所独有。也因为"网上世博会"的概念,2010 年上海世博会被誉为"永不落幕的世博会"。

十年来,秉承着上海世博会的主题的宗旨,会展业在城市发展,带动区域多产业融合,塑造城市亮点,打造城市名片方面,发挥着越来越重要的作用。越来越多的城市,诸如厦门、义乌、临沂、中山、廊坊成为新兴会展城市,诸如武汉光谷科技会展中心、成都世纪城新国际会展中心、保利世贸博览馆等新建场馆成为城市地标性建筑,支撑起一个城区的发展,极大地促进了城区市政配套、居住条件,有效提升了城市生活品质。

# 思考与练习

1. 什么是会展业? 会展业的构成要素有哪些?
2. 会展业是如何起源的? 其发展状况如何?
3. 中国会展业的产生与发展情况如何?
4. 中国目前出现了哪些会展新兴城市?
5. 中国会展业的发展趋势会怎样?

# 第 2 章
## 会展心理综述

[学习目标]

- 了解参展商的心理、会议消费者的心理以及会展产品消费心理
- 掌握参展商参展的心理目标和影响消费者的心理因素

[关键概念]

参展商 心理目标 展览会的定位 会议消费者

# 2.1　会展心理的概念与特征

## 2.1.1　会展心理概念

原始社会末期,人类产生了灵魂的概念。随着宗教、哲学等学科的产生与发展,人类的灵魂观点逐步衍生出精神、意识等新的概念,越来越多的学者也开始注意到并研究精神、意识对行为的影响,如古希腊德谟克利特、柏拉图、亚里士多德等人。早期的心理学研究是属于哲学的范畴,称为哲学心理学。哲学心理学的研究可以追溯到古埃及、古希腊、中国和印度的古代文明。如柏拉图提出过二元并存的理念,有人认为亚里斯多德《论灵魂》是最早的一部论述心理学思想的著作。随着社会长久的演变,慢慢产生了各式各样不同的学科,包括现在所了解的心理学。

哲学心理学主要是探讨心身关系、天性与教养、自由意志与决定论、知识来源等四大议题。其早期的理论有一元论、二元论、环境决定论和精神决定论等。近代的哲学心理学则有三大思想流派,包括理性主义、经验主义与浪漫主义。中世纪的伊斯兰医学与心理学,已经开始进行临床心理学研究。

1879 年,德国威廉冯特建立了世界上第一个心理学实验室这标志着心理学成为一门独立的学科。

心理学的研究涉及知觉、认知、情绪、思维、人格、行为习惯、社会关系和性格等多个方面,以找出人类自我思维、行为方式认知、人类怎样感知外界信息和怎样进行信息内化处理的心理和行为的规律。

心理学一经创立,便迅速得到发展,内涵体系不断丰富,并结合不同领域、不同对象形成了众多的心理学分支。

会展心理也属于心理学的分支,是心理学基础理论在会展业中的发展。会展心理以了解影响参展商和消费者做出各种会展决策的心理因素为目的,使会展企业和从业人员的工作更有预见性和针对性,从而为会展市场的预测开发、会展企业的经营管理提供心理学依据。

## 2.1.2　会展心理特征

与一般心理学相比,会展心理研究的对象及范围有其特殊的群体。会展心理特征主要体现在:

①目的性和对象性。每一次会展都有其特定的目标,没有目标的会展只会浪费时间和精力是不能取得成功的。会展心理的目标是通过研究和影响会展活动的各个参与主体的行为方式,来实现会展活动的目的。

②多样性和复杂性。会展的动机及影响会展效果的因素都是多样的,并且不同参展商的参展动机不尽相同,同一参展商每一次参加展会的动机也存在较大差异。因此,会

展动机的多样性和复杂性使得会展心理具有这一特征。

③层次性和差异性。这主要表现在会展影响因素和动机具有层次性和差异性。参展商每一次参展的决策因素都有差异，其动机不仅存在差异还具有一定的层次性。正如马斯洛需求层次理论所提到的需求存在层次性那样，参展商的参展动机也存在层次性。

④变化性和稳定性。会展活动的参与者在每届展会上都有一定的变化，比如参展商参展的内、外部因素会发生变化；尽管有变化但是在很大程度上又有一定的稳定性，如参展商参展目标可能会有一定的改变，但大体目标却是一致的。

# 2.2　会展心理的研究对象

## 2.2.1　会展心理的对象、任务与方法

会展活动所涉及的人主要包括会展活动的消费者和会展业的从业人员，单从经济因素远不足以解释会展消费者的行为及决策。为了有效、成功地为消费者服务，有必要了解那些能激励和影响消费者做出各种决策的心理因素。同时，对会展的研究也离不开对为会展服务的会展企业的研究。在这种情况下，一门新的心理学应用分支——会展心理学就应运而生了。

### 1）会展心理的研究对象

心理学的名称来源于希腊语，是研究人类及动物行为与心理现象的学科，既是理论学科，也是应用学科。包括理论心理学与应用心理学两大领域。

心理学研究涉及知觉、认知、情绪、人格、行为和人际关系等许多领域，也与日常生活的许多领域——家庭、教育、健康等发生关联。心理学一方面尝试用大脑运作来解释个人基本的行为与心理机能，另一方面，心理学也尝试解释个人心理机能在社会行为与社会动力中的角色；同时它也与神经科学、医学、生物学等科学有关，因为这些科学所探讨的生理作用会影响个人的心智。

简而言之，心理学致力于探寻个人行为表象与内部精神活动之间的联系、联动机制、影响因素和途径。

在会展活动中，主办者与承办者之间，主办者、承办者与参展者之间，参展者与会展场馆场地所有者之间，参展者与会展观众之间，参展者与参展者之间，会展服务人员与消费者之间，会展服务人员之间，会展服务人员与管理人员之间，时时刻刻都在发生着关系，这些关系的发生伴随着对应的、复杂的心理活动。心理活动和行为是密不可分的，心理支配行为，而行为反映心理。要研究在会展活动中人的行为规律就必须要研究这些人的心理活动规律。结合会展业的特点，会展心理学的研究对象主要是会展消费人员的消费心理和会展服务人员的服务心理。

（1）会展消费心理

会展消费者（参展商、会议消费者等）是会展活动的主体，是会展业的主要服务对象。在会展活动中，消费者总是按照自己的兴趣、目的、偏爱等购买自己需要的、符合自己口味的会展产品或服务。不管每次具体的消费行为是如何形成的，消费者总能反映出一些稳定的、独特的和本质的心理特点来构成会展消费行为的基础。分析这些消费心理和行为，研究其中的差异，就可以找出在会展消费过程中消费者的一般心理规律。了解他们的心理规律，可以正确理解并预测其行为，进而有针对性地提供服务，引导和影响其消费行为。本书将从知觉、需要、动机、态度、人格、社会因素等方面介绍会展消费心理。

（2）会展服务心理

会展从业人员的服务行为体现着会展企业的水平。服务水平的高低和服务质量的优劣直接决定着会展活动的成败和会展企业的兴衰。会展企业内部的管理行为是企业成败的关键，企业管理者的心理品质直接影响其管理行为。结合员工心理和行为方面的特点，按照会展企业的管理心理、公关心理，研究如何调动个性心理、群体心理和公众心理的积极性，从而更好地发挥企业的人力资源优势，营造和谐的人际关系，使会展企业的服务更好地满足消费者的需要，进而更好地实现组织目标。本书将分别从招商与市场开发服务心理、接待与会展现场服务心理、会展旅游服务心理、会展服务过程心理、会展服务阶段心理、会展商品销售服务心理、会展从业人员职业心理、会展企业管理心理和会展企业的公关心理等方面进行阐述。

2）会展心理研究的任务

首先，通过对会展消费者心理的研究，可以了解那些激励并影响消费者做出各种会展决策的心理因素，从而为会展市场的预测开发、会展企业的经营管理提供心理学依据，促进我国会展事业的发展。这是会展心理的首要任务。

其次，会展心理学是心理科学的一个分支。虽然运用普通心理学的原理可以解释许多会展行为，但会展心理有其特定的研究对象。通过对会展心理的研究，在其特定对象的特殊规律中做出总结，可以丰富心理科学的知识宝库。

再次，从实践方面来看，通过对会展心理的研究，可以为会展企业及其从业人员提供消费者的知觉、需要、动机、态度、人格和社会等因素对其消费行为影响的心理学知识，使会展企业和从业人员的工作更有预见性和针对性，以便做好相应的行业管理和企业管理工作。

最后，研究会展心理学有利于适应国际会展市场多变的发展趋势，以提高我国会展业的竞争能力，促进会展事业的繁荣。

## 2.2.2　参展商心理

参展商是所有展览会的心脏，是展览活动的核心主体。如果没有足够的参展商参展，那么就不存在展览。很大程度上，参展商的质量决定着一场展览的成败。

1）参展商参展的心理目标

对于参展商而言，参加展览是一个低成本的推销活动，他们可以面对面地向对他们产品有兴趣的客户进行介绍，这比直接派遣销售人员进行销售更节约成本、更有效。同时，展览也是获取知识和信息的来源，展览为同行业者提供了解别人新产品的机会。更进一步，参展商甚至可以从与会者对话中获取哪种新产品或技术应该被开发或研究的信息。具体来说，参展商参展的心理目标有以下几个方面：

（1）树立企业形象

展览会是一种立体的广告。展览会为参展商提供了一个充分展示自己企业形象的机会，使客户增进对产品和服务的了解，并便于接受。对企业来说，经常固定地参加一些有影响力、有规模的专业展，便于定时与客户交流与联络；而对新企业来说，参展可以帮助企业在短时间内建立客户关系，进入市场，被同行业接受。参展对于任何一家企业树立形象来说都是既省时又省力的方法。

（2）了解市场的动态

企业可选择在展览会中展示新产品、发布新产品信息，以此来激发目标消费者和潜在消费者的消费欲望，以达到产品促销的目的。在展览会上，参展商可以推介商品，扩大影响，开辟潜在市场，为今后的市场营销铺平道路；参展商还可以在展会上尤其是专业的展览上了解到其他企业的发展、产品状况甚至是科技秘密；另外，参展商也可以在与参观者的交流中了解市场的需要和潜力，这些信息比日常的市场调研更直观和准确。

（3）销售与成交

展览会可以汇聚商品信息，为参展商和采购商提供相互认识、相互洽谈并实现交易的平台。展览的时间虽然短，但便于客户直接与商家面对面地交流，大多数参展者都希望在展览会上达成一些意向或协议，这应该是他们在展览会上的最大收获。作为市场营销的一个重要组成部分，展览会是一个不可忽视的环节。许多大型企业非常善于借助展览会来树立企业形象，建立品牌知名度改善与客户之间的关系，寻求代理合作，在同行业间建立横向联系。

（4）宣传与促销

展览会是一种非常有效、直接的宣传公关活动。参展企业可以展示公司形象，开展综合公关，为企业发展创造良好的社会氛围。它的宣传效果不同于传统媒体（如广播、电视、报纸、杂志），而且产出比大大高于传统媒体。企业在展览会上可以直接面对竞争者和消费者，还能与采购商、研究机构及其他参展商相互交流，推动市场与经济的发展。同时，通过即时性的宣传与交流，能立即获得市场信息和动态，为企业制订以后的宣传目标及方案提供重要的依据，这些都是传统媒体所不能达到的。

德国展览协会根据市场营销理论将企业的参展目标归纳为基本目标、产品目标、价格目标、宣传目标和销售目标五类。企业参展的目的可能同时有几种，但是在参展前必须确定主要目标，以便有针对性地制订具体方案，区分工作重点。比如说，在所有目标中,最重要的目标是开发市场和寻求新客户,那么,参展商需要对展览会想要吸引的观众进行比较彻底的了解。尽管展览会的经理对目标观众有一定的评估,但这些评估对于参展商而言是不够的,他们必须对自己公司的观众和潜在观众进行评估。评估的目的在于他们想知道:是否有足够合格的参观者购买产品。因此,参展商必须判断,展览的参观者是否能像他们所期望的那样购买他们的产品和服务;这些顾客是否具有在特定时间段内订购某一产品的能力,以实现公司完成销售目标。因此,参展商需要收集顾客的基本信息(如年龄、性别、受教育程度、职业、收入和地理位置等人口统计方面的信息,以及购买模式、态度、影响决策等诸多心理方面的因素),然后有针对性地开发市场,吸引客户。

2)影响参展商心理的外部因素

展览会有别于其他营销方式,它是一种充分利用人体感官的营销活动。参观者通过展览会对产品的认知是最全面、最深刻的。同时,展览会又是一个中立场所,不属于买卖任何一方,这种环境容易使人产生独立感,从而以积极、平等的态度进行谈判。这种高度竞争而又充分自由的气氛,正是企业开拓市场时最需要的。最后,展览会又是一项极为复杂的系统工程,从制订计划、市场调研、展位选择、展品征集、报关运输、客户邀请、展场布置、广告宣传、组织成交直至展品回运,形成了一个互相影响、互相制约的有机整体,任何一个环节的失误,都会影响到展览活动的效果。因此,参展商想要通过展览会达到预期的效果,就必须了解展览会的特性。

一般来说,参展商在选择展览会时,应结合参展目的重点考虑以下几个因素:

(1)展览会的定位

要想充分利用展览会,就必须准确了解展览会的定位。每个展会都有不同的性质和内容,按展览目的来划分,可分为形象展和商业展;按行业设置来划分,可分为行业展和综合展;按观众构成来划分,可分为公众展与专业展;按贸易方式来划分,可分为零售展与订货展;按展出者来划分,又有综合展、贸易展、消费展等。不同的展览会吸引不同的参展商、观众,展览会定位的不同会影响到企业的销售针对性与效果。在发达国家,不同性质的展览会界限分明。但在发展中国家,由于受经济环境和展览水平的限制,往往很难准确地划分。参展商要结合自身的需要,谨慎选择展览会。

科博会是展会定位最具代表性的一个例子,经历了22个年头的风风雨雨,科博会从最初的"北京高新技术产业国际周"到"中国北京国际科技产业博览会",不断细化、深入,主要体现在:从最初的追求规模和成交额变成涵盖"交往、交流、交易"的综合职能;内容上从初期的五花八门向高科技产业靠拢,论坛设定也从微观向宏观拓展,如"能源战略""环保经济""生物医药"等;形式上也从以前的展馆四处开花向单一场馆转变。科博会定位的成功不仅仅是一种表面形式的改变,更是产业背景下展会的一种突破。

(2)展览会的知名度

现代展览业发展到今天,每个行业的展览都形成了自己的"龙头老大",成为买家不可不去的地方,比如:芝加哥工具展、米兰时装展、汉诺威工业博览会、广州全国出口商品交易会等。通常而言,展览会的知名度越高,吸引的参展商和买家就越多,成交的可能性也越大。如果是一个新的展览会，则要看主办者是谁，在行业中的号召力如何。名气大的展览会往往收费较高，为节省费用，可与其他参展商合租展位，即使如此，效果也会好于参加那些不知名的小展览会。

（3）展览内容

现代展览业的一大特点是日趋专业化，同一主题的展览会可细分为许多小的专业展。例如，同样是有关啤酒的展览会，其具体的展出内容可能是麦芽和啤酒花，可能是酿造工艺，可能是生产设备，可能是包装材料或技术，也有可能是一场品牌大战。参展商事先一定要了解清楚，以免"误入歧途"。

（4）展览时间

任何产品都具有自己的生命周期，即新生、发育、成熟、饱和、衰退五个阶段。展出效果与产品周期之间有一定的规律。对于普通产品而言，在新生和发育阶段，展会有事半功倍的效果；在成熟和饱和阶段，展出的效果可能事倍功半；到了衰退阶段，展出就往往会劳而无功。

（5）展览地点

参加展览会的最终目的是向该地区推销产品，所以一定要研究展览会的主办地及周边辐射地区是否是自己的目标市场，是否有潜在购买力。必要时可先进行市场调查。曾经有一个拖鞋厂家，想当然地认为非洲天气热则非洲人一定需要他们的产品。结果到了非洲某地才发现，天气热不假，但那里的百姓平时根本就不穿鞋。

除以上几点之外，会展地本身所具有的特点（如景观环境、交通、住宿、道路、购物、康乐及文化环境等）、会展举办地的国家政治与政策、地区管理与经营方针、劳动质量与服务水平、居民文化素养与友好态度等都会影响参展商心理。

**【拓展阅读】**

一旦决定了参加某一个展览会，则要即刻开始筹备。展览会是一项系统工程，需要考虑的问题很多。怎样才能合理使用人力、财力和精力呢？有人对展览会上的参观者做了调查，发现影响他们记忆的因素主要有五条，建议展出者不妨从这里入手。

①展品选择。展品是展出者能给参观者留下印象的最重要因素。在参观者的记忆因素中，"展品有吸引力"占到39%的比重，应予重点考虑。选择展品有三条原则，即针对性、代表性和独特性。针对性是指展品要符合展出的目的、方针、性质和内容；代表性是指展品要能体现展出者的技术水平、生产能力及行业特点；独特性则是指展品要有自身的独到之处，以便和其他同类产品区分开来。

②展示方式。展品本身大部分情况下并不能说明全部情况、显示全部特征，需要应用图表、资料、照片、模型、道具、模特或讲解员等真人实物，借助装饰、布景、照明、视听设备等手段，加以说明、强调和渲染。展品如果是机械或仪器，要考虑安排现场示范，甚至让参观者亲自动手；如果是食品饮料，要考虑让参观者现场品尝，并准备小包装免费派发；如果是服装或背包，要使用模特展示，或安排专场表演。这些都是为了引起参观者的兴趣，增加他们的购买欲望。

③展台设计。展台设计的表面任务是要好看,根本任务则是要帮助展出者达到展览目的。展台不仅要能反映出展出者的形象,吸引参观者的注意,还要具备工作的功能。因此,展台设计在注重视觉冲击力的同时,还要注意以下几点:展览会不是设计大赛,展台设计要与整体的贸易气氛相协调;展台设计是为了衬托展品,不可喧宾夺主;展台设计要考虑参展者的公众形象,不可过于标新立异;设计展台时不要忽略展示、会谈、咨询、休息等展台的基本功能。

④人员配备。人是展览工作的第一要素,也是展览成功与否的关键所在。展台的人员配备可以从四个方面加以考虑:第一,根据展览性质选派合适类型或相关部门的人员;第二,根据工作量的大小决定人员数量;第三,注重人员的基本素质,如相貌、声音、性格、自觉性、能动性等;第四,加强现场培训,如专业知识、产品性能、演示方法等。展台人员要结合参展商品的特点,灵活应对:如果是大众消费品,应着力树立品牌形象,在消费者中形成亲和力;如果是新产品,需大力宣传其与众不同之处;产品如果具有独创性,则应强调其在技术上的突破性。

⑤客户邀请。展览会上若能顾客盈门当然求之不得,但难免会出现门庭冷落的情况。这就要求参展者除了被动地等客户到,还要有意识地请客户来。可采取邀请函、登门拜访、通过媒体做广告、现场宣传、派发资料等手段,邀请和吸引客户。

总之,要未雨绸缪,把工作做在前面。企业参加展览会时如果能按照以上步骤甄别、选择和筹备的话,想必会收到事半功倍的效果。

### 3)影响参展商心理的内部因素

影响参展商心理的内部因素主要是生理因素、心理因素和社会因素。

生理因素主要是指参展商自身的生理状况,如年龄、健康等。

心理因素主要包括知觉、学习、动机、态度、人格等。知觉是人脑对当前直接作用于感觉器官的客观事物的整体反映,是一个人选择、组织和解释信息,创造一个有意义的行为环境的过程。学习是指一个人在社会实践中,以语言为中介,通过各种方式和途径,主动积极地、直接和间接地掌握人类社会历史经验、积累个体经验、认识与了解最能满足自己需要的会展活动与服务,从而使自己的会展消费行为发生变化的过程。动机是激励人们进行活动的内部原因和驱动力,是会展行为产生的原因和推动力量。态度是个人对待外界对象较为稳固的,由认知、情感、意向三种成分构成的内在心理倾向,是相当一致的肯定或否定表态。人格是个人所表现出来的行为模式,以及以一定方式表现其经验和行为的心理结构。对于参展商而言,参加展览是一个低成本的推销活动,他们在展览会上既可以面对面地向消费者进行宣传介绍,又可以获取知识和信息,了解行业信息和目标市场的状况。通过亲身参与展览会,与购买方面对面地接触,宣传演示新产品,他们能够选择、组织和解释信息,获得对展览会和消费者的基本知觉。并在知觉的基础上,对市场进行调研、对经销商进行培训,主动积极地积累自己的知识和经验,丰富自己的学习过程,从而不断确认市场方向,改善自己的产品和服务。把握好展览会,参展商不但能提高人们对本行业、本企业产品和服务的关注程度,激发目标市场的潜力,参与充满竞争的销售环境,而且能给参观者和其他参展商留下深刻的印象。

影响参展商的还有社会因素。纵观整个会展活动,参展商在做决策的时候,常由于国籍、民族、生活观念与价值观、个人经济条件、受教育程度、闲暇时间、会展活动对个人的重要程度等的不同而产生不同的心理感受。

将影响参展商心理的内外部因素相融合,参展商就形成了对某次会展的感性认识和情感认识,并最终形成自己对会展的了解和看法,其结果将直接影响参展商的会展决策。

### 2.2.3 会议消费者心理

#### 1)会议消费者的心理期望

会议消费者可以分为专门为参加会议而来的消费者和被会议所吸引的消费者两种。

专门为参加会议而来的消费者往往以参加会议为主要目的,他们的心理期望主要取决于会议本身,其中有公司的业务会议、协会和团体组织的会议等。这类会议的参与者大多对会议举办地没有太多的选择,当然那些主题鲜明、组织出色、定位准确的会议更会对他们产生吸引力。此外,会议相关设施建设及会议举办地的基础设施、旅游资源如果比较完善,也会增加对这类会议消费者的吸引力。

被会议所吸引的消费者主要是指参会人员所携家属、既重参会又重旅游的与会者、因举办大型会议而被吸引而来的旅游者等。与前一类会议消费者相比,他们具有更大的出游弹性,这类消费者对会议举办地的旅游资源特色和可进入性、会展举办地形象、会议相关产品的开发和推广等方面极为关注,他们往往希望得到更丰富、更详细的信息。

专门为参加会议而来的消费者和被会议所吸引的消费者虽然心理期望略有差别,但还是有共性。

（1）周到

专门为参加会议而来的消费者和被会议所吸引的消费者都希望他们参加的会议能不出纰漏,圆满成功。他们希望能有完善的会前准备、礼貌的话语、绽放的笑脸、殷勤的接待和周到的服务。

（2）尊重

专门为参加会议而来的消费者和被会议所吸引的消费者,可能是政府官员、国际友人、学术权威或社会名流等,他们以及他们的家人和朋友希望能得到别人的尊重,包括他们的身份和人格、习俗和信仰、要求和意见。

（3）方便

会议之所以租借饭店会场,一来是用高档次饭店衬托会议的高级别,更重要的是饭店会议服务的专业化,可以为会议消费者提供最大的生活和工作便利。"在家千日好,出门一日难",会议消费者在整个会议消费过程中,需要各种服务,包括住宿、餐饮以及现场的专业服务,如电气、地毯、电脑、打印和复印、会议场所的装饰、娱乐活动等。上述服务有些是需要会议消费者提前预订的,而有些是必备的,有些则是临时需要但事先没有准备的。无论是哪种情况,消费者都希望能最大限度地满足自己的需要。

(4)安全

会议消费者希望组办者确保自己的人身及财产安全。除了在展厅里安装高科技的警报和监视系统外,还可以通过对会展的入场人员加以限制来防范意外发生。在展览期间,应配备保安在展区内巡逻。特大型的会展,应尽量控制参观人数,可以采取分时段、分批次等方式,因为人数越多,安保工作越困难。对于规模巨大、价值昂贵的展品应安装电子监视器。

### 2)会议消费者的生理要求

(1)对会议举办地的外部环境的要求

会议消费者要求会议举办地的外部环境是这样的:国际形势和平稳定,没有战争、恐怖活动或其他突发性事件的冲击;主办国没有主动或被动地进行有敌意的行动,与其他国家友好相处,不招致政治抵制;与国际主要客源地空间距离适宜,交通方便、费用合理,信息沟通顺畅,经济稳定等。

(2)对会议举办地的内部环境的要求

国内政局稳定、社会发展、经济增长;当地居民支持会议的举办,对会议相关消费者友好尊重,并乐于帮助会议消费者解决日常生活中遇到的问题;主办地的会议设施和服务要有吸引力,能满足会议消费者的多种多样需求;基础设施完善,可进入性好,物价稳定等。

参加会议的人员一般消费水平高,购物能力强。有的会议消费者既要参加会议,又要参观游览,他们的逗留时间和花费都偏高。因此他们对会议举办地的设施和服务方面要求较高:

①要具有现代化的会议设施。如音响、声像设备、同传设备、贵宾室、休息室、商务设施、复印、打字、网络、会场的摆设、通风、供暖、空调、防火设施、足够的灯源、插座、开关、讲台、演讲台、屏幕、无线广播系统、幻灯机、闭路电视、大屏幕同步放映等先进的设施设备,保证会议能够如期顺利进行。

②要有不同档次的住宿和娱乐设施。供会议消费者入住的饭店与会场的距离应该适宜,拥有各种标准齐全的客房,包括单人间、双人间、套间、豪华套间等。饭店的餐饮、娱乐、健身设施能满足消费者的需要。

③会议举办地的地理位置要好,交通要便捷,最好是位于城市和机场之间;最好有接待大型会议的经历和经验,要有较高水平的服务。

④要有一批熟悉会议并善于组织会议的专门人才负责会议的组织策划、宣传服务,保质保量地完成会议任务,并能利用自己的经验和专业知识根据现场判断,随机应变地去完成、满足会议消费者的各种合理需要。

⑤要具有良好的购物场所,商品齐全并能做到"物有所值"。随着会展业的迅猛发

展,会议消费者除了他们的展会需求外,还包括他们在旅行和生活中的需要和偏爱,这就对会展接待地的食、住、行、游、购、娱提出了更高的要求。

⑥对于特殊的群体,如残障人士、老年与会者和女性与会者应特别注意提供方便,以满足他们的需要。

a. 残障人士。残障人士是一个特殊的群体,他们在陌生的地方可能需要比其他与会者更多的帮助。如盲人与会者需要特殊的会议简介,需要导盲犬,上下电梯时也需要帮助。又如乘坐轮椅的与会者需要坡道及其他方面的设施。而有听觉障碍的与会者因交流方式的不同,也需要一定的帮助,如手语等。所以,会议工作者应该充分考虑到他们的需要,并针对他们的特殊要求提供相关服务。下面列出了需要为行为障碍者考虑的问题:是否至少有一处入口是坡道或没有台阶的平地;所有的门是否至少有32英寸(1英寸=0.0254米,下同)宽;所有的门是否能方便地打开;建筑和房间的门槛是否都低于半英寸;是否有楼梯的地方都设置了坡道;坡道是否都符合每12英寸长度升高距离小于1英寸的陡峭程度;是否有水平或接近水平的道路通向各个建筑物;会场附近的人行道是否设有转弯车道;每层建筑之间是否都有电梯相连;电梯中是否有操作员,是否所有的电梯按钮上都有盲文或突起标志;公共厕所的门是否都至少有32英寸宽;公共厕所的过道是否都至少有32英寸宽,并设置有扶杆;会场是否设置了可供乘轮椅者使用的较低的手动饮水机;是否每层都有乘轮椅者可以使用的公共厕所;会场是否为乘坐轮椅者提供了较低的公用电话;是否设置了带有扩音器的公用电话,以方便听障者使用;是否为听障者设置了TTY(一种特殊的电话接线);会议和其他功能性场所是否适合乘轮椅者使用;是否为他们提供了特殊的方便;会议及相关场所是否允许导盲犬出入;是否需要对发言者进行一定的指导,以便顾及他们的需要。

b. 老年与会者。现在有越来越多的老年人参加会议,因此需要考虑到老年人的一些特殊要求,如现场医疗,使用不同以往的视听设备以适应老年人的视力、听力的要求等。

c. 女性与会者。据最新统计数据,协会类会议参加者中近39%是女性,而公司类会议参加人中有35%为女性。女性与会者的年龄层也比20年前相对更低。在会议筹备时,需要注意她们在某些需求上与男性与会者的不同。例如饭店在安排女性与会者时,应增加女性用品(如乳液、洗发用品、化妆镜)及女性楼层;在停车设备方面也要加强停车场灯光与安全设施。

会展接待工作需要较高的专业知识和技巧,改进和稳定的服务质量可以赢得相对稳定的客源。因此要研究会议消费者的生理和心理需求,制订合理的经营方针和营销策略,以开发出适合会展消费者需求的产品和服务。

### 2.2.4　会展产品消费心理

1)会展产品内在性质与外在形象

会展举办的主要目的之一就是为参展商或企业创造机会向观众展示自己的产品实

物。参展企业要尽可能地陈列产品实物而不能只靠展示产品的精美图片和丰富文字。参展商应该尽量演示产品的操作过程,让观众和买家明白产品的功能和实际效果。如果实在做不到这一点,那就只能在展板上贴上色彩鲜艳、高清晰度的照片,再配以文字说明和适当的数字图表。其实,只要展地条件允许,一定要克服困难,将产品实物陈列出来。图文介绍只适用于产品目录或广告宣传,而不适合在展厅展出。

需要指出的是,机械、汽车、玩具、食品、花卉等展览会可以有产品实物在现场陈列,但某些产品由于体积过大或太危险而不宜在公众场合展示。为了展示的效果,这就需要发挥设计师的专长,由他设计制作一些产品的模型或音像资料,这样使参观者能更多地了解企业的产品。类似旅游展这类较特殊的展会,由于其产品本身的无形性,无法在现场展示实物,必须依靠展台的新颖布置和图文并茂来展示城市或景点形象。比如说,上海旅游机构出国参展,展台展示的效果应该是上海整体的旅游形象,这不需要上海的土特产、小吃作为必备展示品,而是要通过上海的旅游接待环境综合宣传来体现"上海"这个独特的产品。

产品陈列多而满或少而缺都不能产生最佳的展示效果。展品过多,介绍过繁,容易使买家和参观者思绪混乱,无法抓住产品的特色和重点;反之,又容易失去买家和参观者。因此最好是从整个产品系列中选出对这次展览会的观众最具有吸引力、最有可能在展览会上成交的产品。如果参展商正在为企业某种系列产品中的某个产品做广告,同样应该把这种产品与这种产品的系列联系起来一同展出。如果参展企业正在开发一种新型的产品系列,展台就可以作为向社会大众隆重推出新产品系列的场所,同时还可以为企业计划在半年内投产的新产品原形收集专业买家和观众的反应。

当然,只把产品摆放在展台上,会显得单调而枯燥,难以给观众留下深刻印象。而搭建效果美观的展台则能吸引参观者。展台的布置要有创意,在采用传统方式依赖大规模场地展览的同时,一定要突出创新设计,以吸引观众。参展商可以进行一次现场演示,摆出雕塑作品或利用灯光使展台更具特色。据调查,照明可将展品的认知度有效提高30%～50%。另外,应选用少量、大幅的展示图片,以创造出强烈的视觉效果,太过密集或太小的图片不仅不宜读、看,而且限制了宣传文字的使用。图片应使用大胆而抢眼的颜色,避免使用易融入背景的中性色彩,可以使展台更容易凸显出来。应依据展台的空间大小来选择展品的数量,避免展台过度拥挤或空洞。但是站台的布置无论多醒目,都不能喧宾夺主,应该使参展产品一目了然。

2)影响消费者的心理因素

(1)感觉与知觉

感觉是人的感觉器官(如眼睛、鼻子、耳朵等)对于光、色、声和味等基本刺激的直接反应。知觉则是这些基本刺激被选择、组织及解释的过程。会展消费者做主观判断时有赖于许多因素。其中,最重要的是对每个对象的知觉及其对该对象是否具有满足消费者个人需要的能力的认识。因此,对知觉的研究是理解消费者行为的一个重要开端。

（2）学习与记忆

学习是人们不断获取知识、经验和技能，形成新的习惯，改变自己行为的过程，是较为持久的过程。记忆包括获得信息并将信息储存在头脑里以备将来使用的过程，记忆对从外部获得信息的保留与处理起着一定的作用。

例如参展商就要学会如何消费，如何从展会中获取信息，以及如何对待做出决策后产生的疑虑等。

（3）需要与动机

需要是主体缺乏某种东西时产生的一种主观状态。动机是发动并维持人的活动，使活动指向一定目的的心理倾向。动机产生于人的需要，一种需要被激发，心理紧张不安状态便存在，消费者希望其需要得到满足时，应激发其产生动机。

理解需要和动机就是理解消费者为什么要参与会展活动，为什么会在会展活动中购买产品和服务。

（4）态度

态度是一个人以肯定或否定的方式估价某些具体事物、抽象事物或某些情况的心理倾向。它是对某人某事，包括对自己的一种稳定的基本看法。当人们对一事物持某种态度时，不管这事物是有形或无形，它都被称为态度对象。

态度对每个人都很重要，它常常能说明生活中各种人在特定情况下会如何行事。消费者的态度直接决定了他购买哪些产品和服务。

（5）人格

人格又称个性，主要是指个人独特的心理构成因素，以及这些因素如何在个人对环境的反应中保持一贯的作用。个性是知觉、学习、需要、动机、情感的综合体，是由个人行为中那些能将自己区别于他人的稳定的特征构成的。

在会展消费过程中，了解消费者的个性，便于我们了解消费者行为的差异，从而可以预测其行为，并采取相应的措施，有的放矢地调节消费者的行为。消费者选择会展产品和服务的原因就是它们与消费者的个性相吻合。

（6）社会因素

社会的经济发展水平、地域特色、家庭、群体、社会阶层、社会文化等社会因素都会影响消费者的心理和行为。

总之，影响消费者的心理因素是多方面的。通过学习，可以了解和掌握影响消费者行为的一般规律，从而有利于会展市场的开发、经营和管理。详细内容在接下来的章节中将详细探讨。

# 2.3 会展心理的研究方法及相关领域

## 2.3.1 会展心理学的研究方法

会展心理学研究的方法主要有观察法、实验法、调查法、个案研究法、经验总结法和统计法等。

1）观察法

观察法是在会展服务自然状态中,有目的、有计划地利用感觉器官或仪器来考察会展活动参与者的心理活动及其规律的一种常用的研究方法。它主要是通过对会展活动参与者的语言、表情、行为等外部表现来了解其内心活动。此外还可以利用录音、录像等现代科技手段来增加观察的准确性。

观察法的优点是方便易行,可涉及相当广泛的内容,且观察资料更接近于生活现实。其缺陷是只能反映表面现象,难以揭示现象背后的本质或因果规律。因此,此法最好与其他方法结合使用。

2）实验法

实验法是在控制和改变条件下,促使一定的心理现象产生,从而探求心理变化及其规律的一种研究方法。实验法有实验室实验法和自然实验法两种形式。实验室实验法是在人为制造的实验室环境中进行的。其特点是精确,但也因此失去了一定的真实性和普遍性,因为现实中很少有像实验室那样的环境。自然实验法是在真实环境中进行的,所得的结论更具有普遍意义。

对会展心理的研究多采用自然实验法。如在组织展览定位的选择上,每个展览会都有不同的性质和不同的内容,有商业展、综合展、消费展等。不同的展览会吸引不同的展商、观众,会影响到企业的销售针对性与效果,我们可以从中探求参展商及观众的心理变化。

3）调查法

调查法是采取多种方法获取有关资料,间接了解被调查对象心理活动的一种方法。如个别面谈、召开座谈会、设置意见箱、问卷调查等。常用的方法是问卷法和谈话法。参展商的需要因人而异,了解参展商需要的最有效方法就是直截了当地发问,而座谈会、调查表和电话访问都是捕捉信息的常规方法。参展商的需求不断变化,因此这些调查是长期需要的。

调查法的优点是能同时进行群体调查,快速收集大量资料,而且简易的问题也方便人们回答。但调查法不太适于针对行为,因而对涉及态度的回答未必完全真实。

4）个案研究法

个案研究法是对个体、群体或组织以各种方法收集各方面可能的资料以供分析的方法。比如通过研究一次会展活动来了解其组织及管理方法和成效，就是一种个案研究。由于个案研究时多半需要个案的背景材料，了解其经历，因此也称个案历史法。

个案研究法针对性强，对于解决组织中的具体问题颇有帮助。但由于它过于具体，普遍性自然较差，其结论不宜推广。

5）经验总结法

这是从心理学角度，科学地、有目的地分析和总结会展工作经验的一种研究方法。它带有本质性和规律性，对会展工作的开展有重要的指导意义。

6）统计分析法

统计分析法是利用统计学原理，通过搜集、整理和分析会展活动的有关资料，从心理学的角度进行量化研究的一种方法。

上述几种心理学的研究方法，各有优势和不足之处，通常是几种方法配合使用。无论采取什么研究方法，只有遵循客观性、发展性和系统性的心理学研究基本原则，才能概括和把握会展消费心理活动的特点和规律，才能有助于掌握会展消费者心理需求变化的趋势，以便及时调整服务策略。

## 2.3.2 会展心理的相关实践领域

会展心理作为心理学的一个分支，其产生与发展，以及运行中，都与心理学的其他分支保持着密切的联系，如：管理心理学、公关心理学、服务心理学、认知心理学等。

管理心理学是心理学分支中研究组织管理中人的心理活动规律的学科，其主要任务是探索改进管理工作的心理依据，寻求激励的途径和方法，改进管理水平，极大地促进领导者的管理能力和领导艺术，最大限度地调动个体的积极性、创造性，增强组织凝聚力。现代会展活动都是以多个组织，如会展公司、参展商、会展场馆之间频繁交互的方式完成活动全部过程，管理心理学对各个组织内部的个体心理、群体心理、领导心理、组织心理的普遍规律等有着重要的指导意义。

公关心理学的研究内容有三大部分：公关主体即社会组织心理、公关客体即公众心理、公关中介即传播、沟通心理。现代会展活动在短时间内汇集巨量的信息流、人流、资金流等，也成为短时间内社会关注的热点，而公关心理学的理论能帮助会展活动更好地契合公众心理，建立积极、正面的公众形象。

服务心理学是伴随着现代服务业的兴盛而发展起来的，主要研究顾客与服务者在服务交往活动中的双向心理现象、行为规律以及服务技巧。会展活动属于现代服务业的重要组成部分，服务心理学的理论有助于指导会展从业人员更好地把握顾客需要，提供高质量的服务，同时，也能指导从业人员有效地做好自我心理保健。

认知心理学研究人们如何获取、处理和存储信息,以个人内部心理过程,如解决问题、记忆、学习和语言为主要研究内容,主要的研究过程为观察人们是如何思考、感知、交流、记忆和学习的。认知心理学与神经科学、哲学和语言学有着密切联系。现代会展活动也是信息密集发布、传播的活动,认知心理学的理论可以帮助会展活动组织者更好地策划活动主题、宣传口号、现场标志标牌,更有效地引导参与者的认知。

# 案例举要

## 生活中常见的 13 种心理学效应

1. 木桶效应

木桶效应最早是由美国管理学家彼得提出的,"水桶"就象征着人或事的各个方面,而短板就是其中的薄弱部分,所以盛水多少最关键的往往不是最长的那块板,而是最短的那一块,就像企业的核心竞争力中,最需要注意的还是短板部分。如果将木桶比作人,短板就是我们身上的一些短处,可能是一些缺点,可能是一些不好的习惯,还可能是某一方面的不擅长,所以它们的存在,都会给我们带来限制,要想全面地发展,就不能被短处牵着走。

2. 台阶效应

又称得寸进尺效应,是指一个人一旦接受了他人的一个微不足道的要求,为了避免认知上的不协调,或想给他人以前后一致的印象,就有可能接受更大的要求。这种现象,犹如登台阶时要一级一级地登,这样能更容易更顺利地登上高处。心理学家认为,在一般情况下,人们都不愿接受较高较难的要求,因为它费时费力又难以成功。相反,人们却乐于接受较小的、较易完成的要求,在实现了较小的要求后,人们才慢慢地接受较大的要求,这就是台阶效应对人的影响。在人际交往中,当我们要求某人做某件较大的事情又担心他不愿意做时,可以先向他提出做一件类似的、较小的事情。

3. 共生效应

共生效应,是指一定的参照群体中的人们,在从事日常的劳动、工作和学习时,受到群体中成员的智慧、能力及以往的劳动成果的影响,在思维上获得启发,能力水平得到有效提高的现象。这种影响是群体成员之间相互的、潜移默化的,是发展与发挥个人潜能的社会激发因素之一。共生原为生物学概念,指不同种类的生物共同生活在一起的现象。在一个人才荟萃的群体中,人才间的互相交流、信息传递、互相影响往往会极大地促进人才与群体的提高。因此,群体的组织者应当充分运用并不断强化"共生效应",形成一个吸引人才、利于人才成长与脱颖而出的群体。如英国卡文迪许实验室、美国的贝尔实验室等,在那里工作过的科学家先后有获诺贝尔奖的。因此,我们从中可以得到这样一个启迪,组织的领导者应充分利用并不断强化人才的共生效应,形成一个吸引人才、利于人才成长与脱颖而出的群体。

### 4. 首因效应

首因效应由美国心理学家洛钦斯首先提出，也叫首次效应、优先效应或第一印象效应，指交往双方形成的第一次印象对今后交往关系的影响，也就是"先入为主"带来的效果。虽然这些第一印象并非总是正确的，但却是最鲜明、最牢固的，并且决定着以后双方交往的进程。如果一个人在初次见面时给人留下良好的印象，那么人们就愿意和他接近，彼此也能较快地取得相互了解，并会影响人们对他以后一系列行为和表现的解释。反之，对于一个初次见面就引起对方反感的人，即使出于各种原因难以避免与之接触，人们也会对之很冷淡，在极端的情况下，甚至会在心理上和实际行为中与之产生对抗状态。

### 5. 近因效应

近因效应是指最新出现的刺激物促使印象形成的心理效果。1957年，心理学家A.卢琴斯根据实验首次提出。实验证明，在有两个或两个以上意义不同的刺激物依次出现的场合，印象形成的决定因素是后来新出现的刺激物。例如介绍一个人，前面先讲他的优点，接着"但是"，讲了许多缺点，那么后面的话对印象形成产生的效果就属于近因效应。当沟通者提出两个以上不同的论据（刺激物）时，认知者产生首因效应还是近因效应？1960年，心理学家J.怀斯纳的实验证明，这时取决于认知者的价值观念，首因效应和近因效应依附于主体价值选择和评价。如果提出的论据不是当场依次提出，而是间隔了较长时间，那么近因效应发生的机遇则更大些。1964年，心理学家C.梅约和W.克劳克特的实验进一步证明，认知结构简单的人，容易出现近因效应；认知结构复杂的人，容易出现首因效应。有关的学者还指出，认知者在与熟人交往时，近因效应起较大作用；与陌生人交往时，首因效应起较大作用。

### 6. 蝴蝶效应

蝴蝶效应是指在一个动力系统中，初始条件下微小的变化能带动整个系统长期的巨大的连锁反应。它是一种混沌现象，说明了任何事物发展均存在定数与变数，事物在发展过程中其发展轨迹有规律可循，同时也存在不可测的"变数"，往往还会适得其反，一个微小的变化能影响事物的发展，证实了事物的发展具有复杂性。

### 7. 从众效应

从众效应，也称乐队花车效应，是指当个体受到群体的影响（引导或施加的压力），会怀疑并改变自己的观点、判断和行为，朝着与群体大多数人一致的方向变化。也就是指：个体受到群体的影响而怀疑、改变自己的观点、判断和行为等，以和他人保持一致。也就是通常人们所说的"随大流"。

### 8. 鲇鱼效应

挪威人喜欢吃沙丁鱼，尤其是活鱼。市场上活鱼的价格要比死鱼高许多，所以渔民总是千方百计地带活沙丁鱼回港。虽经种种努力，可大部分沙丁鱼还是会在中途窒息而死。后来，有人在装沙丁鱼的鱼槽里放进了一条以鱼为主要食物的鲇鱼。沙丁鱼见了鲇鱼四处躲避，这样一来缺氧的问题得到解决，大多数活蹦乱跳地回到了渔港。这就是著名的"鲇鱼效应"。鲇鱼效应是一种管理心理学的理论。鲇鱼效应即采取一种手段或措施，刺激一些企业活跃起来投入市场中积极参与竞争，从而激活市场中的同行业企业。

其实质是一种负激励,是激活员工队伍之奥秘。

9. 晕轮效应

晕轮效应又称成见效应、光圈效应等,指人们在交往认知中,对方的某个特别突出的特点、品质就会掩盖人们对对方的其他品质和特点的正确了解。这种错觉现象,心理学中称为"晕轮效应"。美国心理学家H.凯利、S.E.阿希等人在印象形成实验中证实了这一效应的存在。

晕轮效应除了与人们掌握对方的信息太少有关外,主要还是个人主观推断的泛化、扩张和定式的结果。它往往容易形成人的成见或偏见,产生不良的后果。

10. 马太效应

马太效应是指强者愈强、弱者愈弱的现象,广泛应用于社会心理学、教育、金融以及科学领域。马太效应,是社会学家和经济学家们常用的术语,反映的社会现象是两极分化,富的更富,穷的更穷。出自圣经《新约·马太福音》一则寓言:"凡有的,还要加倍给他叫他多余;没有的,连他所有的也要夺过来"。

11. 刻板效应

刻板效应,又称刻板印象,是指对事物形成的一般看法和个人评价,认为某种事物应该具有其特定的属性,而忽视事物的个体差异。也是由社会按性别、种族、年龄或职业等分类而形成的固定印象。刻板印象虽然可以在一定范围内进行判断,不用探索信息,迅速洞悉概况,节省时间与精力,但是往往可能会形成偏见,忽略个体差异性,人们往往把某个具体的人或事看作某类人或事的典型代表,把对某类人或事的评价视为对某个人或事的评价,因而影响正确的判断,若不及时纠正,会进一步发展或可扭曲为歧视。

12. 破窗效应

破窗效应指环境中的不良现象如果被放任存在,会诱使人们仿效,甚至变本加厉。以一幢有少许破窗的建筑为例,如果那些窗不被修理好,可能会有破坏者破坏更多的窗户。最终他们甚至会闯入建筑内,如果发现无人居住,也许就在那里定居或者纵火。一面墙,如果出现一些涂鸦没有被清洗掉,很快的,墙上就布满了乱七八糟、不堪入目的东西;一条人行道有些许纸屑,不久后就会有更多垃圾,最终人们会理所当然地将垃圾顺手丢弃在地上。

13. 皮格马利翁效应

心理学家罗森塔尔于20世纪60年代末期通过实验研究发现,如果教师认为某些孩子聪明,对他们有积极期望,认为他们以后智力会发展很快,那么若干个月后,这些孩子的智力果真得到了较快、较好的发展。相比之下,没有得到教师这种积极期望的孩子智力的发展并不明显。而两类孩子原来并没有什么差别。两类孩子几乎是在完全相同的教育环境中成长。因而他们智力发展的差异只能由教师期望的不同来解释。罗森塔尔借于皮格马利翁神话,称这种现象为皮格马利翁效应。

**评析:**

心理学的基础理论告诉我们,人的心理现象比自然现象和生物现象更为复杂,其表现形式各种各样,它们之间的关系也纷繁复杂。但是心理现象又是人们所熟悉的,具有规律可循,并且是能够被正确认识的。最基本的心理过程是认识过程、情绪和情感过程以及意志过程。它们都是人脑对客观现实的反映过程。感觉、知觉、记忆、想象和思维都属于对事物的认识活动,都是为了弄清楚事物的性质和规律而产生的心理活动,这种人脑对客观事物的认识活动统称为认识过程。人们在认识客观事物时不是冷漠无情、无动于衷的,而总是伴随着满意或不满意、愉快或不愉快等鲜明的态度体验,充满着情感色彩,这称为情绪和情感过程。此外,人在认识世界时,不只是认识事物,产生情绪或情感,而且还要对环境做出应答性的活动。

了解和熟悉常见的心理学效应,可以科学有效地介入客户的心理调节过程,最大限度地获得预期的效果。

# 思考与练习

1. 影响参展商心理的因素有哪些?
2. 会议消费者的心理期望有哪些?
3. 谈谈会展产品的内在性质和外在形象。
4. 影响消费者心理的因素有哪些?
5. 会展心理常见的相关实践领域有哪些?

# 第 3 章
## 知觉对会展消费的影响

[学习目标]

- 了解和掌握知觉的特性、心理定式
- 熟知影响会展消费者决策的各种因素
- 掌握会展消费者的活动规律,为更好地开展会展工作提供依据

[关键概念]

知觉　心理定式　地域　层次　决策

# 3.1　知觉的基本原理

## 3.1.1　知觉的体验性

知觉的体验性指的是创造难忘经历，使体验者身临其境，获得独特的回忆，从而创造出新的价值成就感和快乐。体验是一种更高的价值源泉，是伴随着人们美好情感的回忆。

心理学领域中，认为体验属于一种感知方式，"它不仅包括感官的外在感受而引起的情绪情感体验，还包括在外部情境刺激作用下带来的内心世界的活动"。随着人们认识的不断提高，体验的含义已经远远超过了心理学范畴。1999年，约瑟夫·派恩和詹姆斯·吉尔摩在《体验经济》一书中，将体验定义为："一种已经存在的、先前没有被清楚表达出来的经济产出类型"；"体验事实上是当一个人达到情绪、体力、智力，甚至是精神的某一特定水平时，他意识中所产生的美好感觉"。体验不是自动产生的，而是主体受外界环境刺激产生的内在反应，这不仅要求引导主体的高度参与，还需要适当的环境来引发主体的情感和内心感受。就会展展示环境设计而言，体验是通过展示空间结构、展具形式、照明方式、色彩环境和版面装饰的精心设计和策划，然后借助主体的参与和互动创造出来的。体验具有很大的个体性、主观性和不确定性，它涉及人的感觉、情感、情绪、思维等心理活动因素，是理性和感性的交织，是身、心、境达到彻底融合得来的感受。这种感受是令人难忘的，有可能影响人们的思维、态度甚至生活。

## 3.1.2　知觉的选择性

知觉的选择性是指人对外来信息有选择地进行加工的能力。人的生活环境是纷繁复杂、千变万化的，在同一时间内，作用于人的刺激物也是极为众多、复杂的。然而，人不可能同时对众多事物进行感知，而总是有选择地把某一事物作为知觉对象，与此同时把其他对象作为知觉对象的背景，这种现象叫作知觉的选择性。

把知觉的对象从背景中分化出来，客观上受到许多条件的影响，主要有：

1）对象与背景的差别

当人们处于丰富多彩的环境中，众多的事物迎面而来的时候，我们能从众多的刺激中去知觉已经熟悉的或有意义的事物，对它们知觉得特别清晰，使其成为知觉的主要对象，而同时作用于感觉器官的其他事物则知觉得比较模糊，这些模糊的事物就成为知觉背景。

知觉的对象和背景差别越大，对象从背景中区分出来就越容易；反之，就越困难。然而在知觉过程中，知觉对象和背景的关系不是一成不变的，它依存于一定的主客观条件而互相转换。

如图 3.1 所示,你可以把它看成两个人相对的面孔或一个花瓶,两者可以反复变动,但不可能同时把两者都当作知觉对象,看到两者都同时存在。

再如图 3.2 所示,如果你以黑色为背景,你会看到白色的柱状物,反之,你则看到几个人物。

图 3.1　知觉对象

图 3.2　视觉差异

2)对象的变化和运动

在固定不变的背景上,活动的物体容易被选择。比如交通路口上变换着的红绿灯、飞流直下的瀑布、运动着的缆车、月夜的流星等,它们都容易被选择而知觉。

3)对象的组合

人们感知外界刺激时并不是杂乱无章的,而是在感知一个有组织的整体。知觉对象的组合也影响着知觉各部分的辨认。组合包括两种:接近组合和相似组合。接近组合是彼此相近的物体容易被知觉组织在一起,无论是时间上接近还是空间上接近,都倾向于组成一个知觉对象。如图 3.3 所示,由于 6 行 6 列的 36 个点排列的空间紧密程度不同,把 A,B,C 知觉为不同的对象。

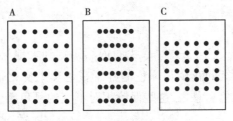
图 3.3　对象的组合

相似组合是指性质相同或相似的事物容易被人组合在一起,成为知觉对象,如图 3.4 所示。

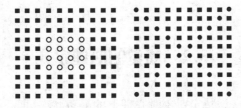
图 3.4　相似结合

此外，知觉的选择性还受人的主观因素影响，其中包括主体的需要和动机、兴趣和爱好、知识和经验、情绪、个性、经济收入、年龄、性别、职业、社会阶层、态度、信仰等。

在展览会上，参展商需要同时与其他众多参展商进行竞争，因此，参展商必须尽量突出、显示自己的特色。他们可以充分利用知觉选择性的相关原理来进行展台特色设计，例如进行现场演示，或利用灯光使展台更具特色。

### 3.1.3 知觉的持久性

知觉的持久性又称为知觉的恒常性，是指知觉条件在一定的范围内发生了变化，而感知对象的映象仍然能够保持相对不变的特性。我们在不同的角度、不同的距离、不同的物理环境下，知觉某一熟悉物体时，虽然该物体的物理特征受环境影响而有所改变，然而由于我们对该物体的知觉经验的参加，我们的主观感受却不随着物理条件的变化而变化。知觉的持久性在生活实践中的表现如下：

1）亮度的持久性

物体的亮度取决于它的反射率，反射率高的感知为明亮，反射率低的则感知为昏暗。比如中国人的头发是黑的，正是由于这个知觉经验的参与，我们把向光一面和背光一面的头发，都会知觉为黑色。

2）大小的持久性

同一物体在视网膜上成像的大小，是随着视角的大小而改变的，而视角的大小则是随着距离的远近而变化的。距离越近，视角越大，则成像越大。然而，这一视觉规律并不影响我们对不同距离物体大小知觉的判断。比如，在高山上看山腰中运行的汽车，其视像往往像一盒香烟，但在心理上的知觉，它却依然是大于香烟盒许多倍的汽车。

3）颜色的持久性

若是黑夜外出，看到夜色下的雪景，我们依然知觉到大地上覆盖的是皑皑白雪。无论在白天还是月夜，虽然红的花朵和绿色的叶子在色彩上变化很大，但我们总是感受到花依然是红色，叶子是绿色。总之，这些保持相对不变的颜色感受，也是知觉持久性的一种表现。

知觉的持久性在生活中有对瞬息万变的环境适应的意义，它可以使人摆脱单纯的物理刺激中局部信息的制约，从而能全面、真实、稳定地反映客观世界，保证人们高度的适应性。

## 3.2 知觉的心理定式

心理定式是指人在认识特定对象时心理上的准备状态，即心理上的定向趋势。心理定式是在人们产生认识之前就已经将事物的某些特征"先入为主"地存在于自己的意识之中,使知觉者在认识过程中不由自主地在心理上处于一种准备状态,对以后的感知、记忆、思维、情感等心理活动及行为活动起着正向或反向的推动作用。心理定式是导致知觉偏见和歪曲的影响因素。

作为会展知觉的心理定式,可分为微观心理定式、宏观心理定式和流行心理定式。

### 3.2.1 微观心理定式

微观心理定式又称为个体心理定式,是指受当事人个体的综合性心理素养制约和影响并在具体事件中表现出来的心理定式。它主要侧重于社会认知方面,其特点是易受暗示、情感性强。主要包括首因效应、晕轮效应、经验效应和移情效应。

1)首因效应

首因效应即"第一印象",是指个体在首次接触某种事物时所形成的印象。人们通常根据第一印象将人或事物加以归类,然后再在这一类别系统中对该人或事物加以推论并做出判断。第一印象给知觉者留下很深刻、很牢固的印象,形成一种很难改变的心理定式,具有继续发挥作用的特点,对以后的知觉起着指导作用。人们在接下来的活动中,常常不由自主地戴着这个"先入为主"的"有色眼镜",把当前的印象和第一印象联系在一起,根据第一印象对当前事物进行归类并做出判断。因此,会展服务人员的良好形象及适宜的展台布置等,给消费者留下良好的第一印象,才能使他们对会展服务和产品获得良好的知觉。

2)晕轮效应

晕轮效应是指个体根据不完全的信息而形成的对知觉对象的整体印象和评价。通常是由对象的某种特征推及对象的整体特征,就像月晕一样,由于光环的虚幻作用,使人看不清其真实面貌。晕轮效应可能形成夸大或缩小、全盘美化或丑化知觉对象的印象。其实质是以点概面,是一种逻辑性推理的错误。

在会展活动中,消费者很可能因为某项服务质量不高或某个服务人员态度不好就推及整个会展主办企业,认为该企业整体服务质量很差。当然,会展企业同样可以利用晕轮效应推出优质的产品和服务,提高企业的知名度和美誉度。

3)经验效应

经验效应是指个体根据以往的经验进行认知、判断、决策和行动的心理活动方式。人们都有这样的体会,如果过去吃过亏、上过当,再遇到类似事情时就迟疑不决,且喜欢用"吃一堑,长一智"来告诫自己,防止再次上当。在会展策划组织活动中,有时花费了大量的人力、物力、财力,但公众反应冷淡,得不到理想的效果,原因往往在于事前没有做好消除公众疑虑的工作,自己的意图没有被公众理解,因此结果不尽如人意,达不到预期效果。

### 4）移情效应

移情效应是把对特定对象的情感迁移到与该对象相关的人或事物上来的心理活动现象，表现为人情效应和物情效应两种形式。前者指以人为情感对象而迁移到相关的人或事物的效应，如因喜欢某个明星，就连带喜欢和他长相相似的人或他推荐的商品。后者是指以物为情感对象而迁移到相关人身上的效应，如因十分喜欢某人送的东西而连带喜欢送礼的人，因忍受不了香烟的味道而讨厌所有吸烟的人等。

## 3.2.2 宏观心理定式

宏观心理定式，即人们常说的群体心理定式，是指一定范围内人群共有的、积淀深厚且作用广阔的心理定式。它具有群体性、地域性和传承性等特点，主要包括社会刻板印象、地域文化心理、民族文化心理等。

### 1）社会刻板印象

社会刻板印象是指对某类人或事所持有的固定的、一致的、概括而笼统的看法和印象。刻板印象不是一种个体现象，而是一种群体现象，是对某一群体的共同看法和印象。例如，人们通常认为，老年人稳重，但墨守成规；年轻人举止轻浮，但热情和敢于创新。在刻板印象支配下所获得的知觉，只是一个笼统而概括的归类，具有一定的局限性，如果落实到某一个体或事物上，有时会有很大的出入或差别。但是由于刻板印象的主要特点是对知觉对象群体的主要特征进行概括，因此在实践中，它可以帮助会展企业和从业人员了解消费者的客源国家、地区及群体的基本情况，有助于确定和设计有针对性的产品和服务。

### 2）地域文化心理

由于自然及社会历史条件的差异，造就了不同地域独具特色的文化，这种文化反映在人们的心理活动中，就形成了地域文化心理。主要表现为两种形式：一是以乡土观念为基础的亲缘心理，即通常所说的"老乡见老乡，两眼泪汪汪""美不美，家乡水；亲不亲，故乡人"。二是以地域文化为基础的依从心理。这种依从主要是指对地域文化价值观的依从，如同样是工作总结，美国人首先强调个人的作用，中国人则首先感谢领导和同事的帮助，这种不同的行为方式体现了两国人民对各自文化价值观的依从心理。

### 3）民族文化心理

不同的民族有不同的文化，这种民族文化反映在本民族成员的心理活动中，就是民族文化心理。主要由民族意识、民族情感和民族习惯三个部分组成。其中，民族习惯最具有代表性。民族习惯被同化，就意味着民族特有的文化心理的丧失，所以，民族意识和民族情感总是极力地维护民族习惯。不尊重民族习惯往往会引起"民愤"，甚至可能导致民族纠纷。因此，在开展会展活动时，相关人员应设法了解公众的民族习惯及宗教信仰，并给予充分的理解和尊重。

### 3.2.3　流行心理定式

流行心理定式,是指短期内在人群中相互感染、不久即自然消失的一类心理定式。最典型的表现形式是时尚、流言、骚乱。

1)时尚

时尚是一定时期内在社会上迅速传播或风行一时的生活样式,是一种群众性的社会心理现象,具有新奇性、短暂性和循环性等特点。时尚本身不是心理定式,隐藏在时尚背后推动时尚形成和流行的、由一定的心理活动所形成的心理准备状态才是心理定式。这种心理定式的法则是同中求异、异中求同。同中求异,指的是人们不满足已有的生活样式,想在某个方面有所突破,这是时尚形成的心理上的起始原因;异中求同,指的是当一种时尚和原有的处于疲软状态的时尚出现差异时,人们生怕成为落伍者,生怕被人轻视而向新的时尚趋同。会展企业要想创造和保持良好的主体形象,就要了解同中求异、异中求同的深刻含义,开拓创新,把握消费者的时尚心理特点,做到"人无我有,人有我好,人好我新"。

2)流言

流言是指提不出任何信得过的确切依据,而在一定社会成员中广为传播的一种特定的消息。流言主要是由于人们认识上的偏差所致,口耳相传,它能使本来被关心的问题更加被关心,使本来不被关心的问题成为被关心的问题。

3)骚乱

骚乱是指在某一特定场合或局部范围内发生的扰乱和冲击社会正常秩序的群体行为,是一种暂时的无政府状态,具有突发性、发泄性、交互感染性、破坏性和短暂性的特点。一般来说,骚乱发生和发展的心理过程包括躁动、激动、疲惫、平静等几个阶段。

## 3.3　对会展目标的知觉与会展决策

### 3.3.1　知觉与会展目标

1)知觉与会议目标

举办会议必须是为了达到某个目标。有时候会议可能只是履行简单的年度惯例,但大多数会议除此之外还有其他的目标。会员主办者举办的会议可能是要创造机会使其会员聚在一起,但通常会议也包括围绕一些具体目标展开的内容。公司主办者举行的会议一般都有明确的目标;公众研讨会主办者也必须清楚地说明其目标,以便吸引目标公众参加。不同的会议,有不同的主办者、参加者,也有不同的会议内容和规格,会议目标自然也不相同。所以,要想成功地举办会议,离不开对会议目标的了解和定位。只有这样,会议才能真正实现它的价值。

根据会议主办者的不同,可将会议划分为公司会议、协会会议和非营利机构(如政府机关、公众团体等)会议三种类型:

(1)公司主办者(又称为雇主主办者)会议

他们为自己的雇员和其他与组织相关的人举行会议,如客户、股东、代理、分销商和总代理等。

(2)协会等会员主办者会议

众多的遍布全国甚至全世界的协会是常见的会议主办者,其中有许多是国际性协会,他们为自己的会员举办会议,会议的核心是会员以及组织的目标和任务。协会因人数和性质不同而互不相同。他们的规模从小型、中型地区性组织到全国性协会乃至国际性协会不等。协会有行业协会、专业或科学协会、教育协会、技术协会等几种大的分类。

①行业协会。行业协会被认为是会议业最值得争取的市场,因为协会的成员多为业内成功管理人员。协会类的会议常常与展览结合举行。

②专业或科学协会。在专业科学界,每一种专业都有自己的全国性学会以及各地的分会。他们举办会议的历史由来已久。会议议题涵盖的范围深远而广泛,但都倾向于召开会议。

③教育协会。教育协会的成员往往是大、中、小学老师以及其他学术机构的成员。他们定期举办许多全国性的会议。

④技术协会。技术专业也有自己的协会,如在美国,专业摄影师每年召开全国大会,多数州都设有分会并且举行自己的年会。

(3)非营利机构主办者会议

有许多非营利机构不能归入上述任何一类,但在生活中却经常能够看到他们主办的会议。例如许多政府部门需要在异地召开本部门人员会议或者公众会议。还有一些公众团体,虽不是传统上的会议消费大户,但也倾向于举行非营利公共研讨会。

2)知觉与展览目标

一次展览活动需要众多的组织者和参加者,只满足一方的需要是不够的,还必须满足其他来自多方的目标,如政府的目标、展览经理的目标、参展商和观众的目标等。由于展览参与人员各自的身份和定位不同,也有不同的展览目标。

(1)展览经理的目标

展览经理作为展览活动的指挥者,他必须发挥自己的创造能力,协调好各方的关系,使得展会对参观者和参展商来说是有意义的、独一无二的。

(2)参展商的参展目标

说起参展目标,经常听到的几种典型错误有:

——"老板让来的!"

——"因为我们每年都参加这个展览会。"

——"因为我们的竞争对手也来了。"

——"这是全行业最大的展览会。"

实际上,这些都不是参展目标,最多算是参展原因,而且没有一条是根本原因。企业的参展目标通常有以下几种:树立、维护公司形象;开发市场和寻找新客户;介绍新产品或服务;物色代理商、批发商或合资伙伴;销售成交;研究当地市场、开发新产品等。

(3)展览观众的目标

展览观众的目标可能是随意看看产品情况,或是收集详细的统计资料,或是完全出于商业动机,想购买某些产品或服务。

成功的会展活动需要所有组织者和参与者的共同努力。在迪斯尼,演出人员、清洁工、保安等各种角色通常随每一刻的需要而定,当游行经过时,每个人都是帮手。发给所有工作人员的每日简报提醒他们:顾客访问迪斯尼一生可能只有一次,他们的印象将永远取决于他们在那一天的体验。这种理论同样可以运用于会展活动。无论是会展中的哪个主体,都直接或间接地相互依赖,虽然各自的目标不同却构成一个团队,他们需要各自扮演好自己的角色并对会展活动的每个环节、每一刻都负责。

### 3.3.2 知觉与会展决策

1)决策

什么是决策? 决策从一般意义上说,就是面临不同的选择做出抉择的过程。赫伯·西蒙(Herber Simon),一位获得诺贝尔奖的决策理论研究者,认为决策过程可以分为三个步骤:

第一,情报活动。决策者研究环境,得到决策的前提。

第二,设计活动。决策者发明、拓展和分析可能的拟采取的行动路线。

第三,选择活动。决策者从备选的行动路线中选取一条路线。

影响会展决策的因素有很多,我们这里从风险知觉影响决策的角度讲述。

2)风险知觉

会展消费者的任何决策都可能产生预想不到的后果。例如,会展组织者希望组织一个参展商规模在500家左右的展览,但是报名参展的企业只有300家,这就是实际情况与预想期望的差距。再如参展商人数下降,会展的供应商提出提高服务价格,展台布展、撤展超过了规定的期限,媒体对展会的报道失实等,许多决策都要面对一些风险和意想不到的结果,令人很不愉快。会展消费者在做决策时,常遇到的风险有以下几种:

(1)功能风险

功能风险涉及会展产品的质量和服务优劣。在一般情况下,当购买的会展产品和享受的各种服务不能像预期那样满意时,就存在功能风险。例如:会展设备(电气、视听器材、电话、电脑、打印复印等）出现故障，展位清洁服务差，会展不能如期正常举行等。

（2）资金风险

参展商花费较多的金钱能否获得自己预想的展会和服务？比如：展会能否吸引尽可能多的客商和潜在客商，或者花费更高的展位费出席某展览会能否获得更好的收获。

（3）心理风险

心理风险是指会展产品和服务能否增强个人的幸福感和自尊感，是否会改善消费者个人的自我形象。参与层次较高的展览会能否提升自己的形象地位和市场广度，将辐射力扩展至全国甚至全世界。如果消费者花钱购买了一个不受社会承认、档次不高、形式单一、市场反应微弱、观众热情低落的产品，那么就会产生心理上的不安，构成心理风险。

3）知觉风险与会展决策

如前面所述，会展消费者在购买会展产品和服务的时候常常觉察到风险。但是，消费者对于风险的知觉各不相同，这取决于很多因素。

首先，消费者自身的特点如文化层次、知识经验等，在同一情况下不同的人会知觉到不同的风险水平。高风险知觉者喜欢把他们的产品和服务局限在一个很小的范围内，这种人为了避免做出错误的选择，宁愿放弃一些好的选择，而低风险知觉者则倾向于在大范围内进行选择，宁肯冒险做较差的选择。所以消费者的自身特性影响到他们的风险知觉。

其次，消费者的风险知觉还取决于他们购买的会展产品的层次、级别和种类。购买高级别、高层次的会展产品要比购买名不见经传的产品和服务放心。

对风险的知觉，会影响人们的会展决策。这里需要指出的是，会展消费者知觉到的风险并不等于实际存在的风险。实际风险再大，如果消费者知觉不到，也不会影响到他们的消费决策。

## 3.4 对会展地域、层次的知觉与会展决策

### 3.4.1 知觉与会展地域

会展地域是会展活动的发生地。了解人们对会展发生地的知觉，有助于会展活动的宣传、策划和组织。对会展地域的知觉通常可以分为两个阶段：会展决策阶段和会展消费行为实施阶段。会展决策阶段的知觉印象会影响会展消费者对会展地域的选择。在这一阶段，人们对会展地的知觉印象一般不是以亲眼所见或亲身经历和体验为依据，而是以间接的信息为主，主要来自他人的经验、企业的宣传和各种信息媒介。会展消费行为实施阶段的知觉印象影响着消费者的满足感。在这一阶段，消费者的知觉来自本人的亲身参与经历和体验，以直接信息为主。消费者在这两个阶段对会展地域的知觉特点提示会展业从业人员，一是要加大会展活动的宣传力度，提高宣传策划的质量，努力推出一个有吸引力的会展活动；二是要着力提高会展活动的质量，以高质量的产品和服务赢得

消费者的满意。

不同地域的展览效果是不同的,例如在我国,珠三角的展会是偏向商业化的展览会;京津塘和长三角等地的展览会则趋向于新产品的开发;而东北地区和西南地区的展会则趋向于拓展新地区经济的发展。

【拓展阅读】

ISPO China 中文全称是亚洲国际品牌体育用品及运动时尚博览会。

展会概念:

● 1 年 1 届的贸易展会

从 2005 年 3 月开始(3 月 14—17 日),ISPO China 以"亚洲体育用品、服装及时尚品牌国际贸易博览会"的形式每年在上海举行一届。由于上海的中心位置,该展会将成为亚洲体育用品贸易的专业平台。

● 仅供品牌厂商参展

ISPO China 致力为知名品牌提供向中国及亚洲市场开始或进一步拓展业务的平台。本展会只接受原创品牌厂商参展,提升了展品的层次,改善了参展企业参差不齐的现象。

● 展期 4 天

3 天向贸易观众开放,1 天向具舆论导向力的消费者开放。

在 ISPO China 展期的 4 天里,前 3 天为专业观众设立了专门的推广活动及注册安排,因此只允许贸易观众入场参观。而在最后一天,展会则向公众及较高收入的体育运动爱好者开放。

● 为亚洲体育用品贸易打造专业平台

得益于遍及整个亚太地区积极的观众推广计划,加上上海的中心位置以及上海新国际博览中心便利的交通环境,ISPO China 将成为亚洲体育用品贸易的专业平台。

● 六大展品分类

雪类/户外:滑雪、滑雪板、越野滑雪、户外运动及自行车。

板类运动/青年时尚:滑雪板、溜冰板、冲浪及街头服饰。

团体运动:足球、篮球、排球及球拍。

健身/健美:健身、轮滑、跑步及游泳。

运动时尚:运动服装、运动风格休闲服饰。

高尔夫运动。

通常,对会展地域的知觉是正反两方面相辅相成、同时存在的。以拉斯维加斯和芝加哥为例。

1)拉斯维加斯

当会展举办在一个像拉斯维加斯这样的胜地,可能有许多的优点:有大量的旅馆客房、餐馆和其他娱乐活动可供选择,还有高效的交通系统来往穿梭于机场、展览地点、旅馆以及其他引人入胜的地方。此外,因为有大量的旅馆和餐馆可供选择,用于支付服务的费用会比较低;另外,进出此地的航班很多,因此飞机票也比较便宜;再加上拉斯维加斯是很著名的地方,这就更能吸引参展商和参观者。但从另一方面来看,拥有众多吸引人焦点的拉斯维加斯可能会分散人们对展会的注意力。

2)芝加哥

芝加哥是一个受欢迎的"展览"城市,像拉斯维加斯一样,它拥有大量的旅馆房间、餐厅,便利的交通运输,著名的展馆等。但是芝加哥的天气状况不够理想,它不仅多风,而且冬天很冷,夏天既潮湿又热,这些都影响了访客在这些时间段的数量。还有就是经常有一些展览在芝加哥同时进行,因此会引起冲突并影响到服务质量。

这些反方面的不利因素会影响人们的决策,但如果会展组织者能采取有效措施弥补这些美中不足或使消费者觉察不到,就不会影响到消费者对会展地域的选择。

### 3.4.2 知觉与会展层次

我国的会展业自前存在许多问题,其中突出的一个问题就是会展层次低。主要表现在:硬件方面单个会展场馆规模小、布局分散、设施陈旧、功能单一,管理制度滞后,缺乏对会展业发展的长远规划和总体布局;会展数量多、主办单位多、重复举办多,缺乏专门负责会展的机构和服务公司,缺少通晓国际惯例,掌握外语,具有会展经营管理理论知识和实际操作技能的专业人员等。会展层次的高低直接影响到参展商和观众对我国会展业的知觉,关系到我国会展业在国际上的声誉和形象。

全国糖酒商品交易会(简称糖酒会)由中国糖业酒类集团公司主办,每年分春、秋两季举行。从20世纪50年代开始,到目前为止,全国糖酒会已经举办了70余届。虽然它只是一个专业会,却有着巨人般的能量,仿佛是一块巨大的磁铁,它走到哪里,哪里就会变成商品的世界、广告的海洋,并带来数亿元的财富。一个老糖酒人说:作为行业的"天下第一大会",糖酒会不仅仅是客商云集,产品交易和展示的大会,更能带来强大的商流、物流、人流,这就是糖酒会之所以历久不衰的关键所在,"把糖酒会比作大蛋糕毫不过分"。糖酒会向来以交易量大著称,也正因此令糖酒企业趋之若鹜。然而糖酒会上的混乱情况也令一些企业感到不满,参展商抱怨展会档次得不到提升。虽然在同类展会中,其霸主地位不可动摇,但能否向更高层次发展成为人们关注的焦点。

如何提升会展层次,改变参展商和观众的知觉?随着社会经济的发展,品牌成为企业吸引顾客、赢得竞争的锐利武器。会展市场的兴旺和其他市场的发展一样,也需要品牌。只有大力发展会展品牌,才能不断改善人们的知觉,不断增强会展市场的竞争实力,更好地推动会展市场的发展。要改变知觉,提高会展层次,会展市场必须坚持国际化、专业化、大型化及特色化。

1)国际化

国际化就是要适应经济全球化发展的趋势,加强对外交流与合作,借鉴国外先进的经验和管理方法,通过委托或招标承办大型会展项目,吸引国外著名的展览公司来我国开展展览业务,设立分支机构或联络机构;积极组织我国的会展公司参加国际展览;通过合展、合资等形式积极组织国内外展览公司联合办展,提高办展水平。

### 2)专业化

会展的内容应该专业化,不能把展览办成大杂烩,如德国的汉诺威工业博览会和法兰克福国际博览会,以其突出的专业特色而成为闻名世界的会展市场。专业会展既可以吸引专业内各厂商的注意,又可以形成规模效应,增加主办者的经济利益。

### 3)大型化

会展要上规模,要吸引国内外广大客商参展、观展,努力扩大会展规模。

### 4)特色化

特色化就是要进行科学合理的定位,要结合本地区的资源优势和特点,确定办展内容,使会展富有特色。

随着信息传递技术的快速进步和全球经济一体化的推进,会展层次必须要提高,品牌会展已成为一种必然趋势。

# 案例举要

## 展会需走出"国际化"误区

时下,与国际接轨是一个很时髦的说法。在国内形形色色的展会上,不时能发现三三两两的洋面孔,装点着展会的风景,也体现着国际化的成果。无论是交易会,还是博览会,甚至是有一定知名度的品牌展会,都在纷纷改换门庭,冠上了"国际展"的名头,似乎不这样,就不足以体现展会的档次,就无法表露国际化的水平。于是,一夜之间,大大小小的国内展会仿佛都已经国际化了。

在向国际化靠拢的潮流中,盲目追风,为国际化而做表面文章的现象时有发生。有些展会的展商和市场都在国内,但在追逐国际化的趋势下,拉来一些老外捧场,装点门面,以此来提升展会的品位和层次;有些小城市的展会,本来不具备办国际展的条件,却非要升格办成国际展,以体现城市发展的成就,变成了实际上的作秀。

资料来源:中国会展网

**评析:**

展会规模偏小,层次较低,是目前国内会展业存在的现实问题。为了推动展会水平的提高,扩大知名度,一些展会邀请国外的采购商到会,或者将国内展扩充为国际展,有时也确有必要。尤其在跨国公司与国内企业协作趋势加强的背景下,借助外国展览公司的优势,招揽更多的国际买家和观众参展,也不失为一种塑造品牌展会的手段。但是,定位不准、脱离实际的展会,给组织者平添了负担,也劳民伤财。展会的组织者不仅要找准自己定位,更需要转变观念,才能促进会展业的健康发展。

# 思考与练习

1. 知觉的基本原理有哪些?
2. 知觉的心理定式有哪些?
3. 谈谈会展目标与会展决策。
4. 如何提升会展层次,改变参展商和观众的知觉? 谈谈你的看法。

# 第 4 章
## 需要、动机、态度与会展消费

---

[学习目标]

● 了解需要的概念和特征,分析需要与会展消费的关系
● 了解态度的概念和特征,分析态度与会展消费观念的关系
● 通过分析动机的形成、动机的激发,分析动机对会展消费决策形成的影响
● 掌握改变需求者态度的技巧和策略

[关键概念]

需要 动机 态度 会展消费

# 4.1　需要与会展消费

需要既是管理科学中的重要问题,也是经济心理学的主要内容,人的行为是由动机决定的,动机是由需要引起的,需要是产生行为的原动力。研究会展管理问题,必须从研究人的需要出发。

## 4.1.1　人的需要及其特征

### 1)需要的一般概念

所谓需要,就是有机体缺乏某种物质时产生的一种主观状态,它是有机体对客观事物需求的反映。简单地说,需要就是人对某种目标的渴求或欲望。人为了自身和社会的生存与发展,必然会对客观世界中的某些东西产生需求,例如,衣、食、住、行、婚配、安全等,这种需求反映在个人的头脑中就形成了需要。需要能够推动人以一定的方式进行积极的活动。需要被人体会得越强烈,所引起的活动就越有力、有效。

人类的需要是在人与客观环境相互作用的过程中,在人的积极活动中产生的。人类的需要是多种多样的,按照需要的起源,可以分为自然性需要和社会性需要两大类。自然性需要主要是指有机体为了维持生命和种族延续所必需的需要,它是人与生俱来的,是人的低级需要。其中包括为了生存所必需的食物、水分和空气;必要的休息、睡眠和排泄;种族延续所必需的性激素分泌;为了避免某些有害的事物和不愉快的刺激所必要的回避和排除等。上述需要一般反映为生理的需要,它是人和动物所共有的,只是人的生理需要和动物的生理需要在满足方式上有根本的区别。动物仅仅是以自然环境中现成的天然物为对象,而人则是通过自己的劳动,生产出满足自己需要的对象,即使同样都是满足饱的需要,人与动物也存在着根本的区别,正如马克思所说:"饥饿虽是饥饿,但是使用刀叉吃熟肉来解除的饥饿不同于用指甲和牙齿啃生肉来解除的饥饿。"人的自然性需要有以下几个特点:①这种需要主要产生于人的生理机制,是与生俱来的;②这种需要以从外部获得一定的物质为满足;③这种需要多见于外表,容易被人察觉;④这种需要是有限度的,超过了一定限度反而有害。

社会性需要主要是指个体在成长过程中,通过各种经验积累所获得的一种特有的需要,它是人后天形成的,是人的一种高级需要。其中包括物质需要和精神需要。就物质需要而言,主要是社会化的物质产品,如必要的衣着、家具、住宅、科学知识、道德观念、政治信仰、宗教信仰、文化体育生活,以及必要的社会生产和社会交际活动等。社会性需要主要有以下几个特点:①这种需要不是由人的本能决定的,而是通过后天的学习获得的,是由社会的发展条件决定的;②这种需要比较内在,往往蕴藏于一个人的内心世界,不容易被人察觉;③这种需要大多是从人的内在精神方面获得满足;④这种需要的弹性限度很大,并且带有连续性。

人是自然属性和社会属性的统一体,当外部生活条件不能满足自身需求时,就导致生理或心理上的匮乏状态。当这种匮乏状态达到一定程度,必须进行调节时,个体就感到需要的存在,进而产生恢复平衡的要求。首先是生理平衡。人的生理调节机制,时刻检测着食物和水的数量、时间和界度。当达到某种临界值时,便产生某种生理需要,人受到激发从而产生饮食行为。其次,是心理平衡。人的生理失调主要在于有机体内部的刺激,而心理失调主要取决于有机体外部的刺激,这种外部刺激既有物质的,又有精神的,当心理失衡时就会产生心理上的需求。

### 2)需要的特征

**(1)对象性**

需要总是指向某种具体的事物。换句话说,需要总是和满足需要的目标联系在一起。比如,人饿了就要寻找食物,渴了就要寻找水,冷了就要寻找衣服等。需要一旦实现,总能给人们带来生理或心理上的满足。离开了目标和对象,就无从观察和研究人是否具有某种需要。

**(2)紧张性**

需要是个体在生活中感到某种欠缺而形成的某种心理状态。当某种需要产生后,便产生了紧张感、不适感或烦躁感等,从而在人脑中形成某种需求。

**(3)驱动性**

人为了消除生理或心理上的紧张,构成寻求满足需要的驱动力,推动人们去行动,以求得生理或心理上的平衡。

**(4)层次性**

人的需要是有层次的,先是满足最基本的生活需要,而后是满足社会和精神需要,人们的需要总是不断地由低级向高级发展。

**(5)发展性**

人的需要随着社会生产力的发展和物质文化生活水平的提高而发展。这不仅仅体现在需要的标准不断提高上,而且体现在需要的种类日益复杂多样上。

## 4.1.2　需要与会展心理

### 1)会展消费的含义

综合以上分析,在会展市场这个大系统中,一个完善的会展市场要素构成中必须有会展交易主体的积极参与,通过发现和挖掘会展需求方的需要,利用会展的功能,调节会展供给和会展需求之间的关系。会展供求关系的变化会引起会展产品价格的波动,吸引更多的厂商进入会展市场,良性引导这类厂商扩大生产规模,引导他们对会展产品结构的调整、组合,注意对新产品的开发经营等;反之,会展价格的涨落又会刺激或抑制会展供给与会展需求。

简单地说,会展消费主体,也就是会展产品和服务的消费主体是指会展活动所要服务的对象,即对会展服务或会展产品有需要且有购买能力的单位或个人。

需要与会展消费之间的关系主要从以下几个方面来理解。

(1)会展消费的增长首先表现在会展消费者对会展产品的购买欲望

会展组织者要付出生产和组织成本,目的是向消费者传递某种有利于生产者或其他第三方的信息或观念主张,以期改变消费者的思想,获得消费者的观念认同。这是激发会展消费者需求动机的内在动因。但此时消费者的需求并不是实际购买会展产品的数量,它只表现为对会展产品的购买欲望,而这种欲望能否实现,则取决于消费者对会展产品的支付能力和会展经营者提供会展产品的数量。

(2)会展消费的增长还表现在消费者对会展产品的购买能力

消费者的经济条件决定其购买能力,一般来说,在其他条件不变的情况下,消费者的购买能力越强,对会展产品的需求就越大,这是将消费者的购买欲望转化为有效需求的重要前提条件。

(3)会展消费的增长还表现在会展市场中的有效需求

在会展市场中,有效的会展需求是指会展消费者既有购买欲望,又有支付能力的需求,它反映了会展市场的现实需求状况,因而是分析会展市场供求变化和预测会展需求变化的重要依据,也是会展企业经营者制订经营计划和营销策略的出发点。凡是只有参与会展欲望而无支付能力,或者只有支付能力而无参与会展欲望的需求都是潜在需求。前一种需求只能随社会生产力发展和人们收入水平的提高,才能逐渐转换为有效需求;后一种潜在需求则是会展经营者应开发的重点,即通过有效的市场营销策略,如广告、宣传、人员促销等,使其能够转换为有效的会展需求。

2)需要与会展心理

正如人们所熟知的,消费者个人在工资增加后比期望工资增加而未增加时满意感更小。现在的中国既不处于贫困时代也不属于富裕时代,消费者对会展产品的需求不仅取决于经济形势、可使用的资金和消费者的财力,还取决于对消费对象的渴望程度。主客观因素的双向作用决定了消费者的消费方式、消费内容和消费取向。消费者从最初接触展会信息到最后决定参展或参观一般会有五个阶段的反应过程:知晓、认识、接受、确信、参展(参观)。会展经营者需要通过恰当的沟通方式让消费者知道所介绍的展会,并且让对方认识该展会,还要让对方接受该展会,这样,通过进一步的努力,消费者才会对展会产生信任,才会决定参展(参观)。在沟通的过程中,首先要确定经营者所要面对的消费者类型,再按照展会定位的需要,筛选出潜在的参展商和观众,并进行分类;分析参展商主要生产什么产品?潜在观众会采购什么产品?这些潜在观众的需求特点是什么?通过对实际消费者和潜在消费者科学准确的分析,把握消费者的需求心理,对消费者个性品位和客户展会的评价标准等进行充分了解,通过不同的渠道向消费者传递信息,以便促进消费者的有效需求。例如,习惯看杂志的消费者往往不注意报纸的内容,而习惯看电视的消费者往往不关注杂志的内容等。根据这些信息制订的营销策略和决策才最有效。

总之,心理学研究认为,在会展消费者的购买行为中,大部分会展需求是由会展潜在需求引起的。有关资料表明,消费者的购买行为有72%是受朦胧欲望支配的,只有28%是有意识的行为。潜在的会展需求主体没有明确意识的欲望,或者仅有朦胧的愿望。但出于种种原因还没有显示出的需求,一旦时机成熟,就会转化为显现的需求。因此,会展经营者要想在激烈的市场竞争中取胜,不但要着眼于会展显现需求,更要着眼于如何捕捉、挖掘市场的会展潜在需求,进而采取行之有效的开发措施。这就需要了解消费者的需求心理,掌握消费者的需求规律,用科学的预测手段和方法,预测消费者兴趣。收集、分析、整理与消费者兴趣相关的信息,进行等级排列,找到当前消费者最大兴趣所在,找出消费者最大兴趣的产品市场,从而预测出会展需求。例如,当消费者对服装展有需求时,服装展的数量就会不断增加,这会导致对鞋展的需求逐渐增加,而鞋展的增加又会渐渐导致消费者对皮具展的需求。因此,我们应减少会展决策的盲目性,提高决策的正确性,预见会展发展趋势以及一些重大事件在将来的可能结局,使会展企业掌握会展发展和开展竞争的主动权。

# 4.2 动机与会展消费

人类的基本需要以及好奇心等是人们产生会展消费的内在动力,也可以说是主观条件,但如果不具备一定的客观条件,人们的会展消费行为也不会发生。

## 4.2.1 会展目标与诱因

会展目标与会展动机是两个既相互联系又相互区别的概念。会展动机和会展目标有时是一致的。对会展交易而言,就其对会展消费者的推动作用来说,是会展的动机;就其作为会展活动所要达到的预期结果而言,又是会展的目标。在会展相关的经济活动中,会展动机和会展目标相符。

会展经济包括会展业、为会展提供相关服务的相关行业以及参与会展活动的参展商和参展观众等参与主体。

### 1)会展的重要作用

(1)会展对经济增长起到促进作用

会展以信息为媒介,通过收集、整理、传递信息,创造服务价值而获得利润。通过会展的高投入、高营利性促进会展投资净额的增加,同时也会促进消费需求的增长。会展活动可以刺激消费者的购买欲望,一系列商品、劳务、技术、供给信息的提供,可以改变人们的支出预期,使远期的消费与投资转化为即期的消费与投资需求。人们参加会议和展览等会展活动时,不可避免地要对交通、通信、住宿、餐饮、旅游等行业进行消费,形成对相关行业强劲的消费需求。例如,在第六届北京国际汽车展上,门票收入约为500万元,组织者营业收入为7 000万~8 000万元，境外参展商的交通费、生活费超过了300万元，这些能够促进所需的生产要素的生产，增加就业机会。社会就业人员的增多就会刺激供给。由此可见，会展活动通过促进社会综合消费，形成了"消费支出增加→经济增长加快→居民收入增加→消费需求增长→消费支出增加"的良性循环。

（2）会展经济对企业的作用

①使企业了解市场的供求。在现实中，由于时空的限制，供给和需求往往不相适应，常常出现无效供给以及供给不足的现象，这就从客观上要求生产与消费之间需要存在一种媒介，能及时反映供给、需求信息，促进有效供给，满足需求。每一场会展都蕴含着丰富的商品信息和关于竞争者情况的信息，为参展商了解市场、了解竞争者情况提供了便捷的途径。而作为一种流通媒介，会展恰恰在生产与消费之间形成了有效的供求信息平台，能及时传递、反馈供给和需求信息，使供给得以实现，需求得到满足。

②节约企业成本。作为一种促销手段，展会在产品销售中承担着重要的角色。根据美国展览业研究中心的统计，展会是出口商销售产品的重要途径，在各种营销方式中，贸易展会的成交额仅次于直销，3/4的买家在贸易展会上找到新的供应商，超过1/4的买家在展会上购买产品。而且，展会是出口商接触买家的重要渠道。该中心的另一项统计表明，在公司的商业营销中，通过参加展会实现的商业销售所花费的成本，仅是其他促销方式耗费成本的一半。展会可以促进产业技术交流，为商品生产提供新技术，有利于降低参展商日后的生产成本，提高产品的供给能力。同时，会展业的投资减少了商品的流通环节，降低了商品供给的成本和市场交易成本，为参展商节省了开支。其次，会展使消费者在交易中更易发现满足自己需求的商品，且仅支付较低的交易成本，就能较容易地掌握所需产品的平均价格、质量水平，帮助消费者做出理性的选择。这作为企业降低成本的重要策略具有重要意义。

③培育竞争意识，提高竞争力。一方面，企业在会展中扩大了市场范围，使企业置身于更开放的市场环境中，从而使绩效好的企业获得更好的声誉，使绩效差的企业感到压力，增强企业的危机感。不断地比较会使彼此不断地被激励。竞争对手的存在，迫使企业不断降低成本，改进产品和服务，提高竞争力。会展为观展者拓宽了信息渠道，使其在更短的时间内了解更多的信息，掌握更多的知识，拓宽眼界，有助于个体综合素质的提高。另一方面，会展活动，特别是大型的跨国会展活动，有利于打破不同国家间、区域间、民族间的封锁和垄断，促进资金、技术、商品的跨区域流动，从而有利于竞争力强的企业抓住新的市场机会，采用先进的生产技术，改革管理方式，充分利用资源，提高企业在市场上的竞争力。

2）会展活动产生的心理诱因

当会展投资方进行活动时，同样需要某种动机的驱使，这便是投资活动主体进行投资活动所要达到的目的。许多心理学家认为，生理需要激发着整个机体的活动，但刺激也能诱发出驱力，刺激通过强化而成为驱力，诱因是能够唤起行为并指导行为的因素。

（1）政府的消费目标和诱因

在动力的驱使下，消费者会随即做好购买准备并即时购买商品，由于消费动机具有这样的动力功能，因此消费者能克服各种各样的困难。

政府代表公共利益的性质，决定了政府的职能首先应当是公共职能，政府职能的基本任务应当是努力满足公众的公共需要，为他们提供公共物品和公共服务。政府通过参加展会可以购买会展产品，这些产品即公共物品是用于公共服务的。在展会上政府可以购买大量的相关产品和很多技术先进的产品，可以利用这些产品更好地服务社会，而且参加展会是比较方便、省时、省力、节约支出的。政府除向社会提供公众服务外，还要维持自身的正常运行。政府部门自身的消费性支出，是为了更好地维持社会的正常运转，因此是必不可少的。政府可以在会展上买到物美价廉的办公用品、更新的电脑设施，以便于更好地履行自己的公共服务职能。在政府收入一定的条件下，政府用于公共产品生产的消费与用于自身的消费具有此消彼长的关系。政府为了提高消费效率，一般会尽量降低自身的消费，而努力提高政府用于提供公共产品支出的消费。

（2）参展商的消费目标和诱因

参展商是会展的主角，他们之所以热衷于参展，就是想通过会展这种特殊的销售渠道，把自己的商品推销出去。他们会使出浑身解数为自己的产品作秀，以吸引消费者的眼球。他们会拿出自己最好的产品，与其他厂商一比高下。还有许多新产品，都需要通过会展这个平台向消费者亮相。

①参展商参加展会最重要的诱因是为了销售产品。因为会展是一个重要的结识新客户、维护老客户的机会。公司为了增加利润和销售额，必须花费大量的时间和资源搜寻新的顾客。在展会中，公司更容易结识新客户，而且这些客户是比较专业、比较有诚意的。公司现今的客户应该了解该公司，但是市场研究显示，公司每年将会耗损约10%的现有客户群。公司利用展览的机会可见到并面谈未来有潜力的客户，以弥补失去的生意并保持业绩的增长。但是，光吸引新客户是不够的，公司必须维护好老客户。一般认为，一个公司吸引一个新客户的费用高于保留老客户的费用。在平时，企业难得有机会与国内外老客户进行面对面的交流，借展出机会可以邀请老客户到展台参观，介绍新产品，听取老客户的意见和要求，加强与老客户的合作。

②参展商参加展会的诱因也为了树立企业形象。参展商参加展会可以接触大量的专业客户，通过向这些客户展示新产品、提供优质服务来提升企业形象。对于行业内部的知名企业或者在市场上占较大份额的企业，他们已经建立起自己的营销网络，拥有自己的营销渠道，其实展会对于其扩大销售的作用已不是很明显。这些企业参加会展大多是为了彰显自身实力，树立和维护企业形象。

③参展商参加展会的诱因也为了了解新产品、新信息。参展商可以通过浏览展场，看是否能发现产品颜色、样式、使用材料等的新趋势及改良，或被强调的新主题及新意念。厂商将会获得各类参展商和其竞争者展出特色的概念，从而思考下一季或下两季将要销售的产品是什么，从摊位的装饰布置主体也可找出流行的资讯。探寻一些有关产品、服务、行销及包装的新思路，运用在自己的产品上。

④参展商参加会展的诱因也为了探视竞争者。参展商最好对那些分享其特定市场利益的竞争者多花心思，了解他们是否提供新的目录、更好的服务、更好的包装、更多样的附加配件或功能，特别要注意那些竞争者可能提供你未能提供的服务。从买主的角度考虑，评估你的产品与竞争者有何不同，必须如何改善，你也许会获得一些销售思路。

⑤参展商参展的诱因也为了推出新产品或新服务。因为展会是推出新产品和新服务的重要场所，在产品还没进入市场之前，关于产品设计的理念、模型就可能在展会上展示，因为商家需要通过展览会来调查市场对即将面市的产品反应如何。如果经过展会上的调查研究，市场对新产品有大量需求，则产品可以进入正式的生产阶段。

⑥参展商参展的诱因也为了保持客户满意。虽然在展览过程中不适合当场修正问题以及让买主发牢骚，但参展商可以在展览中利用交谈找出真正的问题所在，并改善服务。若真的有较明显的不满时，则于展览后妥善解决，找出客户需求，使其更容易与你做生意。

（3）观众的消费目标和诱因

观众是会展的主体，任何会展都是为观众举办的，会展商品必须取悦于观众，离开观众参与的会展，将没有任何意义。现在观众的鉴赏能力和消费需求越来越高，面对琳琅满目的各类商品，已经懂得了理性消费。同时观众也是会展的受益者，国内外的各种商品在展会上展示，观众可以进行比较，选择购买。生产资料的消费群体，更欢迎会展这种形式，许多生产厂家的各种产品汇集一堂任你挑选，不仅省去大量时间、精力，而且能节省很多费用，特别是一些机械设备，光物流费用就能给用户省下大量的资金。近年来会展形式不断翻新，全国各地举办的新技术展、印机展、全印展等各种会展，都伴有信息发布、新技术报告、新产品的推介，通过将新技术、新工艺、新设备、新材料介绍给观众，能坚定观众的购物意向。

①观众进行会展消费的诱因是购买产品。观众一般会认为参展商在展会上会展示自己最好的产品、提供更好的服务，而且会比在市场上购买的价格要便宜。而且，现在的会展越来越专业化、品牌化，专业观众可以在会展现场接触到大量的专业化产品，可以节省许多时间，同时获取更多的有用信息，享受到更好的服务，购买到合适的原材料和适销对路的产品。

②观众参展的诱因是为了了解新产品、新信息。会展是一个充满大量新产品、新信息的场所，参展商会在会展现场发布新产品、新信息，观众通过参加展会就可以了解到最新的产品和信息。

③观众参展的诱因也为了结交客户。观众通过会展可以见到自己的老客户，借此平台和老客户进行联系，保持与以往客户的联系。同时，观众又可以接触到许多提供类似产品和服务的新客户，通过参观新客户的展台和产品，认识新客户，建立新的客户联系。观众也可以通过展会寻找到合适的供应商，以便以后的业务往来。

④观众参展的诱因也是为了欣赏。很多人出于对某种产品的偏爱，即使没有购买意图，也会为了欣赏而去参加展会。如2012年的北京国际车展，普通观众的参观人次已达到80万人次，而这80万普通观众并不都具有购买汽车的经济实力或购买汽车的欲望，其

中有很大一部分观众只是因为喜欢汽车产品,完全是出于欣赏目的而去参加展会的。对于一些艺术展会更是如此,大部分观众都是出于欣赏诱因而去参加的。

### 4.2.2 会展动机的形成与激发

所谓动机就是激发、引导和保持一个人行为的内部或外部力量。内部力量指完成某项特定行动带来的内心满足感;外部力量指完成某项特定行动可从外部获取的回报。人们的一切活动总是从一定的动机出发,指向一定的目的,所以人的动机和目的总是密切联系的。但是动机和目的并不相同。目的是动机所指向的对象,是人们在活动中所期待的结果。

1)会展动机的形成

心理学认为:需要是动机的基础和根源;动机是推动人们活动的直接原因。只有当人的需要具有某种特定的目标时,需要才能转化为动机。一般来说,在人的需要处于萌芽状态时,它只是不明显地反映在人的意识中,产生某种不安,这时只是意向。当需要增强到一定程度,意识中的不安逐渐变得强烈,于是便开始考虑通过什么手段来满足需要,这时意向便转化为意愿。当人的心理活动进入意愿阶段之后,一旦外界有满足需要的对象出现,意愿就会立即转化为人的动机活动。所以,当人产生某种需要而又得不到满足时,便会产生一种不安和紧张心理状态。在遇到能够满足需要的目标时,这种紧张的心理状态就会转化为动机,从而推动人们向目标前进。当人达到目标时,也就是需要得到满足时,紧张的心理状态就会自动消除。接着,随着人们新的需要产生,便又会产生新的紧张。这种不断循环的过程,便是人们不断地向新的目标前进的过程。即人类在自身的生存和发展当中产生了各种各样的需要,其中也包括会展的需要。从心理学的角度来看,人们在会展需要的驱使下会进一步产生需求动机,进而产生参与会展的具体行为。从经济学角度看,人们首先要有会展的需要,然后才进一步产生购买会展产品的意愿,进而发生购买会展产品的行为。因此,无论从哪一个角度看,任何与会展相关行为的发生,都必须以会展需要的存在为前提。也可以说,没有对会展活动的需要这一心理动力,会展需求是不可能产生和实现的。会展需要一旦被人们意识到,便会以动机的形式表现出来。因此,从这个意义上来说,会展动机是会展需求产生的主观条件。

动机的产生是由两个因素促成的:一个是需要,一个是刺激,二者缺一不可。需要包含两个方面:一是感到缺乏;二是期待满足。也就是说,既要有不足之感,又要有求足之愿。动机性行为的发生,往往是内在条件与外在条件相互作用下发生的。即人的动机行为,不仅与个体自身的身心状态有关,而且还会因时、因地、因其所处情境的不同而出现不同的反应。动机的强度不同,行为的结果就会不同。生活中经常会有这样的情况:能力不相上下的人,取得的成绩却大不一样,甚至能力差的人比能力强的人工作得更好。这是由于动机的强度,或者说是由于动机激发程度不同造成的。

会展动机作为采取行动的一种驱动力,表现为一种紧张状态,它因为某种会展需求没能得到满足而存在。个体或组织会有意识或无意识地通过采取某种行动来降低这种紧张状态。

人类的基本需要以及好奇心等是人们会展消费行为的内在动力，也可以说是主观条件，但如果不具备一定的客观条件，人们的会展消费行为最终也不会发生。会展动机产生的客观条件有：

（1）经济条件

会展是一种消费行为，需要一定的经济基础，要有支付各种费用的能力。当经济收入超过基本的生活需要时，就有可能产生会展消费动机。经济越发达、国民收入越高的国家和地区，会展消费的可能性越高，反之越低。

（2）时间条件

时间条件是指消费者拥有可以自由支配的时间来参加展会、购买会展商品和服务，或者通过会展获得新信息、感受会展组织者的观念和思想。消费者自由支配的时间增多了，对会展动机的产生起着重要的作用，消费者外出参展的可能性更高。

（3）社会条件

社会条件主要指一个国家或地区的经济状况、文化因素以及社会风气等。会展作为平台，联系会展主体和客体。作为一种市场形式，会展的专业化、集中化、品牌化能带动相关的物流、信息流、资金流，成为一个城市的经济增长点。会展业的发展需要有相关的软环境和硬环境。只有当整个国家或地区的经济发达时，才有足够的实力改善和建设会展设施、开发会展资源、促进相关产业的发展，从而激发消费者参展的兴趣和欲望，提高会展消费者的消费动机。

另外，现代会展的投资贸易、展示洽谈、推介咨询、高层论坛、文化交流五位一体的发展模式，把展、会、演、节、赛融为一体，通过丰富的内容、多元化知识的融合和展会的品质、信誉和影响力，使消费者不自觉地产生会展动机，并进而产生会展行为。最后，社会风气也会影响会展动机。同事、朋友、邻居、竞争对手的会展行为及其会展体验和经历能够相互感染，使人们产生会展动机，形成一种仿效会展的行为。

2）会展动机的激发

激发会展动机，就是要通过提高人们的参展积极性，刺激会展消费者的兴趣，以促进潜在会展消费者积极参与到会展活动中来。因此，会展主体只有从开展积极有效的宣传、努力开发有特色的会展产品和服务、提高会展水平等方面入手，才能吸引更多的会展消费者。

会展消费者参展的目的之一就是通过参与会展活动了解行业发展状况，确定自己的产品与竞争对手相比所占的优势，检验自身的竞争力。有特色的会展资源对会展消费者才有吸引力。因此，会展主办者在会展活动的组织过程中应显示出与众不同的独特风格，才能激发会展消费者参展的动机。

（1）从展会立项和策划开始，就应该了解展会举办所需要的各方面信息，充分利用展会定位的号召力

通过对产业性质、产业规模、产业分布状况、厂商数量、产品销售方式、产业技术含量

等信息的搜集和科学的分析,从而正确确定展会要涉及的地区和范围,分析该行业的发展趋势和热门话题,同题材展会的分布和情况。最终确定展览题材,使展会更具有专业性和市场拓展性,从而让展会具有更强的市场号召力。没有定位的展会是不可能抓住该产业的亮点和市场特点的,因此展会对观众和参展商的吸引力就不强,所以应对展会进行定位分析,以吸引更多有会展动机的消费者。

(2)充分挖掘市场,树立展会品牌影响力

有数据显示,和其他营销模式相比,会展是一种无污染、成本低、利润高的新型营销模式。展会是参展商销售产品最有效的途径之一,它优于参展商在摊位上的售卖效果,且会展是以一种低投入、高产出的营销模式将产品公之于世。会展的形式和内容给会展消费者带来了更大的吸引力。但在会展策划过程中,应注意确定一个合适的招展价格,展会的知名度和竞争力在各阶段不同,所订价格应和展会的档次、品牌相符。如果参展商发现以同一时间或同样的成本,其他途径的收益更大,他们就会后悔参展并严重影响他们对展会的满意度,最终影响他们参加下届展会的积极性。所以要确定合适的招展价格以吸引更多的参展商。办展机构品牌的影响力会延伸到其举办的展会上,形成展会的品牌效应,而会展消费者对办展机构的品牌认同会影响其参展的动机。应提高展会的档次、规格和权威性,扩大展会的影响,创造更多的会展消费行为。

(3)会展新产品或新服务的宣传力度

会展产品的购买过程总是从认识需求开始的。具体地说,促进消费者产生需求的原因有以下几种:消费者对已有的物品或现有的东西不再满意;收入的变化;需求处境的变化;会展新产品的不断涌现,强烈刺激消费者的购买欲望;对配套会展产品的需求。总之,消费者只有认识到购买某一种会展产品的紧迫性和必要性,才会采取购买行动。因此,会展组织者应激发和诱导消费者的需求。组织者的营销可以从两个方面来刺激企业参展:第一是消费者要通过展会来了解产品,从而购买产品,所以组织者应争取更多的企业参展,特别是知名企业,这在一定程度上可以影响企业对展会的需求;第二是利用展会的专业化和品牌声誉来树立企业在行业中的形象和地位,以吸引企业参展。因此,从某种意义上说,对会展产品的宣传力度、信息发布程度、会展举办地的交通情况、办展机构、办展时间、展品范围、展会规模、参展观众的数量和质量等因素都影响着消费者的消费行为。

(4)加强会展管理和会展服务

在展会筹办和举办过程中,办展机构为展会提供专业、及时、优质和周到的服务,对会展活动参与各方均有良好的效益。会展项目评定、会展项目无形资产价值评估等方面的服务,可以使会展信息公开化;会展产业融入了更多、更好的技术,例如,先进的灯光系统、发达的交通与通信、更富于人性化的接待与展览设施等,这些技术的应用无不会吸引着更多的参展商与观众,从而刺激他们的消费动机。因为人的动机总是由一定的情境所激发,使人表现出对某种刺激物的积极态度,并力求在行动中达到目的,所以加强会展管理和服务能有效刺激消费者的消费动机。

# 4.3  态度与会展消费

## 4.3.1  态度的内涵及特征

态度作为一种心理现象，既是指人们的内在体验，又包括人们的行为倾向。一般而言，态度是潜在的，主要是通过人们的言论、表情和行为来反映的。态度也可以看作是一种心理上的准备状态，这种准备状态支配着人们观察、记忆、思维的选择，也决定着人们听些什么、看些什么、想些什么和做些什么。不管什么职业，几乎每个人都离不开态度这个概念。比如，企业的厂长或经理关心员工的态度，因为它会影响到生产积极性和生产率；会展管理者关注会展消费者的态度，以便进一步提高会展服务质量，促进会展产业的发展。

### 1）态度及其构成

态度是指个人对某一对象所持有的评价与行为倾向。态度的对象是多方面的，其中有人、事件、物、团体、制度以及代表具体事务的观念等。

人们对一个对象会做出赞成或反对、肯定或否定的评价，同时还会表现出一种反应的倾向性，这种倾向性就是心理活动的准备状态。因此，一个人的态度不同，就会影响到他的行为取向。

态度的心理结构主要包括三个因素，即认知因素、情感因素和意向因素。

认知因素就是指个人对态度对象带有评价意义的叙述。叙述的内容包括个人对态度对象的认识、理解、相信、怀疑以及赞成或反对等。比如博鳌成功举办博鳌亚洲论坛后，其良好的生态、人文和治安环境已闻名四海，这就是消费者对博鳌的看法。

情感因素就是指个人对态度对象的情感体验，它是态度的核心并和人们的行为紧密相连。比如义乌的小商品城，以独特的专业市场和会展方式，成为全球买家和卖家采购、销售的热点地区。这就看出其中有积极的情感成分。

意向因素就是指个人对态度对象的反应倾向或行为的准备状态，也就是个体对态度对象做出的何种反应。比如，消费者在心理上积极地做各种准备，一旦有机会，就有可能参展或购买产品。

态度是人们的一种内在心理体验，因此它不能直接被观察到，而只能通过人们的语言、表情、动作表现等进行判断。根据一个人的态度可以推测他的行为。但是推测只是推测，态度与行为毕竟不是一对一的关系，两者也不是同一个概念。况且行为的发生并不单单由态度决定。当会展消费者对会展服务投诉或产生矛盾时，其原因可能只是客人不满意态度的一个表现而已。

### 2）态度的特点

人们的态度一旦形成，通常具备以下几个特点：

（1）态度的社会性

态度不同于本能，态度不是天生的，它是通过后天的学习获得的。不需学习、与生俱有的行为倾向不是态度。态度是个体在长期生活中，通过与他人的相互作用，受周围环境的不断影响而逐渐形成的。态度形成以后，反过来又会影响个体对周围事物和他人的反应。在这种相互作用的过程中，一个人的态度经过不断的循环和修正，会逐步形成日益完善的态度体系。比如，客人对某次展会的态度，可能是他自己在参展过程中通过亲身观察得来的，也可能是通过广告宣传或其他客户的评价等形成的。

（2）态度的对象性

态度必须具有特定的态度对象。态度对象可能是具体的，也可能是抽象的，即一种状态或观念。由于态度是主体对客体的一种关系的反应，所以态度总是离不开一定的客体，总是与态度对象相联系，因此，态度的存在不是孤立的、抽象的，它总是针对着某一事物的。在谈到某一态度时，就提出了态度的对象。比如，对某个展会的印象如何、对展会的招展价格有何感觉、对服务员的看法等，没有对象的态度是不存在的。

（3）态度的协调性

态度的一个重要特点就是它具有调整功能。所谓调整功能就是当事人在社会奖惩或亲朋意见及榜样示范作用下改变自己态度的情况。这种功能有助于会展消费者在心理上适应新的或不利的处境，使自己不必亲身经历或付出代价而达到态度的改变，使个体能更好地适应客观世界。

（4）态度的稳定性与可变性

态度是在需要的基础上，经过长期的感知和情感体验形成的，其中情感的成分占有重要的位置，并起到强有力的作用。它使一个人的态度往往带有强烈的情感色彩并具有稳定性和持久性。它使人在行为反应上表现出一定的规律性。比如，会展消费者在接受会展服务人员的良好服务之后，感觉很好，从而形成对这次会展服务的肯定态度。

当然，态度并非一成不变，当各种主、客观因素发生变化时，态度也会随之改变。就以上例来说，如果这位客人在这次会展活动中受到服务员不太礼貌的接待，就会改变对这次展会积极肯定的态度，而产生消极、不满的情绪，有可能不再参加下次的会展。

（5）态度的潜在性

态度是一种内在结构，它虽然包含有行为的倾向，但并不等于行为，所以态度本身不能被直接观察到。又由于态度的稳定性和持久性，一个人的态度往往可以通过他的言论和行为来加以推测。比如，一个员工在业余时间里总是抱着各种专业书在看，那么我们就可以从他的行为来推测他对学习抱有积极的态度。

（6）态度的价值性

态度的核心是价值。价值是指作为态度的对象对人所具有的意义。人们对于某个事物所具有的态度取决于该事物对人们的意义大小，也就是事物所具有的价值大小。事物的主要价值有六种：理论的价值、实用的价值、美的价值、社会的价值、权力的价值和宗教的价值。事物对人的价值大小，一方面取决于事物本身，比如，客人对展会的态度主要取决于展会能为客人提供什么，如展品、展会中的信息和展会的服务等；另一方面，也受人的需要、兴趣、爱好、动机、性格、信念等因素制约。所以，同一件事，由于人们的价值观不同，会产生不同的态度。为此，能满足个人需要、投合人的兴趣爱好、与人的价值观相符的事，人们就会产生正面的态度；反之，则产生消极的态度。

## 4.3.2　态度与会展消费

态度与行为是什么关系？了解会展消费者的态度就可以预测他们的行为了吗？

### 1）态度与行为

有关态度与行为之间的关系的探讨几乎和态度本身的研究历史一样长远。大多数学者对态度和行为之间的关系基本持肯定的意见，即认为一个人的态度决定了他的行为。比如，观众觉得不该参与本次展览，就不会去参与展会活动。如前所说，态度是行为的内在准备状态，因而可以通过态度来预测行为。

态度对会展消费者行为的影响直接体现在对会展决策的影响上。会展决策与人的其他决策一样，往往要求决策者经历一系列的心理步骤。态度是由认知、情感、意向三种成分构成的一种内在心理结构。在会展决策过程中，会展消费者的某种态度一旦形成，就会导致会展消费倾向，进而影响消费者的会展决策。当然，能否导致会展行为的发生，还取决于各种社会因素的影响。

### 2）态度与会展消费

态度即使不能完全预测人们的实际行为，也可以很好地预测人们的会展消费倾向。消费倾向与实际消费行为直接相关。

#### （1）影响会展消费倾向的因素

态度是会展消费倾向形成的基础。心理学研究表明，态度至少有两个特征对倾向的形成具有重要影响，这两个特征是态度的强度与态度的复杂性。

①态度的强度。态度的强度即态度的力量，它是指个体对对象赞成或不赞成的程度。一般来说，态度强度越大，态度就越稳定，改变起来就越困难。人们对某一事物的态度强度与态度对象的突出属性有关，而态度对象的突出属性对人的重要程度因人而异。任何事物都有许许多多的属性，人们对事物的认知是针对事物的具体属性而言的。不仅如此，对于同一个人来说，随着他的需要或目标的改变，其态度对象的属性也会发生变化。由此可见，态度对象的突出属性与人们参与会展的需要有关，即与他们期望通过会展所获得的主要收获有关。"收获"在会展行为和会展决策中是一个重要的概念。消费者正是为了某种收获才去参展的。比如，了解行业发展状况；寻求合作机会；向新市场推介企业的产品和服务；宣传企业新增加的产品种类等。同样，人们也并不是为了产品或服务本身才有购买行为的，而是因为这些产品或服务能提供某种收获。因此，对于会展工作者，重要的是要按照会展消费者所要寻求的收获来了解他们的行为，要能够识别与他们的服务相联系的突出属性。也就是说，要真正做到自己提供的正是

消费者所需要的。

②态度的复杂性。态度的复杂性是指人们对态度对象所掌握的信息量和信息种类的多少,它反映了人们对态度对象的认知水平。人们对态度对象所掌握的信息量和信息种类越多,所形成的态度就越复杂。比如,对于某个特定的展会,其规模、品牌、展品范围等方面的问题至少涉及交通、运输、餐饮、旅游、通信等很多方面。一般来说,复杂的态度比简单的态度更难以改变。如大连市的国际服装节,其发展态势使各方持积极肯定的态度。只要消费者对某地或某行业会展持否定态度,要改变他的态度倾向就非常难。可见,态度越复杂,就越难改变。

(2)改变会展消费者态度的策略

会展消费者的态度,是其在会展活动中形成的对会展产品或服务的肯定或否定的心理倾向。对会展活动持积极肯定态度就会推动其完成会展活动,而消极否定的态度,则会阻碍其完成会展活动。所以,要促进消费者的会展行为,就必须把消费者的消极态度转化为积极态度,把否定态度变为肯定态度。可以从以下几个方面着手:

①提升展会的专业化、国际化、品牌化程度。一般来说,展会的专业化、国际化、品牌化程度越高,参展商和观众越愿意参加此类展览。现在的展会越来越强调专业化,即展会内容专门化。会展产品和服务的质量越高,越能吸引参展商和观众。会展主办者要在展会现场为参展商提供各种服务,这些服务要全方位地贯穿整个会展活动始终,如展前的展台搭建、展台设计、展览运输及展后的展会评估、信息反馈等,积极地提高展会的服务水平。同时,应根据展会的定位,确定展品范围,每一个参展者在选择参加展会时都会选择最适合自己的展会,不同的会展产品之间有差异性,一定程度上决定了展会的参展企业和观众范围。由于会展的发展是一个复杂的过程,它不仅需要具有高等级的基础配套设施、高技能的人才以及专业化的组织能力,还要有国际公认的"3 L"环境,即举办会展活动必备的学术氛围、下榻环境及提供这些活动相呼应的休闲环境。目前,我国会展业同国际化水平有一定差距。鉴于这种情况,为了改变会展消费者的态度并促进会展产业的发展,必须实现经营观念、运作模式和服务方式等方面的不断改进和创新。

②重视会展宣传。态度的形成依赖于会展消费者对态度对象的认识,通过媒体和各种渠道的宣传向消费者传送新的知识和新的信息,有助于会展消费者态度的改变。通过刊登展会招展广告、进行直邮招展、软性文章和图片、新闻发布会、人员推广、机构推广、公共关系、在有关网站上宣传推广等宣传推广方式,深入人心,从而来改变会展消费者的态度。

③引导人们参加会展活动。要改变一个人的态度,必须引导他积极地参与有关活动,通过组织表演、电子商务、在大型酒店或在包装袋等处做广告、专业媒体渗透等图文并茂的形式,对展会作较深入的介绍,能使受众获得尽可能多的信息。

以上三种基本方法的主要目的是激发人们潜在动机,以促进会展消费者态度的改变,从而最终影响会展消费者的行为。

# 案例举要

## 某公司如何拉动会展消费

某公司是一家生产电信产品的公司。在创业初期，依靠一群志同道合的朋友，大家不怕苦、不怕累，从早到晚拼命干，使公司得到了迅速发展。几年之后，员工由原来的十几人发展到几百人，业务收入由原来的每月十几万元发展到上千万元。该公司为了扩大产品的知名度，提高产品的销售量，想借助于会展平台，在展会上展示公司的风采。该公司领导要求员工在展品以及展台设计等方面做出策划方案，并要求员工在工作期间不得擅自离岗，不得做与公司无关的事，所有的时间都必须工作。公司员工在这样的管理下，产生了极大的不满，采取消极抵抗的方式进行工作。会展展期临近时，该公司各部门相关展品性能和信息的简报以及会展文案均未到位。在会展期间，该公司展台前观众寥寥无几，消费者在展台前驻足的时间也较短。消费者对产品相关性能了解不详，没有强烈的购买欲望。会展结束后，该公司发现公司在参展前围绕产品所做的工作并不细致，消费者虽然有了解产品的想法，却无法激起消费者的购买动机。公司在此后的参展中制订了相应的实施策略。

评析：

会展产品某种程度上是一种复合性商品，由多个组织或个人共同提供。在展会中，会展资源是会展组织者吸引会展消费的重要基础，能为消费者提供更多的便利条件，并能刺激消费者对会展的需求。组织者从筹办到招展、展出，都要分析参展人员及其消费者的心理，从而更好地提高会展资源的利用率，以达到预期的效果。

# 思考与练习

1. 什么是需要？它有哪些特点？
2. 什么是会展动机？
3. 态度决定人的行为吗？
4. 用一实例分析会展倾向形成的过程。
5. 会展态度能否改变？为什么？试举例分析。

# 第 5 章
## 人格、社会与会展消费

[学习目标]

- 了解消费者个体的人格类型、人格结构和生活方式
- 了解经济环境、所在群体和社会阶层、社会文化环境等因素对消费者个体的影响
- 了解人格特征的代表性理论
- 深入了解、分析会展消费行为，并采取相应的会展营销策略

[关键概念]

人格　气质　性格　生活方式　参照群体　社会阶层
社会文化

# 5.1 人格类型与会展心理

## 5.1.1 人的性格与类型

### 1）人的性格

人的性格指人类心理特征的整合、统一体，是一个相对稳定的结构组织，并在不同时间、地域下影响着人的内隐和外显的心理特征和行为模式。性格是在后天社会环境中逐渐形成的，是人核心的人格差异。性格有好坏之分，能最直接地反映出一个人的道德风貌。

### 2）性格的类型

九型人格，又名性格型态学、九种性格。它近年来备受美国斯坦福大学等国际著名大学 MBA 学员推崇并成为现今最热门的课程之一，近十几年来已风行欧美学术界及工商界。全球 500 强企业的管理阶层均有研习九型性格，并以此来培训员工，建立团队，提高执行力。

美国亚力山大·汤马斯医生（Dr. Alexander Thomas）和史黛拉·翟斯医生（Dr. Stella Chess）在他们 1977 年出版的《气质和发展》一书里面提到，我们可以在出生后第二至第三个月的婴儿身上辨认出九种不同的气质，它们分别是活跃程度、规律性、主动性、适应性、感兴趣的范围、反应的强度、心境的素质、分心程度和专注力范围/持久性。戴维·丹尼尔斯（David Daniels）则发现这九种不同的气质刚好和九型人格相配。

九型人格不仅仅是一种精妙的性格分析工具，更重要的是为个人修养与自我提升、历练提供深入的洞察力。与当今其他性格分类法不同，九型性格揭示了人们内在最深层的价值观和注意力焦点，它不受表面的外在行为变化所影响，可以让人真正地知己知彼，帮助人明白自己的个性，从而完全接纳自己的短处，活出自己的长处；而且，它还能让人明白其他不同人的个性类型，从而懂得如何与不同的人沟通交往及融洽相处，与别人建立真挚、和谐的合作伙伴关系。

九型人格是按人的基本欲望来把人分成九类：完美型、全爱型（助人型）、成就型、艺术型、智慧型（思想型）、忠诚型、活跃型（开朗型）、领袖型（能力型）与和平型（和谐型）。九型人格认为人是由基本欲望所控制。固然每个人都会同时追求许多东西，九型人格所讲的是基本欲望，反过来就是基本恐惧。这些恐惧驱赶着一个人，这个人一生就是要离开这种恐惧，并且以所追求的事物来成就自我价值。

完美型的主要特征：原则性强、不易妥协、常说"应该"或"不应该"、黑白分明、对自己和别人要求甚高、追求完美、不断改进以及感情世界薄弱。生活风格：爱劝勉教导，逃避表达愤怒，相信自己每天有干不完的事。人际关系：典型的完美主义者，显浅易明。很少讲出称赞的话,时常提出批评,无论是对自己或是对身边的人。自身压力大,会很难放松自己去尽情地玩、开心地笑! 常有愤怒、不满的感觉。

全爱型(助人型)的主要特征:渴望别人的爱或良好关系、甘愿迁就他人、以人为本、要别人觉得需要自己却常忽略自己。生活风格:爱报告事实,逃避被帮助,乐于助人,否认问题存在。人际关系:助人型顾名思义,喜欢帮人,而且主动,慷慨大方。虽然对别人的需要很敏锐,却时常忽略自己的需要。满足别人的需要比满足自己的需要更重要,所以很少向他人提出请求。

成就型的主要特征:强烈好胜心,喜欢权威,常与别人比较,以成就衡量自己的价值高低,注重形象,工作狂,惧怕表达内心感受。生活风格:爱数说自己成就,逃避失败,按长远目标过活。人际关系:精力充沛,动力过人,有很强的争胜欲望。喜欢接受挑战,会把自己的价值与成就连成一线。全心全意去追求一个目标,相信"天下没有不可能的事"。有一点点的自恋、自我膨胀,会把自己最好的一面给友人看。极端时,甚至会在朋友面前撒谎,以求保持自己在朋友心目中的形象。害怕亲密关系,亲密/好朋友关系不容易建立,很难放开自己与人坦诚交往。

艺术型的主要特征:情绪化,追求浪漫,惧怕被人拒绝,觉得别人不明白自己,强烈占有欲,我行我素。生活风格:爱讲不开心的事,易忧郁、妒忌,生活追寻感觉好。人际关系:多愁善感又想象力丰富,常沉醉于自己的想象世界里,不考虑责任的问题。自怜、觉得自己与其他人不一样,在现实的社交圈子里很难得到满足。

智慧型(思想型)的主要特征:冷眼看世界,抽离情感,喜欢思考分析,要知很多,但缺乏行动,对物质生活要求不高,喜欢精神生活,不善表达内心感受。生活风格:爱观察、批评,把自己抽离,每天有看不完的书。人际关系:很冷静,总想跟身边的人和事保持一段距离,也不会让情绪释放。常常观察身边的事,却很少参与,感情投入也很少。好辩,很执着,却少有"辩输"的空间和量度。

忠诚型的主要特征:做事小心谨慎,不轻易相信别人,多疑虑,喜欢群体生活,为别人做事尽心尽力,不喜欢受人注视,安于现状,不喜转换新环境。生活风格:爱平和讨论,惧怕权威,传统可给予安全感,害怕成就,逃避问题。人际关系:安全感很重要,遇到新的人和事,都会令其产生恐惧、不安的感觉。基于这种恐惧不安,凡事都会做最坏的打算,换句话说,为人比较悲观,也易逃避了事。

活跃型(开朗型)的主要特征:乐观,要新鲜感,追赶潮流,不喜承受压力,怕负面情绪。生活风格:爱讲自己经验,喜欢制造开心,人生有太多开心的事情等着他。人际关系:乐观、精力充沛、迷人、好动、贪新鲜、不喜欢被束缚控制。

领袖型(能力型)的主要特征:追求权力,讲求实力,不靠他人,有正义感,说话算数,喜欢做大事。生活风格:爱命令,说话大声、有威严,存有报复心理、爱辩论,靠意志来掌管生活。人际关系:豪爽、不拘小节、自视甚高、遇强越强、关心公平正义。清楚自己的目标,并努力前进。由于不愿被人控制,且具有一定的支配力,很有潜质做领袖带领大家。有时候会对人有攻击性,让人感到压力。

和平型(和谐型)的主要特征:需花长时间做决定,难以拒绝他人,不懂宣泄愤怒。

生活风格：爱调和，做事缓慢，易懒惰、压抑，生活追寻舒服。人际关系：善解人意，随和。很容易了解别人，却不太清楚自己想要什么，优柔寡断。相对而言，主见会比较少，宁愿配合其他人的安排，做一个很好的支持者。与世无争怕引起冲突，渴望与每个人和平共处，是不显眼的一个。由于从不试图突出自己，会比较怕羞、怕事，也容易产生躲懒的意欲。

### 5.1.2  人格类型对会展消费的影响

**1）气质对会展消费的影响**

不同气质类型的会展消费者总是表现出不同的消费行为特点。胆汁质的消费者，对自己确定的消费行为从不会动摇，也不会轻易改变自己的抉择和决定，和这种类型的消费者打交道一般不那么容易，接待稍有不慎或言语不当往往会引起激烈的反应；多血质的消费者常常表现为在会展现场乐于和别人打招呼，话多，买与不买决定很快，不过，有时改变主意也快；黏液质的消费者在选购商品时，动作比较迟缓，少言少语，挑选商品时喜欢独立进行，只有在不得已的情况下才会询问会展服务人员；抑郁质的消费者在会展消费活动中常常表现得犹豫不决，而且很少表露情感，不愿意主动与会展服务人员商量，会让人觉得他们一丝不苟，非常精细。

**2）性格对会展消费后影响**

性格的一般特征反映在会展消费活动中，就形成了千差万别的消费行为特征。主要表现在：

（1）消费观念的陈旧与更新、积极与消极

有的人怀有浓厚的怀旧心理，对日新月异的新产品难以接受；而有的人则对新潮流跃跃欲试，尝试新产品总是先人一步，抢先消费，甚至超前消费；有的人为了攒钱，衣食住行消费处于最低生活水准；有的人则能科学地适度消费。

（2）消费情绪的乐观与忧郁、外倾与内向

购买过程中，有的消费者热情开朗，乐于与会展服务人员及其他参观者交谈，购买心理易受环境影响，具有很大成分的从众心理行为；有的消费者却少言寡语，情绪活动集中于内心，购买心理不易受外界环境的影响。

（3）消费决策的果断与犹豫、迅速与迟缓

有的消费者购物时目标明确、积极主动，遇到符合个人意愿的商品，会毫不犹豫地将商品买下。有的消费者购物时，左看看，右看看，反反复复地比较权衡，迟迟不买，缺乏自信与主见，对商品没有固定的偏好，常需要别人帮助做出购买与否的决定。这类消费者的购买行为常常处于被动状态，需要会展服务人员引导。

（4）消费态度的节约与奢华、控制与放纵

有的人不惜债台高筑，借钱购买高档商品，以显示生活水准达到了一定的档次。有的人虽然收入水平很高,却喜欢购买中低档商品,以俭朴为荣。这两种消费品格在现实经济生活中形成鲜明的对比。

(5)购买行为的冷静与冲动、稳定与摇摆

有的消费者购买商品时喜欢从一时的兴趣出发,不注意商品的使用价值,看到别人买自己也买。买回后就扔到了一边,形成浪费。有的消费者则在购买商品时沉着冷静,仔细比较,深思熟虑,不受各种外界因素的影响。

# 5.2 人格结构与会展消费

## 5.2.1 人格特质与人格结构

心理学研究表明,在组成人格的因素中,有一些能引发人们行为和主动引导人的行为,使个人面对不同种类的刺激,都能做出相同反应的心理结构。有些心理学家称此心理结构为人格特质,也称行为特质。人格就是由许多这种特质有机组合构成的。特质论者认为:人格是由许多心理要素构成的。所谓特质是指一个人的行动中一贯具有的倾向性的东西。倾向性是人格中的动力结构,是个性心理结构中最活跃的因素,是个性的潜在力量,是人们进行活动的基本动力。人格倾向性包括需要、动机、兴趣、信念和世界观等。在这些心理倾向中,需要是基础,对其他成分起调节支配作用。信念、世界观居最高层次,决定着一个人总的思想倾向。

特质不是习惯,习惯比特质更特殊。例如,一个人也许会有刷牙、勤换衣服、梳头、洗头和剪指甲等习惯。然而,他具有这些习惯的原因是具有清洁这一特质。

特质也不是态度,态度比特质更特殊。一个人对待某事物,例如对某人、对一辆崭新的汽车或对游行,都有若干种态度。相反,特质普遍得多。例如,某人基本上属于攻击型,那么他在对待陌生人、动物、事件等必然是具有攻击性的。态度与特质的第二个区别是,态度意味着评价,也就是说,态度常常是赞成或反对某件事的,不是肯定,就是否定。而特质则是包含评价的所有行为和认知活动。

1)奥尔波特的人格特质论

奥尔波特是人格特质论的创始人。他认为特质是个体人格中的"心理结构",特质既能激发行为,又可指导行为。它存在于个人内部,不能直接观察到,只有通过推断才能得到。他认为,人格特质是每个人以其生理为基础的、一些持久不变的性格特征。他将人的特质分为以下三类:

(1)首要特质

所谓首要特质是指足以代表个人独特个性的特质。例如,只用"吝啬"二字就足以代表某人的性格,而且所有认识他的人都公认他确实吝啬。吝啬就是此人的首要特质。小说或戏剧的中心人物,往往被作者以夸张的笔法来特别突出其首要特质。

（2）中心特质

所谓中心特质是指代表个人性格几方面的特征。中心特质是构成人格特质的核心部分。每个人的中心特质都有 5～7 个。平常评价某人时所用的"诚实、勤奋、乐观、开朗"等词就是指中心特质。

（3）次要特质

次要特质是指代表个人仅仅在某些情境下表现的性格特征。有些人虽然喜欢高谈阔论，但在陌生人面前则沉默寡言。仅从他的性格表现看，只能说沉默寡言是他的次要特质。

2）卡特尔的人格特质理论

美国人格心理学家卡特尔应用因素分析法来探讨人格特质，并认为构成人格的特质彼此不是松散存在的，而是作为整体的机能相互关联的。他提出了表面特质和根源特质的概念。表面特质是经常发生的，从外显行为中可实际测到的特质。根源特质是人格结构的最重要部分，是外显行为的内在原因，是构成人格的元素，人的所作所为无一不受根源特质的影响。从表面特质中精选出潜在深处的根源特质是卡特尔研究的主要方面。他运用因素分析，最后确定人格的 16 种根源特质。这 16 种特质及其含义如下：

乐群性——低分特征：缄默，孤独，冷漠；高分特征：外向，热情，乐群。

聪慧性——低分特征：思想迟钝，学识浅薄，抽象思考能力弱；高分特征：聪明，富有才识，善于抽象思考，学习能力强，思考敏捷正确。

情绪稳定性——低分特征：情绪激动，易生烦恼，心神动摇不定，易受环境支配；高分特征：情绪稳定而成熟，能面对现实。

好强性——低分特征：谦逊，顺从，通融，恭顺；高分特征：好强固执，独立积极。

兴奋性——低分特征：严肃，审慎，冷静，寡言；高分特征：轻松兴奋，随遇而安。

有恒性——低分特征：苟且敷衍，缺乏奉公守法的精神；高分特征：有恒负责，做事尽职。

敢为性——低分特征：畏怯退缩，缺乏自信心；高分特征：冒险敢为，少有顾忌。

敏感性——低分特征：理智，着重现实，自食其力；高分特征：敏感，感情用事。

怀疑性——低分特征：依赖随和，易与人相处；高分特征：怀疑，刚愎自用，固执己见。

幻想性——低分特征：现实，合乎成规，力求妥善合理；高分特征：幻想，狂放不羁。

世故性——低分特征：坦白，直率，天真；高分特征：精明能干，世故。

忧虑性——低分特征：安详，沉着，有自信心；高分特征：忧虑抑郁，烦恼自扰。

实验性——低分特征：保守，尊重传统观念与行为标准；高分特征：自由，批评激进，不拘泥于现实。

独立性——低分特征：依赖，随群附众；高分特征：自立自强，当机立断。

自律性——低分特征：矛盾冲突，不顾大体；高分特征：知己知彼，自律严谨。

紧张性——低分特征：心平气和，闲散宁静；高分特征：紧张困扰，激动挣扎。

3）人格五因素模型

奥尔波特、卡特尔分别提出了各不相同的人格特质理论。在他们之后的人格特质理论心理学家们又通过因素分析的方法陆续提出了一些理论，但在基本特质的单元或基本特质的分类上并没有取得共识。而人格特质理论的心理学家认为，如果能够找到人格的基本维度，那将是人格心理学的一个转折点。

20世纪80年代，科斯塔（Costa）和麦克雷（McCrae）提出，特质在很大程度上是会遗传的，十分相似的因素可在许多不同的语言和文化中找到。他们提出了一个人格的五因素模型，即神经质（N）、外倾性（E）、经验开放性（O）、宜人性（A）和认真性（C）。有关人格五大特质因素和相关特征的解释见表5.1。

表5.1　人格五因素及其相关特征

| 高分者特征 | 特质量表 | 低分者特征 |
|---|---|---|
| 烦恼、紧张、情绪化、不安全、不准确、忧郁 | 神经质（N）<br>评鉴顺应与情绪不稳定，识别那些容易有心理烦恼、不现实的想法、过分的奢望式要求以及不良反应的个体 | 平静、放松、不情绪化、果敢、安全、自我陶醉 |
| 好社交、活跃、健谈、乐群、乐观、好玩乐、重感情 | 外倾性（E）<br>评鉴人际互动的数量和强度、活动水平、刺激需求程度和快乐的容量 | 谨慎、冷静、无精打采、冷淡、厌于做事、退让、话少 |
| 好奇、兴趣广泛、有创造力、有创新性、富于想象、非传统的 | 经验开放性（O）<br>评鉴对经验本身的积极寻求和欣赏；喜欢接受并探索不熟悉的经验 | 习俗化、讲实际、兴趣少、无艺术性、非分析性 |
| 心肠软、脾气好、信任人、助人、宽宏大量、易轻信、直率 | 宜人性（A）<br>评鉴某人思想、感情和行为方面在同情至敌对这一连续体上的人际取向的性质 | 愤世嫉俗、粗鲁、多疑、不合作、报复心重、残忍、易怒、好操纵别人 |
| 有条理、可靠、勤奋、自律、准时、细心、整洁、有抱负、有毅力 | 认真性（C）<br>评鉴个体在目标取向行为上的组织性、持久性和动力性的程度，把可靠的、严谨的人与那些懒散的、邋遢的人做对照 | 无目标、不可靠、懒惰、粗心、松懈、不检点、意志弱、享乐 |

4）人格结构理论

心理学中有关人格结构的论述很多。对于会展心理学研究较有启示和影响的是苏联学者普拉图诺夫专门阐述的人格结构问题，他提出在人格中划分出四个分结构。这四个分结构同时也是人格的四种层次：

①为生物特性所制约的分结构，包括气质、性别、年龄，有时也包括心理病理学的特征；

②心理分结构，包括已成为人格特征的某些心理过程的个体特点（如感觉、知觉、记忆、思维、情绪、感情和意志）；

③社会经验分结构，包括人掌握的知识、技能、熟练和习惯；

④人格倾向性分结构，在这个分结构中又分为等级上相互联系的许多分结构：欲望、意愿、兴趣、爱好、理想、个体对世界的想象以及倾向性的最高形式——信念。

图 5.1　一个人的完整人格

此外，心理学家吉尔福特认为，人格由七种不同的特性构成，形成一个七角形的交互体，从不同角度可以观察到不同特性。但各个特性在整个人格体系中占据一定地位，表达一种功能，各特性之间紧密联系形成一个统一体，即一个人的完整人格，如图 5.1 所示。

在我国一些心理学教材中，介绍人格结构时，提到 PAC 分析理论较多，在这里我们也简单引用，作为人格结构研究的借鉴。

加拿大精神病医生埃里克·伯恩博士提出人格结构的 PAC 分析论点。他的基本理论观点是：个体的人格由三种心理状态构成，即 Parent（父母）、Adult（成人）和 Child（儿童）状态，即人格结构包括 P，A，C 三部分，简称人格结构的 PAC 分析。

"父母"状态以权威和优越感为标志，通常表现为统治人、训斥人以及其他权势的作风，这种状态学自父母及其他权威人物。当一个人的人格结构中 P 成分占优势时，这种人的行为表现为凭主观印象办事，独断独行，滥用权威。这种人讲起话来总是"你应该……""你不能……""你必须……"。

"成人"状态表现了客观和理智。这种人像计算机处理数据那样，从储存的材料中估计各种可能性，然后做出决策。当一个人 A 成分占优势时，这种人的行为表现为待人接物冷静，谨慎从事，尊重别人，讲起话来总是"我个人的想法是……"。

"儿童"状态像婴儿的冲动，表现为服从或任人摆布，喜怒无常，有时逗人喜，有时惹人厌。当一个人 C 成分占优势时，其行为表现为无主见，感情用事，易激动愤怒，讲话的特点经常是"我猜想……""我不知道"。

## 5.2.2　人格结构对会展消费的影响

消费者人格结构不同，表现出的会展消费行为也就不同。根据人格结构理论的研究，以及现实生活中消费者的心理和行为表现，我们可以看到，人格结构的不同组成部分从不同的维度影响着人们的会展消费行为，使人们的会展消费行为表现为不同的类型。下面从目的性、态度和情感反应等不同的角度来探讨人格结构对会展消费的影响。

1）按消费者购买目标的选定程度划分

（1）确定型

这类消费者在进入会展现场之前，已有非常明确的购买目标，对所要购买的商品种类、品牌、价格、性能、规格、数量等均有具体要求，一旦商品合意，便会毫不犹豫地买下商品，购买决策过程一般较为顺利。

（2）半确定型

这类消费者在进入会展现场之前，已有一个大致的购买目标，但对商品的具体要求尚不明确。他们进入会展现场后，行为是随机的；与会展服务人员的接触，并不能具体地提出对所需商品的各项要求，注意力不是集中在某一种商品上，最后购买决定是经过选择比较而完成的。

（3）不确定型

这类消费者在进入会展现场之前，没有任何明确的购买目标。茶余饭后、散步、顺路都可能步入会展现场漫无目的地浏览参观，所见的某一商品，所闻的某一信息都可能引发消费者的需要，唤起其购买欲望。一旦有了购买目标，消费者会马上发生购买行为，但有时也可能不买任何商品。发生购买行为与否，与会展现场的内外环境及消费者心理状态有关。如会展服务人员的服务、其他消费者的购买情况等。

2）按消费者购买态度与要求划分

（1）习惯型

这类消费者一般依靠过去的购买经验和消费习惯采取购买行为。他们或长期惠顾某商店，或长期使用某种品牌的商品。无论是环境变化还是年龄增长，都不会改变他们的购买习惯。他们在购买商品时，果断成交，不受时尚流行的影响，购买行为表现出很强的目的性。

（2）理智型

这类消费者的购买行为以理智为主，感情色彩较少。在购买商品之前就广泛搜集所需要商品的信息，了解市场行情，需要经过慎重权衡利弊之后才做出购买决定。在购买商品时，主观性较强，不易受他人及广告宣传的影响，挑选商品认真、仔细、很有耐心。

（3）经济型

这类消费者对商品价格非常敏感。这种类型的消费者又可分为两类：一类是以价格高低评价商品优劣的消费者，在他们看来价格高的商品质量就好，价格越高越要买；另一类是对廉价商品感兴趣的消费者，他们对同类商品价格的差异极为敏感，只要价格低便认为合算，打折、优惠价、处理价的商品对这部分消费者有极强的吸引力。因此经济型又称为价格型。

（4）冲动型

这类消费者对外界刺激敏感，心理反应活跃，在商品广告、推销人员、他人影响的刺激下不去进行分析比较,以直观感觉为依据,从速购买。另外,新产品、新时尚对他们的吸引力最大。

（5）感情型

这类消费者情感体验深刻,想象力和联想力特别丰富,审美感也比较灵敏,因此在购买行为上偏重感情因素,也容易受外界因素影响,往往以商品是否符合自己的感情需要来确定购买决策。

（6）疑虑型

这类消费者性格内向、言行谨慎、多疑。他们购买前常常考虑再三,购买后还会疑心上当受骗。

（7）不定型

这类消费者缺乏购买经验,购买心理不稳定,在选购商品时大多没有主见,表现出不知所措的言行。他们乐意听取会展服务人员的介绍,希望得到别人的帮助。这类消费者容易受会展现场气氛的影响,其购买行为带有较大的随意性。

3）按消费者在会展现场的情感反应划分

（1）沉静型

这类消费者在购买活动中沉默寡言,情感不外露,举动不明显,反应缓慢而沉着。他们的购买动机一经确定就不易改变,也很少受外界因素的影响。他们与会展服务人员接触时,交际适度,但不随和。

（2）温顺型

这类消费者在购买活动中,往往尊重服务人员的介绍和意见,做出购买决策较快,并对服务人员比较放心,很少亲自重复检查商品的质量。他们对所购商品本身的情况并不多考虑,但对服务人员的态度很敏感。

（3）活泼型

这类消费者在购买活动中,善于适应各种环境,有广泛的兴趣爱好,但情感易变。在购买商品时,能很快与人们接近,愿意与会展服务人员或其他消费者交谈;有时会主动告诉别人自己购买某种商品的原因和用途;喜欢向别人讲述自己的使用感受和经验;自己不知道的,也希望从别人那里了解到。

（4）冲动型

这类消费者情感变化快速而强烈,选购过程中易受周围环境感染,购买现场的刺激和社会时尚对其影响较大。挑选商品以直观感觉为主,与会展服务人员接触过程中,言行主要受感情支配。

# 5.3 生活方式与会展消费

## 5.3.1 人格与生活方式

### 1）生活方式的基本概念

生活方式是指个人或群体生活活动的相对稳定的形式，也就是对人们如何生活、如何花费时间和金钱的方式的总称，它反映了一个人的活动、兴趣和观点，是人们展现出的关于自身活动、兴趣和观点的模式。生活方式有三个方面的内容：一是消费者经常或喜欢的行为，这些行为尽管可以观察，但其原因却不能直接度量；二是兴趣，即对所注意的对象、事件或主题的兴奋或关注程度；三是观点，即对问题的解释、期望和评价。

生活方式是一个内容相当广泛的概念，它包括人们的衣、食、住、行、劳动工作、休闲娱乐、社会交往、待人接物等物质生活，也包括精神生活的价值观、道德观、审美观等。生活方式可以理解为在一定的历史时期与社会条件下，各个民族、阶级和社会群体的生活模式。生活方式是人的社会化的一项重要内容，决定了个体社会化的性质、水平和方向。生活方式也是一个历史范畴，随着社会的发展而变化。不同社会、不同历史时期、不同阶层和不同职业的人，有着不同的生活方式，生活方式的变化直接或间接地影响着一个人的思想意识和价值观念。

### 2）人格与生活方式

人有什么样的性格，就基本决定了他以后会有什么样的生活方式。来自不同文化群体、不同社会阶层，甚至不同职业的人，可能会有完全不同的生活方式。例如，每个人都有自己认同和向往的生活方式：有的人喜欢自由奔放和无拘无束，有的人喜欢豪华与尊贵，有的人喜欢挑战和冒险，有的人喜欢恬淡与安逸等。

生活方式与人格既有联系又有区别。一方面，生活方式很大程度上受个性的影响。一个具有保守、拘谨性格的消费者，其生活方式不大可能包容诸如登山、跳伞、丛林探险之类的活动。另一方面，生活方式关心的是人们如何生活，如何花费，如何消磨时间等外显行为，而个性则侧重从内部来描述个体，它更多地反映个体思维、情感和知觉特征。可以说，两者是从不同的层面来刻画个体。区分个性和生活方式在会展消费上具有重要的意义。

### 3）生活方式的现状分析

当今世界经济全球化，人们的生活方式也越来越国际化，"生活方式"一般指人们的物质资料消费方式、精神生活方式以及闲暇生活方式等内容。它通常反映个人的情趣、爱好和价值取向，具有鲜明的时代性和民族性。

生活方式是人"社会化"的一项重要内容,决定了个体社会化的性质、水平和方向。生活方式是一个历史范畴,随着社会的发展而变化。不同社会、不同历史时期、不同阶层和不同职业的人,有着不同的生活方式,生活方式的变化又反作用于一个人的思想意识。总之,生活方式的变化直接或间接地影响着一个人的思想意识和价值观念。因此,社会生活方式是通过一个人的思想意识与心理结构的形成来影响着一个人的行为方式和对社会的态度,反映了一个人的价值观念,即世界观的基本倾向。生物生活的方式,指要求一定的栖息场所、栖息方式、活动类型等的行为(Behaviour)以及营养的种类、摄食法(Nutrition)、繁殖方式(Repro-duction)等所有的生活习性的总和。各种物种间常具有特有的生活方式,诸如自由生活、附着生活、寄生生活、浮游生活和集群生活等。生物的生活方式在其一生中并不完全一样,通常在发育阶段的表现是特殊的。所谓总的生活方式实际是指整个生活史生活方式的总体形式。

20世纪80年代以来,人们更强调生活方式的重要性,于是越来越频繁地使用它,把它置于与世界观和价值观相仿的地位。生活方式对人们的消费以及社会的时尚有着巨大的影响。时装或时尚报刊上,这个词的出现频率要略高于其他报刊。

一个人的着装,与他(她)的生活方式高度相关。得体的着装其实就是与其生活方式相适应的着装。在写字楼工作的白领们得穿西服打领带或穿套裙穿丝袜;户外活动多的人就会穿休闲服牛仔裤;需要出入上流社会正式场合的人则需添置晚礼服。

时代在变,家居观念在变,生活方式的改变也非常明显,金质生活成为非常主流的生活方式。金质生活是形容注重品位和质量的日常生活习惯的修饰性名词,是属于人们心理对生活感知的范畴,其内容可以是独特的个人爱好,事业观念,感情观念,生活品质观念,精神追求的世界观、人生观、价值观等,同时也包括在居住、服饰、饮食、旅游、休闲、体育运动、事业追求方面的金质要求。金质生活这种生活方式的产生与品牌商业行为紧密关联,最初金牌卫浴提出的"品鉴金质人生"品牌口号,打造"金牌设计、金牌工艺、金牌品质、金牌服务"的金质标准和倡导金质生活的理念,随着推广的深入,越来越为人们所了解和熟悉,成为一种主流的生活方式。

追求金质生活是一种追求品位、舒适的体现,同时也是一种博雅的情怀,更是一种静水深流的境界。金质生活强调品位、品鉴,注重外观和内涵的统一协调,它不仅仅只是表象的金质,更是自然内涵的流露,最重要的是对生活要有一种成熟理性的思想认识。居家生活重细心,家里的房子不一定很大,但陈设一定要合理;装修不一定要很豪华,但一定要舒适;穿着不一定是名牌,但一定要得体干净。其实,每个人的生活都不一样,犹如瓷器,有的裹着华丽的外衣,有的素雅而毫不起眼。生活朴实自然,心灵自然也会追求精致高雅。

## 5.3.2 生活方式与会展消费

会展消费者的生活方式因人而异,从哪些方面了解他们的生活方式差异呢?

### 1)从国籍和民族的特点了解

会展消费者可能来自世界各国。各个国家和民族由于自然和社会环境的影响,长期以来形成的风俗习惯及生产方式上的特点,构成了独特的民族风格。这些风格反映了当地居民共同的心理特征,它对人们的生活方式产生巨大的影响,人们的生活方式往往带有浓厚的国家和民族的独特色彩。

要了解会展消费者的生活方式,首先可以从国家和民族的特点上进行调研,了解那里的风土人情、风俗习惯、宗教信仰的特点。在接待会展消费者时,要考虑到各国、各民族的特点,有区别地、有针对性地采取不同的接待方式和服务措施,顺应存在于会展消费者之间的差异,使有差别的服务工作取得积极的效果。

了解各个国家和民族的特点,涉及文、史、地、社会学、民族学等学科,从这些学科里以及接待工作的实践中,学习、观察各国、各民族心理上的一些差异现象。例如,日本民族好胜心较强,这和日本缺少资源和传统教育有关。他们注重礼仪,在语言和举止方面讲求礼貌。日本有较多的人信仰神道教和佛教,在文化传统、社会意识、风俗习惯等方面受到我国较大的影响。再如,英国人一般比较冷静、寡言少语,特别是中上层人士生活较优越,养成了一种绅士风度,一言一行不苟且、不随便、讲礼貌、不轻易动感情和随意表态、尊重妇女、讲究衣着和气派;法国人一般比较爽朗、热情,喜欢与人交谈,比较乐观,一般都爱好音乐、舞蹈,衣着也比较讲究,爱美,法国女性尤爱打扮,对化妆品十分看重;德国人一般较勤勉、矜持、有朝气、守纪律、好清洁、爱音乐、起得较早、注重购置家具以及衣着的享受;美国人一般比较开朗、不保守、喜新奇、重实利、动作迅速、喜欢讲话、生活较随便自由、起得迟睡得晚,美国女性举止大方,即使素不相识,谈笑也毫不拘束。

世界上很多国家有多种民族,各种民族在风俗习惯、宗教信仰等方面都存在着差异,因而人们的生活方式也具有民族的风格。例如,我国的傣族爱笑、喜画、善歌舞、性格开朗,很多方面不同于汉族。因此,会展消费者的生活方式,可以从一个国家或民族的特点进行调查研究。

2)从职业的特点了解

在会展消费者中,有的是脑力劳动者,有的是体力劳动者;有各方面的学者、教授,也有公务人员或一般职员;有资本家或中小业主,亦有工人、农民或学校的师生。职业和身份的不同,也影响了人们生活方式的形成和发展,构成了人们之间的差异。从职业的不同可以观察到人们在经济地位、社会地位和文化素养等方面的不同。会展消费者对会展内容和对象的不同选择,经常反映着职业或身份的特点。

3)从年龄和性别了解

人的生活方式随着年龄和生活经历的增长是在不断发展变化的。例如,青年人活泼好动,新奇感较强,精力充沛,充满活力;老年人则较为沉着老练。不同年龄的消费者有着不同的欲望、兴趣和爱好。年轻消费者缺少经验,容易受各种信息的影响出现冲动性购物,而中老年消费者经验丰富,常常根据经验和习惯购物,较少受产品信息的影响。

性别的不同意味着男女在生理和心理上的差异,从而造成男女消费者的欲望和消费结构有所区别。男女消费者的不同,更多地表现在购买方式上。男性消费者购买产品大都比较果断迅速,一般很少比较、分析;女性消费者则比较仔细,通常购买决策过程较慢。在现实生活中,女性消费者的爱美心理比较强,对产品的造型、色彩、式样要求比较高,而男性消费者则不大注意。烟酒类产品较多为男性消费者购买,而女性消费者则喜欢购买时装、首饰和化妆品等。

4)从经济状况了解

消费者的经济状况会强烈影响消费者的消费水平和消费范围,并决定着消费者的需要层次和购买能力。消费者经济状况较好,就可能产生较高层次的需要,购买较高档次的产品,享受较为高级的消费,而购买决策也较迅速。相反,消费者经济状况较差,通常只能优先满足衣食住行等基本生活需要。收入较低的消费者往往比收入较高的消费者更关心价格的高低,对奢侈品的购买会十分慎重。

# 5.4 社会因素与会展消费

## 5.4.1 经济因素

1)宏观社会经济环境对会展消费的影响

(1)社会经济发展水平对会展消费的影响

①社会经济发展水平影响着市场消费品供应的数量和质量。首先,社会经济发展水平高,就有更多、更好、更新、更奇的商品供应市场;其次,科技进步加快,产品寿命周期缩短,更新换代速度加快,人们不断变化的新需求才能得到满足;最后,经济发展的速度加快,促进了社会成员消费心理、消费观念变化速度的加快。

②社会经济发展水平形成了不同的社会生活环境,而不同的生活环境又影响或形成了不同的消费心理。城市化倾向是社会经济发展的必然产物,不仅在发达国家出现过,在发展中国家,这种趋势也日益显现。我国改革开放以后,这种趋势愈加明显。城市化对生活环境有诸多的要求,如交通、居住条件、医疗卫生、教育、环保等。国家经济实力增强了,就有财力、物力、人力来从事城市各项事业的基础建设,城市居民的生活环境问题才能得到有效解决。

(2)新型社会经济体制决定了消费者的社会地位,也由此产生总体消费行为规范

改革开放以来,人们的就业方式、就业观念、住房制度、医疗保险制度等都发生了极大的变化。人们通过自身知识水平、业务能力的不断提高来争取更多收入以改善生活品质的观念得到了强化。勤劳致富的观念已在人们心中生根发芽。许多人的聪明才智有了更多的用武之地,老百姓钱袋子鼓起来了,能买的商品更多、更好了。特别是沿海发达地区,居民的消费方式和发达国家愈来愈接近。总体上,我国居民的理性消费、发展性消

费特征已十分明显,某些不符合国家、社会公众利益的消费方式也正在得到扭转与改变。

**2)经济收入对会展消费心理的影响**

人们的经济收入水平既存在着差异,又处于不断变化之中。个人的收入状况很大程度上影响着人们的会展消费心理与行为。收入水平低,必然限制人们消费商品的数量、质量和消费活动的范围,促成了人们节俭、求实、求廉的消费心理,生活中以艰苦朴素、精打细算的消费方式为主。而收入水平高,则人们消费能力、购买能力强,能买的商品数量、质量、品种、档次都高,消费范围也更宽,促成了求新、求美、求奇、好胜、攀比等消费心理,生活中以讲求生活质量、跟上时代潮流的消费方式为主。经济收入变化对会展消费的影响表现在以下几个方面:

**(1)消费者绝对收入变化对会展消费的影响**

绝对收入是指人们所获得的货币及其他物质形式的总收入。以货币为绝对收入主要构成的人群中,货币收入总量的绝对数高低是影响其会展消费心理的主要因素。一般情况下,人们的绝对收入增加了,则购买行为向价格更高的耐用消费品和拓宽消费范围等方向发展;绝对收入低,则反之。

**(2)消费者相对收入变化对会展消费的影响**

相对收入变化是指人们绝对收入不变时,由于其他社会因素如价格、分配等的变化,引起原有对比关系的变动,从而使实际收入发生变化。相对收入对人的消费心理影响如下:

①某人绝对收入没有变化,而他周围的其他人的绝对收入发生变化;或者他的绝对收入变化幅度大于或小于他周围的其他人时,客观上他的购买能力与周围其他人相比出现了差异。这种差异可能短时间不易察觉,长时间就能看出。若相对收入增加,则发现自己的购买能力已超过周围其他人;若相对收入降低,则应调整压缩自己的消费水平。

②人们的绝对收入不变,但市场物价发生变化,原有收入可购买商品的数量发生了增减变化;或者人们绝对收入的变化幅度小于或大于市场物价变动的幅度。这种变化对消费者货币投向、消费结构、消费方式等均会产生一定的影响。

**(3)绝对收入与相对收入之间的关系**

①当消费者绝对收入与相对收入呈同方向变动时,即同时上升或同时下降,对人的心理不会产生过大的影响。

②当消费者绝对收入与相对收入呈反方向变动时,即一升一降,对人的心理影响是很大的。虽然人们的绝对收入增加,但相对收入却在减少,实际消费水平是在降低。因为如果物价上涨幅度高于收入增长幅度,此时人们的购买力下降,会感到压力很大,而不得不压缩消费。这时就会出现埋怨、失望等心理状态。

**(4)消费者现期收入与预期收入变化对会展消费的影响**

现期收入指消费者在当前一定时期内所获得的收入,包括工资、奖金、利息、消费信贷收入等,也可以包括能转化为货币的财产。一般来说,消费者收入增加时,消费也会增加;收入减少时,消费也会减少。但是,收入和消费并不总是按相同比例变化的。经济学家认为,从较长时期看,消费增长的幅度小于收入增长的幅度。因为消费者会按一个不断增大的比例把收入的一部分转化为储蓄。现期的实际收入与其他收入的最大区别在于它为消费支出额规定了一个客观上限。

预期收入指消费者以现期收入为基础,以当时的社会环境为条件,对今后收入的一种预计和估算。这种预计和估算取决于消费者对个人能力的信心和对社会发展前景的信心。在一般情况下,当消费者的预期收入相对地高于现期收入时,他可能敢于增加现期的消费支出,甚至敢于举债消费,以提高现期的消费水平。反之,当消费者的预期收入绝对或相对低于现期收入时,他将降低现有消费水平,减少日常支出,而较多地用于储蓄或投资,以期获得未来收益,以使未来消费水平不至于下降,或为未来提供基本生活保障。这种估计的心理基础往往是出于对社会发展和个人能力成长缺少信心。

（5）消费者过去收入对会展消费的影响

实际上消费者的消费行为并非仅仅受现期收入的制约,过去收入和过去的消费习惯,也会对消费者的购买行为产生显著影响。过去收入使消费者养成一种消费习惯,消费支出水平难以逆转。因此,当现期实际收入发生变化后,过去收入就对现在的消费支出有一种调节作用。

另外,过去收入对储蓄存量也有影响,储蓄存量与过去收入的高低成正比,而储蓄存量是消费能力的一部分。

### 5.4.2 地域特色

人总是生活在一定的地域范围。处在不同地理位置的消费者,会产生不同的需要和爱好,并对同一种产品和同一种营销手段产生不同的反应。虽然随着现代交通运输业的发达,地域对人们消费行为的限制已经降低到了很低的水平,但是地域对消费者行为产生的影响仍然是不容忽视的。主要表现在:

1）地区因素

在我国,不同地区的会展消费者可以分为城市与乡村,北方与南方,东部与西部,沿海与内地,山区与平原等。由于受地域亚文化特征的限制,各个地区的人们具有不同的会展消费动机,对许多产品的需求也有差别。目前,由于地理位置、经济能力等因素的差异,我国地域经济发展呈现出不平衡的状态,不同地区的会展消费呈现出不同的消费心理与行为特点。

2）气候因素

不同地域的气候条件不同。我国北方高纬度地区冬季寒冷干燥,南方低纬度地区则温暖潮湿。

3）人口密度因素

我国地域辽阔，人口分布密度很不均衡。作为会展市场的一个基本构成要素，人口密度应成为会展活动组织和开展的一个必须考虑的因素。

4）城镇规模因素

如特大型城市、大型城市、中型城市及小城市、县城与乡镇，城镇规模不仅决定了该地区的潜在购买力，而且在一定程度上还通过地域文化影响着人们的消费观念：开放还是保守，前卫还是落后，等等。

### 5.4.3 家庭群体

1）家庭环境

家庭指以婚姻、血缘或有继承关系的成员为基础组成的一种社会生活组织单位。在家庭经济生活中，消费占有极其重要的地位。家庭的消费活动不仅包括家庭成员共同的消费活动，也包括家庭中个别成员的消费活动。

（1）家庭对消费者的影响

在消费者购买行为中，家庭影响是至关重要的。这是因为：①家庭作为一种社会范围内的微型经济活动单位，家庭消费的遗传性特征十分显著。家庭强有力地影响着消费者的态度、信仰和行为。而每一个消费者的消费行为、消费方式、消费习惯等最先都是从家庭继承和发展而来的。②家庭成员，尤其是父母亲，为其他家庭成员充当着购买代理人的角色。③家庭本身就是一个消费单位，许多商品和劳务是以家庭为购买单位计算的。而在我国，大多数家庭消费是相对稳定的。

（2）家庭规模和家庭类型

家庭按其成员构成可分为以下几种类型：①单身家庭：指只有一个家庭成员或一对夫妇的家庭；②核心家庭：指由父母亲和未婚子女组成的家庭；③直系家庭：指在核心家庭基础上加上祖父母、外祖父母的家庭；④扩大家庭：指家庭成员由血缘关系较远或没有血缘关系的人组成的家庭。

家庭类型不同，家庭消费也就不同。例如，拉美国家贫民居住地区，不少家庭拥有彩电甚至汽车，实际上这是由于那里家庭人口众多，彩电和轿车是全家消费的对象，全家有能力购买一些耐用消费品。

从现代家庭类型的发展趋势看，核心家庭在各种类型家庭中的比例逐渐上升。而且由于核心家庭成员之间的联系最为紧密、频繁，对家庭消费行为和购买决策的影响也最大。因此，在会展营销活动中通常以核心家庭作为研究重点。

核心家庭消费的特点是：①平均年龄比较小，受过较高程度的教育，阅历较广，知识比较丰富；②由于家庭主妇也参加工作，家庭收入比较多，消费者可以比较自由地选择消费项目；③核心家庭增多，会使儿童消费品趋于高档化、多样化，儿童娱乐用品、服装、营养品的需求量将逐步增大；④核心家庭注重子女从幼儿园到大学的教育投资；⑤他们会购买一些自己并不真正需要的商品，会花钱去旅游；⑥核心家庭比较讲究商品的形式、包装、色彩和风格，比较注重购物环境，但不那么忠实于传统的品牌；⑦他们通过消费来寻找自我表现的形式，因此，常常独出心裁，标新立异。

（3）家庭生命周期

家庭生命周期是指家庭从组建到发展到衰亡的全过程。家庭生命周期是由各个生活阶段组成的，一般划分为七个阶段，即未婚期、初婚期、生育期、满巢期、离巢期、空巢期和鳏寡期。家庭生命周期各阶段划分的一般标准有婚姻状况、家庭成员的年龄、家庭子女的情况以及家庭成员的工作状况。不同生命周期阶段，家庭成员扮演的角色和购买方式是不同的，家庭消费行为也会有明显差异。

（4）家庭消费决策分工

一个家庭时常要进行购买决策，有时甚至需要天天做决策。在不同的决策场合，每个家庭成员可以扮演如下的角色：提议者，促使家庭中其他成员对商品发生购买兴趣的人；影响者，提供商品信息和购买建议，影响挑选商品的人；决策者，有权单独与家庭中其他成员共同做出决策的人；购买者，亲自到商店从事购买活动的人；使用者，使用所购买的商品或服务的人。

了解不同家庭成员在购买决策中的角色，可以帮助我们把握以下几个对制订会展营销策略较为关键的问题，即：谁最容易对产品发生兴趣？谁将是产品的最终使用者？谁最可能成为产品的最终决策者？不同类型的商品通常由谁承担购买任务？

（5）影响家庭购买决策方式的因素

在家庭购买决策过程中，每个家庭成员可能担任其中的一种角色，也可能一身几任。根据在家庭购买决策中担任角色的多少，可以将家庭购买决策方式分为以下几种形式：家庭中某一个成员为中心做出决策；家庭成员共同商定决策；家庭部分成员一起商定决策。

家庭购买决策究竟采取哪一种方式，其决定因素有：

①家庭购买力。一般来说，家庭购买力越强，共同决策的观念越淡漠，一个成员的决策容易为家庭其他成员所接受；反之，购买力弱的家庭，其购买决策往往由家庭成员共同参与制订。

②家庭属于什么社会阶层。在西方国家，低阶层和高阶层家庭经常是由各个家庭成员独立决策，而中等阶层的家庭更多的是共同决策，显示一种民主气氛。

③所购商品的重要性。一般来说，价值较低的生活必需品在购买时无须共同决策；但购买高档耐用消费品及对全家具有重要意义的商品时，大多数家庭成员共同协商决策。

④购买风险的大小。通常，在购买那些家人比较陌生、缺乏足够市场信息、没有充分把握的商品时，由于所察觉到的购买风险较大，因此家庭成员共同决策的情况较多。

⑤家庭权威类型。家庭权威类型可以分为：自治型、丈夫至上型、妻子至上型、共同支配型四类。在不同的类型中，决策方式是不同的。例如，在自治型家庭中，每个成员都

有相等的决定权,而在丈夫(妻子)至上的家庭里,往往是丈夫(妻子)一人说了算。在我国大西北地区的一些地方,家庭购买决策还是丈夫至上型,但随着时代变革和社会进步,家庭购买分工也在发生着变化。

另外,具体购买活动中,夫妻购买决策的形式也因所购商品的类型不同而有所不同。一般来说,妻子对食品、化妆品、服装、生活日用品、室内装饰用品等商品的购买有较大决策权,而在购买家电、家具、汽车、住房等大件商品时,丈夫所起的作用就要大一些。由于我国实行计划生育政策,子女在家庭购买决策中的作用是不容忽视的。年龄是影响子女参与消费决策的一个重要因素。

2)参照群体

(1)参照群体的含义

参照群体是指能够直接或间接地影响个体消费者的价值观念并影响着他对商品和服务的看法进而影响其购买行为的人的总称。参照群体可能是消费者个人所属的群体,也可能是个人"心向往之"的群体。

影响消费者行为的参照群体主要有两大类:一是成员群体,即自己为成员之一的群体。例如家庭、社会阶层、亲朋好友、邻居、同事同学、学术团体和政治团体等。二是崇拜性群体,即自己虽非成员,但是这些群体的成员是自己的崇拜偶像、比较和模仿的榜样。主要包括影视明星、体育明星、社会名流等。

(2)参照群体对会展消费的影响

参照群体会对消费者的行为产生有形无形的影响,它会影响消费者的态度和自我认知,甚至产生群体压力,影响消费者对产品和品牌及服务的选择。

参照群体从两个方面影响消费者的消费行为:一方面是影响消费者选择购买什么商品;另一方面是影响消费者选择购买何种品牌的商品。根据研究,参照群体对个体消费者行为的影响有四种模式,如图5.2所示。

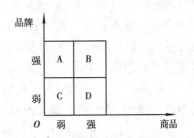

图5.2 参照群体对个体消费者行为的影响模式

A模式中,参照群体对于买不买某种商品的影响力非常小,但当消费者决定买某一种商品后,参照群体的标准对于他买什么品牌的此种商品具有较强的影响力,这类商品有烟、酒、杂志等。

B模式中,参照群体对于个体消费者买不买某种商品以及买什么品牌的该类商品都有较强的影响力。例如时装、摩托车等。

C模式中,参照群体对于个体消费者某些消费行为产生的影响不大。例如肥皂、洗衣粉、牙膏等。

D模式中,参照群体对于个体消费者买不买某种商品具有很大影响,至于买这种商品的哪个品牌则影响不大。例如空调器、冰箱、电视机等。

参照群体在商品、品牌的选择上对于个人消费行为产生影响的类型不是一成不变的。例如,在 A 中的商品随着时间的推移、社会风气的变化,就有可能变到 B 中去;B 中的商品也可能会变到 A 中去。这种影响又取决于社会消费水平和消费市场的状况。例如,当汽车还是大多数人可望而不可即的奢侈品时,消费者买不买汽车,买哪个品牌的汽车都不易受参照群体的影响,应当归入 C 模式;但当人们消费水平提高了,部分人已拥有汽车时,那么买不买汽车就会受参照群体的较大影响,应归入 D 模式;随着人们消费水平的进一步提高,很多人对汽车的档次开始挑剔时,参照群体对消费者买不买汽车,买什么品牌的汽车,都会产生较强的影响,这时,购买汽车的行为应归入 B 模式。

另外,参照群体之间产品信息的沟通状况(沟通网络、沟通速度等)关系到一种产品能不能尽快地介绍给其他消费者,这也是会展营销人员应注意的因素。有些产品比较容易展示在其他消费者面前,如新款式的手机、时装、轿车等,所以这些商品的信息在群体中容易沟通,也容易引起从众行为。而另一些产品,如内衣等,其商品信息在群体中就不易沟通,所以也不可能产生从众行为。对于在群体间沟通性较差的商品,会展营销人员应多通过各种信息传播渠道,将它们介绍给消费者,让他们多加了解。

(3)参照群体影响消费者行为的心理依据

消费者为什么能被参照群体影响呢? 从社会心理学的角度看,每个消费者都有这样一些心理表现:

①模仿心理。模仿是仿照一定榜样做出类似动作和行为的过程。社会心理学家和社会学家的研究表明,人们在社会行为上有模仿的本能,这一本能同样存在于人们的消费活动中。消费活动中的模仿,可以理解为,当某些人的消费行为被他人认可并羡慕时,便会产生仿效和重复他人行为的倾向,从而形成消费行为模仿。

②从众心理。从众是个体在群体的压力下改变个人意见而与多数人取得一致认识的行为倾向。与模仿相似,从众也是在社会生活中普遍存在的一种心理和行为现象。在消费领域中表现为消费者自觉或不自觉地跟从大多数消费者的消费行为,以保持自身行为与多数人行为的一致性,从而避免个人心理上的矛盾和冲突。这种个人因群体影响而遵照多数人消费行为的方式,就是从众消费行为。

③提示心理。提示与人的数目有关。众多消费者的一致行为,会形成一股无法抗拒的力量,这种力量迫使消费者的购买行为趋同。

④认同心理。消费者在一个群体中长期生活,消费需求、购买动机、购买方式等会逐渐产生较多的心理认同,相互产生一种默契,取得共识,个体消费行为逐渐被群体意识同化。

⑤循环刺激心理。在一个群体内部,若干个消费个体相互联系、相互影响、相互刺激,形成了互动关系。群体内某一个消费者产生的消费欲望,通过信息沟通可能会使群体消费产生连锁反应,或者成员之间消费需求产生共鸣,形成新的消费心理和行为,又作为新的刺激因素发生作用,由此构成一种群体的循环反应。

## 5.4.4  社会阶层

每个社会成员从属于一定的社会阶层。社会阶层是依据经济、政治、教育、文化等多种社会因素划分的社会集团。不同社会阶层的人，其经济状况、价值观念、生活方式、消费特征和兴趣各有不同。他们对商品品牌、闲暇活动、大众传播媒体等都有各自不同的偏好、消费需求和购买行为。

1）社会阶层的划分

社会阶层的划分有不同的划分标准和方法，但一般划分社会阶层需参照的社会经济因素主要有：职业、收入、教育、财产等。

（1）职业

职业是社会阶层划分中普遍使用的一个变量，在许多国家都有关于职业排行榜的资料，即关于不同职业的评分。其实，在日常生活中我们也常用职业来评价一个人的地位和背景。一般来说，在职业排行榜上位置越高收入也越多。当然也有不少例外，因为职业评分还涉及诸如受教育程度等因素。此外，同一职业内部，收入差距有时也很大。所以仅凭职业来划分社会阶层往往不太充分，并且由此也不能够很好地预测购买力。

（2）收入

在20世纪早期，收入几乎是划分社会阶层的唯一指标，而且有关收入的数据极易获得，所以凭借收入的不同，可以清楚地划分出阶层。但随着经济的发展，人们收入的普遍提高，在许多地方收入差距日渐缩小，加上其他因素，依据收入就很难预测消费模式了。在我国城市中，所谓的工薪阶层，收入差距也非常大。

（3）教育

在发达国家，职业类型和收入高低，与所受教育程度密切相关。在我国，由于脑体倒挂现象过去普遍存在，教育水平与收入水平相关程度不是很高。但随着技术的复杂化和职业的专业化，这种状况已经有所改变，受过高等教育的阶层逐渐异军突起。在高度信息化的经济体系中，他们凭借着自己运用语言、符号和理念的能力，可能获得较高的社会经济地位。所以，他们在会展消费中的作用绝对不能低估。也就是说，教育应成为划分消费者在社会阶层中的一个关键变量。

（4）财产

财产包括几个方面：一是住房的种类，二是住房所在的地区，三是除了不动产之外的一些具有地位象征的物品。在许多发达国家，住房及其居住区位是社会地位的一项重要指标。什么样的住房，坐落在城市中心区、郊区还是风景秀丽的黄金海岸，邻居是由怎样的人构成以及他们的住房又如何，这些都考虑在内。

一定社会阶层的成员基本上都把同阶层的其他人视为与他们平等的人，当与这些人一起参加社会活动时，他们不会感到那些人与他们的地位是不相称的。同时，他们把较高一层社会阶层的人看作较重要的人物；而较低一层社会阶层的人则是社会地位较低的，他们与这些人一起参加活动的兴趣不大。

社会阶层的等级特征对我们研究会展市场是很重要的。一些消费者之所以消费某种产品或服务，可能是因为这些产品或服务被同阶层或更高阶层消费者所看重。反之，则是因为他们认为那些是属于低阶层的消费品。

2）美国社会阶层的划分

西方社会理论中，曾把社会分为六个不同阶层，即上上层、上下层、中上层、中下层、下上层和下下层。

（1）上上层

上上层约占美国人口总数的1%，由少数商界富豪或贵族世家组成。他们是名贵珠宝、古董、著名绘画作品等的主要购买者以及高档消遣、娱乐方式的主要顾客。他们处于社会的最高层次，对其他阶层的消费者具有示范消费的作用。

（2）上下层

上下层约占人口总数的2%，主要由工商界人士、政界显要人物或经营特殊行业而致富的人组成，其中大部分人是经过艰苦奋斗而步入上流社会的，因而具有强烈的显示自我的愿望，渴望在社会上显示其身份、地位。他们是私人别墅、游艇、游泳池及名牌商品的主要消费者，是购买力最强的一部分消费者群体。

（3）中上层

中上层约占人口总数的12%，由诸如律师、医生、大学教授、科学家等专业人员组成。这一阶层消费者具有较高的收入，非常重视教育的作用，注意家庭的智力投资，偏爱高品质、高品位的商品，注重商品与自己的身份地位相匹配。

（4）中下层

中下层约占人口总数的30%，由一般的技术人员、教师及小业主组成。他们通常尊重传统，生活保守，喜欢购买大众化、普及性的商品，不喜欢时尚、标新立异的商品，对价格较为敏感，努力保持家庭的整洁和舒适。

（5）下上层

下上层约占人口总数的35%，由生产工人、技工、低级职员等组成。该阶层人士受教育程度较低，属于低收入阶层。他们为维持生计，整日忙碌于工作与生活中，与外界联系较少，在消费上多属于习惯性购买者，喜欢购买实用价廉的商品。

（6）下下层

下下层约占人口总数的20%，属于贫困阶层，几乎没有受过教育，收入属于社会最低水平，他们通常没有固定的购买模式，购买行为常具冲动性，是低档商品的主要消费者。

3）不同社会阶层之间会展消费行为的异同

在一个社会中，社会阶层是最具有相对同质性和持久性的群体，它们是按等级排列的，每一阶层成员具有类似的价值观、兴趣爱好和行为方式。社会阶层对人们的会展消费心理、会展消费形态的影响主要表现在以下几个方面：

（1）同一阶层会展消费心理的相似性

一般说来，温饱阶层的消费者存在着一种立即获得感与立即满足感的消费心理，通常光顾大众式会展现场,比较讲究实惠,消费决策时间较长。小康阶层的消费者一般讲究体面,这一阶层的消费者之间彼此影响较大,趋同心理突出,以高档、名牌、贵重的商品或优质的服务为消费对象,注意安全与保险,休闲消费需求强烈,调查显示这一阶层在心理上有自豪感、虚荣感和夸饰感的占80%以上。富裕阶层的消费者有一种永不满足的心理,带有极大的好奇心,过分追求商品的象征性和自我地位性,价格心理与实惠心理淡薄,求新心理与求特心理突出,物质与精神享受心理重于审美情趣,谈吐神态通常表现得超凡脱俗,摆出一种高人一等的架势。

(2)同一阶层消费心理差异性

在同一社会阶层内存在着消费水平的高低之分。就经济而言,他们无疑属于同一阶层,但是他们的购买行为、偏好、消费与储蓄方式可能相差很远。当然,同一阶层内的消费行为的差异性,比起两个不同社会阶层的差异可能是微不足道的。也就是同一阶层内部成员的消费行为,其共同点可能会多于不同点。就会展组织者而言,区分同一阶层消费者行为的差异,可以使会展活动的市场细分更加细致有效,从而使会展营销策略更有针对性。

(3)不同阶层消费心理的差异性

不同阶层的成员,由于其收入水平、教育程度、价值观念、职业等方面存在着明显的差异,因此,其会展消费行为自然会有较大的不同。以受教育程度为例,受教育的程度不同,人们接触的媒体就会有明显的不同,其购物趣味、购买意向也会有所不同。一般来说,受教育程度是媒体利用程度的最好预示指标。受教育程度越高的人,可享用的媒体就越多。他们较少看电视,而更多地利用报纸、杂志、调查报告等信息来源。总之,受教育程度越高的人,接触到信息越多的人,越容易接受会展宣传。

## 5.4.5　社会文化

### 1)文化和社会文化

文化有广义和狭义之分。广义的文化是指人类在社会实践的历史过程中所创造的物质财富和精神财富的总和。文化因此区分为物质文化和精神文化。所谓物质文化,指人类实际征服自然界的物质生产能力;所谓精神文化,指人们的知识水平、民族习惯、地区风俗、行为规范、宗教信仰、生活方式、价值观念和教育水平。狭义的文化是指在一定物质资料生产方式基础上的精神财富的总和。文化一方面通过产品(物质产品和精神产品)体现出来;另一方面,作为价值观念和行为规范,文化"活"在人们身上,代代相传,生生不息。

人们习惯于从纵、横两方面来描述文化,所以有古代文化、现代文化、东方文化、西方文化等说法。这是指总体上的文化,或者是指整个文化系统。但在实际研究中发现,人的行为除了受整体文化大背景的影响之外,更直接地受他所属的地域、民族、职业、年龄等的影响。要深入了解人的行为,必须对其所处的文化环境进行进一步的考察,据此,又提出了亚文化的概念。亚文化就是对社会文化的细分,是从群体差异的角度来考察文化现象。通常根据国家、地区、民族、职业、年龄、宗教信仰等的不同，将社会成员划分为不同的群体，每一群体自身所特有的文化特征（主要指精神文化特征）即为亚文化。显然，亚文化总是与某一群体密切联系的。亚文化通常又分为民族亚文化、地区亚文化、宗教亚文化、职业亚文化、年龄亚文化等。

可见，文化既是一种历史现象，又是一种社会现象。每个社会都有与之相适应的社会文化，并随着社会物质生产的发展而发展。可以说，文化在每个社会无时不在，无处不在。我们在这一节里所讨论的社会文化，可以理解为社会许可和期望的行为。特定的社会文化必然对本社会的每个成员产生直接或间接的影响，从而使社会成员在价值观念、生活方式、风俗习惯等方面都带有自己国家、民族文化的深刻烙印。

### 2）社会文化与会展消费的关系

文化是历史的积淀，每一社会都有其固有的文化，并随着社会物质生产的发展而发展。一般来说，社会文化对会展消费的影响与作用方式有四个特征：

（1）共有性

文化是由社会成员在生产劳动和生活活动中共同创造的，因此它为全体成员所共有，并对该社会每个成员产生深刻影响，使其心理倾向和行为方式表现出某些共同特征。文化的影响常常表现为消费者之间通过相互认同、模仿、感染、追随、从众等方式，形成共有的生活方式、消费习俗、消费观念、态度倾向。例如，大多数中国人信奉量入为出、重视积累、适度消费、坚持储蓄的消费观念；红色用于庆典，黑色、白色用于丧葬之事又是中国人特有的偏好和禁忌。这些方面都是中国消费者在传统文化的长期积淀中形成的共同消费特征。

（2）差异性

每个国家、地区、民族都有自己独特的、区别于其他国家、地区、民族的社会文化，即有自己独特的风俗习惯、生活方式、伦理道德、价值标准、宗教信仰等，这些方面的不同构成了不同社会文化的差异。例如，俗话说"千里不同风，百里不同俗"，这就说明文化的差异。黄色在中国有醒目、庄重和高贵的个性，埃及人却忌黄色，视黄色为不祥之色。"肯德基"是世界著名快餐。在美国它的市场定位是美国司机的快餐，这是因为美国是汽车王国，因而有了汽车文化。"肯德基"到中国以后，就不能完全照搬在本国的营销策略，在中国，"肯德基"是以家庭成员为主要目标消费者，推广的重点是极易接受外来文化、新鲜事物的青少年。以上的例子说明在会展营销活动中，特别是在国际会展营销活动中应高度重视不同国家、不同民族、不同地区社会文化之间的差异性，做到"入乡随俗，入境问禁"。

文化差异性的表现是多方面的，范围十分广泛，主要有以下几方面：

①价值观念的差异。价值观念是人们对客观事物的主观评价，它是文化的基本内涵。不同的文化决定了人们不同的价值观念与行为取向。这种差异不仅体现在国家、民族、地区方面，还体现于不同的历史时期及不同的社会阶层、受教育程度、收入水平等方面。中国人与美国人在价值观念上有差异，汉族人与回族人有差异，上海人与杭州人有

差异,上海人现在的价值观念与十年前也大不相同,知识分子与普通农民有差异,有大学文凭的人与没有大学文凭的人有差异等。可以说差异无处不在,无时不有。例如,有位美国人在报纸上登了一则广告:"凡看到本广告者,请寄10元钱给我。地址是……"许多美国人看了这个广告感觉神秘,出于好奇就寄出10美元,结果石沉大海,杳无音讯。此人借此骗取十几万美元。这是由于在美国人心目中10美元价值不高,而他们好奇心重,喜欢感情用事。

②生活方式的差异。文化的差异性在生活方式方面表现得更显著。生活方式是文化所赋予的一种社会生活方式。文化与生活方式联系极为密切,文化也规定了人们一定的生活方式,教育人们以什么样的方法、方式去安排自己的衣食住行、婚丧嫁娶、待人接物、邻里关系、子女教育、家庭活动等。不同的生活方式,导致不同的消费心理与购买行为。

③审美观念的差异。审美观是文化的深层次体现,它与价值观、消费习俗、受教育程度、宗教信仰有极为密切的联系。文化不同,审美观差异也很大。例如,非洲的一些民族以文身为美;缅甸的巴洞妇女以脖子长为美,为了使脖子更长,她们少年时就要在脖子上套许多铜圈;有人以留长发为美,也有人以光头为美。如此种种,千差万别。

文化的差异性表现还有许多方面,如习俗、宗教等。文化的差异性带来社会产品需求的差异性、多样性,这给会展业带来了无限商机。

(3)变化性

社会文化不是固定不变的。随着社会的发展演进,社会文化也在不断演化更迭。与之相适应,人们的崇尚爱好、生活方式、价值观念也必然随之发生变化。会展消费市场是反映社会文化变化的一个敏感窗口,因为社会文化的发展变化经常导致市场上某种消费时尚及商品的流行。社会文化的变化性特征为会展营销人员提供了重要的市场机会,谁能够敏锐地观察和捕捉到消费者观念的变化,不失时机地研发推出适合新的消费趋向的新产品,谁就能掌握主动权。

(4)适应性

社会文化的适应性是多种社会乃至自然因素综合作用的结果。因此,相对于企业而言,社会文化及特定文化环境下的消费行为特性有其客观性和不可控性。企业只有适应环境,适应特定环境中消费者的特殊要求,才能使自己在激烈的市场竞争中立于不败之地。尤其在跨国经营活动中,保持高度的文化适应性更是企业成功的先决条件。

3)社会文化对会展消费行为的影响

人类各种形式的会展活动,归结起来,无外乎是有关物质性和精神性的两大类活动,虽然有的会展消费者着眼于物质享受,有的人则侧重于精神文化的追求,而两者并不可能截然分开。在会展活动过程中,物质和精神活动总是相互依存、相互补充的,因此在消费者所进行的一切会展活动中,无论是物质的,还是精神的,都是一种社会文化活动。而会展业为广大消费者提供的各种条件和服务,也无不与社会文化相联系。

文化有着相当广泛的内涵,就其对消费行为的影响来看,主要有诸如民族传统、风俗习惯、价值观念、宗教信仰等方面。会展消费行为受到文化因素的制约。不同区域、不同国度、不同文化中的社会成员，往往表现出不同的心理特征、不同的会展消费需求，这说明会展活动是一种文化活动，会展消费行为受其所处社会文化环境的影响。社会文化与亚文化对人们的影响是深刻且难以改变的。处于不同社会文化与亚文化背景下的会展消费者，其价值观念、生活方式、兴趣爱好都有很大的差异，表现为受不同文化影响的人们，对会展消费的态度也不同，如有的文化崇尚创新，越新奇、时尚的新产品，越能得到公众的关注。可以说，人们的会展消费需求是在后天生活的社会文化中形成的，并且深深地打上了社会文化的烙印。社会生活和社会文化形成的传统习俗、观念以及由此产生的社会舆论，对会展活动的开展有着无形的、深刻的影响。具体说来，文化对会展消费的影响主要表现在以下两个方面：

（1）文化决定会展消费者的消费观念和行为标准

每个人都生活在特定的文化环境之中，从小受到周围文化的熏陶，并建立起与该文化相一致的价值观念和行为准则。不同的国家和地域、不同的民族和种族、不同生态环境、不同经济发展水平，其文化传统与价值观念会有很大差异，因此在会展消费行为上也不尽相同。比如，在日语语音里，"4"和"死"谐音，如果在会展活动中你给日本客人送上4件礼品，他会以为你盼他早归西天，因而拒绝你对他的关心和服务。

文化决定人的行为标准，使得人们在参加会展活动时对符合自己文化要求的趋之，不符合者避之，这反映了文化对个体行为的影响。因此，从会展业角度考虑，要想吸引更多消费者，在文化方面就要投其所好，也就是说，要了解消费者所遵循的风俗和习惯，在接待服务过程中，注意避免在不该说话的时候说错话，在不该做的事上做错事，否则会让消费者处于尴尬的局面，或使其扫兴，影响其会展消费。

（2）文化造就和影响会展消费者的习性和行为

人的习性和行为不是先天就有的，而是后天习得的。人的习性和行为与人的人格有密切关系，而人格是社会环境和文化造就的。无论是法国人的爽朗、美国人的直率、英国人的沉稳、德国人的勤勉、日本人的好胜还是我国北方人的粗犷豪放与南方人的温和细腻，无不是受到民族和地区文化影响的结果。文化造就和影响一个人的生活习性和行为这一事实，对会展业服务工作具有重要意义：它不仅使我们了解到不同文化背景下的消费者会有不同的习性和行为特点，更重要的是我们可以从文化的角度为消费者提供有针对性的服务以满足其需要。

# 案例举要

## 了解专业观众的购买体验

在一次展会上，一家公司的展品是各种新型储藏柜。专家发现，观众对于展品本身的兴趣并没有什么特别，但是他们却热衷于打开或关闭储藏柜的柜门。于是，专家向参展商提出建议,让他们把主要的宣传材料和公司标识"藏"到储藏柜里面,结果观众的反响很热烈。因为公司的营销活动与展品有机地结合在了一起,这就促成了观众积极的购买体验。在那次展会结束后,参展商所取得的业务进展比以往要好许多。

评析:

当一个人试图做出购买决定的时候,会有许多因素影响他的决策过程。它们可能来自一些感官刺激,比如视觉、触觉、味觉等;也可能来自这个人的心理感受,比如与销售人员的沟通情况、产品价格的影响等。这些因素将形成一些经验,我们可以称之为"购买体验"。

具体到展览业,一个展览会的组成元素,像展位设计、工作人员、厂标识等细节,也可以形成专业观众的购买体验。对于参展商来说,如何促成专业观众的购买体验,是他们衡量参展效果的决定性指标之一。相信大多数参展商在参展过程中都会有意"制造"一些有利于自己营销的环境要素,但是并不是所有的参展商都真正了解,哪些要素是积极的,哪些要素是消极的。甚至有的参展商取得了很好的参展回报,但他们仍旧不清楚究竟是哪些因素促成了自身的成功。

所以,在制订参展计划时,参展商要仔细思考:需要改进、保持或削减的环节在哪里?这就要求参展商要总结出工作过程,用以促成专业观众积极的购买体验。而这一过程应该包括四个步骤:①要分别确定参展商和专业观众的核心需求;②依据双方的核心需求设定目标;③确定参展商如果想达到这些目标,需要借助哪些关键要素;④最终的参展效果是由哪些要素决定的。

一旦你掌握了促成观众购买体验的关键要素,公司的参展决策将很容易做出,而应该强化什么,应该避免什么,心里就会非常清楚。

# 思考与练习

1. 人格类型和人格结构对会展消费活动的影响主要表现在哪些方面?
2. 奥尔波特的人格特质论将人格特质分为哪几个层次?
3. 从哪些方面可以了解会展消费者的生活方式差异?
4. 有哪些社会因素影响人们的会展消费行为?
5. 在国际会展活动中应从哪些方面关注文化差异的影响?

# 第6章
## 会展服务概述

[学习目标]

- 了解会展服务的类型及服务原则
- 了解会议服务及展览服务的主要内容
- 熟悉并掌握会展场地的选择与布置技巧
- 了解会奖旅游的内涵及相关服务项目

[关键概念]

会议服务　展览服务　会展活动策划　场地布置
翻译咨询　会奖旅游

# 6.1 会展服务类型

## 6.1.1 会展服务的含义

1）会展服务的含义

会展服务,作为一种现代服务业态,用于指导主办方(或承办方)会展前策划准备、会展期间实施、会展后续服务工作,其价值主要体现在所提供的服务质量。

会展服务主要由线上服务与线下服务两方面组成。线下服务是指传统意义上的会议服务和展览服务,是会展服务的主体与核心,其包含的内容非常丰富,贯穿于会展活动的各个环节,包括会展筹备策划、会展议题确定、会展报到接待、会场选择布置、食宿协调优化、会展现场服务、会展收尾总结等。线上服务是指利用信息化技术为会展服务对象提供网上展示平台搭建、大数据分析、直播、技术支持等服务。

2）会展服务的主要内容

会展活动是一种短期的社会交往活动,少则几个小时,多则数月,时间虽不太长,但是一种有目的、有组织的集体性物质和文化交流活动,涉及的面相当广,需要协调的关系也非常多。从会展服务的功能考虑,会展服务的内容主要包括以下几个方面:

①宣传营销服务。对于会展活动的宣传营销分为线上和线下两种途径。线上宣传营销主要通过 APP、微信、微博、直播、网站等方式来实现信息发布、活动造势等。线下宣传营销则是围绕会展现场的相关服务,如派送宣传活动的宣传品、服务手册、提供会展现场的招贴广告、入场券广告等。

②人力资源调配服务。人力资源调配与管理是会展活动的决定性要素。主办方或承办方要积极制订会展服务人员安排细则、服务人员工作手册等,为参展商、客商和赞助商提供配套服务和人力保障。

③秘书礼仪服务。会展服务的对象是与会者、参展商和观众,甚至还包括媒体记者,会展秘书服务主要包括文案写作、会议记录、文印、资料分发、报到签到、采访接待、礼仪引导、交通安排、庆典礼仪、会展模特、商务保密等。

④信息技术服务。信息技术服务包含的内容多种多样,如对会议和展会进行大数据分析与信息咨询、展馆内的智能导航与信息推送、网上展示平台搭建、AR 与 VR 技术支持等。信息既是会展活动的起点,又是会展活动的终点。

⑤设计安装服务。会展活动离不开安装服务,从展台、会场的设计到展具展架定制、搭建布展、设备安装、撤展等都需要专门的服务技术人员的参与。

⑥设备租赁服务。会展服务人员向参展商提供语音视频会议系统、电视墙、视频数字投影仪、音响扩声系统、灯光表演系统、同声传译系统等设备的租赁、安装、调试服务。

⑦休闲娱乐类服务。休闲娱乐业是常见的服务形式，安排文艺表演观摩、体育比赛、电影录像、高尔夫球、卡拉OK等活动。

⑧观光考察类服务。这类服务通常是指现代会展在会展活动期间或会展结束后，结合会展活动主题安排商务考察、文化考察、观光旅游等方面的服务。

⑨运输仓储类服务。这类服务包括提供展品、展具、展架的包装、运输、通关、搬运、仓储等。

⑩后勤保障安全类服务。这类服务主要是为参加者提供食宿安排、茶水供应、票务联系、展品保护、现场急救等服务。

### 6.1.2　会展服务类型

1）会展服务的分类

会展服务是有形商品和无形商品的结合，具有不可感知、不可分离、不可同质、不可储存和不可拥有的特点。从不同的角度来看会展服务，会展服务包含的内容又可以分为如下类型：

①从会展服务的对象上看，展会服务主要包括对参展商的服务、对观众的服务和对其他方面的服务。

②从会展筹备的不同阶段来看，展会服务包括展前服务、展中服务和展后服务。

③从会展服务的功能上看，展会服务主要包括展览服务、信息咨询服务和商旅服务。

④从会展服务提供的方式上看，展会服务主要包括承诺服务、标准化服务、个性化服务和专业服务。

⑤按会展服务的具体内容分类，主要有宣传营销工作、组织接待工作、浅谈咨询服务、操作演示服务以及各种生活服务、文化娱乐服务、安保服务、信息技术服务等。

⑥从会展服务的呈现形式上可分为：线下服务（组织接待、展厅搭建、礼仪服务、物流、餐饮等）、线上服务（网上展台搭建、直播、大数据分析等）。

2）会展服务的原则

会展服务作为服务行业的一种，在遵循普通服务业的一般原则的基础上又具有自身特有的原则。

（1）规范服务

主办单位要树立服务观念，按照市场化、商业化、专业化的要求来开展服务，实现国际化的操作标准规范。只要是参展商、采购商需要的，主办单位就应该想到做到，只有通过优质的服务形成一个固定的客户群，主办单位才能在群雄逐鹿的时代牢牢占据一块自己的地盘。如在全国率先获得ISO 9000国际质量体系认证的深圳高交会展览中心，就已经创立了一套包括展览业务经营、展览工程、展场租赁、会展物业管理等较为完善的会展服务体系。在展览实践中严格按照规范的流程进行运作，为高交会、家具展、中国国际互联网展等大型展览会提供一流、高效的会展服务。此外，上海、大连、厦门等城市的会展中心也都相继建立了各具特色的服务运作模式。

（2）配套服务

配套服务除了提供会展前、会展中、会展后的各种服务外，主办单位或展览承办商还要为每家参展商提供一本优质的会展服务手册。服务手册不仅要有吸引力，还要通俗易懂、标准规范。会展服务手册应该具有查询功能，可读性强。既具完整性又具易查性的会展手册，可以节省会展工作人员和参展商的时间，减少摩擦。会展服务手册的内容主要包括展览的中英文名称、展览举办城市及场馆的名称、展览信息的主要内容、订购单方面的内容及其他相关服务的信息内容。

（3）务实服务

会展服务要体现重实效和"以人为本"的思想。展览会的布局完全以展品大类来划分，方便观众参观；参观者刚踏进展览馆就应得到一份用不同文字编成的会展服务手册或参观指南；展场内还应有就餐中心区、休息场所、便捷通道等。主办方应从参展商、参观者角度出发，提供务实服务，展现优质服务的魅力。

（4）绿色环保

在会展策划与服务过程中，要始终坚持"绿色环保"理念，走可持续性办展的道路。利用信息技术，大幅提高展会的智能化、信息化水平，在保证活动顺利进行的前提下，尽可能节约人力、物力和能源。在展台搭建、餐饮服务时，少用或不用一次性非循环材料，减少大气污染、粉尘污染、垃圾污染等，保护我们的生态环境。

# 6.2　会展活动策划

会展策划既是为会展活动和目标的顺利进行和实现，在展前、展中、展后对各个细节、步骤进行全方位、多角度的规划，又是一项庞大而复杂的工程，需要周密的布置和安排以及一些必要的程序。

## 6.2.1　会展活动策划方案的制订

从程序上说，会展活动策划方案的制订，可以按照以下十步工作法来策划和实施：

### 1）进行市场调研和可行性研究

大型活动策划调查有其特殊性，调研的内容包括市场前景分析、同类会展的竞争能力分析、本次会展的优势条件分析、潜在客户需求调查等。在调查的基础上，进行可行性研究。研究范围包括大型活动的社会适应性、社会环境和目标公众的适应性、财力适应性、效益的可行性。从效益的角度考虑，策划的活动是否有利于宣传推广，是否比媒介广告的效果更有效。从活动的质量角度考虑，还要考虑社会物质水平的适应性，大型活动需要动用许多社会物质，许多创意也需要物质的支持。除此之外，还要进行应急能力的适应性研究,需要哪些应变措施? 如户外活动要考虑天气的情况,野外活动考虑更多的是安全设施问题,这些都是会展策划人员需要进行可行性研究的范畴。

### 2)参阅案例,会展决策

一名优秀的大型活动策划者,首先要参阅大量过往的案例。包括项目类别、时间、地点、人物、设计的事件、名称、主要表现方法、参与群体(数量、规模、反馈)等;同时,还要留意组织单位的优点,弱点,方案的完全性、创新性、科学性等。会展决策应该考虑营销需求、市场条件、营销方式、内部条件等因素。然后需要进行会展目标市场的定位与制订会展营销计划。

### 3)提炼主题,组合方案

组合方案就是指结合第一步的观察,根据自己正在策划的项目进行元素组合。通常因项目内容不同,表现形式不同,行业发展背景不同等,需要进行新的定位与架构设计;然后根据现有的人员、物资、可使用资源等,进行项目管理、维护、执行等设计,通过组合,形成一个新的会展方案。所以,一名优秀的会展策划人,可以组合出任何行业任何类别的大型活动。除了个人创意外,要特别强调群体创意的概念。当今的时代已经不像三国演义时代要有一个诸葛孔明,靠掐指算出什么妙计来,而是靠不同学科的综合和集体的智慧。

### 4)商议策划方案

商议策划方案指具体的专家组或组织方领导,根据项目发展需求结合国家相关法律法规、行业前瞻性导向等对项目进行可行性分析论证,对于项目内容、定位、规模、主题、组织结构、产业影响等进行论证。商议策划方案阶段是一个论证方案可行性阶段,为下一步改进提供了智力支持。方案论证通常使用定位式优选法、轮转式优选法和优点移植法。

### 5)制订设计策略

商业展览展示设计是以传达展览信息、吸引参观者为主要技能的有目的、有计划的环境、展台、展品设计。设计策略要详细具体,操作性强。根据专家组的建议与相关领导的批示,对项目的整体框架与设计形成初步方案,但具体的执行内容则需要进行大量的沟通、走访大量的单位,才能制订出来。同时,如果市场化运营,还需要对市场需求展开调研。

### 6)方案分解

方案分解是指当整体方案汇报完成后,就需要对总方案进行分解。不同的项目分解出多种文本文件或子方案,根据接收者性质不同,内容与时间等也会有相应的变化。大部分的政府主导型会展活动分方案时,都要求包括成本预算、安全应急防范、展示内容规模说明、市场化运营方案、场馆位置与平面图等。部分民营会展项目会要求策划者提供详细的策划案、人事编制、市场推广、促销方式、资本投入产生风险等详细介绍和策划方案步骤。

### 7）制订媒体策略

现代社会,人与人之间、企业与企业之间都需要交流,而信息交流的主要载体是各种各样的媒体。会展组织者要根据有限的广告预算以及举办会议或者展览会的需要和条件,来选择合适的媒体,在选择媒体的类型时需要综合考虑目标受众的媒体习惯、产品性质、信息类型以及广告成本等因素。

### 8）制订预算方案

预算方案制订的好坏直接影响会展的收益以及效益。预算方案的制订要有计划、有步骤,不断更新信息。一般来说,制订一份会展预算应包括以下内容:①历史数据;②行政管理费;③收益;④固定费用;⑤可变费用;⑥详细开列的项目;⑦调整控制。

### 9）撰写策划方案

策划方案包括从构想、分析、归纳、判断,一直到拟订策略、方案的实施、事后的追踪与评估过程。广义的会展策划可以涵盖经市场调查而生成的市场可行性研究报告、项目意向书、项目建议书以及广告策略方案、宣传手册等,包括围绕会展展前、展中、展后所有的策划文案。

### 10）实施效果评估

实施效果评估即评审评定方案。根据参展商或参会者报到情况、媒体反馈、参展者或参会者问卷调研、观众到会数据、项目成交情况、社会效益等进行绩效评定。根据内部工作会议与结果,对方案的管理、实施、执行等进行评定。

总之,会展策划在会展活动中占有越来越高的地位,在开拓市场、巩固市场、塑造企业形象等方面发挥着重要的作用。

## 6.2.2 会展活动中相关的服务项目

### 1）餐饮服务

通常情况下,展览不统一安排餐饮服务,会议通常统一安排餐饮活动。餐饮安排通常有两种形式——桌餐或自助餐,类别有中西餐或各种风味餐。办展机构应从以下几个方面进行具体的会议餐饮安排工作:

（1）在预算内设计菜单

组织部门要十分重视菜谱的制订,在经费预算的范围内,和餐饮部经理、会议服务部经理、餐饮主管等仔细商量,尽可能商定一份科学、健康、合理的菜谱。根据会展旅游参加人员的背景(如民族、宗教信仰等)区别对待,尽可能满足各地参会者的饮食习惯,以及少数民族代表和一些有特殊饮食习惯代表的需求。具体考虑的因素如下:会议类型和会议目标;娱乐因素(发言人、音乐、跳舞);较受欢迎的菜,新口味或特色菜品,还要考虑当地是否能提供;房间的大小,聚会人数的多少,以及聚会场所;服务类型和客人背景;计划的聚餐时间长短。

(2)餐饮活动包括的形式

早餐:早餐食物的选择范围很大,可以是正规的复杂早餐,也可以是自助早餐。品种多样的自助早餐会让人"各食所需"。

茶歇:会场休息期间的茶点。一般供应咖啡、茶或其他饮料,有时有食品,有时没有。

午餐:午餐如何安排,主要看下午计划做些什么。一般来说,午餐不宜大吃大喝,以免影响下午的会议安排。

正式晚餐:晚餐食物的选择比较宽松,工作了一天,可以轻松欢宴了。

招待会:它可以作为正式餐宴的引子,也可以仅举行招待会。招待会的目的决定招待会的食品选择。

为将以上工作做好,应努力为与会者选择健康的、美味的、人们爱吃的配餐,以便会议期间的每一天,与会者们都感到精神饱满,心情愉快。

(3)餐饮时间上的协调

会议筹划人员与酒店或其他机构的协调对会议各项活动的顺利进行是很重要的。如果上午的会议活动没能按计划进行,那么午餐也可能会与时间安排脱节(或提前或推迟),这些临时变化都必须及时告知会议服务经理,以便厨房能按新的时间安排来调整餐饮服务。

(4)酒水安排

会议地点提供的酒水通常都比较昂贵,因此,如果会议组织者希望降低会议成本,可以尝试与会议地点商量,要求自带酒水,有些会议地点不会轻易同意这样的要求,或者要求收取开瓶费,但是如果你坚持的话,也会有很多会议地点同意这一要求。无论如何,会议组织者应该在会议通知时,明确告知与会者是否提供免费酒水,或者哪些酒水是免费的,哪些酒水不是免费的。如果与会者需要自己支付酒水费用,就应该事先建议会议侍者,不要强行推荐与会者点酒水。

(5)会议餐饮安排细节

一次成功的会议,重点不光在会议策划和组织上,对于会议期间的餐饮服务也应当引起重视。在考虑餐饮安排时,会议组织者不能忽视以下细节:就餐人数有多少;主桌和其他桌如何摆放、装饰;主桌旁是否需要讲台和麦克风;是否需要预留其他位子给贵宾(如果需要,在邀请函中就要告知其桌号,或派人在门口迎接);是否需要另备房间供贵宾在晚餐前休息;是否需要对控制饮食、素食等客人特别安排;是否要装设试听设备;是否要挂会标;是否需要背景音乐或跳舞音乐,演奏者是否坐在舞台上等。

【拓展阅读】

## 莫让差劲餐饮服务拖累会展经济

近年来,随着中国会展经济的快速发展,部分省会城市以及地级市先后成立了"博览事务局",希望能进一步加快会展业的发展。当前,会展业正在成为和旅游、商贸、文化、地产等行业并行发展、相互促进的重要产业。

随着各地展览会的数量与规模越来越大,各种弊病也相继凸显,其中,以餐饮服务最受诟病。以2012年(第30届)中国国际体育用品博览会为例,参展商对于餐饮服务的不满之处主要在于:餐饮供应方面,展会餐饮菜品单一,可选择性相对较少,没有茶水间,不够人性化;餐饮质量方面,中式快餐品质较差,食物不新鲜,饭菜不可口;餐饮收费方面,价格较高且不合理,性价比较低等。

前瞻产业研究院餐饮行业研究小组建议,主办方不妨采取以下措施来提高参展商对餐饮服务的满意度,为展会的形象加分。

首先,编制餐饮指南,方便参展商挑选。为方便观众和参展商用餐,可以将展馆餐厅、展馆周边快餐店的地点、供应食品、价格、订餐电话进行整理,编制成餐饮指南,在观众和参展商进入场馆时免费发放。

其次,可模仿世博园,降低餐饮营业税。将原来按照国际展览局有关规定征收餐饮企业营业额税后的8%,降低到3%。场馆可通过降低餐饮营业税进而减少餐饮企业商务成本,使得餐饮价格更加"平易近人"。

第三,与餐饮企业签订责任书,确保餐饮安全卫生。在选定餐饮供应商后,举办方与其签订《食品卫生安全责任状》,并由餐饮企业上交一定金额的保证金,以确保原料采购、贮存、加工、销售及食品留样等环节的规范操作,从源头上确保餐饮质量及安全卫生。

举办方还可会同当地卫生监督所对餐饮单位从业人员进行严格的食品卫生安全知识培训,并组织力量每天对馆内的餐饮服务情况进行现场检查,以监督的力量保证餐饮放心。在对餐饮供应商进行规范的同时,举办方还可将餐饮企业的选定方式、对餐饮的监督措施在展场内公之于众,让参展人员一目了然,能够放心地进餐。

第四,采取多点供应,增加特色美食。在展会场馆众多的情况下,建议举办方将餐饮服务点分散设置,在各场馆附近设置供餐点,由此可分散人流,以免出现午餐高峰期长时间排队的情况。除供应普通快餐外,餐馆还可以供应不同菜系、不同口味的地方美食,以弥补快餐在味道上的欠缺。

资料来源:前瞻网

### 2)住宿服务

大型会议的筹备工作中,与会者的订房与住宿服务是一项重要内容。大部分与会者都来自不同区域,行程不一,因此需要谨小慎微、有条不紊。

(1)住宿安排方式

会议的团体住宿,从有效性和经济利益出发,最好由主办单位统一预订房间,可以避免房价过高订不到房等情况。

（2）预订住宿的方式

会议期间往往需要大量房间,因此必须事先预订,否则会造成住宿方面的问题,特别是遇到旺季,可能找不到房源入住。

①订房卡。如果需要住宿的人数不是很多,可以直接向饭店或会议中心索取订房卡,这是免费的。主办单位随同会议通知寄上订房卡,再由与会者直接向饭店订房。

②住宿单。住宿单通常使用在小型会议上,由主办方支付房间费。将表格寄给所邀请的人,要求他填写陪同人员的名字,希望哪种房型,抵达与离开日期,将表格资料填在住宿单中交给饭店,并告诉饭店付款方式。

③住宿安排程序。记录有关各类房间的存量,回答各种问题,解决个人住宿问题,以及将住房报告转给饭店与会议筹办人,所有工作程序务必快速、准确。最好去拜访饭店,熟悉其工作程序,例如如何处理截止日以后的住房预订等问题。

### 3）文娱和表演服务

文娱表演服务也是吸引与会者参会的主要参考因素之一,同时,开幕典礼、欢迎酒会、惜别晚宴都是主办方介绍本地区文化艺术的最佳场合,展会主办方可以根据自己公司文化、社会环境、展出需要来取舍决定。表演活动可以与展品无直接关系,但应当与展出内容有关。但是,节目的设计要多样性,最好不要重复,另外,可以安排抽奖、发礼品等活动环节,鼓励贸易客户积极参与,拉近展会主办方与贸易伙伴的距离。惜别晚宴的节目也可以由下届主办方提供,提供他们一个推广宣传的机会。在一些高层次展会上,与会者多半也是某个地区具有影响力的人士,因此文化节目也是宣传国家和地区经济文化的最佳渠道。

### 4）媒体接待服务

新闻宣传也是生产力。对展会感兴趣的新闻媒体都会前来参加展会的开幕式,有影响力的会议经常会有上百名记者现场采访。会展组织管理者要善于发挥新闻媒体的作用,在会场附近设立记者接待站,记者在这里可以领取记者证、新闻报道稿和其他的有关材料。通过制订全面而又灵活的报道计划,确定准确的报道角度和正确的报道方向,组织好采访人员和编辑力量,以保证报道的公正、客观、全面及正确的舆论导向。

（1）接待主要任务

负责参会记者报名、报到、注册和工作证件及资料的发放;落实新闻记者的住宿、饮食的宾馆考察设置和管理,做好记者接待工作;协调指挥记者采访交通车辆的安排和运行;负责记者住地的网络接口、电讯、邮政、摄影冲印等设施设备的设置和服务工作;协助做好记者住地的安全保卫和卫生管理;负责记者返程车票订购工作。

（2）记者招待会

记者招待会是展会主办方与新闻界人士建立并发展关系的机会,是将经过精心准备的展会有关情况直接介绍给新闻界的方式。记者招待会举办成功与否,关键在于内容,即新闻点,这是成功举办记者招待会的关键。记者招待会可以在开幕前,亦可在闭幕后召开。开幕前的记者招待会以介绍展出目的、展出内容、会议主题为主;闭幕后的招待会则以介绍展出结果、展会主办方的收获、会议成果为重点。记者招待会主要邀请新闻界人士及重要客户参加。展会主办方可以在展会开幕前1~2个月举行记者招待会,如此,会刊上就可以刊登有关新闻特写和专题。

5) 志愿者服务

志愿者是"地区的形象"和"民间外交官"。志愿者行动已经成为当今社会的一种时尚,既体现了人生的真谛又是实现自身价值的途径。在各种会展活动中,志愿者是重要的后备军,是会展成功举办的重要因素。

会展志愿者的服务内容包括展位引导、材料分发、现场咨询、问卷调查等,志愿者们热情帮助组委会和企业派发宣传资料、耐心详细解答各种咨询,并帮助完成展会现场秩序维护、展会拍照工作、嘉宾引导服务、礼品发送等各项后勤工作。

会展主办方在招聘志愿者的基础上,要积极编制包括志愿者的角色职责、提供服务的程序和范围等内容在内的志愿者手册,为志愿者服务工作提供技术指导和帮助。

6) 文件服务

一般来说,展会开始前大多数需用的资料都是先期准备好的,但在展会进行过程中难免会有一些材料需要临时复印和打印。这种情况在展览中更为常见,参展商和客户之间会发生大量的商务活动如达成合作意向书、签约等。许多文件需要当场制作且备有副件。所以,文件复印打印是展会服务必须包括的内容。具体内容包括名片制作和广告制作。

(1) 名片制作

在商务活动中,以名片的方式互留个人信息和联系方式,快捷、准确。因而,在展会活动中,不论是参展商还是观展者,出于商务活动的需要,必须制作大量名片,便于企业及个人之间的联络与沟通。且常常会遇到名片不够用而需要临时加印的情况。因而制作或复印名片是展会商务中心的重要服务内容之一。名片根据不同的种类和特点有不同的分类,最常见的规格为90毫米×55毫米,可单面或双面印刷。大型展会的商务中心一般配备有专业设备,可自行设计和现场制作。如商务中心无相应设备,则应事先约好专业广告制作公司在展场边或进场服务。

(2) 广告制作

在展会举办现场,参展商有时要临时添加制作一些广告。比如临时制作的展品宣传册、说明书等。展会主办方应该具备提供简单广告制作服务的能力,如制作较为复杂的广告,也可委托专业广告制作公司完成。

7) 会展旅游服务

会展旅游是指借助举办的各种类型的会议,如展览会、博览会、交易会、招商会以及文化体育、科技交流等活动,吸引游客前来洽谈贸易、观光旅游,进行技术合作、信息沟通和文化交流,并带动交通、旅游、商贸等多项相关产业发展的一种旅游活动。

# 6.3　会议与展览服务

## 6.3.1　会议服务的主要内容

### 1）会前筹备工作

（1）会议筹备方案的内容

接到会议通知单后，了解会议名称、性质、开会时间、与会人数及布置要求；落实接站人员及车辆的安排。

（2）会场布置

会场环境应给人庄重、协调、整洁、舒适的感觉，环境整洁，灯光亮度适中，应适当摆放室内植物，控制适宜的室温和气味，选择桌面插花。根据会议内容，还应通过一定的物品和手段，渲染与之相配的气氛。会议台型布置应根据参加会议的人数选择会场大小及台型布置。小型会议可采用圆桌或"回"字台型；大中型会议可采用礼堂型或教室型。会场布置的形式一般有"座谈式"和"教学式"两种。"座谈式"不设专门的主席台，但有主席位，各种座谈会、发布会、销售会和签约仪式一般都采用"座谈式"。而培训、总结会和代表大会一般都采用"教学式"。

（3）会议用品准备

根据要求先将所需的各种用具和设备准备好（会议桌、椅、台布、台裙、盖杯、开水、茶叶、烟缸、小毛巾、火柴、横幅、鲜花等绿色植树、会议牌），这些用具可由会议所在的酒店方予以协助提供；展会主办方需自带易拉宝、资料（讲义、会务须知、笔、本、宣传资料）、财务（验钞机、收据、记账本等）以及布置签到台。

（4）设备设施准备

根据要求，将指示牌放在特定位置；按要求将所需用设备摆放就位，并调试好相关设备（如麦克风、幻灯机、电视机、录像机、投影仪等）。接通电脑与投影的数据传输线；调整投影设备亮度、投影画面太小；调试话筒效果；安排摄影、摄像位置；调节空调调温器，冬季室内温度控制在18 ℃左右，夏季室内温度控制在22 ℃左右，并在会前30 分钟左右喷洒适量空气清新剂，保持室内空气清新；各项准备工作到位（备好充足开水、小毛巾，调试音响，开灯）；检查会议桌是否符合要求，台面要整洁，各种用具干净、齐全，摆放符合标准；开会前15 分钟，在门口等候；VIP 会议服务于会前30 分钟到岗，精神饱满地在门口迎候。

### 2）会议迎宾服务

①会议开始前1 小时，迎宾员应在会议室门口立岗迎候参加会议的客人到达。来宾

到达时应引领到签到处签到。

②签到时,会务人员应主动微笑问候,询问来宾工作单位,并示意来宾在签到簿适当位置签到,然后引领来宾至财务处办理手续。

③迎接来宾入座时,要面带微笑,用语礼貌,举止大方,手、语并用。

④对贵宾脱下的衣帽,会务人员及时伸手去接,并挂至衣帽架上。

⑤提供茶水服务的顺序是先主宾,后主人,然后按顺时针方向(先左后右)提供服务。在客人较多的情况下,1人或多人同时服务时,分正反两个方向,但不可将主人放在最后。

⑥添加茶水时,倒至七分满,并注意客人的动态,以免发生碰撞。服务过程中,须忙而不乱,快而稳地将茶水送到客人面前。摆放茶杯时,声音要轻,茶杯须放在宾客的右手位置,同时杯柄朝后45°,并说:“请用茶。”倒入水时,水瓶不得与杯口接触,倒至七分满即可。

3)会场服务

①会议开始后,在会议室留人值守。

②会议开始后,会务人员应站立在会场周围,观察所负责区域宾客是否需要服务。

③会务人员一般不得随意出入会议室。

④会议期间,服务员站于会议室门口直至会议结束。

⑤送茶水等物品时,应对客人说:“请用茶。”每隔20分钟加茶水。

⑥会议服务人员每半小时左右为客人更换烟缸。烟缸内不超过三个烟头为宜,更换时用托盘装好干净烟缸,先将其重叠在脏烟缸上,用手指压住上面的烟缸,再用拇指和中指夹住下面的脏烟缸拿起来放入托盘中,再将干净的烟缸放在桌上。

⑦会议颁奖或邀请嘉宾上台,由会务礼仪人员引领。礼仪人员应走在嘉宾左前方1米处,并微笑示意嘉宾注意行走安全。

⑧会议中间休息,要尽快整理会场,补充和更换各种用品。

4)会后服务

①会议结束时,会议服务人员应立即开启会议室大门,并在门口热情送客,微笑道别。

②会议桌的抽屉内和桌面上,观察与会客人是否有遗留物品,如果有遗留品应立即交还给客人;如果客人已离开,应立即报告领班,由领班按部门遗留物品管理办法进行处理。

③将会议中的场租费、茶水费、水果费等费用汇总账单,由会议工作人员负责汇总。

④会议工作人员总结服务方面的意见和要求,以便改进工作,并做好客史档案。

5)会后整理

①待与会者全部离开后,关闭空调,打开会议室门窗通风换气。

②检查有无尚未熄灭的烟头。

③检查设施设备用具有无短缺或损坏,如有,应开具赔偿单请会议工作人员汇总。

④将茶具、毛巾等物品分类整理，及时进行清洗、消毒。

⑤清理所有垃圾，搞好会议室的清洁卫生。

⑥关闭电源，关好门窗。

6）会议服务的注意事项

①绝不能因为服务站立时间过长，而依靠会场墙壁或柱子。

②在会场服务时应尽量不干扰讨论中的与会人员或正在发言的与会人员。

③会场服务过程中语言、动作要轻，避免影响发言者。

④服务人员不要出现玩手机、交头接耳等行为，注意服务方式。

⑤注意观察与会人员水杯情况，注意加水。

⑥中场休息时打开门窗通风、播放舒缓的音乐，提醒服务员加水，注意人员分布情况。

⑦保持会议室的卫生和环境。

⑧会议负责人注意安排与会者的用餐事项。

⑨会见厅服务采用"蹲式"服务，半跪式标准，行至主宾桌前，单腿弯曲成90°，蹲于地上，服务员间距离为两步远，一前一后操作，先上方巾后上茶水，茶水顺序以方巾线路为准。

⑩保密会议的服务是指在接待过程中，服务人员一定要有很强的保密意识，配合主办单位做好相应的保密工作，尽可能在会前将毛巾、开水、茶杯、烟缸、便笺、笔等会场所需物品一一备齐，让其自己选用。服务员则应守候在会场门口，及时处理各项事务，散会后，及时检查会场有无遗留物品，不得随意翻阅文件。

## 6.3.2 展览服务的主要内容

展览服务主要包括三个方面的内容：展览前的准备、展出过程中的组织接待及展出结束后的追踪服务和信息反馈服务等。具体的服务内容如下：

1）展前准备服务

展览前，主办单位或展览承办商应第一时间从组委会、业主、展会承接部门了解展会性质、规模、参展商资料、展务及货运计划、展位用电、展位分布、贵宾接待任务等一系列详细资料，以便作出相应的计划和安排。同时，仔细核对组委会、参展商及业主的要求，提前做好人力、物资、项目活动等各项展前准备工作。

2）任务分配服务

主办单位或展览承办商接到展览策划书之后，根据其要求和标准，一般按设备运行、清洁卫生、展会服务、安全保卫以及环境布置五个方面进行分解，制订展会工作分配表，明确具体项目、时间、标准、操作人，责任到岗，任务到人。计划分配中必须在时间上预置提前量。

3）标识、导视的制作服务

展览服务中，工作人员要提供相对稳定的提示性、警示性、禁止性功能标识，导视系统包括展馆功能指引图、导视、警示、禁止等标识,并要考虑最能体现效果的最佳摆放位置和具体形式。此外,标识服务中还包括为新闻发布会、各类合同签订、经济活动仪式、展中展、会中会等编制临时标识系统及隔离标识。

### 4)现场登录服务

现场登录服务指的是与会者正式入场时,工作人员收集与会者基本信息的过程。所有参会人员都必须进行现场登录。根据其身份不同(如专业观众、参展商、媒体等),已经持有展会证件的,要在入口现场确认;未取得展会证件的,经现场登录后,当场领取相关证件。为了便于识别,展会组织者往往选用各种不同颜色的胸卡将与会者分类,如某展会设定红色胸卡为贵宾,黄色胸卡为观众,蓝色胸卡为参展商,绿色胸卡为展会工作人员等。观众取得入场资格后,可领取证件封套等有关手册,诸如参展商手册、观展指南等。一些大型展会为了避免出现拥堵现象,往往安排多个出入口进行现场登录,少则3~4个,多则超过10个。

### 5)接待导引服务

接待导引服务是展览服务中非常重要的一个环节。接待导引服务通常以会议签到、票证管理等手段来控制非展会人员进入,还要为展会入场提供疏导、礼宾服务。尤其对贵宾要提供从迎宾签到、引领到座位的服务。

会议开幕式的前半个小时,会议组织者要安排级别相当的领导在会议中心或场馆门口迎接贵宾,将贵宾送到贵宾室,贵宾在贵宾室的活动主要是在签到簿上题词或签名,佩戴胸花,接见或者合影。

会议开始前,工作人员引领贵宾入座。首先,会议代表落座,然后是坐在主席台下的贵宾席的贵宾入座,最后是请主席台的贵宾入座。一般情况下,外请贵宾参加完会议的主要活动即开幕式后,即可离席。如果会议附设有展览会时,会议组织者也可邀请贵宾出席展览会的剪彩仪式,然后参观展览。

### 6)咨询引导服务

现代国际展览馆多为大型场馆,面积大且结构复杂,对于不熟悉环境的参展商、参观者来说,找到相应的展位比较困难,就需要大量的现场咨询员予以引导。对于参展商提供的咨询服务主要包括参展手续、展位、用电申请、位置功能指引、施工布展、参展出入门证办理、组委会的寻求等;对于参观者提供的咨询服务主要有展会咨询和引导服务。

### 7)现场巡视与跟踪服务

为保证展览安全有序地进行,展务人员必须做好展馆的现场巡视工作。巡视内容主要是检查公共设施设备、功能服务设施、展览全程环境及现场控制等,巡视分日常巡视、定点巡视和突击加强型巡视。在巡视的基础上,展会期间各种公用设施的运行状态或使用状况的检查也是一项重要服务内容,包括洗手间、展会主通道、空调舒适度、电梯运行情况、安全消防通道、消防设施等。遇有问题，详细填写公用设施维修表，及时报送相关部门解决，并跟踪处理结果。

8）播音与翻译服务

由于展览现场是人流、物流、信息流交汇的场所，信息的快速传递、展览秩序的维护、消防安全方面的提示通知、各类求助启事、宣传广告、优雅气氛的营造都离不开展馆播音这一手段。

展览无国界，信息和技术交流无国界，参展商、组委会国际化趋势也就越来越明显。因此，作为一流的展览服务需提供相应的双语播音，展览现场还要有相应的翻译咨询，为参展商、顾客、访客、参观客提供即时翻译服务。

9）投诉处理与意见反馈服务

展览现场接受投诉及其反馈也是展会服务体系的重要内容。展务人员须本着让参展商满意、让参观者满意、让组委会满意的宗旨，积极热情、灵活高效地处理各类投诉，耐心解释，争取谅解。同时，积极收集各方反馈意见，每次展览都从组委会、业主、参展商、参观者等不同的目标群中选择对象，收集对展会服务工作的反馈意见，便于展会服务工作的不断改进和提高。

10）展览宣传服务

展览宣传就是向社会提供展览信息的手段，宣传工作应该贯穿于展览的全过程并运用多种宣传方法。展览活动立项后，主要通过各种宣传和广告媒体，如电视、报纸、电台、海报、路牌广告、电子屏幕广告、标语、霓虹灯及气球广告灯来宣传介绍展览会的相关信息，包括展览会的名称、目的、内容、展出时间、展览地点、组织单位、参展单位和主要展品等，从而引起社会的关注，吸引更多的参展商加入和更多的观众参加。展览展出期间，要积极编印分发展览会会刊、简报，及时反映展览会动态，组织展览活动的新闻报道、小型纪念品的发送等。在展览会结束后还要进行展览后宣传，总结并宣传展览会的成果和经验，编辑展览汇编，为以后的会展活动提供更多的资源。

# 6.4  翻译咨询与场地服务

## 6.4.1  会展翻译咨询服务

### 1）会展翻译

会议翻译在会展活动中是一项重要工作。翻译作为特殊的工具，担负思想传递和观念信息传达的功能，有时还是会谈僵局的润滑剂或者缓冲剂。

很多翻译并不是通才,也就是说,除翻译者本身已经掌握的知识外,可能对其他领域并不是很熟悉,因为会议涉及的专业术语往往很多,所以会展翻译要尽量找那些懂得会展专业知识的翻译人员。在会议举行之前,翻译人员要与会议主办方进行有效沟通,了解会议目的、会议方案、会议内容及会议特色等内容,或者了解以往的影像资料,以便更加准确地把握会议精神及专业术语。

为了商业秘密不外泄,会展主办方通常会对翻译进行必要的约束——通常以书面形式约定在多长时间内接触机密的翻译不得对外界透露,在此期间内雇用方有权要求翻译保密,并有权要求翻译赔偿由于泄密而带来的损失。

2)口译

现代社会,国际交流日益频繁,社会对口译人才的要求越来越高,需求量也不断上升。口译作为专门的职业,历史悠久,古书中通常把从事口译的人称为"译""寄""象""通事"或"通译"。从昭君出塞到张骞通西域,从文成公主上青藏高原到驼铃阵阵的丝绸之路,从浩浩荡荡的郑和船队到轰轰烈烈的洋务运动,口译者都参与其中。

(1)口译的分类

口译按其操作形式可以分为五种类型:

①交替口译(Alternating Interpretation)。译员同时以交流双方各自熟悉的语言进行轮回交替式口译,是最常见的一种口译形式。这种环境下,交流双方能够畅通地交换意见和思想,很多非正式的多边会谈中常常以这种形式展开。

②接续口译(Consecutive Interpretation)。为演讲者以句子或段落为单位传递信息的单向口译方式,如演讲、祝词、授课、高级会议、新闻发布会等。译员借助段落的自然间隙,成段地向听众传达演讲者的信息。

③视阅口译(Sight Interpretation)。通常叫"视译",是指以阅读的方式接收信息,以口头方式传出信息的口译方式。视译的内容可以是演讲稿或者其他展示材料。除非情况紧急,译员通常会在临场前几分钟(或者更长时间)得到讲稿或文件,因而译员可以将所需口译的文稿快速浏览一遍,做一些必要的背景知识准备。与同声传译和耳语口译一样,视阅口译同属不间断的连贯式口译活动。

④耳语口译(Whispering Interpretation)。将一方的讲话内容用耳语的方式传译给另一方的口译手段。耳语口译与同声传译一样,属于不停顿的连贯性口译活动,所不同的是,耳语口译的听众是个人。

⑤同声传译(Simultaneous Interpretation)。又称同步口译,是指译员在不打断讲话者演讲的情况下,不停顿地将其讲话内容翻译给听众的一种口译方式。其优点在于效率高,也是当今国际会议中最广泛采用的基本的口译方式。但是同声传译具有相当大的技术难度,对译员的要求非常高,不但要精通两种语言,而且要对讲话者主题有清晰的认识和良好的环境判断能力。随着国际性多边会谈的增加,常常一个会议会配备多种语言的同声传译。

（2）口译的要求

口译是一项极其专业的职业，其核心要求就是准确和流利。翻译人员应该了解各种语言风格，掌握一定数量的常用习语、俚语、术语、谚语，以便更好地传达交流双方的意图。

由于口译的环境瞬息万变，翻译人员有时要克服噪声干扰，生理疲劳，讲话者无规律等，必要时翻译人员应事先对交谈双方的背景有基本的了解。

一名高级口译应该是一位仪表端庄、举止大方、态度和蔼、风度儒雅、言谈得体的外交家。对于可能涉及敏感内容或者涉及双方利益的机密，翻译人员必须保持职业操守，所以保守秘密也是翻译人员的一大工作原则和任务。

（3）协助同声传译译员工作

同声传译要求较高，采用同声传译，大会主办方应积极配合同声传译的特点做好以下工作：一方面保证翻译人员的充分休息，另一方面要提供安静、舒适、采光的环境。

3）笔译

赫胥黎《天演论》的译者严复提出"信""达""雅"是翻译的最高境界。"信"是指译作应该尊重原文的意思，不能超越原文的宗旨，尽可能地传达原文的本意，译者主观的猜度是不允许的；"达"是指通达，即克服不同民族之间表达方式的不同，译作语句通顺，由于各种语言总有其本身的一些特殊属性，要体现原文的语言特色有时候是相当困难的；"雅"是指规范、标准，即译文符合本国语言的标准，让读者感觉不到这是译自另一种语言。

4）储备展会翻译人员

较多外宾参与的展会，对翻译的需求数量有时是很大的。尤其是一些小语种的翻译，很可能成为"紧缺人才"而一时无处寻觅。因此，展会主办方平时应做好翻译人员的信息储备工作，以免陷入忙乱状态。展会所配备的翻译人员分两种：工作场合翻译和全程陪同翻译。他们主要来自：临时聘请经过专业训练的专职翻译（指的是外语学院在校生或毕业生，多次参与展会服务并获好评的翻译人员等）；公司员工（引进和培养外语基础好，思维敏捷者担任公司兼职或专职译员）；向社会招募志愿者（如世博会、奥运会等超大型展会，需要数量庞大的翻译，可通过"志愿者"渠道壮大翻译人员队伍）。

## 6.4.2 会展场地的选择与布置

1）会议场地的选择与布置

（1）会议场地选择考虑的要素

会议活动策划好后，选择在哪个地点举行会议是至关重要的，这直接影响会议的成败。会议场地的选择要"因会而异"，并不仅局限于酒店、会展中心或餐厅，应根据会议类型、会议内容、会议面向的群体、周边的环境、交通、场地所容纳的人数、天气、预计的费用以及设施等因素进行场地的选择。我国的会议策划者较多选择风景区作为会议举办地，如海南的三亚、云南的昆明、山东的青岛、四川的九寨沟、安徽的黄山等,也有很大一部分的会议会安排在大都市。会场的选择需要考虑的因素主要有以下几个方面:

①会议类型。一般情况下,大型会议会选择在大都市举办,主要是便于安排食宿;举办培训活动的最佳环境是专业培训中心或旅游胜地的培训点,在这里通常能提供专门服务人员和设施;研究和开发会议需要有利于沉思默想、灵感涌现的环境,需要比较安静的场所,一般选择郊区酒店;企业经销商年会或其他性质的年会,其会议地点一般将根据会员的品位选择一些风景名胜区;而一些重大的奖励、表彰会议则会选择有较高知名度的会场举行(如人民大会堂),以显示其重要意义。

②举办地的知名度。国内选择频率高的会议举办地往往是知名度高的旅游地或旅游城市,这与国内参会者的个体行为有关。国内的参会者费用一般由所在单位支付,他们可以通过参会获得免费旅游的机会,因此在选择上会更加趋向于知名度较高的旅游地或旅游城市。很多行业年会之所以选择每年在不同的地方举办,一定程度上是为了满足会员们的旅游需要。

③会议预算。会议通常可以分为营利性和非营利性两类,营利性会议是指通过会议的举办,主办方直接从会议中获取一定的利润;非营利性会议则不以会议赢利作为直接目的,如政府会议、专业学术会议、经销商会议等。对于非营利性会议,会议策划者将在会议主办方总体预算的基础上进行项目预算分解,确定会议项目的内容,然后决定与预算相当的举办地。营利性会议的策划者则要充分考虑潜在参会人员的可接受费用预算,并据此选择合适的会议举办地。

**【拓展阅读】**

根据国外的相关调研发现,会议策划者选择会议举办地时主要考虑的因素包括:

(1)会议室的数量、大小和质量。

(2)可商议的食品、饮料和房价。

(3)食品服务质量。

(4)睡房的数量、大小和质量。

(5)会议支持的服务和设备。

(6)结账程序的效率。

除此之外,在地点的选择上还会考虑当地的治安状况、会议地点到机场的道路情况等。根据调查,美国的会议策划者倾向于将会议安排在城中酒店、郊区酒店、风景区、机场酒店以及会议中心等。选择城中酒店可以赋予参会者更多的机会参观博物馆、影剧院以及购物;郊区酒店和风景区则为与会者提供了一个安静、休闲、平和的世外桃源;机场酒店则适合那些快节奏的、比较紧急的会议类型;大型的会议则比较适合在中心城市的会议中心举办,因为一般的会议中心不提供客房,因此参会者需被安排在附近的酒店住宿。

(2)会议场地布置的类型

①剧院式:也称为"礼堂式"。在会议厅内面向讲台摆放一排排座椅,中间留有较宽的过道。在留有过道的情况下,最大程度地摆放座椅,最大限度地将空间利用起来,在有

限的空间里可以最大限度容纳人数；但参会者没有地方放资料，也没有桌子可用来记笔记。适用于新闻发布会、论坛、辩论会、启动仪式等。参会人员比较多的情况下，适合选择剧院式会场，如图6.1所示。

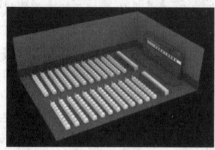

图6.1　剧院式

②课桌式：会议室内将桌椅端正摆放或成"V"形摆放，按教室式布置会议室，每个座位的空间将根据桌子的大小而有所不同。此种桌型摆设可针对会议室面积和观众人数在安排布置上有一定的灵活性；参会者可以有放置资料及记笔记的桌子，还可以最大限度容纳人数。适用于论坛、新闻发布会、研讨会、培训等，这种形式便于听众做记录，如图6.2所示。

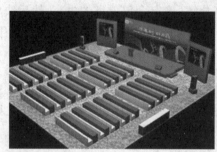

图6.2　课桌式

③围桌式：适用于中式宴会，如答谢会、招待会、茶话会等，如图6.3所示。

④方形中空式：将会议室里的桌子摆成方形中空，前后不留缺口，椅子摆在桌子外围。通常桌子都会围上围裙，中间会放置较矮的绿色植物，投影仪会有一个专用的小桌子放置在最前端。此种类型的摆桌常用于学术研讨类型的会议，前方设置主持人的位置，可分别在各个位置摆放麦克风，以方便不同位置的参会者发言。此种会议场地布置方式容纳人数较少，对会议室空间有一定的要求，如图6.4所示。

图6.3　围桌式

图6.4 方形中空式

⑤"U"型:又称为"马蹄型",将桌子连接摆放成长方形,长方形的前方开口,椅子摆在桌子外围,通常开口处会摆放放置投影仪的桌子,中间通常会放置绿色植物以作装饰。不设会议主持人的位置以营造比较轻松的氛围;多摆设几个麦克风以便自由发言;椅子套上椅套会显示出较高的档次。

⑥鸡尾酒会式:以酒会式摆桌,只摆放供应酒水、饮料及餐点的桌子,不摆设椅子,以自由交流为主的一种会议摆桌形式,自由的活动空间可以让参会者自由交流,构筑轻松自由的氛围。

2)展览场地的选择与布置

(1)展览场地选择应考虑的要素

①举办活动的目的和内容。各类展览活动的目的有很大的差异,有政治性的,有商业性的,有文化娱乐性的,还有"文化搭台,经济唱戏"的。展览活动的主题有严肃型的,也有欢庆型的,在进行场地选择时都应该进行细致的斟酌。

②预计活动规模级别。展览活动规模有大有小,大到数万人参加,小到十几人或几人参加,因此对于场馆的要求也就差别较大。大型的展览活动可能需要大型广场或者会议中心。

③环境舒适愉快。展览活动是人群集聚的一种活动方式,因此在场地的布置时必须考虑参加人员的感受。展区环境的设计要以为参展商或参观者提供便利、舒适、愉快为宗旨,如洗手间、安全通道、问询处、餐饮点等服务设施的位置及要求。

④选择安全性高的场地。人群集聚很容易带来安全隐患,在场馆布置时应留有足够的行走通道,有足够的紧急出口和紧急照明,并配备消防设施。布置场地时还需要注意场地搭建物的安全,如讲台、舞台、展架等。

⑤会展场地美观和谐。展览活动现场的布置要与活动主题相呼应,如严肃的主题与欢快的主题在场地的布置上就截然不同,场地的布置要与主题气氛相匹配。场馆的场地布置千差万别,是艺术的展现,色彩、光线、声音、装饰物品的合理搭配可以制造出各种不同的艺术效果。

⑥布展要节约、高效。展览活动一般只是举办几天时间,最长不超过一个月,在这短暂的时间里,应遵循节约、高效的原则。节约主要表现在布置场馆时尽可能使用环保和价廉的装饰材料,降低场地布置成本。高效主要是指在保证安全的前提下提高活动空间的利用率,如合理地避开或利用场馆的立柱,搭建双层展台节约展台空间等。

（2）展览场地布置要点

①展览资料的准备。在展品运输之前，参展企业要先向组织单位了解展位的情况。比如，组织者是提供国际标准的普通展位，还是提供一个局部特装的展位。请组织者提供展位搭建的示意图和说明，要针对展位的实际情况进行整个展位的预先布置设计。设计应该包括使用何种展具，详细的空间布局，灯光、样品如何放置等。布置过程中任何细节都要考虑到，比如如何挂画，是粘贴还是悬挂，如何贴，如何挂，如何保持平整。哪怕一个胶带、一个钩子、一根绳子、一把剪刀都要准备好，并随货运一起前往目的地，减少随身携带的麻烦。所以，预先的设计，周全的准备工作，是顺利完成布展的重要前提。

②展位的选择。参展的目的就是将自己的产品展现在客户面前，吸引客户进而达成交易。展位的选择也是很重要的。拐角处双开面的展位要比单开面的展位更能吸引观众，费用也不会太高。选择人流较大的展位比较重要，比较偏僻的展位效果则大打折扣。一般的展会商会提前发来邀请函，并附有展位平面图，所以及早预订可获得较理想的展位。

③展台策划。展台策划是展示展览工程的重要一部分，展台设计是建筑空间设计，它为人们提供了三维的交流空间。媒体的展台策划赋予了建筑空间的秩序和主题。活动的策划和展品展示促成了人与空间的交流。而建筑设计、媒体设计、美工设计、展品设计、灯光设计和舞台布景等都是用来表达参展商理念的工具。显著而富有个性的展台形体、精辟表现的主题、创造了宾至如归气氛的访客区等均能给来访者留下独树一帜且印象深刻的亲身体验。

④参展商的展台位置。展台的面积一般以该展位的使用性质、展出内容和人员规模为依据来确定。展台的位置在展览中具有重要作用。根据展位所处位置、周边通道、相邻展位等情况，可以划分为单开面型、双开面型、双向通道型、内角型、半岛型、环岛型等，不同的展位类型有不同的平面布置方法和要求。

⑤选择合适的展具。一般展览组织者都会提前向参展商提供展具租赁，企业应该根据预订展位布置设计，租赁合适的展具。对展具租赁这个环节一定要非常重视，关键在于要尽量提前租赁，避免现场租赁，现场租赁通常要加收20%的费用。

⑥重视灯光的运用。通常来讲，一个9平方米的展位最多会提供3个100瓦的射灯，但是有些产品需要特别的照明或是灯光装饰，以增加受关注程度，比如礼品、珠宝之类的产品。所以，灯光也是个非常值得关注的问题。明亮的展位会让人心情舒畅，注意力增加，停留的时间也会加长，灯光运用得好可以让展位的布置效果事半功倍。

【拓展阅读】

### 上海世博会展馆之中国国家馆

概　况

展馆（图6.5）建筑外观以"东方之冠，鼎盛中华，天下粮仓，富庶百姓"构思主题，表达中国文化的精神与气质。展馆的展示以"寻觅"为主线，带领参观者行走在"东方足迹""寻觅之旅""低碳行动"三个展区，在"寻觅"中发现并感悟城市发展中的中华智慧。展馆从当代切入，回顾中国三十多年来城市化的进程，凸显三十多年来中国城市化的规模和成就,回溯、探寻中国城市的底蕴和传统。随后,一条绵延的"智慧之旅"引导参观者走向未来,感悟立足于中华价值观和发展观的未来城市发展之路。

图6.5　中国国家馆

展馆外观

中国馆共分为国家馆和地区馆两部分。国家馆主体造型雄浑有力,宛如华冠高耸,天下粮仓;地区馆平台基座汇聚人流,寓意社泽神州,富庶四方。国家馆和地区馆的整体布局,隐喻天地交泰、万物咸亨。

国家馆居中升起、层叠出挑,采用极富中国建筑文化元素的红色"斗冠"造型,建筑面积46 457平方米,高69米,由地下一层、地上六层组成;地区馆高13米,由地下一层、地上一层组成,外墙表面覆以"叠篆文字",呈水平展开之势,形成建筑物稳定的基座,构造城市公共活动空间。

观众首先乘电梯到达国家馆屋顶,即酷似九宫格的观景平台,将浦江两岸美景尽收眼底。然后,观众可以自上而下,通过环形步道参观49米、41米、33米三层展区。而在地区馆中,观众在参观完地区馆内部31个省、自治区、直辖市的展厅后,可以登上顶层平台,欣赏屋顶花园。游览完地区馆以后,观众不需要再下楼,可以从与屋顶花园相连的高架步道离开中国馆。为了均衡客流,世博会期间中国馆实行"全预约"参观,预约点设在展览现场各出入口。

展示内容

第一展区:探寻"东方足迹"。通过几个风格迥异的展项,重点展示中国城市发展理念中的智慧。其中的多媒体综合展项播放的一部影片,讲述改革开放三十多年来中国自强不息的城市化经验、中国人的建设热情和对未来的期望。国宝级名画《清明上河图》被艺术地再现于展厅中,传达中国古典城市的智慧。

第二展区:展开"寻觅之旅"。采用轨道游览车,以古今对话的方式让参观者在最短的时间内领略中国城市营建规划的智慧,完成一次充满动感、惊喜和发现的参观体验。

第三展区:聚集"低碳行动"。聚集以低碳为核心元素的中国未来城市发展,展示中国人如何通过"师法自然的现代追求"来应对未来的城市化挑战,为实现全球可持续发展提供"中国式的回答"。

亮点

从上百种红色材料色样中精心挑出的"中国红"(图6.6)。装点国家馆的"中国红",

是从足足上百种红色材料色样中逐一挑选而出的，由7种红色组合而成。馆体颜色由上至下依次由深至浅，能在白昼不同阳光折射和夜间灯光投射及不同视觉高度等条件下，形成统一的具有沉稳、经典视觉效果的红色。此外，中国馆红板选用金属材料，采用灯芯绒状肌理方案，不仅为中国馆穿上了更具质感的"外衣"，也为原本张扬、跳跃的红色赋予了稳重、大气的印象。

图6.6 "中国红"

图6.7 清明上河图（局部）

国宝级文物将现身，百米墙面重现《清明上河图》（图6.7）。在中国国家馆最核心、也是最高的49米层展区北面，100多米长的整面墙都将被放大了数百倍的宋代名画《清明上河图》覆盖。而国宝《清明上河图》原件，也将亮相世博会期间的中国馆。

穷尽现有高科技手段，45分钟体验五千年文明精华。参观者将首先看到一个巨大的环幕影院（图6.8），通过观看一段8分钟的电影，感悟中国城市发展的智慧。之后，人们将回溯历史，从中国最早的模块状城市发展规划遗迹开始，再到放大了数百倍的《清明上河图》中汴京的繁华，最终来到以白色为基调，营造充满未来感的舒展空间，给出未来城市发展的中国式答案。从现代到古代、再到未来，中国馆将上下五千年的精华浓缩呈现，整个参观过程约需45分钟。

新九洲清晏（图6.9）灵感源于圆明园，描摹中华典型地貌。在中国馆的地区馆屋顶平台上，2.7万平方米的城市空中花园新九洲清晏，为中国馆承担起人员疏散、公共休闲等多项功能。新九洲清晏之中，不但浓缩着中国传统园林和现代造景技术，更蕴藏着中华智慧和东方神韵。每一个小洲上都有代表中华大地上典型地貌的景观布置。游客们穿梭其中，就好比在微缩了的神州大地上漫步，看遍鬼斧神工的自然造化，而它们所展现的悠久文化和丰富景观，也是中国馆"城市发展中的中华智慧"展示主题的重要组成部分。

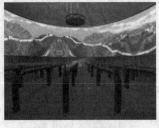

图6.8 环幕影院

图6.9 新九洲清晏

传递中国气韵，篆书作墙组成二十四节气。除国家馆的造型整合了中国传统建筑文化要素外，地区馆的设计也极富中国气韵，借鉴了很多中国古代传统元素。在地区馆的外墙,设计者采用中国古老的文字——篆书来作为装饰。"叠篆文字"(图6.10)装饰的地区馆建筑表面,传递着二十四节气的人文地理信息。

濒临失传"三斩斧"(图6.11),平均每1厘米宽度要斩7刀。

看似简洁的中国馆台阶蕴藏无数奥妙,其共有76级踏步,质量、工艺堪比人民大会堂的大台阶。同时重拾濒临失传的民间绝艺"三斩斧",一块1米见方的石头上,斩斧要达上万刀,整个中国馆大台阶加起来达5 400多万刀。中国馆大台阶全部采用花岗石"华夏灰"制作而成,呈现出黑白相间的视觉效果。

图6.10 叠篆文字

图6.11 三斩斧

# 6.5 会展奖励旅游

## 6.5.1 会奖旅游的概念与内涵

### 1)会奖旅游的概念

会奖旅游,即会展及奖励旅游,包括四个组成部分:会议(Meeting)、奖励旅游(Incentive)、大会(Convention)、展览(Exhibition),国际上简称为MICE。其中,会议、大会和展览旅游是指利用举行各种会议、大会和展览活动的机会所开展的特殊旅游活动;奖励旅游则是公司为了激励成绩优秀的员工、经销商或代理商而专门组织的旅游活动。

会奖旅游以其消费水平高、活动内容丰富、利润相对较高、服务商的专业度、业务操作能力和资源整合能力要求高等特点被认为是高端旅游市场中含金量最高的部分,是旅游业的"金矿"。这主要是因为:第一,消费水平高,旅游者一般是各行业的领袖和精英人士,收入高,有很强的购买能力;第二,价格敏感度低,由于费用往往是由公司或其他机构支付,旅游者对旅游产品价格不敏感,而是更重视旅游服务的品质;第三,团队规模大,作为一次性的消费整体,会奖旅游的团队规模要远远超过其他旅游形式;第四,逗留时间长,旅游者既要参加会议等商(公)务活动,又要进行观光游览等消遣活动,因而在旅游目的地的停留时间相对较长。

### 2)会奖旅游的类型

会议旅游的类型往往取决于相关会议的类型,会议旅游按会议规模、形式分类,大致有以下几种：

（1）大会会议旅游

在会议中最常用的英语单词是 Convention，即"大会"的意思。这是一种就特殊事件采取行动的代表会议，这些事件可以是政治的、贸易的或科学技术的。大会通常由一般性的大会和补充性的小型会议组成：一般性大会，通常需要一个可供全体成员出席的大礼堂或多功能厅；特殊的问题则由小组在一些分隔开的小厅或小会议室讨论。大会有重复性的周期，最通常的是一年一次。较为常见的开会目的有报告市场情况，介绍新产品和描述公司发展战略等。与此类大会相关的旅游即为大会会议旅游。

（2）论坛会议旅游

这种一般被专题讲演者或专门小组成员主持并以有许多反复深入的讨论为特征的会议，通常被称为"论坛"。它可以有许多听众参与，并由专门小组成员和听众就问题的各方面发表意见和看法，两个或多个讲演者可能持相反的立场对听众发表讲演，而不是互相讲给对方听。主持人主持论坛并总结双方观点，允许听众提问。由论坛而带动的旅游称为论坛会议旅游。

（3）研讨会会议旅游

研讨会形式通常有许多活动，出席者有许多平等交换意见的机会，知识和经验被大家分享。研讨会通常是在主持人的主持下进行的。这种会议形式一般在相对小的范围内进行，与此相关的旅游称为研讨会会议旅游。

（4）讲座会议旅游

讲座会议较正式，有组织，常由一名专家进行个别讲演。讲座之后可以有，也可以没有观众的自由提问。讲座的规模大小不一，由此带动的相关旅游称为讲座会议旅游。

（5）讨论会、协商会会议旅游

讨论会、协商会用英语表达即 Conference。这种会议近似于大会，通常处理特殊性的问题或者一些发展方面的问题，涉及较多的讨论和参与性活动。Conference 这个词经常用在科学技术领域内，会议的出席人数可多可少，与此相关的旅游称为讨论会、协商会会议旅游。

（6）实习班、实验班会议旅游

实习班、实验班仅指处理专门问题或特殊分配任务的一般性的小组会议。参加者互相学习，分享新的知识、技能和对问题的看法。实习班会议是以面对面商讨和参与性强为特征的一种会议，与此相关的旅游称为实习班、实验班会议旅游。

3）会奖旅游的功能

会奖旅游档次高，利润丰厚，市场潜力大，经济效益显著，越来越多的旅游目的地和旅游企业加入到这一市场的竞争中来。会奖旅游的功能体现在以下几个方面：

（1）提升就业机会和消费水平

国外相关统计指出，会议旅客的消费是一般观光客的 2～3 倍，如中国香港每年的会展人均消费额为度假消费的 3 倍;去新加坡的游客一般只逗留 3.7 天、消费 710 新元,而会议客人则逗留 7.7 天,消费达 1 700 新元。因此,会议旅游,尤其是国际性的会议旅游能够带动相关产业的发展,促进就业和消费。

一位世界会展业巨头如此评说国际会议的重要性:"如果在一个城市开一次国际会议,就好比有一架飞机在城市上空撒钱。"举行国际会议还可增加就业机会,据统计,全球举行国际会议最多的欧洲,每增加 20 位出席会议代表就可创造一个全职的就业机会。

(2)会议旅游促进知识更新

会议参与者在会中所发表的观点,通常是该行业最先进的知识,这给人们提供了获取信息、知识和财富的良好途径,为提升专业知识打下基础,促进了学术、科技、文化以及产业的交流。

(3)提高旅游目的地的知名度

会议旅游产生的非经济效益往往高于经济效益,还能提高旅游目的地的知名度。会议,特别是国际会议是最大、最有特色、最有意义的城市广告,它能够向与会人员展示城市风采,提升城市形象,提高城市在国内外的知名度和美誉度。如法国首都巴黎,由于平均每年承办 400 多个国际大型会议,因此享有"国际会议之都"的美誉。

【拓展阅读】
### 海南"会展+旅游"引领产业大发展

2017 年 12 月 27 日,第八届中国国际会议产业周(冬季)峰会公布了《2016 年中国会议指数报告》。报告是通过调查、统计全国 6 000 个流动会议数据,对全国会议目的地城市进行的精准排名,是一本极具专业性、权威性的业界教科书。其中海南省在会展旅游行业的高速发展也使得它的排名遥遥领先。

今年以来,海南紧紧围绕"三年成形,五年成势"目标,全力推动会展业发展,会展业各项指标保持较快增长。今年前三季度会展业收入 119.1 亿元,同比增长 13.8%;实现税收 7 483.91 万元,增长 157.4%。海南会展业,也呈现出办会数量多、市场主体成长快、会展品牌影响力逐步提升、会展与旅游结合愈发紧密等特点,会展经济已成为带动区域经济发展和旅游产业发展的新增长点。

海南省会展局副局长李学锋表示,博鳌亚洲论坛是中国会展的金字招牌,也是海南省的金字招牌。此外,海南省还成功地举办过澜湄国家领导人会晤、中非国际论坛等国际型会议。海南省接下来将积极融入国际会展营销网络,对接国际一流的协会和企业资源,力图引进高端会议。

按照"以会促展以展促旅"的原则,海南的各项会展活动越来越注重内容的创新。如2017 年海南世界休闲旅游博览会、三亚目的地婚礼博览会、2017 年海南国际咖啡大会等。而随着海南酒店等基础设施的不断完善,海南的会展也从三亚、海口、博鳌开始逐渐向澄迈、陵水等地扩展,形成全岛开花的态势。

李学锋还表示,政府搭台,企业唱戏,海南丰富的旅游资源和灵活多样、可根据需求进行排列组合的旅游产品也为海南的"会展+旅游"增添了强大的竞争力。

## 6.5.2　会奖旅游的相关服务项目

会奖旅游的参与者一般都是各行业的领袖和精英,收入高且有很强的购买能力,对价格敏感度低,更重视旅游服务的品质。高端旅游的价值主要体现在特色体验和服务上。具体的服务项目包括:

### 1)住宿服务

会展住宿服务是会展旅游过程管理的重要一环,因为它对会展旅游来说是不可或缺的。对于有大量住宿需求的会展活动,应集中精力安排会展举办地点附近的酒店,且利用采购数量的优势,向酒店要求较低的折扣,这样有利于吸引更多自费且对价格敏感的参会者或参展观众。对于规模不是很大的会展活动,主办方可以安排在会议举办地点的酒店或展览配套的酒店进行,这样参会/展代表就不需要往返于不同地点,住宿安排也相对简单。

（1）住宿需求的调查统计

会展旅游住宿的安排要充分考虑到客户的住宿需求,在住宿之前首先要对需求情况做全面的统计,统计内容包括:

①需要住宿的客人总人数。

②每位客人对住宿标准的要求,如标准间、单人间、双人间或者套间,或者其他特殊要求,如海景房、连通房等。对重要客人的需求一定要给予足够的重视,包括 VIP,如政府人士、新闻媒体、社会名流等。CIP（Commercially Important Person）,主要指大公司、大企业的高级行政人员。SPATT（Special Attention Guests）,主要指需要特别照顾的老、弱、病、残客人及孕妇等。

③具体住宿价格的承受范围。主办方要随时留意酒店价格的变动,积极利用酒店的折扣策略、常客计划等将采购成本降至最低。

④了解客人的到离时间及付费方式,尤其注意提前到达或延迟离开的情况,不能只安排统一的到离时间,做到个性化服务;付费的方式可用现金、信用卡、微信等形式。

（2）选择住宿酒店的标准

酒店的选择关乎到会展旅游活动的成败。高端的会展旅游活动,如奖励旅游,主办机构需派人亲自考察酒店的管理水平和服务质量以及相关的旅游线路、配套服务。

①酒店的等级与档次。选择酒店时应优先选择已经参加星级评定并获得较高星级的酒店（如四星级、五星级）或社会评价非常高的酒店。

②住宿质量。酒店的房间数量是否充裕,是否具有各种类型的客房;客房设施是否完善,质量是否可靠;康乐服务及相关配套服务质量如何等。

③地理位置及交通条件。商业饭店之父斯塔特勒说过:"第一是地点,第二是地点,第三还是地点。"会展旅游则需要结合具体的活动来选择,或是选择在繁华市区或是著名景区,并且停车较方便。

④设备齐全,质量可靠。对于会展旅游来说,满足客人商务需求非常重要,除了设备

齐全、客房档次高、服务理念强外,酒店还应具备标准完善的多功能会议室,以备客人举办新闻发布会、小型展览的需求。

(3)住宿安排的原则

①严格按照公司合同及客人订房要求安排房间。

②针对性原则,根据客人的身份、地位等特点进行有针对性的排房。如VIP,一般安排较好的或者豪华房间的客房,要求有极好的安全保卫、设备保养、环境等。

③同一团队客人:尽可能安排在同一楼层、同一标准的房间,并且尽量是双人房,以利于导游(领队、会务组人员)的联络及酒店管理。

④新婚夫妇:应安排较安静的带大床的房间,房间布置最好喜庆,并注意有无送餐服务的要求。

⑤对老年人、伤残人或行动不便者:可安排在较低楼层、近服务台或电梯口的房间,以方便服务员的照顾。

⑥家人或亲朋好友一起住店的客人:一般安排在楼层侧翼的连通房或相邻房。

⑦特殊性原则,即要根据客人的生活习惯、宗教信仰以及民俗不同来排房。最好是将这些客人的房间拉开距离或分楼层安排。如中国:避免"4";日本:避免"4,9";新加坡、马来西亚、泰国:避免"4,13";欧美国家:避免"13";注意查看客史档案中所记载的客人特殊喜好,比如客人的"幸运数字"。

⑧在淡季,可封闭一些楼层,而集中使用几个楼层的房间,可从底层至高层排房,以节约能耗、劳力,便于集中维护、保养一些客房。

2)餐饮服务

(1)会展旅游餐饮主题策划

餐饮主题营销活动是加强顾客体验,促进餐饮销售的重要手段。在安排餐饮服务时,要精心策划餐饮的主题。主题节目可以很简单,只有一个乐队表演或尽心安排特别节目。如果预算允许,可以特别设计,通常以当地特色文化做主题。主题策划可由酒店承办也可寻求外包,如节目、背景、特殊家具、灯光、视听设备,什么时候会来布置、舞台放在哪里、什么时候拆除,都要详细告知酒店餐饮部。

主题活动的位置选取特别重要,避免拥挤在入口,餐饮部分也要画一份平面图,显示每个位置需要多少空间。以主题来设计通知、邀请函和指示牌。

(2)会展旅游饮食安排要点

①准备工作。统计参加会展旅游的人数;了解参加会展旅游人员的基本情况;研究旅游目的地及当地餐饮情况。

②制订饮食工作方案。饮食工作方案的内容主要包括:就餐标准、时间、地点、形式;就餐人员组合方式;就餐凭证;保证措施等。

③预订餐厅。选择餐厅要考虑的因素有:符合国家规定的饭馆(餐厅)卫生标准,餐饮卫生是第一位的;地理位置要有合理的布局,可使旅游团队节约用餐的时间;餐厅的停车位数量合理,方便程度高;洗手间卫生情况比较好,以确保旅游者有舒适的环境;餐厅

的餐饮质量、餐饮口味要符合旅游者的需求。社会餐馆的当地风味餐要体现地方特色；餐厅与旅行社的结算方式、时间、款数要明确；餐厅与旅行社的配合度以及处理突发事件的条款要明确；餐厅与景点的距离、价格要合理。

④统计就餐人数。根据会展旅游活动的签到情况，分组统计，最后汇总。

⑤商定菜谱。要考虑的因素有：经费预算、营养科学、宗教信仰、饮食习惯、地方特色风味。

⑥餐前检查。围绕质量、份数、卫生状况等进行。

⑦餐厅布置。因为是团体用餐，可以摆在一个独立的餐厅，或者有所分隔地集中在餐厅的里侧一角；餐桌事先应根据人数布置好，桌上摆上团体名称卡。餐桌摆台应考虑到中西文化的差异。

（3）用餐服务

因为会展旅游客人多数属于团队形式，所以酒店、餐厅在提供餐饮服务时，多数提供团体用餐的服务流程，大致包括以下环节：

①客人进入餐厅，礼貌地向客人问好，问清团体名称，核对人数，迅速地引领客人到准备好的餐桌入座，要避免让大批客人围在餐厅门口，影响其他客人。

②到达该团队的餐桌后，要热情招呼客人入座，为年老和行动不便的客人拉椅让座。

③准备茶水，迅速给客人斟茶。

④将厨师精心烹饪的菜肴按桌端上，积极向客人介绍当地的特色菜肴，增添愉快气氛，解除旅游疲劳。

⑤为客人分菜、分汤。

⑥征求客人对菜肴的意见，收集客人的特殊要求，以便迅速请示落实。

⑦根据需要为客人换骨碟，添酒水、饮料。

⑧客人用餐完毕后，斟上热茶。

⑨客人离座时，应为年老和行动不便的客人拉椅、扶持。

⑩引领员在餐厅门口恭送客人。

3）旅游服务

根据客户需求和主办方经验，一系列高含金量的会展旅游目的地成为会展主办方追逐的热点。如国内最成熟的会展旅游地是海南三亚和最受欢迎的浙江杭州，泰国普吉岛展现了东南亚风情，新加坡体现的是现代感气息的会展旅游地，南非体现的是既野性又现代的旅游地。会展旅游属于商务旅游的一种，是一种档次较高的旅游，因此在导游服务环节，应认真挑选素质高、责任心强、经验丰富并拥有导游资格证的导游，这样才能最大程度地保证旅游过程中的服务质量。

①导游人员要具有强烈的爱国主义意识，在为旅游者提供热情有效服务的同时，要注意维护国家利益和民族尊严。

②法规意识和职业道德。遵纪守法、遵守社会公德、尽职敬业，不断检查和改进自己的工作，努力提高服务水平，并努力维护旅游者的合法权益，对旅游者所提出的计划外合

理要求,经主管部门同意,在条件允许的情况下尽力予以满足。

③较强的组织、协调、应变能力,语言准确、生动、形象、富有表达力,同时注意礼貌用语的使用。

④广泛的基本知识,尤其是政治、经济、历史、地理、国情、风土习俗等方面的知识。

⑤得体的仪容仪表。穿整洁的工作服或指定的服装,举止大方、端庄、稳重,表情自然、诚恳、和蔼,努力克服不合礼仪的生活习惯。

#### 4)购物服务

旅游购物行为往往是旅游者个人行为,会展旅游组织者不便统一组织和安排。但是,为满足旅游中不可缺少的一个环节,会展旅游组织者应在会展旅游过程中通过各种媒介提供各种购物信息或购物指南,特别是提供具有地方特色的旅游商品信息。会展旅游商品的类型主要有:

(1)会展旅游纪念品

会展旅游纪念品通常是围绕会展活动主题而开发的具有地域文化特色、纪念性的物品。旅游者在会展旅游活动过程中,通过购买旅游纪念品不仅能强化旅游体验,还能给家人、同事、朋友送点礼物以表心意,这是一个非常巨大的市场。会展旅游服务提供商也可以通过提供该类服务扩大利润来源。

①旅游景点型。它是以文物古迹、自然风光为题材,为特定旅游景点开发制作的,古文物复制、仿制品等属于这类纪念品,如兵马俑复制仿制品、彩陶复制品、苏州仿古碑帖字画等。此外,介绍风土人情、景点特色、历史沿革、名人诗文、土特产品的专著、游记等书刊、导游图、风光图片、风情画册、书签、明信片等也属于这一类型。

②名优特产品。这类产品种类很多,可分为工艺品、土特产品、旅游食品等。

③名牌产品。指在一国或世界上被消费者普遍认可的商品,它们已成为一个国家或一座城市非常有代表性的商品。如法国的化妆品、日本的电子产品、中国的茶叶、韩国的人参等。这类产品在当地购买具有产地优势、价格优势。

(2)会展旅游实用品

会展旅游实用品是指旅游者在会展旅游活动过程中为达到旅游目的所需要使用的商品。主要包括:旅行车、旅行箱包、旅游鞋帽、登山器械、滑雪(冰)器械、游艇、手杖、太阳镜、摄影摄像机、防寒暑用品、美容护肤品及常备急救药品、帐篷等。

(3)会展旅游消耗品

会展旅游消耗品是指在会展旅游过程中所消耗的商品,主要有食品、饮料以及盥洗用品、日常生活必需品、当地特色风味小吃等。

#### 5)交通服务

在会展旅游中,由于旅游者的消费水平较高,对交通的舒适性和满意度要求也比较高。交通方式多样,主要包括:飞机、火车、客车、船等。

（1）飞机

与其他交通工具相比，航空交通具有快捷、舒适、安全的特性，尤其是在长距离旅游、国际旅游中占据主导地位。旅游包机是旅行社因无法满足旅游者乘坐正常航班抵达目的地的要求而采取的一种弥补措施。这种情况多发生在旅游旺季的旅游热点地区或正常航班较少的地区，一些高档旅游如奖励旅游也可能使用旅游包机服务。一架奖励旅游的包机上印上醒目的企业标志，人们首先关注的将会是举办奖励旅游的这家企业，这是企业展现自身实力、宣传企业形象的大好时机。

（2）火车

火车具有价格便宜，沿途又可饱览风光的特点，特别在包价产品中具有竞争力。近年来，随着我国高速铁路的普及，国内多数旅游者仍选择火车作为首选出游交通工具。旅行社向铁路部门采购，主要是做好票务工作。出票率、保障率是衡量铁路服务采购的重要指标。

（3）客车

在接到旅游用车计划后应根据旅游者的人数及收费标准向提供公路交通服务的汽车公司提出用车要求，并通报旅游活动日程，以使汽车公司在车型、驾驶员配备等方面做好准备。旅游用车主要用于市内游览及短途旅行。为避免差错，提前 2～3 天再次与汽车公司总调度室联系，核实团队计划与人数以及车辆落实情况，并将所用车型、驾驶员姓名、联系方式通报会展旅游组织部门交通组等相关部门。

（4）船

在办理水运交通票务时，应根据旅游计划和要求，向轮船公司等水运交通部门预订船票，并在规定日期内将填好的船票订单送交船票预订处。票务人员在取票时应逐项核对船票日期、离港时间、航次、航向、乘客名单、船票数量及船票金额等内容。购票后，如因旅行计划变更造成人数增减，甚至旅行取消等情况，票务人员应及时办理增购或退票手续，保证旅游者能按计划乘船，同时减少经济损失。

# 案例举要

## 一个世界级的展会展示的是什么？又能给我们带来些什么？

走进第 28 届世界遗产大会主会场——苏州规划展示馆，迎面是一块醒目的蓝色指示牌，指示牌上用中、英、法三种文字写着"祈祷室"字样。根据指示牌的指引，很快就可以找到专为与会的穆斯林代表做礼拜而设的祈祷室。

祈祷室西面墙上挂着一幅绘有麦加大清真寺中心圣殿——克尔白天房的彩色挂毯，地上铺着长方形的单人礼拜垫。

尽管整个会场略显喧闹，位于走廊尽头的祈祷室却独享清静。祈祷室占据了整个会场最靠西的房间,因为伊斯兰教圣地麦加位于中国的西方,麦加是全世界穆斯林一天五次朝拜的方向。

本届苏州的世界遗产大会以人为本的运作方式不仅值得其他城市运作会展项目学习和借鉴,相信在这样的环境举办会展也更容易赢得外商的青睐和更好的国际声誉,因此而受惠的绝不仅仅是苏州一个城市。

评析:

很多会展项目在操作的时候首先想到的是举办的形式、地点、参展商的范围、传播的媒体、邀请的嘉宾等,这的确是会展的主体。然而,反映会展项目运作的水平高低,有时候不是取决于热烈的场面和大力的宣传,而是体现在主办者独具匠心的人文关怀和细致入微的服务中,小到展会现场的导向标识、卫生间和磁卡电话,大到折射出一个地区、一个城市甚至是一个国家的文明和开放程度。

中国现在已经是WTO成员国,我们将以更国际化的身份参与到国际事务中,也有更多的国际商务活动在中国举行,尤其是面向欧美发达国家,我们采取了更多的合作态度。但是,当这些欧美人士来到中国的时候,我们的城市和政府有没有想到过,这些人当中大多数都是虔诚的基督徒,有强烈的宗教信仰,你有没有给这些人准备好一个哪怕很小的教堂呢? 以北京和上海为例:根据2018年统计数据,北京有1.9亿人次外来游客,其中商务文化类游客达到5 968万人次,而海外游客达到了400万人次,但是我们了解到,在整个北京市基督教教堂不超过20座,连满足北京本地的需要都勉强;而在上海,天主教和新教教堂就超过300座,从这方面来说,上海的开放程度比北京要高。

一个会展的周期有时候前后需要一周的时间,除了具备良好的自然环境和经济环境,作为一种社会属性很强,人群高度聚集的活动,良好的人文环境和设施也体现出我们对于他们信仰的尊重与关怀,同时我们也会赢得他们的尊重和更友好的合作,在这一点其实是不分国外还是国内的。

# 思考与练习

1. 会展服务类型有哪些? 会展服务的原则是什么?

2. 以一实例分析会展活动策划方案的制订。

3. 会议服务的主要内容有哪些?

4. 展览服务的主要内容有哪些?

5. 会展场地的选择与布置要注意哪些要素?

6. 什么是会奖旅游?

# 第 7 章
## 会展服务心理

[学习目标]

- 学会从认知、情感和行为等不同角度实施良好的会展服务
- 掌握会展服务语言的表达技巧
- 了解服务技术的心理功能,掌握在会展中接近消费者、巧妙提问、展示产品、促成交易等会展服务技能
- 掌握会展消费者的心理发展过程,以便抓住时机,提供个性化的服务

[关键概念]

态度　语言　技术　时机　个性服务

# 7.1 服务态度

## 7.1.1 服务态度的心理功能

一般来说,会展服务的流程分为四步:第一步,对参观者显示出积极、友善的态度;第二步,辨识会展观众的需求;第三步,满足观众的需求;第四步,设法让会展观众成为忠实顾客。在这四个步骤中,积极、友善的服务态度是第一步,也是压倒一切的因素。

在展会现场有时会出现这样的情景:展位的工作人员看上去疲惫不堪,对他人毫无兴趣,只专注于自己手上的活儿或是压根对参观者不理不睬。如果你是参观者,对这样的工作人员和他们代表的公司会产生何种印象呢? 必然是消极的印象。作为一名会展工作人员,应该向人们传递一种积极的信息,使人们认识到,你和你的公司正是他们所期待的专业人士和专业合作对象。从参观者看到你的第一眼开始,你的态度就已经通过你的着装、眼神、表情和动作等各种细节传递给了参观者。要知道,在与观众正式开展谈话之前,融洽关系建立的进程就已经开始了。

心理学把态度定义为"个体对人对事所持有的评价系统和行为倾向"。态度具有认知、情感和意向三个基本成分。认知成分是指个体对人对事所具有的知觉、理解、信念和评价;情感成分是指个体对人对事的一种情绪体验;意向成分是指个体对人对事的一种反应倾向,即行为的准备状态。心理学研究表明,态度中的三个成分是协调一致的。会展工作人员良好的服务态度,同样也建立在这三个基本要素的基础之上——对自身工作岗位和工作内容的充分认知;对自身情绪的调节和控制;时刻为观众提供所需服务的准备状态。

那么,服务态度是通过什么途径传达给观众的呢? 又是怎样发挥心理功效的呢?

1)外表显示一个人的态度

一个人的外表看起来是不是显得职业化,是不是可以信赖,是他人对其服务态度的首要印象。你的头发是否保持了合适的长度和清洁度? 发型是否合适? 身上的服饰是否得体,有没有穿着奇装异服? 指甲是否保持干净,是不是留得太长? 皮鞋是否擦亮……你还没有开口,这些外表信息已经把你的态度传达给了观众。

2)体态语言表达态度

据统计,人的沟通过程中有一半以上的信息可以用肢体语言来传递,合理地运用肢体语言,能使我们的表达更加形象生动,沟通效果更好。作为会展工作人员,你是否做到了抬头挺胸? 是否能够保持面部肌肉放松? 是否保持了自然的微笑? 与观众目光接触的时候是否感到自在放松?

3）说话语气传递态度信息

相同的语言用不同的语气表达出来，结果可能完全不同。一般来说，过于尖锐的语气会让对方产生紧张感，有气无力的语气则会让客户质疑你的工作能力；过于严肃的语气会让现场的气氛变得压抑，而过于随便的语气则会显得对对方不尊重；过快的语速会使话语变得含糊不清，而过慢的语速则容易让人产生不耐烦的感觉。

4）保持精神饱满

展区服务是一项非常辛苦的工作，甚至比体力劳动更累，因为这是一项"情感劳动"，更消耗人的体力和精神。一位优秀的会展服务人员从早到晚为观众提供优质服务，难免会产生疲劳感，当体力与精神耗尽时就会出现"接待过度综合征"。因此，会展服务人员平时要注意休息，做到劳逸结合，学会调整自己，绝不能把疲惫的情绪带到工作中来，要做到在工作中随时保持精神饱满，让观众看到你的时候，能够感受到你的勃勃生机。

### 7.1.2　确立良好的服务态度

在会展过程中，积极、热情的态度是实施良好服务的关键。那么，如何才能在会展服务过程中保持热情，并让参观者从你的热情中感受到你为他提供帮助的诚意呢？

1）从认知的角度

（1）会展服务人员要有"主人翁"意识

所谓企业的主人就是不管老板在不在，主管在不在，不管遇到什么样的难题，你都愿意全力以赴，愿意为客户服务，愿意帮助企业去创造更多的财富，这就是做主人的态度。

（2）要有对事业的热忱

这是服务人员要具备的基本工作态度，也是一个服务人员应具备的重要特质。如果一个服务人员不热爱自己的工作，不积极主动，没有责任心，他是不可能对顾客尽职尽责的。

（3）要有对待具体事情的意愿和决心

会展服务工作中，不是所有的问题都能在事先预料到，遇到难题就打退堂鼓，这会使客户的问题得不到解决，失去客户对你的信任。很多人会为自己的失误找借口：我太年轻了，所以我无法控制好我的情绪；我是女性，所以我无法承受客户当面的严厉投诉；我学历高，服务工作对我来说有些伤害我的自尊……这些借口或许都是事实，但会使你工作的努力程度大打折扣。

（4）要有自我负责的精神

不要认为努力解决客户的问题只是在帮助对方。在解决问题的过程中，会展服务人员自身也得到了成长，积累了经验，得到了信任，增强了自信。

### 2) 从情感的角度

要确立良好的服务态度,还要学会控制自己的工作情绪。有的人总是背着"情绪包袱"开始一天的工作,他们总是把周围环境中每件美中不足的事情都放在心上,被消极念头捆住了手脚,总想着没有解决的问题和不顺心的事情,并且挂在嘴上,写在脸上。在这样一种精神状态下工作,不难想象,犯错误的概率肯定比心态平和时要高,对待客户的态度肯定比心态平和时要差。工作中屡屡犯错,导致许多新的不顺又在后边等着他。如此,便背着一个"情绪包袱"进入一个恶性循环的怪圈。

良好的心态对任何工作都很重要,尤其是对服务人员。因为会展服务人员遇到的客户千差万别,如果能够培养一种平和地处理自身情绪高潮和低谷的能力,能够以良好的心态来处理突发事件,应对不同的客户,将有利于保持工作的热情,从而保持或提升企业和产品的形象和声誉。作为会展服务人员,要在平时训练自控、忍让的精神,还要事先多做几种假设,多准备几个解决问题的方案,遇到问题才能有备无患。

不要把情绪带到会展服务工作中,尽量以明朗的心情去工作。要相信自己完全有能力使自己在工作中保持愉快的心情。这不仅是对工作负责,也是对自己负责的态度。

### 3) 从行为的角度

(1) 通晓你的产品与服务

在展出之前对你所销售的产品或服务做一个全面的了解,充分掌握其特性。

(2) 诚实

如果你不知道客户所提问题的答案,就不要任意编造。不要试图去反驳或误导你的潜在买家,而应该承诺尽快找出答案,并在会展过后立即为之解答。

(3) 了解展位

在会展开始之前花点时间尽可能多地了解你的展位。清楚东西都放在哪里,演示系统是如何工作的,以及在必要的时候该如何安排会展服务等。

(4) 了解展览

要能够帮助你的潜在客户找到洗手间、会客室、出口以及餐厅等设施的正确位置。

(5) 穿着得体

仔细挑选适合该场合的服装。你的外表应该与会展、观众、地点相匹配,而这也将在一定程度上反映你的职业素养。

(6) 保持自信

你的自信源于充分的准备。

(7) 保持展位的整洁与吸引力

当人流从展位前鱼贯而过时,你需要使你的展位保持足够而持续的吸引力,要让它看上去总是像刚开展那样整洁宜人。

（8）公平对待每一位观众

每位观众都理应受到同样的尊敬，不要根据第一印象将观众分成三六九等。如果你能以同样的态度来对待每一位客户，必然会获得意外的良好回报。

行为举止会对你的参观者造成极大的影响。有研究表明，在人们对你形成的印象中，只有7%是来源于你所说的话，而剩下的印象来源于你的表达方式——你说话的语气、声调以及节奏——这些占据了印象的38%，还有非语言的举止——你的体态、手势以及眼神的交流等——这部分占了55%。由此看来，参观者对你印象的93%都源于非语言的基础之上，因而一定要注意言谈举止间所传递的信息。

我们通常都愿意与自己喜欢的人达成交易，愿意信任他们，与之交往时也不会感到拘束。在任何地点或商务往来中，建立和谐的关系都是一种十分重要的技能。在会展现场，你必须能够迅速地建立起一种友好而轻松的气氛，这样可以让接下来的交谈更为愉快而富有成效。

# 7.2　服务语言

## 7.2.1　服务语言的心理功能

会展服务离不开交流，而交流最常见、最重要的手段和工具就是服务语言。语言是传递信息的载体，其表达方式多种多样，有口头语言、书面语言，有有声语言、无声语言，还有体态语言等。会展服务的成功，与服务人员能否充分恰当地使用语言这种沟通符号密切相关。人类的语言极其丰富而深刻，语言使用得当能产生吸引人、感染人的独特魅力，会给参展观众留下深刻而美好的印象。

会展服务语言的心理功能主要表现在以下几个方面：

第一，服务语言能满足人们对会展的知晓欲、沟通欲。会展观众通常都希望在较短的时间内从服务人员那里得到企业或产品的信息，满足知晓的欲望，得到一种参与感、满足感。

第二，通过服务语言的合理使用，给人以诚挚感，有利于双方的进一步交流。会展服务人员与会展观众接触时往往没有任何彼此信任的背景，大多是初次见面，语言稍有不妥，就会使对方的心理屏障加强。而诚挚、委婉的语言则可以给人以信赖感，迅速赢得会展观众的信任，达到良好沟通的目的。

第三，合理运用服务语言可以给人以幽默感，使双方心情愉悦。语言的幽默往往可以调节交往气氛，避免尴尬，从而使会展观众在轻松愉快的气氛中获取信息，达到双方良好沟通与合作的目的。

第四，会展服务中的"非语言"也具有无穷的魅力。在会展场合，有时非语言行为比语言行为更具效力。心理学家提出的公式：沟通效力＝38%的语调＋55%的表情＋7%的语言。这一公式充分说明了语调、表情等非语言成分在人们交往中的作用。语调、音质、音符以及语言中停顿、速度快慢等都能强化信息的语义功能。就拿"谢谢"这个词来说,以感动的口气说出,可以表示真诚的谢意,而冷冷地、缓慢地吐出则表示轻蔑或不耐烦。手势、面部表情和身体姿态等在交往中发挥的作用更大。如动态的皱眉、微笑、抚摸,或静态的站立、倚靠、坐姿以及发型、饰品等附加物,都能达到"此时无声胜有声"的效果。

### 7.2.2 提高服务语言的表达技巧

会展服务工作的对象来自四面八方,服务人员与其交流都要以语言为媒介。提高服务语言的表达技巧是会展服务人员的基本功。

1)语言沟通

(1)清楚明确

参观者要求得到明确的信息、肯定的回答、确切的知识,而不愿听含糊不清、模棱两可的话。为了使语言清楚明确,会展服务人员应注意:

①语音、语调、语法及用词造句的准确性。

a.语音。声音应适中,避免过高或过低。声音太高会使听者感到刺耳;声音太低,观众又听不清楚。会展服务人员应尽量把普通话讲得标准些,要适当放慢速度,吐字清晰、准确。

b.语调。要善于运用语调变化。语调平平,听起来就缺乏生气。观众如果连续听到同一种声调,会很不舒服。要有高潮低潮,高潮时,音色明亮、圆润;低潮时,音色深沉、平稳。语调抑扬顿挫的变化能使语言具有音乐般的节奏感。

会展服务人员使用的语调,最好是不高不低,具有亲和性,并适当以情发声,以声带情,做到声情并茂而无矫揉造作之感。

c.语法。有些方言的语法与普通话的语法不同,服务过程中要注意避免语法错误。

d.用词造句。要准确把握词语的准确含义,要注意使用准确、肯定的言辞,赢得会展观众的信任。

②语言的正确性。要正确使用敬语、谦语、成语、谚语、名言等,了解这些语言的正确意义、使用场合,还要注意适合自己的身份。

③讲话内容要有根据。讲话的内容不能胡编乱造、信口开河。会展服务中,诚实是基本的原则。

④方言的影响。一般人在讲普通话或外语时都难免带有一点家乡的口音,普通话讲不好的人,还会不小心使用方言词语。作为会展服务人员,在工作中每天都与外地人打交道,每天都要说普通话,平时应该注意多加训练,学会用普通话正确表达自己的意思。

⑤控制语速。如果讲话时始终用一种速度,就会显得缺乏感情色彩,使人乏味。语速太快,会展观众注意力高度集中,时间一长容易疲劳;语速太慢,会失去流利舒畅的美感,还会使人产生不耐烦的情绪。一般来说,会展讲解的语速应控制在每分钟200个字左右。语速的基本规则是:当需要特别强调、引起会展观众注意时;当讲述严肃的事,

容易引起误解的事，以及数字、人名、地名时；还有对老年观众讲话时；对使用不同母语的人讲话时，都需要放慢语速。讲述众所周知的事、不太重要的事时，应适当加快语速。

（2）谦逊得体

会展服务人员在工作中与客户打交道，所使用的语言应符合服务角色的要求，即使是职位较高的从业人员，对客户说话时，也不能居高临下，而应站在服务的角度，以谦逊得体的语言与客户交流。应当做到：

①牢记"客户总是对的"。这并不意味着客户在事实上永远正确，而是表现了会展服务人员的内心追求和服务理念。

②不要夸夸其谈。会展服务人员与客户交流时不能夸夸其谈，有时候还要以倾听为主，辅之以点头、微笑、眼神示意等。

③淡然对待会展观众的赞扬。观众夸奖时，应说"这是我应该做的"。

④不卑不亢。谦逊并不意味着低声下气，放弃原则。要做到既尊重对方，又不贬损自己，显示较高的个人修养。

⑤用词要准确、得体。称呼语、问候语、应答语、欢送语等，要因时、因地、因事灵活运用。若是一般的客户，不要一见面就说"久仰久仰"，那会使人觉得很虚伪。

⑥注意语气、语调、语感的变化。语气要热情亲切、充满诚意，语调要高低适中、自然柔和，语感要生动清晰。

（3）风趣幽默

运用幽默语言要具备以下素质：

①热情开朗的性格。有幽默感的人大多是性格热情开朗的人，抱着乐观的态度去对待困难。

②反应敏捷的头脑。幽默语言，常常是在一些事件临时发生时脱口而出的。

③渊博的知识。只有语言修养高，文化知识丰富，对古今中外、历史典故、风土人情等都有一定的了解，说起话来才能出口成章、生动活泼、富有趣味。有一定知识量的人不一定有幽默感，而有幽默感的人肯定有一定的知识量。

值得注意的是，幽默语言若运用得好，会妙趣横生，令气氛轻松愉快；若运用不当，就会降低幽默艺术的功效，甚至会产生副作用。在运用幽默语言时，应注意：不要取笑别人，尤其是对有生理缺陷的客户，更要注意避免触及敏感话题；注意适合时宜。要注意根据时间、地点、对象等具体情况来决定是否需要幽默及说什么品位的幽默语。一般来说，参展观众心情不佳、情绪低落或大发脾气时，不宜幽默；不要预先交底，应像相声演员那样，装出一本正经的样子，不能一边讲一边笑，否则会显得很没有幽默感；不要重复说过的幽默语言或动作，那样会使顾客感到索然无味；绝对不能讲黄色笑话。

（4）驾驭语言

会展服务人员应具有驾驭语言的能力，讲话要有吸引力并能够控制谈话局面。

①掌握会展观众心理。会展服务人员应了解会展观众的心态，知道他们想听哪些内容，然后有的放矢地讲述他们感兴趣的内容。

②掌握回答问题的技巧。会展服务人员经常回答各种问题，如果不掌握回答问题的

技巧,就很难把握工作的主动权。例如,在讲解过程中,常会遇到客户提问与讲解内容无关或关系不大的问题,缺乏经验的工作人员往往对提问不加选择地详细回答,结果使自己的讲解支离破碎,毫无系统性,被观众牵着鼻子走。经验丰富的工作人员则能很好地处理这个问题。他们总是按照自己的计划顺利地讲解下去,使自己的思路不被打断,同时又不得罪观众,从容地驾驭与观众交流的局面。

③掌握说话的技巧。会展服务人员应设法使自己的讲话生动有趣,娓娓动听。

(5)耐心倾听

会展服务业人员与参展观众交流时,还要善于倾听,耐心回答。不善于听别人讲话的人,绝不是一个好的谈话者。

耐心倾听的技巧包括:

①不要在对方谈兴正浓时打断对方,而应在某个话题切断待转换时介入。

②思想要集中,要在内心培养对交流对象谈话内容感兴趣的能力,这是使自己集中注意力的关键因素。倾听对方说话应尽量排除个人的主观情绪,克服先入为主的偏见。

③善于概括对方说话的要点。能够将说者所讲的内容加以概括、理顺,并抓住要点和中心。

④协助对方将话说下去。这是对说话者的尊重,也是交往文明的要求。

⑤善于听出对方的弦外之音。有的谈话者并不直接表达其观点,而是用暗示、比喻等方式,甚至正话反说。要善于辨别说话者的本意。

2)非语言沟通

(1)表情语言

表情指的是人们的面部表情,是眉、眼、鼻、耳、口及面部肌肉运动所表达的情感。表情语言就是通过人们的面部表情来交流情感,传递信息的语言。表情语言作为体态语言的一部分,"词汇"最丰富,表现力最强。

会展服务人员的面部表情要给来宾一种平直、坦然的感觉,以折射出自己愿意与来宾接近的愿望。会展服务中,服务人员运用得比较多的表情语言主要是目光语和微笑语。

①目光语的运用。

目光语是运用眼的动作和眼神的变化,通过双方视线交流接触来传达信息、沟通情感,达到交际的目的。"眼睛是心灵的窗户",这句话不仅说明人的眼睛在人际交往中能够传达非常丰富的信息与情感,而且说明人们对眼神的解读能力也非常强。

首先,要注意目光投向的部位。在谈话过程中,要与来宾进行直接的眼光接触,这是口头交流中的一般原则。目光注视的部位不同,不仅表明双方的关系不同,而且投入的信息也不同。例如,从双眼到胸部之间是亲密区,注视这一部位,表示双方有非常亲密的关系;从双眼到腹部之间是次亲密区,注视这一部位表示双方有比较亲密的关系,所以,比较亲近的长辈可以注视这一部位;从双眼向上到太阳穴之间是正式区,注视这一部位表示谈话双方都处于非常严肃的状态,谈论比较严肃的问题,双方意见不一致,谈话一方强迫另一方表态时，大多注视这一部位；从双眼到嘴部之间是社交区，各种社交场合谈话时注视这一部位，有利于传递礼貌友好的信息。会展服务人员在与观众的语言交流中，通常应选择观众的社交区部位作为自己目光的投向区域。

其次，要注意目光投向的时间。服务人员在与观众的语言交流中，目光投向的时间也是一个敏感问题。谈话中，如果服务人员始终不注视来宾，就会使对方产生被冷落的感觉，但如果直盯着对方不放，又会使来宾产生遭受无礼甚至挑衅的感觉。另外，如果服务人员刚刚注视来宾又立即躲闪，就会使来宾感到服务人员不自然、不大方。正确的做法是：让自己的目光不时地投向来宾，自然而大方地与来宾的目光进行交流，不要躲躲闪闪、羞羞答答；在比较长时间的谈话中，如果来宾不用眼光进行交流，服务人员还应设法吸引对方的眼光进行交流，以活跃谈话气氛。但要切记：会展服务人员在与会展观众进行目光接触时，不能长时间的把目光停留在个别观众的身上，即视线与个别观众的接触不宜过长，否则变成盯视和逼视，会引起观众内心的不安，而同时在场的其他观众却又感到受了冷落。

第三，注意目光投向的方式。目光投向方式主要指注视的角度和动静态等。目光投向方式有多种多样，如仰视、俯视、平视（正视）、环视、扫视、斜视、窥视等。服务人员目光投向的方式，表现出对会展观众的一种态度，为此，需要认真对待。正确的做法是目光平视，在观众较多的场合，也可以扫视和环视，以避免不在自己视野中的来宾产生冷落感和孤独感，但切忌斜视和窥视来宾，因为在社交场合，斜视表示对对方的一种轻蔑，而窥视则反映出窥视者的狡诈和别有用心。

第四，注意引导会展观众的眼神。在语言交流中，要认真地正视对方。这种正视，既表示对来宾的尊重，又可把对方的目光吸引住，使对方不便"走神"，聚精会神地接收你传达的信息。此外，还可以用手势来指引观众把眼光投向你希望他们观看的物体。

总之，会展服务人员的目光所要表达的整体信息应该是亲切、和蔼、友善。

②微笑语的运用。

微笑语是通过不发出声音的微弱笑容来传递情感信息的体态语言。微笑之所以作为会展服务人员的基本表情语和文明礼貌的工作标准，是因为它是不需要翻译的"世界语"，世界上不同民族、不同国家与地区的人，都能从热情友好、欢迎致谢的积极角度去解读微笑的深刻内涵。在人际交往中，微笑是一个人良好心境的表现，说明心底平和，心情愉快；微笑是善待人生、乐观面世的表现，说明心里充满了阳光；微笑是有自信心的表现，说明对自己的魅力和能力抱有积极和肯定的态度；微笑是内心真诚友善的自然表露，说明心底的坦荡和善良；微笑还是对工作意义的正确认识，表示欢迎的态度和高兴的心情，服务人员对顾客的微笑，表示"欢迎光临""乐意服务"的诚意……总之，微笑是"拨动顾客心弦的最美好的语言"。

运用微笑语应注意以下几个问题：

a. 要笑得自然。只有发自内心的笑，才能笑得自然，笑得亲切，笑得感人。不能为笑而笑，无笑装笑，因为假笑也好，装笑也好，都是皮笑肉不笑，其结果必然使宾客反感。自然微笑的技巧是眼到、眉到、鼻到、肌到、嘴到：眼睛略略眯起，眉毛上扬并稍弯，鼻翼张开,脸肌收,嘴角上翘,笑不露齿,目光平和。

b.要笑得真诚。会展服务人员的微笑,应是自己愉快心情的外露,也是对会展观众一片真情的奉送。微笑要神情结合,显示出真诚的气质。笑的时候要精神饱满,神采奕奕,笑得亲切、甜美。微笑的关键在于"含笑"于面部,给人以包容和真诚感,使人回味无穷,观众从服务人员的微笑中解读出会展服务人员发自内心的真诚,从而产生情感上的共鸣。

c.要笑得得体。会展服务人员要保持微笑,也并不是绝对的,还要根据具体场合、具体对象、具体事件灵活掌握。如会展服务人员接受顾客的强烈投诉,对他们进行安慰,在这种场合下就应保持肃穆的神态,不能微笑。此外,微笑也有一个度,微笑不是大笑,微笑不是露牙笑,不是张嘴笑,服务人员要有意识地控制好自己笑的强度,要笑得适度。如果笑得过度,不加控制,同样会有损自己的形象。微笑得体还要注意声情并茂,即在环境允许的情况下,要在甜美微笑的同时,尽可能伴以礼貌的语言,这样,会展服务人员的热情就更能使人理解,为会展服务锦上添花。

(2)动作语言

动作语言,一般包括头部动作语言、手势语言和腿部动作语言,也就是说,在特定的场合、特定的谈话气氛中,人们的头、手、脚的动作的变化,传达着特定的信息。如头部动作的点头或摇头,根据特定的场合和谈话气氛,人们能解读出十多种不同的信息:点头,可表示致意、同意、肯定、承认、赞成、感谢、应允、满意、认可、理解、顺从等;摇头,可表示怀疑、反对、否定、拒绝、不同意、不理解、没办法等。腿部动作的不同,同样反映出一个人不同的心理活动状态,如一条腿压在另一条腿上,往往表示不满意,如果伴有双手交叉在胸前的动作,这种意思就更加明朗了。

①手势语。手势语是通过手和手指的动作来传情达意的体态语言。手势语可分为三种类型,即情感型、指示型和象征型。所谓情感型手势语就是用手势来表示说话者的喜怒哀乐,如用握手来表达自己对来宾的热忱欢迎和依依不舍之情,用一只手背拍打另一只手心表示自责或无奈等;提示型手势语是指会展服务人员用手向来宾指明具体对象或方向,给来宾明确的提示;象征型手势语是指会展服务人员在对客人进行某些事情(或事物)的解释(或讲解)中,用手势模拟所解释(讲解)的事情(事物)的形状,使自己的解释(讲解)更加形象化,以吸引客人认真听取自己的解释(讲解)。但象征型手势语的使用要有度,切忌手舞足蹈,损害自己的形象。

手势语通常包括握手语、挥手语、招手语、摇手语、鼓掌语、手指语等。

握手是交际双方相互以握手来沟通感情,传达信息的体态语,是最常用的、人际交往中沟通感情的重要工具:与刚到的来宾握手,表示欢迎与问候;与分别的来宾握手,表示祝愿与告别;与合作伙伴握手,表示诚意与期待;与对立者握手,表示理解与谅解。一次恰到好处的握手,它所表达的意义是一般语言难以替代的。

会展服务人员在与宾客握手时,应注意用目光注视对方,稍稍欠身,微笑致意,手心向上,以示对对方的特别热情与恭敬。握手是一种微妙的感情交流,握手时必须注意对方的反应,以决定握手的力度和持续的时间。对女性宾客,一般只握住对方的手指部分,不能握得太紧和太久，当然也要避免松而无力，以示对女性的热情与尊重。对熟悉的来宾，在握手的时候，可用左手接触对方，接触部位的高低，可根据熟悉的程度而定，或用两只手握住来宾的一只手，左右轻轻摇动，并适当加大力度，以示友谊长存。当接触对方的手感到冷淡时，也不应立即放开，但持续的时间可适当短一些。当然，如果对方出现反感的情绪，就应立即放开，并道一声"对不起"。

②走姿语。走姿语是通过行走的步态沟通情感，传达信息的语言，如人们所说的"健步如飞""步履艰难""步履蹒跚""亦步亦趋""行色匆匆""踱来踱去"等。

一般情况下，不同的走姿能传递出不同的信息：走姿轻盈、欢快，有跳动感，表示高兴与喜悦；走姿缓慢、沉重，有忧伤感，表示沮丧与悲哀；走姿轻盈，没有声音，表示要保持安静；走姿刚健有力，稳重豪迈，是男性坚定、刚毅、洒脱、气势磅礴的阳刚之美的表现；走姿轻盈、飘逸，是女性柔情、恬静、贤淑、娇巧的温柔之美的表现；走路时，两手叉在口袋里，拖着脚步，低着头，表示心事重重，精神负担重；走路时，双手叉腰，步伐矫健，表示精力旺盛，实现理想人生的欲望强烈；走路时，下巴抬高，手臂有力摆动，腿僵直，表示自满和傲慢。

会展服务人员的标准走姿是：双眼平视，双臂放松，以胸领动肩轴摆，提髋提膝小腿迈，跟落掌接趾推送。上身基本保持站立的标准姿势，挺胸收腹，腰背笔直；两臂以身体为中心，前后自然摆动，前摆约35°，后摆约15°，手掌朝向体内；起步时身子稍向前倾，重心落前脚掌，膝盖伸直；脚尖向正前方伸出，行走时双脚踩在一条线上。

会展服务人员应力求避免以下走姿：挺胸腆肚，身体后仰；迈步方向呈外八字或内八字；脚落地时不成一条线，叉开双脚走；脚步迈得太大，身子上下摆动，像鸭子一样行走；双手左右横着摆动，像小学生走"一二一"；手臂、腿部僵直或身体死板僵硬；只摆动小臂；脚步拖泥带水，蹭着地走；耷拉眼皮或低着头走；在正式场合，手插口袋，双臂相抱，倒背双手；不因场地不同而及时调整脚步和轻重缓急，把地板踩得"咚咚"作响。

# 7.3 服务技术

## 7.3.1 服务技术的心理功能

现代会展十分强调会展服务的专业化。所谓会展服务的专业化，是指办展机构努力为参展商和观众提供符合其需求的专业服务。会展服务人员的专业技能、服务知识和服务态度都要达到专业的水准。会展服务的专业化，首先就体现在会展服务的技巧化、知识化和技能化等方面。

第一，会展服务的技巧化。办展机构培养和增强会展服务人员的服务技能，利用服务人员的服务技巧来提高会展的服务质量。每一个会展都有自己的服务传统和独特的服务技巧，这些服务技巧增强了它们的竞争力，使参展商和观众能体会到这个会展的与众不同之处。会展服务十分讲究服务的技巧，同一种服务，不同的服务人员来操作，由于服务的技巧不同,服务的质量和效果可能差别很大。

第二,服务的知识化。提高会展服务人员的专业知识素养,发挥知识在会展服务中的作用,努力用知识来完善会展服务和满足参展商和观众的服务需求。

第三,服务的技能化。提高会展服务人员的服务熟练程度、服务技艺和服务能力来满足参展商和观众的服务需求。参展商和观众最终得到的服务与提供该服务的会展服务人员的技能有很大的关系,例如会展现场问题的处理技能、会展观众登记的方法等,都能让参展商和观众真实地感觉到会展服务的效果。

会展服务人员是公司的形象代表,他们要在会展期间接待成百上千的观众。在会展过程中,会展服务人员所承担的工作,是在与会展观众的双向沟通中完成的。因此,服务人员对观众的心理影响力,关系到双方沟通的成败,关系到会展活动的成败。

会展服务人员承担着多重角色,他们是企业和产品信息的沟通者,是产品的推介者,是观众选购的指导者,也是双方情感的通融者。在这个过程中,会展服务人员要应用各项服务技能来满足客户的需求,以达到本公司参展的目的。

## 7.3.2 服务技能的提高途径

要提高服务人员的服务技能,首先需要明确作为会展服务人员需要哪些基本素质和技能。

### 1)会展服务人员的基本素质

#### (1)职业素质

①具有强烈的事业心,充分认识到自己工作的价值,对工作充满信心,积极主动,任劳任怨。

②具有高度的责任感,自觉地把分内的事情做好。强烈的事业心可以形成高度的责任感。会展服务人员的责任感主要表现为对本企业负责,对会展消费者负责。本着对所在企业负责的精神,为树立企业的良好形象做贡献;本着对会展消费者利益负责的精神,真心实意地满足消费者的需要。

③具备良好的职业道德。会展服务人员要熟悉相关的法律法规、条例和制度;信守商业信用,实事求是地进行产品介绍,出售产品不以次充好,不弄虚作假,坚持买卖公平的原则;对顾客以诚相待、主动热情、耐心周到;妥善处理消费者的意见。

#### (2)业务素质

①商品知识。销售人员要满足顾客对商品的询问,说服顾客下决心购买本企业的商品,必须熟悉自己负责销售商品的分类、等级、货号、品名、产地、包装、质量、性能、规格、使用注意事项等知识,准确地向消费者介绍商品,消除其疑虑心理。

②顾客知识。会展服务人员应了解消费者的潜在需求、购买动机、购买习惯、购买条件、购买决策以及影响会展消费者的各种环境因素。同时还要了解消费者权益保护法,了解越多,越能有针对性地进行销售服务。

③人文知识。会展服务人员要具备一些经济学、社会学、心理学、广告学等方面的知

识。还要熟悉目标市场的经济地理、风土人情、民族宗教、语言习惯等，才能有针对性地展开工作。

④售货技术。售货技术是会展服务人员在推销商品和售货过程中的基本操作技术，也是销售人员的基本功。熟练的售货技术不仅可以提高服务质量和工作效率，而且还可以赢得消费者信赖。

（3）能力素质

会展服务人员应具备以下能力：

①敏锐的观察能力。会展服务人员的观察能力是会展沟通过程中的潜在能力。这是由会展服务工作的特殊性质决定的。在会展服务活动中，服务人员不仅要了解消费者所要购买的商品，而且要了解消费者的真正购买意图。这就要求销售人员在与消费者的短暂接触中，通过消费者的言行举止和表情特征来观察判断其心理意向。服务人员对会展消费者的观察可以分为衣着观察和言行观察。衣着观察是指从服饰、发型、化妆等方面对会展消费者的观察。不同职业、不同收入、不同阶层的消费者在衣着等方面有着明显的差异。言行观察是指会展服务人员通过与消费者的简短交谈，判断其来意，进而判断消费者的心理特征、购买意向等。

②灵活的反应能力。会展服务人员的反应能力包括思维、联想能力及行为敏捷性的综合表现。在会展服务工作中，服务人员往往要同时接待多位消费者，而每一位消费者都有不同的要求，要做到使大多数消费者满意，就要求销售人员要有较灵活和准确的反应能力，对消费者的不同要求能做出迅速准确的反应，既理解和领会其购买意图，并能迅速给予答复或提供所需的服务。这种能力要求销售人员既要集中注意力来接待消费者，又能合理分配自己的注意力，还要求销售人员有比较扎实的业务技能和技巧。

③出色的表达能力。会展服务人员的表达能力主要是语言表达能力。出色的语言表达能力不仅要用来宣传和出售商品，也要用来沟通买卖双方的关系、联络感情。服务人员的语言表达既要清晰、准确、重点突出，又要注意分寸；既要生动形象、风趣幽默，又要语调柔和、速度适中，起到感染消费者的作用；此外，还要做到语言表达文明礼貌、热情友善，起到吸引消费者的作用。

④较强的控制能力。会展服务人员的自我控制能力，是一种对个人情绪和行为的约束和调节能力。它不仅表现在服务人员与消费者发生冲突时能够控制自己冲动和消极情绪的产生和发展。同时，还表现在克服工作中的困难和工作坚持性等方面。

⑤美观大方的仪表。会展服务人员的仪表包括容貌、服饰、发型、姿态、风度等。得体的着装和适宜的发型既是服务人员基本素养的外在表现，又是走向成功的第一步。服务人员着装应以美观大方、整洁清爽、干净利落为原则，并应尽量与会展现场的环境相协调。企业如果考虑到自身形象传播的需要，最好给会展服务人员统一着装，这样既可提升服务人员的凝聚力、责任感，又可加深顾客对展台的印象。另外，服务人员行为举止大方、文雅、热情庄重，能给消费者以良好的心理印象，并能影响销售人员与消费者和客户之间关系的发展。

（4）心理素质

会展服务人员的行为表现,是其各种心理品质相互作用的综合效应。服务人员的心理素质构成及其水平的差异,影响着其行为的差异。会展服务人员应具备的心理素质主要包括以下几个方面:

①良好的情绪。会展服务工作与人交往,往往会出现忙闲不均的情况,出现令人不愉快的事情,服务人员对此应保持乐观的态度和稳定的情绪。情绪急躁或情绪不稳不仅影响自身的工作效率,而且会给消费者的积极性带来不利影响。

②坚强的意志。在复杂多变的会展服务环境中,服务人员的工作目的就是努力实现与客户的沟通,完成展示并推销商品或服务的任务。要达到这个目的,就必须不断地克服来自主客观因素造成的各种心理障碍,遇事既不能优柔寡断、犹豫不决,也不能草草决定,鲁莽行事。

③完美的气质。在心理学中气质虽然没有好坏之分,但却会影响会展服务人员的情感和行动,从而影响其工作效率。由于职业的需要,会展服务人员对其气质要进行自觉的扬弃与改造,逐渐形成一种较完美的个人气质。

④成熟的性格。会展服务人员的性格是其行为方式中所表现出来的较稳定的心理特征。但是性格又是在服务人员同环境积极地相互作用的过程中变化发展的。成熟健康的性格可以使服务人员具备谅解、诚恳、谦虚、热情等心理品质,这些良好的心理品质,又会通过符合服务人员角色的行为特征反映出来。

2）会展服务人员应具备的基本技能

（1）接近会展消费者的技巧

会展的观众分为专业观众和一般观众。作为会展服务人员,应通过仔细观察,迅速对每一位走近展台的观众做出判断,大致弄清他究竟是专业观众还是一般观众,是否是本企业产品和服务的潜在消费者。如果是,就要采取进一步行动,接近会展消费者。

怎样接近潜在消费者,要根据不同的接近情境来操作,主要有以下几种类型:

①问候式接近。向走近展台的观众表示问候,能使观众做出积极的反应,为下一步演示产品建立一种愉悦的气氛。

②参考式接近。通过提及几位对本公司满意的客户,以供潜在客户参考,被提及的客户应该是潜在客户所熟悉或崇拜的。当可供参考的公司是行业领袖时,就可以采用此种方式。比如,"贵公司所在行业排名前三的企业都采用了我们的产品"。但是采用此方式要注意,参考的企业必须是对公司满意的客户,因为潜在客户可能真的会与你所提及的企业取得联系。

③提供样品式接近。此种接近方式随处可见,比如,提供试用样品,一次免费餐券,一次免费的产品研讨会或者一次免费服务,均是接近潜在客户的好方法。当介绍一种新产品时,如果客户试用后感觉满意的话,那么实现销售的过程就轻松得多了。

④提问式接近。该方法可以让潜在客户在产品演示初期就进入双向交流过程,能让客户尽快地投入到产品演示中来,对销售来讲极为有利。这种投入的产生要通过会展服

务人员提出能引起消费者思考的问题来实现,因为它需要潜在客户的回答。该方法有助于了解有关潜在客户的补充信息,比如对产品感兴趣的程度。要注意的是,无论是问什么问题,都要求所引出的回答是一种积极的而非消极的反应。

⑤展示产品式接近。这是一种较好的客户接近方式,它在接触一开始就立即向潜在客户演示产品。这种方式使得潜在客户能立即看到将要出售的产品并自然地过渡到产品演示阶段。因为一张图片的作用能抵得上100句话,所以当一种新产品实实在在地呈现在客户面前时,对潜在客户的影响更为明显,这会促使客户接受下面将要进行的产品演示。

⑥客户利益式接近。购买产品就是为了解决某一方面的问题或提供某一方面的利益,该方法就是通过描述客户所能获得的利益来引导客户。通常情况下,只有一种或两种购买刺激特别能影响购买决策。这种购买刺激必须明确地界定,并且最终要将这一刺激付诸实施。比如,"先生,通过使用我们的产品能使贵公司降低8%的成本"。

⑦介绍式接近。这是效果较弱的接近方式。在这种方式下,演示得以进行的机会就是会展服务人员必须保证所使用的介绍式接近不仅有趣,而且能自然地过渡到产品介绍过程中去。对于一个好的自我介绍式接近而言,友好而面带微笑的问候加上有力的握手是一个关键性的开端,当然语言要简短且清晰。

具体运用时,不同的客户需要采用不同的接近方式,因人而异,需要灵活掌握。

(2)会展服务中的提问技巧

正确提问是成功销售的关键,有效的提问能使会展服务人员和客户之间形成双向沟通,从而在获取信息的同时提高潜在客户的参与程度。为成功实现以客户为中心的销售,必须正确把握提问的内容和方式,以便掌握销售的主动权。可以参照以下的问题形式:

①封闭式问题。这类问题通常是只用一个简单的"是"或"否"来回答。在展会这样一个特定、明确的环境中,封闭式问题对促使潜在客户做进一步决定尤其有用。如果会展服务人员想要缩小对话范围,并且引导到想要的结论或承诺上时,就可以问这种问句。也可以以此问句方式找出更明确的回答,比如"您是不是在考虑更换一家产品供应商?也许我们的产品您应当看一看"。

②开放式问题。通过开放式问题能够获取更多的信息和双向交流,更多地讨论潜在客户真正的想法,给他们一种参与销售的感觉。开放式问题常用以下字眼:"是谁?""什么时候?""哪里?""什么?""为什么?""怎么样?"

③复述式问题。这种问题对更清晰地了解潜在客户特别有帮助,提问应以真诚和气的含蓄方式进行。当潜在客户反对商品的价格时,会展服务人员可以说:"先生,您是不是说价格是您唯一感兴趣的事情?"

④重导式问题。该问题方式用来把潜在客户的注意力重新吸引到先前达成协议的一些内容上。注意力集中在达成共同协议的部分,强调了谈话的积极方面,有助于解决异议。例如,客户说:"我们对目前的供应商很满意,不用再讨论更换供应商的问题了。"会展服务人员可用重导式问题问道:"先生,我们都同意,对您和贵公司来说,能帮助您降

低成本,提高销量的供应商是非常重要的。难道您不同意寻找新的方式来降低成本及提高贵公司产品在特定市场的销量吗?"重导式问题将谈话从一个不利的死胡同转移到一个积极或中立的境地,确立建设性交流的可能性。

⑤摘要式询问。将所听到的做一摘要,以证实自己真的了解客户的问题。例如,"您是说,您正在找一家信誉良好而且认真负责的供应商?"

⑥装傻式问题。装傻式问题可以让你向买方或客户进一步追问,主要针对他们说过的相互矛盾,或者是欺骗性的话,但是你并不要直接说出来,而是表达你的迷惑与疑问,希望他能协助你理清这显然矛盾的地方。例如,"您刚刚说必须尽快解决这个问题,现在又说可以等下去,我不太明白为什么?"

通过向顾客提问,可以最大限度地调动顾客参与的积极性,及早吸引顾客的兴趣。只要方法运用得当,可以有效地处理顾客在产品介绍中存在的顾虑,及早促成交易的达成。

(3)会展服务中的产品展示技能

成功的产品演示可以有效地向客户传递产品或服务,并能为其提供解决问题的方案。如何才能站在客户的角度,根据客户的需求提供有效的产品演示,让客户最终做出购买决策呢? 可以按以下步骤进行:

①开场白。在产品演示的开始,会展服务人员首先要进行问候,这在前面关于如何接近客户的技能训练中已有阐述。要注意的是,开场白一定要简短而且能立即吸引住潜在客户的注意力,同时要感谢客户的聆听及相关人员对演示的参与。

②介绍产品功能。会展服务人员一定要对产品进行彻底地了解,要精通产品与服务的每项细节。产品是如何设计的,它如何以及为什么能发挥功能,它可以做些什么事,它有哪些不同的应用方式等。不仅如此,还必须熟悉竞争对手的产品,要知道自己在和谁竞争,要了解本产品与竞争产品的相对优点和缺点。会展服务人员要把自己塑造成相关产品或服务领域中的行家里手。产品介绍就像外科手术,它是极其复杂且需要充分准备丰富知识的学问。生意的成交,要依赖销售人员敏捷娴熟的技术,稍有不慎就会失去商机。

③介绍产品利益。在对产品的一般功能介绍完以后,就要有针对性地介绍该产品所具有的优点和特性,具体说明这些优点和特性以及如何能给客户带来竞争上的优势。

④介绍客户可以获得的利益。客户购买产品必然是为了解决某一方面的问题,此时会展服务人员要详细地说明该产品在解决客户问题上所具有的好处,不能带给客户利益的产品是无法满足客户需要的。只有能切实从客户的利益出发,为客户着想的会展服务人员才会得到客户的信任,从而完成交易。

⑤其他注意点。除了以上所指出的几个方面,演示过程中必须时刻牢记保持良好的气氛,选择恰当的时机做产品说明,并且切记在产品说明中不要逞能与客户辩论。

产品演示是一个考察会展服务人员综合业务能力的关键环节,必须抓住每一个细节,不能掉以轻心,从最初的吸引客户注意力,到让客户积极地参与到产品演示中,直到客户下订单,都必须全力以赴、一丝不苟。

（4）会展服务中促成交易的技巧

成交是销售过程中压力最大、也最富挑战性的一个环节。要求客户当场做出购买承诺，是客户和会展服务人员双方都倍感压力的环节。以下主要介绍如何抓住机会达成交易的几种方法：

①选择成交的恰当时机。怎样才能确认此时是成交签约的时间了？对一般的新手来说这是一个很难回答的问题，但若能准确把握客户出现的购买信号，那么距离成交就不远了。一般来说，客户具有较强的购买信号时表现为：对产品给予肯定的评价；询问产品的价格、安装或送货的情况；询问使用该产品的其他客户的名字；表情由不安、防御转为高兴、放松；检查或试用产品等。

②与客户达成成交意向的技能。

a. 寻求订货型成交。当潜在客户向会展服务人员直接或间接地提出订货请求时，交易就算基本上达成了。

b. 假设型成交。会展服务人员假设潜在客户将要购买，通过言语或无声的行动来表示这种感觉："您希望在今天还是明天给您送货？"

c. 赞扬型成交。该方法特别适合那些自诩为专家、十分自负或情绪不佳的潜在客户。这类客户比较乐于接受赞美的话，恭维可以使其喜欢倾听并做出反应。注意，绝大多数人能辨别出虚伪或不恰当的赞美，因此恭维客户时态度一定要真诚。

d. 选择型成交。请潜在客户在两种产品中做出选择，而不是仅给出一种产品，问他是否购买，潜在客户面临的选择不是买或者不买，而是产品的种类和数量。选择型成交是一种最见成效而且最易于使用的成交技术，它提供了一个介于两者间的选择而非有或无的选择。当给出选择时，会展服务人员可能得到订单，也可能是反对意见。

e. 利益总结型成交。即会展服务人员以总结产品的主要优势及其给潜在客户带来的好处结束对产品的介绍。在销售日用消费品和工业产品时，会展服务人员不必考虑潜在客户的任何个性化需求，而只需直接提出成交时，该方法比较有效。

f. 小点促进型成交。这种成交技术是从无足轻重的小的方面开始，逐步使潜在客户在更大的决定上点头。对有些潜在客户来说，做出一个大的购买决定十分困难，而获得此类人对一些较小问题的同意或允许则比较容易。这个技巧同样适用于没有购买意向的潜在客户。

g. 连连称"是"型成交。借助潜在客户之口来回答关于产品优点的问题。在这种成交方式中，会展服务人员已经明确哪些优点对潜在客户来说是重要的，然后把这些内容设计成问题的形式，在请求成交之前提出。利用客户全部同意的问题，回答者对产品利益的反应是连续的肯定，这会使潜在客户形成一个反应积极的思想框架，从而促使他提出订货的请求。

h. 供应压力型成交。给潜在客户施加一定的压力，让其立即购买而不拖延。会展服务人员可以暗示说很多人正在购买这种产品，以至于再晚一些时候，可能就买不到了，或者即使有存货，也不一定满足潜在客户的需求量。会展服务人员必须小心，只有确信存货问题就要发生时，才能使用这种方法，一旦被发现说的是假话，客户就会对你失去信任。

成交的方式有多种变化,这需要会展服务人员根据潜在客户的反应做出判断,也需要会展服务人员经验的积累和不断的揣摩。

(5)防止在会展现场过分推销

会展现场的销售过程中,有时会展服务人员不宜过多地介绍产品,也就是说不能夸夸其谈,使客户感觉到自己在过分地推销,产生逆反心理。为了避免这一点,可以采取以下做法:

①对自己和自己的产品有充分的信心。首先,要对自己拥有充分的自信心,相信自己能够在较短的时间内,把产品的性能介绍清楚,不需要费太多的口舌来说服客户,如果那样,会让客户感觉到自己缺乏自信心;其次,要对自己的产品充满自信,要有这样的认识:自己的产品在性能上是优良的,价格、服务上是合理的,同时要让客户感觉到,即使客户不买自己的产品,凭着产品的品牌、质量、性能,不愁卖给其他的客户;再次,要对自己的销售技术有信心,相信自己在营销技巧和对客户的性格、心理判断上已基本成熟,在和客户交谈时,能够根据自己的判断采取不同的沟通方式和介绍技巧,说服客户并使其产生购买欲望。一味反复会让客户认为你是个新手,对自己的营销技术缺乏自信。

②顺其自然。会展服务人员在与客户进行谈判时,把自己该做的能做的都做了,而客户的决策和谈判的结果是会展服务人员无法控制的,此时最好的办法就是等待。在会展现场可能会遇到很多不同类型的客户,有的客户即使你不断地反复介绍,他也不会改变主意,照样不买。由于实际上你已经把产品介绍清楚了,决定买与不买,全在客户自己。在做了自己所能做的一切之后,再多的话语和演示也只是徒劳,所以给客户适当的思考时间,可能会更有利于销售。有时候,无声胜有声,在销售活动中也是很有道理的。遇到这种情况,最好的选择就是顺其自然。

③相信水到渠成。在会展服务人员依据自己的工作经验,准确地判断了客户的购买动机、购买行为决策的类型后,并投其所好,用具有煽动和鼓励性的话语,把自己公司的产品和服务进行详细介绍之后,作为会展服务人员,该做的都已经做了,唯一需要的就是时间和耐心,不要急躁,要相信水到渠成。有时过分的推销就是急躁的表现,很可能达不到促销的效果,反而功败垂成。

会展服务人员只要充满自信心,在尽自己最大的努力把产品和服务为客户介绍清楚后,就应该顺其自然。要相信,给客户适当的思考和决策时间,一切都会水到渠成。

(6)增强成功销售的自信心

在会展服务过程中难免会遇到客户拒绝自己的产品或服务的情况,这时候,如果选择退缩,失去的就不仅仅是一次销售的机会,而是你实现成功销售的自信心。如何才能树立成功销售的信心,可从以下几方面入手:

①提前做好遭受拒绝的心理准备。会展服务人员遇到客户拒绝不足为奇,但是,如果提前做好充分的心理准备,不但可以说服一部分客户进行购买,更重要的是,可以正确、从容地应对这种场面,增强销售人员成功销售的自信心。

②了解客户拒绝的可能原因。

a. 客户对企业产品的宣传内容不认可，怀疑产品的性能、质量、技术或者售后服务。造成这种情况的原因可能是产品的演示或者会展宣传资料没有使客户真正地了解产品或者售后服务等。

b. 客户的拒绝是装出来的，可能是想在产品的价格、售后服务上取得讨价还价的筹码，而故意装出拒绝购买。这时，如果会展服务人员因无法辨别客户拒绝的原因而放弃时，客户很可能就真的不买产品了。

c. 客户拒绝可能是由于客户此时的心情不好，或者可能以前为同类产品的质量问题而烦恼过，这时，作为会展服务人员如果放弃的话，就会失去成交的机会。

d. 客户本身固执己见，对事实充耳不闻，或者根本就没有购买的愿望，或者是需求的档次太高，你的产品不符合他的要求，这时客户会婉言拒绝，此时即使销售者再努力也无济于事。

e. 可能是由于会展服务人员在促销的过程中因为形象、语言表达方面，过分夸大产品的性能，或者是过分使用专业术语使得客户产生反感，从而拒绝购买。

③采取不同的方法成功应对客户的拒绝。

a. 针对客户对产品质量的怀疑，你可以当场为其演示，或者指出宣传的不足之处，尽量让客户重新认识产品和服务。

b. 销售人员如果看出客户是在以拒绝为由来讨价还价时，可以适当地降低价格，或者答应客户在接受现行价格的条件下，赠送客户一定量的礼品予以补偿，或者在售后服务上增加可行的额外服务，使客户愿意购买。

c. 在客户心情不好时，可以先离开，间隔一段时间再来，或者可以从其他方面来安慰客户，使客户心情变得好起来。如果客户以前被同类产品欺骗过，或者对以前购买的同类产品没有好感，你可以试着给客户把这两个同类产品做深刻的比较，让他对你的产品和以前的同类产品产生不同的看法，这样可以获得销售的成功。

d. 如果客户就是固执己见，或者根本没有购买的愿望，那么会展服务人员可以马上离开，不要在这里浪费时间和精力。

e. 如果客户因会展服务人员在语言、形象上不得体，引起对服务人员的反感，那么作为会展服务人员要高度重视这个问题，力争以后在这方面做出很大的改进，争取不再发生此类事情。

④总结经验和教训，增强自信心。

会展服务人员在会展活动中，一定会遇到各种各样的拒绝行为。在正确、恰当地应对客户的拒绝时，看看成果有多大，适当地总结经验和教训，对比用各种方式处理不同的客户拒绝时有什么不同效果，然后进行归类，这样有助于在以后的工作中增强自信。

# 7.4　服务时机

## 7.4.1　服务时机的心理功能

会展服务人员在展区接待参观者的接待步骤和服务方法应当与会展消费者在购买活动中表现出来的心理发展阶段相适应。

1)会展消费者的心理发展过程

会展消费者在购买活动中往往根据以往的购买感受或经验去选择展台或产品,甚至选择服务人员,来实现自己的购买要求。这种似乎带有成见的购买现象的产生,固然与各个参展商的经营特色、产品质量分不开,也与会展工作人员的服务艺术有密切的关系。提高会展工作人员的服务艺术,对提高公司在参展观众心目中的形象,以及对消费者的最终决策,都有重要的影响。

如何提高服务艺术水平呢?这就需要善于察言观行,掌握会展消费者购买过程的心理发展阶段,采取相应的心理方法与接待步骤,在适合的时机满足消费者的购买需求。根据消费者从进入展区之前到把产品买去试用的整个过程中细微的心理变化状态,可以把购买过程的心理发展过程分为以下几个阶段。

①展区展台外貌感受阶段。消费者进入展区前或刚进入展区,通常都有意或无意地环视周围的广告宣传、货架陈列、店内气氛、卫生与秩序状况和会展服务人员的仪表风貌等,初步感受展区展台的外貌。

②认知产品阶段。会展消费者对某种产品产生何种认知是非常重要的,它关系到是否对该产品产生需求欲望的问题。消费者在初步感受展区展台面貌以后,一般就会根据购买目的有选择地去认知产品,把注意力集中在观赏产品上,经过任意的观赏或有目的的寻找后,或对某个产品发生兴趣,或发现某个目标产品的存在。

③观察了解阶段。会展消费者认知到某种需要,即目标产品选定后,为了进一步探索与了解外观质量,往往继续对这种产品有意加以注意,系统地进行细致观察,或向会展服务人员咨询了解。

④获得印象阶段。经过初步的观察了解,目标产品的有关信息经过人的感官传入主体头脑而产生效应,获得对目标产品的主观感受,从而得出的表面判断就是印象。主观感受往往是情感的主要来源,消费者对目标产品有了良好的印象,也会由此产生喜悦的情绪。

⑤功能联想阶段。由于印象受直觉感受所左右,在许多情况下,消费者对目标产品所获得的初步印象往往是不准确的,多数是需要在认识深化后加以充实修正。所以,消费者获得目标产品的印象后,还会通过联想这种扩展性思维活动,深入认识目标产品的物理性能和心理性能等多方面的功能,如产品的实用价值、欣赏价值和社会价值等。

⑥欲想拥有阶段。功能联想的发展与结果,帮助消费者从别的事物中得到启发,获得印证,从而激起为满足需要而拥有目标产品的购买欲望。然而,大多数消费者由于选择产品的心理倾向不同,因此,还不会在此阶段做出购买决定,但购买欲望的产生,促进了消费思维的发展。

⑦比较评价阶段。购买欲望产生后,消费者就要对所有可供选择的产品进行认真分析和评价,比较它们的优缺点,从而缩小挑选的范围。产品的评价是以消费者自己的选择标准为基础的。消费者通常运用"比较"的思维方式,对可供选择的同类产品从各方面进行细致的鉴别,并根据主导欲求、知识经验和购买能力,权衡产品的各种利弊因素,对产品做出综合评价。

⑧确立信心阶段。通过比较评价,加上有关诱发需求的提示物的影响,消费者确信目标产品适合自己的各种欲求,从而对产品产生信任,判断购买这个产品是明智的选择,由此做出购买决定。

⑨采取行动阶段。当消费者做出购买决定后,对产品的信任感,是消费者购买行为的主要激励力量,他们对目标产品确立了信心,就执行购买决定,把对产品的态度向会展服务人员表达,开始进行产品成交的实际行动。进入决定购买阶段后消费者有三种性质的购买行为:第一,试购。即初购产品或购买新产品时,往往只购买少量,其目的是通过直接使用产品来获得感性知识,掌握第一手材料。第二,重复购买。当消费者对某些产品通过试用觉得效果较好时,就会经常购买该种产品。对这种产品的重复购买,使消费者对这种产品产生了偏好。第三,连锁购买,也就是系列购买,是指消费者购买了主要产品后,对附属产品的购买。消费者做出了购买决策,并不一定会实际购买,因为在准备购买时还受很多因素的影响。这个阶段,会展服务人员可利用售后服务的作用,坚定消费者的购买决定。

⑩购后感受阶段。产品买回使用后,会展消费者会根据自己的感受和期望进行评价。评价的目的,主要是想论证自己所做出的购买决策是否正确,借以清除自己由购买而产生的怀疑和担心的精神负担。也就是说,产品成交后,消费者对称心的产品、如意的服务,总会有一些心理感受。诸如,所购产品品质不错、价格适宜,有物美价廉的感受;会展服务人员主动热情,乐于协助挑选,给人亲切舒畅的感受;选购产品无压迫感和紧张感,能轻松自如地观赏的感受;展区内清洁卫生、通道宽敞、秩序井然的感受等。当然,消费者对产品的满足程度,还取决于他预期欲望得到实现的程度,因而购后感受阶段往往延续至产品试用的一定时期。特别是对耐用消费品,要经过较长的时间,购后感受才能充分反映出来。

2)消费者购买行为的阶段与服务时机的选择

会展服务并不是单靠满腔热情就能获得成功的。如果服务时机把握不好,反而会让消费者感到厌烦,甚至打消购买的念头。判断消费者的心理过程及所处阶段,有针对性地提供相应的服务,这就是下面我们要谈到的会展服务的时机策略。

### 7.4.2　服务时机策略

按照消费者在购买活动中心理状态发展变化的一般规律,会展服务可以采取以下服务时机策略:

1）正确判断顾客的意图,抓住时机接近顾客

会展服务人员在展台服务中,首先要判断顾客的意图,以便有针对性地采用不同的方法接待。在消费者走近展台时,应以端正的姿势、喜悦的神情和欢迎的态度去主动接近消费者,向其问候,这是满足消费者心理要求的第一步。要注意的是,当消费者刚走近展台,就立刻靠近询问,或采用"盯人战术""跟踪"消费者,往往会给一些敏感的消费者以压迫感,产生拒绝购买的心理。因此,主动热情地迎接,必须抓住最佳接近时机,才能获得较好的效果,不能过早或过晚地接触消费者。会展服务人员要做好这一步,最主要的就是细致地观察消费者接近展区展台时的神态和行动,判断其意图,以便选择相应的接触时机和接触方法。一般来说,走近展台的顾客大致有三种类型:

（1）有既定目标的消费者

他们事先有确定的购买目标,靠近展台的脚步较快,眼光比较集中,或向会展服务人员明确表示来意,指定品名购买。对这种顾客,会展服务人员要主动招呼,先行接待,即使一时没有空,也要做到人未到语先行,尽量减少他们等候的时间。

（2）巡视产品行情的消费者

这类消费者无确定的目标,进入会展现场是希望能碰上合意的产品;这种顾客一般脚步不快,神情自若,东瞧西看,随便环视;走近展台也不急于提出购买要求,只是看看有没有什么值得买的。对于这类消费者,会展服务人员应让其在轻松自由的气氛下任意观赏,在他对某个产品发生兴趣,表露出中意的神情时才进行接触。例如,在顾客的目光较长时间地集中在某个产品,或巡视同类产品、相关产品时,或在顾客用手触摸产品,神态发生变化时,这才是会展服务人员与其搭话的好时机。特别是通过观察消费者接触产品的方式,可以大体了解其感兴趣的程度,确定不同的接近方法。一般来说,消费者轻轻触摸一下产品或见到什么都摸一下,目光游移不定,观看毫无关联的产品,这些表现说明其感兴趣的程度不深,选购产品的目标不明确,会展服务人员应静观其变;消费者一边用手触摸产品,一边仔细欣赏产品,或一边用手触摸产品,一边寻找同类产品或相关产品,加以细看比较,其感兴趣的程度就较深,选购产品的目标开始有头绪,应静悄悄地及早接近,招呼问候,强调该产品的优点。可见,要把握接近良机,必须掌握消费者的心理活动状态。如果急躁而过早地去接触,因为消费者没有购买的情绪与兴趣,不但会影响其对产品的注意度,冲淡选购情绪,甚至因破坏其自由自在地观看而让其产生某些紧张和戒备心理,从而放弃购买。

（3）来逛会展现场或看热闹的消费者

这类消费者一般是缓步参观浏览,一会观赏产品,一会结伴说说笑笑,有的专往热闹

处看。对这类消费者不必急于接触，随时注意其动向，当其突然停步查看产品时，或在会展现场转了一圈后再转回来看，并停步凝视产品时，或在展台前缓慢地观察产品时，会展服务人员就应适时地与其接触，并询问其要买什么东西。

接近消费者的时机，还应考虑消费者不同的性别、年龄、职业、态度、个性等，对男性或年纪稍大的消费者较之对女性或年轻的消费者可早些接触。同时，也要考虑产品的特点与价值，如特殊品、选购品或价值大的产品，消费者需要长时间察看与思索，不宜过早接触；日用品、速购品或价值稍低的产品，消费者采购的频率较高，可相对早些接触。一般地说，接近消费者的最好时机，是在消费者购买过程的"知晓产品"和"观察了解"两个阶段之间，而不宜过早或过晚。

#### 2）适时展示产品，激发购买兴趣

消费者进入会展现场以后总有一个大体的购买目标，但不具体，如购买型号、价位等，都是通过选择以后才确定的。会展服务人员在与消费者接触后，就应展开第二步——展示产品。会展服务人员要激发消费者对产品的兴趣，给消费者留下深刻的印象，就要采取迎合消费者心理要求的方式展示产品，尽可能让消费者触摸产品，并做到多种类的展示，还要注意在展示产品时的动作、语调与神态，目的在于促进消费者的联想。

#### 3）正确启迪与诱导，刺激购买欲望

会展服务人员经过展示产品后，消费者对产品的内外质量有了一个良好的印象，由此可能产生购买欲望。但有时，由于消费者购买动机的不同组合而引起的心理冲突，也会抑制其购买欲望的进一步发展。所以，会展服务人员在展区展台接待的第三步，就应细致观察消费者的感知反应，揣摩消费者的心理状态，进一步展示产品，满足消费者心理需要的功能，做一些启迪诱导工作，帮助消费者对产品产生良好的印象，并激起联想，增进购买欲望。会展服务人员的这一步，一般是在消费者购买过程中"获得印象"到"比较评价"这两个阶段之间进行的。

在购买过程中，消费者对产品有了一定的感知后，往往会随之表露出方向不同、程度不同的感情态度，诸如喜欢与讨厌、默许与怀疑等。会展服务人员要注意消费者这些方面的感情流露，判断引起消费者某种感情的心理因素，给予正确的启迪与诱导。在这个阶段，应尽可能让消费者实际使用一下产品，体验产品的好处，加强对消费者各种感官的刺激，满足消费者对产品实际使用效果的深入理解。

#### 4）加深对产品的印象，促进购买行动

会展服务人员展区展台接待的第四步是帮助消费者确立购买的信心，促进其采取实际购买行动。这一步通常是在消费者购买过程中的"比较评价"到"采取行动"两个阶段之间进行的。也就是说，会展服务人员必须抓住机会加深消费者对欲购产品的信任，坚定购买决心。促进信任的要点在于把握机会。

促使消费者购买产品的动力是多种多样的，有来自内部的动力，也有来自外部的动

力。当消费者购买心理上产生某些矛盾冲突,下不了购买决心时,会展服务人员应有意识地促进购买行为,善于向消费者提供诱发需求的揭示,强化产品的综合吸引力,促进其购买行动。例如,把该产品在社会流行和畅销的状况,其他消费者对产品的评价意见,以及会展服务人员自身试用和观察获得的资料等信息传递给消费者;或者把产品售后服务的有关项目与方法介绍给消费者。

5)办妥成交手续,话别送行

消费者一旦确立购买信心,就把购买的决定转化成现实。一般来说,这是展区展台接待的最后一步,主要的工作就是结算和包扎,它往往在消费者购买过程中的"采取行动"到"购后感受"两个阶段之间进行。

消费者选定产品决定购买后,会展服务人员首先应表示谢意,对其明智的选择给予恰当的赞许、夸奖,增添达成交易带给双方的喜悦气氛。然后进行产品的结算和包扎工作,结算必须严肃认真、清楚准确;包扎产品要力求安全牢固、整齐美观、便于携带、快捷妥当。包扎前还要特别注意对产品进行严格的检查。如有破损或脏污,应另取产品给消费者重换,以表示对消费者负责的态度。同时,还应当主动征求消费者对产品包扎的要求,采取适应消费者的携带习惯、使用习惯、购买目的和某些心理需要的包装方法。包扎时尽可能在消费者的监视下作业,使其更为放心,交付产品及余款时应稳当慎重,亲切文雅,并关照注意事项,表达感谢光顾与欢迎惠顾的情感言语。这虽然是服务的最后一步,但如果做不好,往往会"前功尽弃",破坏购买行为的完成,甚至留下不良的印象。所以,这一步应以温和的态度和高超的技术完成,使消费者自始至终在融洽和谐的交易活动中满足购买的欲望,并影响其购后感受的方向与程度,树立企业和产品的良好形象。

# 7.5 个性服务

## 7.5.1 个性服务的心理功能

会展服务是以人为中心的活动,是由"人"向"人"提供的一种行为或表现。会展服务具有一个重要的特征,即会展服务的"差异性"。

会展服务的差异性表现在两个方面:首先,由于会展服务人员的服务经验不同,各人的素质、修养和技术水平存在差异,同一服务由不同的人来操作,其质量可能会出现很大的差异;即使是同一个人进行同样的服务,由于服务对象的不同,以及在不同时间里服务人员自身状态的差异,服务质量也可能有较大的波动。其次,不同客户享受某种服务的经验和对该服务的期望可能有较大差异,这使得即使是同一种服务,不同客户的评价也不一样。随着会展市场的飞速发展,会展消费者在心理和行为上发生了深刻的变化,人们在会展消费过程中更加追求个性的发挥,越来越趋向于选择不仅能让自己从中得到物质和精神需求的满足,而且更能体现自己个性特征的会展消费方式。

会展服务的差异性对会展有不利的一面：它使得会展服务难以规范和标准化，服务规范较难严格执行，使服务质量不稳定。会展服务的差异性也有对会展有利的一面：有利于针对不同的参展商和观众提供差异化和个性化的服务，有利于提高服务的灵活性，有利于进行服务创新。

会展服务个性化是指办展机构在会展服务规范化的大原则下，针对不同客户的需要尽量采取适合其需要的个性化的服务。会展服务的差异性揭示的是不同的客户需求可能不同，同一个客户在不同的时间和地点其期望得到的服务也可能不一样，会展服务个性化正是利用这一点来尽量满足不同客户的不同需求。会展服务个性化具体表现为服务多样化、服务特色化和服务差异化。

第一，服务多样化。办展机构针对不同客户的不同需求提供不同的服务。尤其是会展的一些大客户和重点客户，他们的需求与一般客户往往不同，而他们对会展又极为重要。为他们提供多样化的会展服务，对会展留住这些重要客户有很大的帮助。

第二，服务特色化。办展机构向客户提供与众不同的能体现自己独有特色的会展服务。每一个办展机构都有自己的优势，每一个展览机构也都有自己的服务"秘诀"，办展机构可以凭此形成自己的服务风格。

第三，服务差异化。办展机构根据服务提供的时间和地点的不同，或者根据环境变化的需要来向客户提供不同的服务。由于服务时间和环境的变化，有些服务标准变得难以执行或者根本没有执行的必要，这时，差异化的服务能极大地增强服务的灵活性和创造性。

## 7.5.2　有的放矢的个性服务

办展机构在会展服务中要体现人性化、"以人为本"的思想，这是会展服务个性化的立足点。个性化服务的前提是善于观察会展消费者，并从理性和感性两个方面来抓住消费者，了解他们的基本购买动机。会展消费者的购买动机各种各样，有的是为了增加利润；有的是为了获得快乐，提高声誉；有的则是为了减少痛苦、恐惧或者损失。在了解和倾听他们的需求后，会展服务人员应该对他们的购买动机做出正确的判断。不过，并不存在什么万能的方法，要注意因人而异。

1）参观者的个性类型

一般来说，参观者可以分为四种基本个性类型，会展服务人员可以通过他们所问的问题和所关注的事情来进行区分，然后针对不同的类型运用不同的销售技巧。四种基本个性类型及其交流方式的要求如下：

（1）管理型

特征：注重绩效，天生的管理者，具有竞争力，自信、勇敢、缺少耐心。

关键词：权力、时间、尊重、风险。

关注焦点：目标。

这类型人希望自己是：权威。

希望会展服务人员能够:简短扼要。

决策过程:迅速、果断。

交流方式:坦率、尊重事实。

(2)情绪型

特征:以人为中心,愉快、热情、冲动、幽默、健谈。

关键词:地位、灵感、趣味、认同。

关注焦点:魅力。

这类型人希望自己是:被关注的焦点。

希望会展服务人员能够:热情活力。

决策过程:以情感为导向。

交流方式:迅速、兴奋。

(3)随和型

特征:注重安全、耐心、忠诚、厌恶改变、好的听众、避免冲突。

关键词:信任、诚实、团队合作、和谐。

关注焦点:感觉。

这类型人希望自己是:受到信任的。

希望会展服务人员能够:产生互动。

决策过程:只有在建立信任关系之后。

交流方式:缓慢、随和。

(4)思考型

特征:注重细节、好奇、相信直觉、好怀疑、追求完美、有控制力。

关键词:最终结果、已证实的、数据、智力。

关注焦点:数据。

这类型人希望自己是:正确的。

希望会展服务人员能够:注重细节。

决策过程:深思熟虑之后。

交流方式:反复问问题。

会展服务的"个性化"除了表现为在"一对一"的现场服务中要根据参展者的个性特点提供服务外,还表现在办展机构针对不同客户的不同需求,根据服务提供的时间和地点的不同,或根据环境变化的需要,向客户提供与众不同的、能体现自己独有特色的会展服务。

2)提供富有个性的会展服务

具体来说,可以从以下几个方面着手:

①与客户建立良好的关系,及时沟通,重视客户口碑传播,利用关系营销来促使客户与会展形成融洽的关系。

②在服务实施过程中倾注情感因素,赋予服务人员一定的角色,让其在服务中全神

贯注地进入角色;让服务人员处处关心和体贴客户,从细微处照顾客户的需要和感受。情感化的服务容易拉近客户和会展的距离,有利于留住客户。

③展览会的布局完全以展品大类来划分,方便观众参观。

④参观者一进展馆就能得到一份用不同文字编成的参观指南。

⑤展场内设置就餐中心区、休息场所、电动通道,甚至躺椅等设施,这对那些在展场内走得腰酸腿痛的观众来说真是求之不得的小憩之地。

⑥与会展的其他服务商之间通过紧密合作来共同满足客户的需求,发展与客户的关系。会展将有关服务委托给展位承建商、展品运输商、旅游公司以后,并不是就对该服务不闻不问了。办展机构还要与这些服务商密切合作,保证各种服务的质量。

优质价优,即使参加这样的展览会花费较高,参展商和采购商仍会趋之若鹜,这就充分体现了个性化服务的魅力。

# 案例举要

## 会展服务人员如何运用"是的效应"

会展服务过程中,工作人员经常要设法说服消费者接受自己的建议和要求。卡耐基曾经说过:"要说服对方,不要先讨论双方意见不同的事情,而要先强调且不停地强调双方都同意的事情……"也就是说,设法让对方从一开始就说"是的、是的",假如可能的话,最好让你的谈话对手没有机会说"不"。心理学实验表明,当一个人说"不",或反对别人的意见和观点的时候,其精神和肉体都处于明显的紧张状态,这种状态往往造成他不能接受对方的意见。而且,当一个人一旦说出"不"字,往往就不会再反悔,自尊心有可能使他顽固地坚持下去,"捍卫"自己的观点;反之,当一个人说"是"的时候,他就处于一种放松的状态,这种状态使他能够虚心地权衡和接受他人的意见,没有必要为自己进行任何防卫。一个人说的"是"越多,他被对方的意见和立场所"俘虏"的可能性就越大。

根据这一道理,会展服务人员在试图说服消费者的时候,就应该尽量不要让对方把"不"字说出口,而要尽可能启发对方说"是",这将有利于对方接受你的观点和影响。

有一次,美国一家电器公司的销售员阿里森和一位不久前刚发展的新客户会面,这个新客户的总工程师见面就问:"阿里森,你还指望我们买你的发动机吗?"阿里森回答:"是的。"工程师说:"但是我们觉得刚刚从你手中买到的发动机温度超过了正常标准,谁还愿意再买你们的发动机呢?"阿里森说:"按标准规定,发动机可以比室内温度高出72 ℉,对不对?""是的,"工程师说,"但是你们的产品比这高出许多,难道不是事实吗?"阿里森反问道:"你车间里的温度是多少?"工程师回答:"大约75 ℉。"阿里森笑道:"车间75 ℉,加上应有的72 ℉,一共是140 ℉左右,要是你将手放进140 ℉的热水里,是否会将手烫伤呢?"工程师说:"是的。"阿里森进一步说:"那么,你以后不要再用手去摸发动机了。你放心,那完全是正常的。"工程师终于接受了阿里森的观点。可见,阿里森让工程师做出"是"的反应,可以引导他接受自己的意见。

这一说服技巧被称为"是的效应":避开双方的矛盾分歧,先求同存异,从双方同意的问题入手,使劝说一开始就充满活跃、愉快的气氛。运用这种方法时,可以指出一些双方都相信的事实,提出一些双方都希望得到圆满解决的问题,然后再说明这些问题,介绍所掌握的有关这些问题的确凿证据,使对方无意识地产生顺从,最终动心,接受你的建议和要求。也可以通过诚挚的赞美去打动对方,话题可以涉及以往双方密切合作的友谊、双方过去共同的经历、共同的兴趣和利益等。

**评析:**

说服技巧是会展服务人员在与消费者打交道的时候经常使用的技巧。人与人之间存在观点的差异是正常现象。消费者往往不自觉地把双方的利益对立起来,这就容易形成双方观点的冲突。会展服务人员应利用各种心理说服技巧使消费者愉快地接受建议,达成交易目的。"是的效应"只是其中的一种方式。

# 思考与练习

1. 会展服务态度的心理功能有哪些?
2. 如何提高会展服务语言的表达技巧?
3. 会展服务技能包括哪些方面?
4. 谈谈把握会展服务时机的心理策略。
5. 如何针对会展消费者的不同个性提供服务?

# 第8章
## 会展服务阶段心理

---

[学习目标]

- 了解消费者在会展不同阶段的心理特征
- 了解会展消费者的基本类型,掌握会展现场的客户沟通技巧
- 灵活运用促销工具和手段,调动现场气氛吸引会展消费者
- 掌握处理投诉的程序
- 通过各种方式做好会展善后工作

[关键概念]

会展服务初始阶段　会展服务中间阶段　会展服务终结阶段

会展消费过程有其阶段性,在每个阶段,会展消费者表现出不同的心理特征。只有充分了解消费者在每个阶段的心理特点,才能有针对性地采取相应的会展服务手段,满足会展消费者的需求,达到参展商的参展目的。

# 8.1　会展服务初始阶段

## 8.1.1　会展消费者的一般心理特征

会展开幕后,各参展商把精心准备的展台、展品呈现给参展观众,参观者可能觉得眼花缭乱。那么,如何使自己的展台、展品脱颖而出,从而给参观者留下深刻的印象呢? 这就需要我们对会展消费者在各个阶段的一般心理特征进行分析和研究。下面我们先从"埃达"模式谈起。

"埃达"(AIDA)模式是一种传统的推销模式,是指一个成功的推销人员应把顾客的注意力有效地吸引到推销品上,使顾客对所推销的产品产生兴趣,再让顾客产生购买欲望,直至购买推销品的一系列过程。它包括引起注意(Attraction)、发生兴趣(Interest)、激发欲望(Desire)、促成交易(Action)四个阶段。这个模式可以引申到会展过程中来。从会展的角度来分析,这四个阶段可以这样理解:

1)引起注意

要实现销售会展产品的目标,第一步就是要引起会展观众的注意。在会展活动中,注意是指通过展台的布置、产品包装、商标及品牌特征、诚恳的语言和规范的服务,把会展消费者的注意力吸引到本公司的展台和展品上来。

2)发生兴趣

引起潜在客户注意后,就要利用各种手段,使会展消费者对产品产生兴趣。从会展过程来看,兴趣就是会展消费者对成交所抱的积极态度,其主要方法是通过演示,使参观者发生兴趣。

3)激发欲望

在引发消费者兴趣的基础上,会展服务人员要采取有效方式刺激参观者的需求,激发起强烈的购买欲望。消费者对产品发生兴趣后,就会权衡比较买与不买的利弊与得失,发生动机冲突。会展服务人员针对其心理,及时做好诱导说服工作,消除疑虑,增强购买欲望。

4)促成交易

在前几步工作的基础上,适时采取行动,用一定的成交技巧来敦促消费者采取购买行动。一般情况下，即使消费者对产品发生了兴趣，并有意购买，也会处于举棋不定的状态。这时，会展工作人员就应注意成交的信号，掌握有利时机，运用一定的成交技巧来施加影响，以促成顾客尽快做出购买决策，而不是任其随意发展。

会展消费者进入展区后，面对五花八门的展品，可能一时会觉得无所适从。某些消费者也许在参观之前就想好了明确的购买目标，但是绝大多数消费者并没有考虑清楚要购买什么产品，或者没有考虑好购买什么品牌的产品。这时，各展台采取什么样的手段和方法来吸引消费者并最终促成交易，就成了一个关键的环节。根据上述"埃达"模式，在会展服务的初始阶段，最重要的任务是有效吸引参展观众的注意，使他们对本展台所展示的产品产生兴趣。如何引起注意，就成为会展初始阶段参展商要考虑的重要问题。

我们认为，展位设计和参展人员形象在形成会展消费者第一印象的过程中起着至关重要的作用。

## 8.1.2　塑造良好的第一印象

### 1）展位设计

对于参展商而言，展位设计一定要在视觉效果上与众不同，要能够立刻吸引参展观众的注意，让参观者一眼就能识别出这里是哪个公司的展台，提供的是什么产品和服务。

（1）展览会的基本类型和展位的类型

展览会有三种基本类型：台面类展览、分区类展览和展位类展览。

台面类展览不需要展位，它直接把展品放在台面上展出，一般是在参展商比较少或空间有限的情况下采用。在分区类展览中，参展商在指定区域内展出大型或较高的设备或双层展品。最常见的是展位类展览，它们一般是用管道和帷幕搭建而成，展位的宽度和纵深一般为 10 英尺×8 英尺或 10 英尺×10 英尺（1 英尺＝0.304 8 米，下同），高度通常限制在 8 英尺以内；或者用两侧各为 3 英尺高的隔板沿后墙圈出 12 英尺宽的空间。

展位主要有四种基本类型：排式展位，环形展位，半岛型展位和岛型展位。

①排式展位也称作标准展位或直线展位，是由朝向相反的两列展位背靠背排列而成。展位的一面或两面面向通道，展位纵深通常为 10 英尺。参展商可以同时租赁毗邻的 10 英尺×10 英尺的多个展位。排式展位的后墙通常高 8 英尺 3 英寸，这样可以保持所有展位的统一，不至于相邻的小型展位被大型展位所遏制。为了给每位参展商都提供一个最合理的、没有任何障碍的视角，标准展位对展位高度，包括展位前半部分的管道和帷幕都做了限制。在展位前半部，任何物体的高度不能超过 4 英尺。高过 4 英尺的展示设备或其他装置都应当放到 5 英尺高度线之后。这条规则适用于两边都有相连展位的 10 英尺排式展位，那些由 3 个或 3 个以上 10 英尺×10 英尺空间组成的展位不受此项规定的限制，即其前后高度可以保持一致。为了不妨碍相邻展位的视线，顶棚前角的垂直支撑物不能超过 3 英尺，如图 8.1 所示。

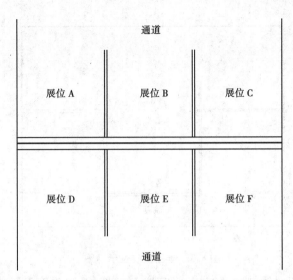

图 8.1 排式展位示意图

②环型展位基本上和标准展位相似,只是后墙和侧翼的高度略有不同,可以高 1~2 英尺。许多参展商会将这一额外允许的高度加以充分利用以达到吸引观众注意力的目的。由于环型展位是沿墙搭建,所以虽然它的高度略高于其他类型的展位,但一般不会影响附近展位的视线。同样,环型展位前半部的设备或装置也不得高于 5 英尺的高度限制,边杆的高度也受同样限制,如图 8.2 所示。

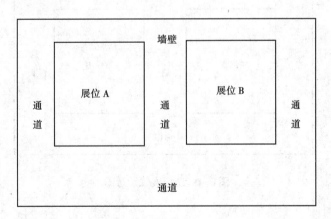

图 8.2 环型展位示意图

③半岛型展位三面与过道相接,通常有 4 个或 4 个以上 10 英尺×10 英尺的展位空间。标准高度是 12 英尺。半岛型展位实际上是由 1 个岛型展位和一排标准的排式展位组成,通常位于一排展位的尽头。对普通标准展位的限制条件同样适用于半岛型展位中与其他参展商展位相邻的排式展位,其余展位则参照岛型展位的规定,如图 8.3 所示。

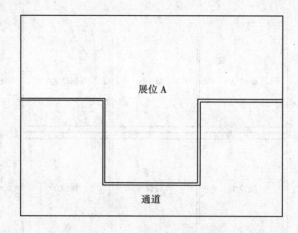

图8.3　半岛型展位示意图

　　④岛型展位的四面都与过道相接，没有毗邻的展位，也没有其他类型展位所必须遵守的种种视线限制。岛型展位通常由4个或4个以上的标准空间组成。岛型展位的高度原则上可以高达展厅天花板的高度，不过，在实际展览中，展会主办机构对最高高度一般都有一定的限制，如图8.4所示。

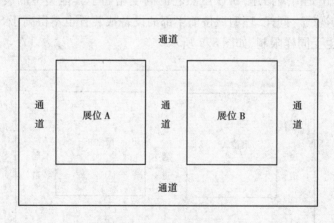

图8.4　岛型展位示意图

　　(2)展位设计中应考虑的问题

　　展位设计，无论是对经验丰富的参展商还是初来乍到的新手，都是一项非常艰巨的工作。在设计展位时需要考虑的因素很多，而且根据展位类型和展位大小的不同，需要考虑的因素也不同。此外，参展商在设计展位前还必须向展会主办机构了解本展会在展位设计方面的有关规定。展位设计应充分利用各种可能的要素，不断给参观者以新鲜感，刺激其好奇心，使他们对展台产生兴趣，进而产生与会展工作人员谈话的愿望。在展位设计时应考虑的因素包括：色彩、对比度、质地、规模、灯光、柜台、展示柜、音效、植物、室内地面、主题、租赁或购买展位、展位设计费用等。在此不能一一加以阐述，我们只选择其中比较重要的几个来进行探讨。

①色彩。彩色的展览比简单的黑白色展览要更具吸引力,当然,我们并不排除在有些场合,黑白色调的展览会恰到好处,而且能够创造出理想的戏剧性效果。但总的说来,彩色的展览能够刺激人的视觉器官,从而把参观者吸引过来。展览的关键就是要把参观者吸引到你的展位上来。因此,了解一下色彩的基本知识是很有必要的。

色彩是整个展览中不可分割的部分。基本色彩应该以展位中的图示为基础,而不能以后墙为基础。在展位设计中,不仅要考虑墙、地面以及图示的颜色,还要考虑家具的颜色是否与之协调。如果设计者懂得一些室内背景的装饰技巧,就可以起到积极的作用,但这一点并不是必需的,对风格和颜色简单了解就足够了。精美的图示设计和协调的色彩搭配可以使展位立刻充满吸引力。展位内的家具在设计和颜色上要能够与其他物品相协调。后墙的颜色要能够衬托图示,不要与之在颜色上发生冲突。地毯的颜色可以参照后墙的颜色。

对于不同的人,色彩能够激起的情绪也不同。这一点在国际展览中更为明显,也就是说,文化和品位因素有着非常重要的作用。因此,在选择展位色彩的时候,首先要充分考虑文化和品位这两个因素,其次再确定一种能够给你的产品和服务带来最好宣传效果的颜色。如果参展公司本身就有一个主题色,而且很多客户都认知的话,那么只要它不会分散参展观众对产品和服务的注意力,建议在设计展位时最好仍采用这个主题色,以保持公司宣传的统一性。

②植物。植物和花卉可以让展位看起来温暖而诱人。一盆花或一株其他植物可以使我们的家或办公室立刻增色不少,在展位里放上一些花卉或其他植物同样可以起到锦上添花的作用,而且让参展观众觉得参展商很注重细节。但是,如果植物的摆放位置不当,反而会起相反的作用。因此,植物的摆放位置要恰当。要注意其位置不要堵塞交通要道,也不能妨碍参展观众的视线,以免他们看不到所展示的产品和服务。

另一个需要注意的细节是在展位强烈的光照下,植物需要更为精心的照料。真的植物特别是鲜花往往更具吸引力,但也需要更多的照料。谁也不愿意在精心制作的展位中出现一些枯花败枝。如果打算用人造花草,那一定要选择做工精良的产品,否则将会向观众传达错误的信息。

③灯光。恰当而专业化的灯光将起到烘托展位气氛的作用,可以突出展位的重要部位,吸引参展观众,同时也使展位的工作环境舒适宜人。如果不注意灯光问题,展位很可能会因为温度太高而影响工作人员的情绪,参观者也不愿意在你的展位逗留太长时间。而且如果因灯光处理不当致使展位工作人员心情不愉快,他们就很可能会把这种不良的情绪带到工作中去,接待参观者时态度怠慢,造成负面的影响。

很多参展商都已意识到了灯光的重要性,他们比以往更为关注展位中的灯光问题。虽然展厅通常都会给每个展位提供足够的照明,但参展商还应考虑自己展位的灯光设计。精心设计的灯光效果可以吸引参展观众的注意力并使他们直接注意到展位的某一具体区域。你可以用聚光灯、泛光灯或彩灯来营造你想要的灯光效果,在展位中加一些明亮艳丽的灯光会让无聊乏味的展位显得生机盎然。由于卤素灯比较明亮,目前被广泛采用。你还可以把灯挂在头顶的天花板上,让灯光辐射整个展位。当然你首先要了解展厅的规则是否允许。另一种方法是借用帷幔来把光线反射到展位上,使光线不至于太强烈。在灯光正式投入使用前要进行反复调试,确保它不会改变产品原有的颜色。

④室内地面。室内地面也是展位设计的一个重要方面。不只是它的外观重要,它给展位工作人员和参展观众带来的舒适感也很重要。地毯不仅能为展位增加美感,也可以减轻人们的疲劳感。对于一天要站 9 ~ 10 小时的工作人员而言,垫子或厚地毯会更舒服。你还可以在地面上设计一些标识图案或其他吸引物来引起参展观众的注意。舒适的地毯可以延长顾客在你的展位上的逗留时间,可以让顾客对你的展位留下持久的印象,这两点也恰好是参展商要达到的目的。另外,如果展位工作人员心情愉快,他们就会热情地接待参观者并给参观者留下难以忘怀的美好印象。

如果参展商决定要租赁或购买地毯,一定要确保地毯边缘两面都要用地毯带封好,以防绊倒参观者或工作人员。建议不要使用有圈环的地毯,因为圈环经常会卡住高跟鞋的后跟。在展览会期间地毯要保证每天都进行清洁除尘,可以让会展工作人员来做这个工作,也可以雇请专门的保洁公司。如果你打算自己购买地毯,那一定要选购质量过硬的产品,而且每参加过两次展会后地毯就要彻底清洁一次。

⑤展位空间。展位就是你办公室之外的办公室,是你专门洽谈业务的场所,所以必须随时保持它的整洁和干净。在设计和布置展位时,要留出空间来摆放诸如文具、名片、宣传资料、检索器、样品、备用鞋子等物品。一个干净整洁的空间可以给人专业化的印象,因此,要告诫展位工作人员不要在展位内乱放公文包、钢笔、胶带、订书机、钱包、背包等物品,否则会给参展观众留下一种非专业化的印象。以上物品应该放在一个参展观众看不见的专门指定的地方。

展台的设计应体现和加强企业形象,反映企业精神。展览会不是摆摊推销卖货,它不应孤立地展示个别的产品,而是以产品为载体通过综合的手段展示企业整体,包括它的能力、档次。展台的设计要强调个性,同时也要考虑在空间上和气氛上方便交谈,如果能使人在此既有"别有洞天"之感,又仿佛宾至如归,那就再理想不过了。展台要素的配套使用还应有助于增强工作人员谈话内容的说服力,使顾客的瞬间好感在有限的时空内能够反复得到证实和加强,为展会后的联系打下基础。

展台设计还要考虑与展览会期间企业计划举办的其他活动相配套。越来越多的大企业把展会当作进行主题公关活动的好场所,除了展览本身以外,他们还在展会期间举行各种各样的会议、研讨会、表演或招待会等活动,这就在另一方面对展台搭建提出了新的要求。

2）会展工作人员形象

人是会展工作的第一要素,也是展览成功与否的关键所在。会展不仅需要筹备人员的努力,也需要展台工作人员的努力。专家认为,展出效果 70% ~ 90% 取决于展台工作人员。而参展观众第一印象的获得,也有很大一部分来自展台工作人员的整体素质和沟通能力。要给参观者留下良好的第一印象,展台工作人员不仅要具备优良的个性、完备的知识和高超的技能,还要从化妆、着装、鞋子、指甲、握手方式等方面进行"个人包装"。

（1）参展人员的最佳个性

尽管参展情境千差万别，但参展人员还是有一些值得注意的最佳个性特征。优秀的参展人员的10大特点是：知识渊博、团队精神、自信、有进取心、精力充沛、创造性，以及热情、解决问题能力强、工作刻苦、诚实。

①知识渊博。众所周知，参展人员必须熟悉电子沟通的技术，会展工作人员从电子数据中获取产品、客户和竞争信息。他们也将利用多媒体工具向客户展示产品。因此，为了全面利用各种信息，参展人员应熟练掌握相关技术。

②团队精神。"团队工作能力"早已成为一项工作要求，在当今不断变化的商业环境中，许多公司选择的是合作伙伴而不是产品。客户要求更多附加值的产品和更多的售后跟进服务，这不是某一名参展人员力所能及的，团队协作必不可少。一些与销售人员相关的传统个性特点，如独立性、控制能力等，如今被认为是新的参展规则的障碍。现在企业要雇佣的会展工作人员，应是那些具备较强的适应性、愿意分担责任、将团队目标置于个人目标之上的无私的人。

③自信。会展工作人员必须相信自己。为了激发他人的自信，他们必须自己做出榜样。他们应该相信自己的能力和信念，相信自己的产品和服务，从而勇敢面对在会展管理中可能遇到的问题和挑战。

④有进取心。有进取心的人勇于承担责任，他们欢迎变革，创造变革，愿意并乐于承担随之而来的风险。

⑤精力充沛。会展工作人员要处理各种人际关系，还要管理各种活动，这都需要耗费很多精力。同时，一个精力充沛的人也会被认为是充满活力的，这种行为还会影响到他周围的人。

⑥创造性。企业需要能解决问题的员工，这种挑战需要他们有创造力。

尽管存在一些所谓的最佳个性特征的标准，企业仍然要建立自己个性化的参展人员标准，并以此来遴选会展工作人员。设定标准时应关注以下主要特征：智力（规划和解决问题的能力）；生理特征（外表整洁）；经验（参展及其他工作经验）；教育（受教育年数、学位、专业）；个性特征（说服力、适应力）；技能（沟通、人际关系、技术、工作细节）；社会环境因素（兴趣、活动、个人资历、资格）等。

（2）参展人员的个人包装

最完美的个人包装，就是从细节上体现出一个人的教养。作为会展工作人员，有良好的个人包装是首要任务。在展览产品的同时，会展工作人员也被展览，工作人员的举手投足、着装、风度、仪态会给客户留下深刻的第一印象，所以要讲究。

①平易近人。用热情的语言和肢体动作能更自然而有效地邀请来往参观者参观你的展台。简简单单的一句话"请进来看看我们的新产品吧"足够让客人感到所受的重视，然后可以把客人邀请进自己的展区。

②专业性。参展人员的举止如果能显示足够的专业性，就能在只言片语中赢得参观者的尊重和敬佩，这会使以后的商业来往受益匪浅。工作人员在展会里对参观者的态度很大程度上预示着日后在生意来往中的成功程度。工作人员显示出对潜在客户需要的

真正关心，这可以令他们对以后的合作充满信心。

③个人包装。女性展台人员应适当化妆，不化妆或化浓妆都会给参观者带来不好的印象。在展览会期间，参展人员每天都要派发宣传资料或者给参观者介绍产品，参观者会有意无意地注意参展人员的指甲，因此，修好指甲十分重要。

戴眼镜时最好别戴残旧的眼镜，应该戴不反光镜片，有色镜片不利于眼神交流，褐色和黄色等有色镜片会让人看上去疲惫不堪，不宜选用。

穿鞋子时，脚痛会导致整个人都不舒服，因此不要穿新鞋去参展。同时，鞋子要注意擦干净。

体味、口臭及太浓的香水都会令人反感，在展位上应准备一点薄荷或口香糖用以消除口臭。展览会期间不要喷涂过浓的香水，因为有不少人对香味过敏，或许没人会开口指责你，但如果他们闻到太刺鼻的香味就会避而不入你的展位。

握手是热情友好的标志，暗示对方可进入我们的个人空间。主动握手也反映了会展工作人员充满信心。

以下有一些提示值得注意：

a. 不要吸烟。因为有许多人认为烟草的味道使人难以忍受，即使在休息时忍不住吸烟，休息后，也要注意处理一下残留在你口腔或衣服上的烟味。

b. 不要坐着。展位中的椅子是为参观者准备的，不是让工作人员休息用的。在值班时不要坐在那里，要保持站立的姿势，随时准备迎接客户。

c. 不要喝东西，这包括所有饮料。酒精类饮品是绝对禁止的，如果你把咖啡泼出来的话，很可能会毁了整个展示。

d. 不要与其他职员聊天。人们通常不会去打断他人的谈话。如果你必须与同事进行商谈，也要注意一下，别太全神贯注，否则会冷落了等候在一旁的客户。

e. 不要离开展位。参观者来到你的展位，都希望在他们到达时，那里有人能立即给予亲切的接待。

f. 未受到邀请时，不要随便步入他人的展位。这是会展上成文或不成文的规定，此外，这也是礼貌的表现。

参展人员的身份及个人内涵、社会地位、教育程度、审美观等可以通过服装的品质、风格、色彩显示出来，因此，参展商有必要制作统一着装派发给全体参展员工。

除了展台设计和参展人员形象包装外，还有其他一些因素影响着参展商在会展中受关注的程度。在一定规模的展览会里，几百个展位堆在一起，也许有成千上万名参观者蜂拥而至。如何让更多的参观者注意到自己的公司，确实需要花些心思进行策划。有些参观者是到了现场才临时决定参观什么展位的，对于这部分观众而言，布置新颖的展位往往能吸引他们的注意。但对于专业观众而言，他们当中越来越多的人事前就会有相对清楚的购买目标，事先也大概确定了需要参观的展位，如果不做好充分的准备，这些参观者也许就会与你的展台擦身而过。据调查，参观商参观那些曾经在展前寄发过邀请函的参展公司，比参观其他公司展位的机会大4倍，可见展前做好宣传十分有效。

有一种常用的办法是准备一些可以一分为二的礼品，把其中之一在展前先随邀请函寄给想邀请的参观买家,让他们必须到你的展位上才能凑成完整的一份礼品。事实证明这种办法确实能有效地提高参展商对某个展位的访问率。在美国,有一家公司在展览前制作了一大批印有自己公司名字的用于装爆米花的纸袋,随邀请函一起提前寄给该公司的新老客户,并说明凭此邀请函可以免费进入该展会参观,而凭纸袋可以在该公司展位上获赠免费的爆米花。这一方法使该公司成为那次展会中参观者最多的展位,有效地提高了该公司的知名度。

现在,有很多展览的入场证是用挂绳挂在使用者的脖子上的,一些参展商十分巧妙地在这上面做文章,制作印有自己公司标志和名称的挂绳,在现场免费派发给参观者。由于这些挂绳通常都制作精美,所以大部分参观者得到这些挂绳后都很乐意地挂在自己的入场证上。参观者佩戴着这些醒目的挂绳在场内走动,无异于许多流动的广告牌在免费为该公司作宣传。

有些参展商制作一些小册子,介绍展会当地的交通、旅游、食宿、风俗等情况,免费派发给展会参观者。由于相当一部分参观者远道而来,参展之余确实想在当地和周围四处走走,这些小册子正好能帮上大忙,因此十分受欢迎,这也间接地使参观者对印制和派发这些小册子的公司产生了好感。

所有的这些方法,目的只有一个,那就是吸引参观者的注意,为后面的进一步沟通打下基础。

# 8.2　会展服务中间阶段

## 8.2.1　会展消费者的一般心理特征

会展现场服务是会展现场管理的重要组成部分,是会展计划的具体落实和办展水平的具体反映,更是观众实现观展目的的保证。作为会展的组织者和参展商,必须了解参观者的心理需求,才能准确判断哪些观众可能成为潜在顾客。以展览会为例,观众可分为以下一些类型:

(1)目标客户

如果你展前营销到位,那么潜在顾客和目标客户将参观你的展位。

(2)观展迷

你要留意那些被你的示范演示或其他活动吸引到你的展位上来的观众,他们中有些人或许会成为你的顾客,有些人可能只是为了打发时间。通过简单问一些问题,就可以把他们区分开来。

(3)好奇心强的人

这类观众可能对任何事情都感兴趣,会问你很多问题,如你的公司是做什么的,某个图表是什么意思,展位是谁设计的等。不要把时间浪费在那些对你的产品或服务不感兴趣的人身上。

（4）资料搜集者

有些人喜欢搜集展位发放的资料，甚至一张纸都不放过。了解清楚这些人搜集资料的目的很重要。他们是不是出于市场调查的目的在为公司搜集资料？如果是，他们很可能是有影响力的人，需要密切注意。

（5）闲逛者

这种类型的观众经常在展厅里走来走去，希望引起展位工作人员的注意。他们想和你有目光接触，经常面带微笑，态度过分友好，浑身都在传达一个信息："请和我说话吧。"可以通过简单地询问几个问题，判定他们是否值得进一步了解。

（6）无聊者

他们参观展览会的全部目的就是参加各种竞赛或抽奖活动。他们手中拿着名片准备随时丢进那些举办抽奖活动的展位的抽奖箱里。如果抽奖或竞赛活动除要求名片外还要求其他证件或凭证的话，那么很容易把这些人排除在外。

（7）赠品收集者

这种类型的观众对任何免费赠品都表现出强烈的兴趣，甚至会索要更多的赠品以便分给家人、朋友和同事。巧妙地问他们一些问题，很快就可以知道他们能否成为你的顾客。

（8）不感兴趣者

有些观众对你所展示的产品或服务丝毫不感兴趣，这一点可以从他们的身体语言中清楚地看出来。例如，他们在路过你的展位时，有意避免和你有目光接触或者装作和同事聊天。如果你上前和他们打招呼只会招致反感。

（9）兜售者

这类观众参加展览会的唯一目的是兜售自己的产品或服务，典型的例子如出版商、销售代表。他们一般不会成为你的顾客，当然也不是绝对不可能。如果会展人流量不大，你想知道他们会向你兜售什么，你可以问他们一些问题。

（10）求职者

展览会是个很好的社交场合，所以这些人会来看看有没有公司要招聘人员。就像对待那些兜售者一样，如果观众不多，可以和他们交谈几句。他们一般不会成为你的顾客。

（11）无关紧要的人

这种类型的观众可能是配偶、秘书或者公司派来做某项具体研究的工作人员。不要低估他们，他们可能有很大的影响力。此外，他们很可能知道公司重要联系人的信息。你应该花些时间和他们进行交谈，结果很可能是无法估量的。

（12）窥探者

要保持警惕，注意竞争。这种类型的观众经常乔装打扮，因为展览会是一个窥探对手的好地方。这种类型的观众经常由于知识太多或问题太精确而暴露身份。和他们打交道时,要多询问少讲解,以免泄露重要信息。

参观者各有各的特点,会展工作人员应该学会察言观色,迅速判断参观者属于哪个类别,并提供相应的服务。

## 8.2.2　会展现场的客户沟通

一旦专业观众来到你的展台并驻足观看,参展人员就要想办法让他们留下来,多多了解你们的产品和服务,最好能达成交易。要知道,即使不是所有的参观者都能成为最好的客户,他们中也会有不少人有望成为潜在客户,因此要让他们对展台、展品有一个较为深刻的印象。

### 1)使用促销工具

#### (1)礼品

加深客户印象的最好方式是送给参观者一些诸如圆珠笔、钥匙扣、名片夹之类的实用的小礼品,他们会因为使用这些小东西,在几个月以后仍然对你有印象。在派送这类礼品时要注意,一定要把公司的名称和电话号码印在礼品上,如果礼品上没有留下任何印记的话,就没有发挥其应有的作用;最好将礼品与你的产品相关联起来,汽车销售商一般都会送给参观者一些钥匙链,因为在开车门的时候用得着它。如果一时没有合适的关联礼品,那至少要在作为赠品的笔或包袋的标牌上附上简短的销售信息。不要将赠品放在盘子里或让人随意领取,这会让参观者觉得这些赠品一钱不值,他们也就有可能不去保存这些礼品。要有选择地把礼品赠送给对你的产品真正感兴趣的人,你可以对他们说:"谢谢您光临我们的展台。作为新客户,我们诚挚地希望您能收下这份小礼物。"

通过限量发送纪念品和将之作为产品的专属赠礼,可以让客户感到这一礼品价值不菲,他也因此将更为乐意接受该礼品,并能记住你的公司。

不过,要找到一种既实用,又能与产品或服务紧密联系的礼品并不容易。就算你找到一种新奇而实用的玩意儿当礼品,过不了多久其他人就会纷纷效仿。因此,一直领先潮流,不断推陈出新地派送礼品,是很有挑战性的工作。

#### (2)说明书和样品

参观者们到现场是为了观看、倾听、感受和品尝产品,以此来找寻对产品和服务的切身体验。因此,要多发挥创造性与想象力,使展品以一种活灵活现的方式展现在参观者面前。一名称职的产品演示人员应该知识渊博、口齿清晰、有独立思考的能力、能轻松地与公众交谈,他应该是公司形象的理想代言人。演示的目标应该是为展台增添活跃气氛,使之既有知识性又有娱乐性,增加人们探究的兴趣。

最好的展示方式是将产品或服务实地操作演示一遍。这也就是说要尽可能地将实物带到现场去,如果条件不允许,至少也要带些能够体现产品或服务的模型或样本去。有些产品很难带到现场,很多生产厂家会采用播放视频录像的方式来进行演示。虽然这是一种行之有效的方法，可现场使用这一手段的人太多了，因此参观者很快就会丧失兴趣。如果在会场几乎每家都使用视频的话，你最好想出点新点子，比如多屏幕显示、交互式视频效果，或是三维立体影像等。

演示结束后，如果取得了一定的收效，就可以进一步向那些驻足观看的人们派发一些样品。如果样品不适合派发，那就送些其他的小礼物。

（3）宣传册和报价单

说明书、目录、宣传册以及报价单在散发时，同样要遵循小礼品的派送原则。如果你把这些资料见人就送，或是放在那里任人领取，最后这些资料都会被扔进垃圾桶。

要想避免这种情况，有一个好办法——在一些资料上用醒目的粗体标上一行字"会展资料，非请勿动"。将这些资料有意识地散放在你的展台区域内，同时再准备一些备用，当展台上的资料被人们索取完后，要及时补充。当参观者对产品和服务表现出浓厚的兴趣时，要向他们承诺你会在展后寄送一份更详细的资料，并借机把客户的联系方式记录下来。当你答应给这些有价值的潜在客户寄送资料时，你有可能就得到了一个大客户，并有了与之开展进一步接触的机会。

（4）庆典

那些拥有较高知名度的人物，比如电影明星、运动健将、政治家、商业巨子、魔术师、滑稽演员和当地名人等，能够帮助你的展台聚集人气。他们可以在现场签名、演讲、表演或演示产品。无论他们做什么，一定要掐准时间，确保他们出场时有足够多的观众，同时还应该有当地的媒体到场。事先，要安排一个新闻发布会来传递这个消息，邀请广播、电视和报刊等相关媒体来采访这个庆典，确保公司的名称和产品在所有展示和记者招待会上都得到强调。

在吸引过来的观众中，一定会有许多好奇的客户。要密切关注那些对产品和服务表现出兴趣的人，展示庆典一结束就立即与他们联络，建立一个良好的开端，然后逐步将预定目标付诸实现。

此外，还可以安排一些漂亮的模特到现场走秀，组织一些竞赛，安排一场热闹的表演等。这些方式都可以使展区积聚很高的人气。

2）吸引观众参与

（1）主动出击

会展是一个很特殊的场合，会展服务人员也许要站在自己的展位前接待数十位、数百位甚至上千位鱼贯而过的观众。工作人员有两种选择：要么退后等参观者自己上门，要么积极地迎上前去，主动介绍自己的产品和服务。

有些参观者会主动向你询问，但大多数人会羞于主动和工作人员接触。很多人在站定仔细观看一件展品之前，很可能想把整个展览区都游走一遍；有些人过于害羞，有些人不知该和谁进行交谈，有些人已经被会展上过多的信息搞得头昏脑胀，而有些人则根本无法看出你的产品与他们的需求之间究竟有什么联系。这时，会展服务人员一定要主动出击，积极地迎上前去。

会展服务人员要时刻牢记自己的职责——你之所以站在展位中,是为了达成交易。在会展中主动出击能带来很大好处,因为这样就不会缩在展位里白白地将重要的机遇放走,而只是一味地苦等客户自己上门了。

(2)高明的开场白

开口的第一句话太重要了。诸如"在看展览哪?""天气不错啊,是吧?"和"今天早上交通又一塌糊涂,对吧?"……这类开场白实在是很蹩脚,也无法为生意带来任何进展。参观者很可能用一个字就应付了你,然后继续走马观花。更糟地是,他们也有可能会答上一长串毫不相关的话,而这种闲谈只会浪费宝贵的时间。

当然,那些只与展位活动相关的问题也高明不到哪里去,例如:"想进来看看我们的图片展吗? 或许您能中奖去夏威夷旅行呢!"或是"马上要开始下一环节的活动了,每位参与者都能赢大奖!"这些话只会让人觉得你很烦而且没有诚意。那么,怎么开口呢?

一句高明的开场白能将观众引入一场有关生意的富有意义的谈话,同时还能为会展工作的核心——甄别客户带来一个良好的开端。

高效的开场白绝不会浪费时间,它们能十分有效地对客户进行辨认与定位。最佳的切入方式是直接询问客户的需求。展会的陈列品一般都会极力凸显产品与服务的优势,而向客户征求有关此优势的需求信息是开展谈话的最有效的方式。比如"您是否经常遇到这样的问题:在各个营销活动中,商务信息的传递渠道不畅?""要花很多工夫来配一些零部件真是让人头疼啊,是不是?"这些问题可以一下抓住参观者的注意力,因为你通过提问,把你展出的这些产品和服务与他的需求紧紧地联系在了一起。他的兴趣被你"点燃"了。

(3)在每个参观者身上花费适当的时间

会展中一个至关重要的因素就是前来展台的观众的绝对数量,从他们当中寻找客户,获取利益,是会展服务工作中不可忽视的一环。会展服务人员可以通过在每个接触的参观者身上花费适当的时间来达到这一目的。

所谓"适当"是必须清晰界定的一个概念。这与你的目标客户、往来人群的流量以及可用的时间都有很大的关联。很明显,向那些根本不需要你所展出的产品或服务的观众进行解说,只会浪费时间。这不仅会影响你与那些可能成为潜在客户的参观者进行有效交流,也会耽误参观者与其他更合适的会展商进行会谈。

一旦与观众搭上了话,下一步就是要对他们进行判定。要抓住有价值的谈话信息要点,而且,要尽可能迅速而高效地完成这一过程。

花时间对谈话对象进行判定有双重含义。首先,这一判定过程可以让你掌握好与每一名特定参观者之间的时间分配情况。你需要清楚地知道,是该开展下一步的阐释,还是需要马上结束谈话。其次,这可以让参观者确信你了解他们的实际需求。研究表明,有40%的参观者会在未达成任何意向的情况下离开展位,因为他们觉得会展方根本没有花时间来了解他们的需求。

### 8.2.3　正确处理投诉

1）投诉时消费者的需求

冲突发生后之所以要投诉，是因为消费者希望通过投诉满足自己的心理需求。不能充分认识消费者的投诉需求、满足这些需求，就无法圆满处理投诉事件。一般来说，消费者投诉时的需求主要有以下三种：

（1）尊重的需求

扮演消费者角色后，最易受伤的是自尊心。当遇到产品或服务不满意时，消费者就会认为经营者不把消费者放在眼里，不尊重消费者的权益。因此，冲突发生后求尊重的需求会油然而生。

（2）发泄的需求

冲突发生后，心里有不吐不快的感觉，找其他消费者或服务人员诉说都是求发泄的一种表现。消费者向服务人员诉说时若不尽兴，往往还会把它归结为尊重需求没有满足。

（3）补偿的需求

对会展产品与服务不满提出投诉，实质是消费者认为质价不相符，期望把"缺少"的部分给补上，以求消费得物有所值。在实际投诉中，求补偿时的物质补偿与心理补偿多少因事因人而异。

2）消费者投诉处理程序

投诉处理程序是根据消费者投诉心理特点而定的，把握好处理投诉的程序，可以使服务人员处变不惊。

（1）耐心倾听，弄清真相

对于办展者而言，可能是微不足道的事情和不满；但对消费者本人，却可能是极为重大的问题。当有消费者来投诉时，作为服务人员，最重要的是，首先把自己的心胸打开，留神聆听对方的主张，切勿仅凭自己的经验或知识，来简单地判断对方所说的话。消费者之所以要申诉怨言、表达不满，是有想要与人沟通，即想要跟人说话、想要让自己以外的人知道某件事情、愿意与人共享等潜在的欲望。服务人员聆听所谓的忠言、怨言、要求、抗议、牢骚等都是不愉快的，但又非听不可，因此必须保持极大的耐心。认真聆听，既可满足消费者尊重的需求，也能弄清事情的真相。

（2）诚恳道歉，表示同情

并非所有的消费者投诉都是有理的，即使投诉时"理"在经营者一方，作为服务人员，也应本着"客人总是对的"的原则理解他们的消费立场，把"面子"尽可能地让给消费者。若是经营者的问题，服务人员更应像美国人际关系学专家戴尔·卡内基指出的那样诚恳道歉——"假如我们知道我们势必要受责备了，先发制人，自己责备自己岂不是好得多？

听自己的批评,不比忍受别人口中的责惩容易得多吗?"加上同情的表示,更能满足消费者尊重的需求。

(3)及时处理,满意处理

当客人投诉时,服务人员最好把事实经过、原委,即"什么时候? 什么地方? 什么人? 发生了什么事情? 为什么?"都记录在案,以便客观地确定事实的真相。如果事实是本企业的服务质量出了问题,在可能的情况下,要对客人进行赔偿,并立即执行。如果某些企业的规则对服务人员对待投诉的处理办法有所限制,也必须当着投诉者的面表达你的歉意,确定解决问题的期限,并开始付诸行动。客人抱怨的最终目的是希望问题得到解决,所以,服务人员必须明白客人的要求,然后根据客人的愿望,提出合理解决问题的办法。如果客人对服务人员提出的建议仍然不满意,服务人员要尽可能地给予满足,直到客人满意为止。如果自己解决不了,可以请上级领导来处理。要把解决问题的方法、步骤和最后结果用书信、电话通知有关客人,要确保诺言的兑现,并追踪消费者是否真正满意事情的处理结果。

(4)表示真诚的赞赏和谢意

这表明了经营者的一种礼节。而且,经营者也应该对投诉者表示感谢,因为这可以使经营者知道企业的产品与服务在哪些方面有待提高,这样有助于提高服务质量,最终赢得客人的满意。

# 8.3　会展服务终结阶段

## 8.3.1　会展消费者一般心理特征

会展服务的终结阶段也是非常重要的。在这个阶段,会展消费者的需求表现在两个方面:

首先,会展消费者希望获得更多的满足感。参观者在和会展工作人员交往的过程中,或许达成了交易,或许得到了有用的信息,或许受到了热情的接待,甚至还得到了工作人员赠送的公司的小礼品。这些都使参观者感到不同程度的满足。在交往即将结束的时候,参观者同样希望能有一个完美的结束,使他对这次会展留下好的印象。

其次,即使没有成交,会展消费者也希望能愉快地离开展区,前往其他展台参观。如果参观者在会展工作人员的劝说下,经过一番犹豫和动摇,依然拒绝达成交易,他仍然希望工作人员能表现出足够的耐心和热情,得到他们理解和支持。当参观者拒绝达成交易,有时工作人员难免表现出失望、不耐烦的情绪,这种负面的情绪会伤害参观者。参观者更希望在这种时候得到理解,并乐意接受会展工作人员善意的建议。会展工作人员应有分寸地支持参观者对本公司产品和服务感兴趣的那些想法,并建议参观者下次再来看看,也可以把本公司一些正在研发的新产品信息透露给参观者,这不仅能给参观者留下友善的印象,而且可能使他成为新产品的潜在客户。

### 8.3.2 留下良好印象

一旦确认参观者不是你想寻找的潜在客户，或是你已经完成了产品的演示，并对客户信息进行了记录，这时就应该进行下一个重要步骤——有效地结束谈话，并把精力转移到下一位潜在客户身上。

在会展过程中，进行有效的时间管理意义重大。在不是很忙的时候，在那些不重要的参观者身上多花些时间也没什么大不了，相反，有几个人流连在你的展台前，总比门前冷冷清清要好。但在接待任务很重时，如果已经实现了目标，还花费很多额外的时间继续进行交谈，就会丧失其他一些重要的机会。过多的交谈还会妨碍客户观看展会的其他内容，这也是对客户时间的不尊重。因此，工作一旦完成，会展服务人员就应该及时地结束谈话。

结束谈话并不意味着失礼，它是会谈的必然终点，如果处理得当，还会给客户留下有关你、公司以及产品的正面印象。因此，在合适的时间得体地结束谈话，也是一种需要学习的技能。

结束谈话一般来说并不难：就后续事宜达成一致意见，感谢访客的光临，握手，然后说："王先生，今天和您见面真是太高兴了。我一回办公室就马上把相关信息发给您，然后我会打电话与您约定下次见面的时间。谢谢您对我们的产品感兴趣，也祝您能继续愉快地参观会展。"但有时候，结束谈话也并非那么容易。有些参观者十分健谈，如果任由他们说下去，估计他们能讲上一整天。这时候会展服务人员要提醒自己：任由他们滔滔不绝，其实是在浪费双方的时间。那么，如何令人愉快地结束谈话呢？

1）结束交流的 3P 原则

（1）迅速（Promptly）

对于价值不大的参观者，或者已经完成了交谈的参观者，拖延时间没有好处，会展工作人员必须在恰当的时间结束谈话。通常，在谈话要结束的时候，可能有一段尴尬的冷场，而这时会有一些口头或非口头的信号提示工作人员该结束了。比如，客户会说"让我再想想"，或是说"给我一张您的名片，我回头再来拜访"；或者客户开始挪动脚步，显得有些厌倦或不耐烦；或者是站得离你远了一些等。如果客户不知道该如何结束谈话，会展工作人员应该主动结束双方的交谈。

（2）专业（Professionally）

我们经常把医生、律师和工程师们称为专家，但在商业领域里，"销售专家"这个词就用得有些泛滥了。我们认为，销售专家是指那些能为合适的问题找到合适解决方案的人士。销售专家应该能够找到需要帮助的人，理解他们的需求，并且提出正确的解决方法。

作为会展现场的销售专家，会展工作人员的时间与医生、律师的时间一样宝贵。而且，和其他专家一样，会展服务人员也要不断地更新知识、学习新的技巧、提升自己的能力。在与客户打交道的过程中，会展工作人员应该以专业化的态度来对待客户。一旦工作完成，就应立刻结束谈话，因为在销售完成或者达成意向之后，还与参观者不着边际地攀谈实在是种极大的浪费。

（3）适当（Properly）

结束谈话是一种礼貌和正式的行为。只有恰如其分地应用技能，才能发挥其应有的效果。你可以使用多种技巧去结束谈话，下面给出一些常用的小窍门，你不妨在会展中进行尝试。

2）结束谈话的技巧

（1）使用纪念品与客户结束谈话

纪念品、图片、宣传品、样品是帮助你结束谈话的有力工具，不过也要注意使用它们的策略。比如，不要把纪念品放在入口让每个过路者随便拿取，而是要把它们收起来，在合适的时机再拿出来。而结束谈话就是这样一个时机。

下面三个步骤将帮助你以一种友好并且专业的方式结束谈话。

步骤一——改变态度。这时你应停止商务上的讨论，向访客暗示会话即将结束："王先生，今天和您见面真是太高兴了。"或者"希望刚才我已经向您解释清楚了，我们的产品确实能够帮助您提高效率。"这时，聪明的客户应该能够意识到你建议谈话在此结束。

步骤二——提出赠送礼品。这时候，可以说些类似"在您离开前……"或者"这里有些小礼物作为纪念"的话。

步骤三——赠送礼物。赠送礼品能让访客多加逗留，仔细观看你的展位，或者参加抽奖。要设置一些别致而特殊的奖品来吸引那些真正对你产品感兴趣的人。赠送礼品的同时，可以这样表达："王先生，为了表达我们的感谢，我们为每个新客户都准备了一支钢笔。我希望能在下周拜访您并进一步介绍我们的产品。谢谢您的光临，并祝您能继续愉快地参观会展。""王先生，我会立即把这些宣传资料寄送给您，并在随后致电征询您的进一步意见。""您已经品尝了我们的样品，需不需要带一些路上用呢？""王先生，离开之前请参加一下我们的抽奖活动吧，您将有机会获得奖品！"

（2）不使用纪念品与不合适的客户结束谈话

有时候，参展商可能没有准备礼品。按照上面给出的三个步骤，即使没有实物礼品，也同样可以按时结束谈话。你可以说："王先生，今天和您见面很高兴。在走之前，还想请您再花点时间浏览一下我们的展位，看看有没有其他什么感兴趣的东西。如果您需要更多的信息，请直接告诉我。今天和您的会面很愉快，祝您接下来的参观愉快顺利。""啊，时间就要到了。马上有一个很不错的研讨会，我想您会感兴趣的。"

客户会使用这个作为离开的理由，因为参观展会的大多数人都有自己的时间安排，在清楚了你这里没有其所希望的东西之后，他们是不会逗留的。他们自己的时间也很宝贵。

（3）一边向其他参观者示意一边结束谈话

一边与眼前的客户交谈，一边将视线越过客户的肩膀去寻找其他人是很失礼的举动。在不打断当前目光交流的情况下，会展服务人员可以使用余光来注意展台的其他客人。如果忽视了与这些新客户的交流，他们往往会很快离开。这时候，一个快速的示意会让他们逗留得稍微长久一些。这种示意同时也是结束当前谈话的不错的途径。

工作人员可以中断和当前客户的目光接触，说："不好意思，王先生，请允许我中断一下。"然后和新客户打个招呼，说："请您稍等，我马上就来。"这不仅会使新来的客户停留得更久一些，也会使第一个客户明白你们的会谈即将结束。

如果你并不想马上结束现在的谈话，那么可以先请新来的客户看一看有关的视频、演示或是其他产品信息，这样可以避免让他们觉得自己被晾在一边。

（4）与现有客户结束谈话

有时候，客户回来拜访你只是为了聊一聊，而并非购买新的产品。会展服务人员应重视这些客户并认真地对待他们，但是在展位上陪他们谈话会妨碍你实现预定目标。在这种场合下，真诚是最好的结束谈话的方式。要向他们解释当前的处境，并安排更方便的时间与之畅谈。

"王先生，今天又见到您真是让人惊喜，我很想听听您使用我们新产品的感受。但现在很不巧，这次展会有很多参观者，其中有很多人会来到我们的展位，因此咱们的谈话很容易被人打断。不过我在下午两点的时候有一段休息时间，那时候我们一起去喝杯咖啡，好好聊一聊，您看如何？"

使用这种直接、坦诚的方式将更易于被人接受。你和现有的客户都已经较为熟悉，向他们解释当前的处境，他们是会理解的。

（5）与抱怨者结束谈话

不管抱怨者有没有道理，我们看到他们的脸时多多少少都会犯怵。虽然我们也知道抱怨者有被倾听的需要，但是展会现场可不是让他释放怨气的合适场所。那么该如何应付这种处境呢？

首先，会展服务人员要让抱怨者知道你在听他说话，而且要尽快使用类似与现有客户结束谈话的策略——诚实，与他中止会谈。

"刘先生，我很高兴您能把这些意见告诉我。您所遇到的问题的确让人难以接受，我会亲自处理这个问题。不过，我们现在的展会有很多参观者，我要不时地接待他们，所以很难现在就给您一个满意的答复。我下周二给您电话，和您仔细讨论这个问题，您看好吗？"然后，马上拿出事先准备好的预约本，当着抱怨者的面记下给他打电话的预约。这种策略在大多数场合都是可以解决问题的。

不过有少数情况，抱怨者的愤怒可能会因此升级，即使使用上述方法也无济于事。他们可能会生气地大嚷："你现在说得好听，可等我离开展会，就不可能接到你的电话了。你现在在这儿，我要你马上就解决！"

这种争吵不仅会对展位上其他同事的工作造成影响，还会给其他参观者留下不好的印象。因此要尽快把抱怨者带离展位。这时，不能采用强行的手段，你可以说："好吧，刘先生，让我们研究一下现在能不能解决这个问题。不过，这里太吵，让我们找个安静点的地方，仔细讨论，找找解决方法，好吗？"然后，向同事示意自己要离开一会儿，并且把客户带到展厅的安静区域来处理这个问题。

（6）与其他参展者结束谈话

在没有受到邀请的情况下，参展者不应该去观看其他参展者的展位。这是基本的会展礼仪，毕竟展位工作人员的首要任务是接待观众。如果其他参展者闯到了你的展位，那么应该尽快把他打发走。你可以说："你看我们现在多忙啊，咱们下次再聊如何？"

结束谈话的能力不是与生俱来的，它需要不断地练习。如果忽视这些步骤，就无法充分发挥你的会展能力。与其他技能一样，会展工作人员需要花费时间去熟练掌握这些谈话的技巧。如果一个会展工作人员培养了良好的接洽、评估、展示和交谈的能力，有限的会展时间就能够得到有效的利用。通过改善信息收集过程——理解你的会展目标、接洽潜在客户、快速评估潜在客户、进行有效展示、及时结束谈话，你就可以节约出宝贵的时间，接洽更多的潜在客户。

## 8.3.3 善后与留有余味

展出是参展企业营销活动的开始，会展的过程不是在撤展的时候就立即结束了，它的效果是长期的。参展企业在重视并投入很大力量做展台设计、产品展示、展览宣传、展台接待和推销等工作的同时，也要投入相当的力量进行善后工作。会展的善后工作是会展工作的延续和重要组成部分，是实现参展目标和价值，最终达到营销目的的主要工作阶段。可以说，会展相当于"播种"，通过会展可以建立新的客户关系；善后工作相当于"耕耘"和"收获"，将新的关系发展成为实际的客户关系，做成买卖。因此，善后工作的主要目的是巩固新客户关系，促进实际成交。

好的善后工作，其实就是要建立一个有效的"跟进"系统，要制订出细致的计划，并在展出活动的同时进行。只有建立了良好的跟进系统，会展过程中客户的信息收集工作才有意义。如果在展会上和潜在客户进行了良好的接触，对他进行了全面的产品展示，在他离开前向他承诺将在会展后很快和他联系，这些都会在潜在客户的心目中留下良好的印象。要最终促成生意，就要趁着那种好印象还在，以及竞争对手还没有抢到订单之前立即跟进，否则客户对你产品的关注热情可能随着时间的推移而消退，并把注意力投注到其他公司那里。

1）建立良好的跟进系统

①在会展开始前，针对在会展上准备获取多少客户，要定下一个现实可行的目标。

②设计一个便于记录和查询的潜在客户的信息记录方式，由工作人员在会展现场进行记录和操作。

③给后续的跟进工作设定一个最后期限，让全体相关人员意识到必须在这个最后期限之前开始跟进，并使他们明确自己在这个过程中要承担的职责。

④设计一个后续跟进工作进程的记录表，保证整个过程记录清楚，随时调整资源的利用。

2) 善后工作的具体方法

（1）直接致函

如果在会展过程中收集到了大量的潜在客户信息，直接致函可以使公司在最短的时间里和他们取得联系。与会展中的其他工作一样，邮寄计划应当认真地统筹，订立切实可行的目标和严格的截止日期。

对潜在客户的首次致函可以是一封简短的邮件，对他们给予你们公司展位的关注表示感谢，并强调在参展时对他们所说的你们产品和服务的优越之处。在邮件的结尾处，可以向客户承诺在近期将进行更细致的访问。

直接致函的目的，不仅是要让潜在客户知道你重视他们对产品所表现出的兴趣，同时也是花时间为安排一场具体的会面所做的进一步跟进，如私人致电或电话会谈等。你应该履行在会展现场向客户作出的一切保证。

一份调查显示，由参观展览会导致的实际成交有 20% 是在展览会之后 11～24 个月之间达成的。由此可见，展览后续工作对成交有着相当大的作用。

（2）电话销售

电话推广的目的是与潜在客户产生"一对一"的接触，这能使公司迅速与一大批潜在客户取得联系。下面是一些关于做好电话销售的建议。

①启用那些清楚他们销售的是什么产品，吐字清晰，言谈有礼的员工。

②在电话销售中必须强调公司的名称。这样做有两个目的：它能告诉对方是谁在给他们打电话——比起那些他们不知道名字的公司来说，他们更愿意接听那些知道名字的公司的来电；其次，不断地提醒对方记住你公司的名称。

③如果电话销售人员不能回答客户的问题，要进行记录并承诺尽快给对方答复，可能的话，要在 24 小时内给予答复。

④应该履行向潜在客户作出的一切许诺，贯彻到底。

⑤保证所有的致电都在预定期限内完成。

在首次致电时，电话推广人员首先应当对客户参观你们的展位表示感谢，并简要地介绍产品及其优点。因此，电话推广人员很有可能争取到一笔订单，安排销售人员前去致电，或者安排客户去你们的产品展示厅参观。以后的致电中，可以介绍新产品或推广新理念，邀请客户参观一些特别的项目，或者试图追加订单。

（3）个人商务致电

无论是在何处，与客户会面前都必须先通个电话。如果没能在会展当场约定会面时间，那么就要尽快派销售人员或有经验的电话推广人员前去联络。

虽然很多人都认为安排会面是很平常的工作，但是要约到每个你想要约见的人却绝非易事。如果想在某天约见什么人，应事先告知你将在某个时候打电话。用这种方法比直接致电成功率更大。因为很多时候，直接打电话过去会被他人看作是打乱其日常安排的毫无预警的干扰。

根据实际情况综合运用这三种方法，会展企业就能够为这次会展付出的努力赢得最大的回报,并可期待下次会展能运作得更加成功。对于潜在客户而言,这次会展以及你的产品和服务也将给他留下深刻的印象。

# 案例举要

## 小松山:把买家留住

小松山是日本一家生产推土机和巨型挖掘机的集团公司。小松山参展目标并没有非常特别之处,但是,小松山突出的地方是用高明的措施,真正留住了买家。

措施一:汇聚人气

小松山展区的焦点是前区和中区,这是一个有着80个座位的剧场式的主活动场所,舞台的台窗点缀得像色彩斑斓的飘扬的风筝,这是参观者到达小松山展区的第一站。每隔半个小时,公司派出的4个演员就会来一段12分钟的演出,节目直接表现展销主题,即生产率、可靠率和价值率。节目间隙,小松山播出"婴儿潮"时期出生的人喜欢听的摇滚音乐,目的是吸引这群人。不出所料,当熟悉的摇滚音乐响起的时候,观展者纷纷从其他展台来到小松山的活动场所,并坐下来欣赏美妙的音乐。既然坐下来了,加上受到演出后抽奖送望远镜以及每人发一顶帽子的鼓励,他们也就索性看完一场演出。5天的展览,80个座位从未虚席,现场的气氛还感染着100多个围观者。初步估算,至少有8 500人获得了12分钟演出传达的信息,超过了预先设定的7 500人的目标。

措施二:推动观众

每场演出结束时,迷人的女主持人就会把小松山的帽子发给要离去的观众。这些美女是特别挑选出来的。她们聪明、礼貌、可爱,都是最有效率的组织者。她们参加了培训课程,并同小松山的其他展区服务人员进行了配合演练,对展览的整体情况了如指掌。

大约80%的观众被演出所吸引,进入小松山的展区,只有1/5的人去了其他展区。进入小松山展区的参观者很快就发现,这些女主持人对他们很有帮助,因为主持人熟知产品经理、工程师以及具体产品的销售代表,她们可以帮助潜在买家与小松山的任何管理者见面。

措施三:多层展示

中心活动区域的演出结束1分钟之后,还有两个更短的演示活动。这两个演示主要是对具体产品的描述:中心区的左侧是推土机和滑动装货机产品系列;右边是挖土机、轮转装货机和垃圾车。产品演示原先设计都为8分钟,但在第1天的演示中发现,右侧的演示不能让观众坚持8分钟。于是,策划者们把其中的原因记下,以避免下一届展览犯同样的错误,同时把这一侧的演示时间减少了3.5分钟。女主持人也运用她们学到的小松山产品知识,引导参观者积极参与进来,这样就延长了来此区域参观者的停留时间。

展区内还有一个尖端的信息系统,利用该系统,参观者和员工可以追踪公司总部的雇员,以及参加展销的多数本地分销商。宾馆、手机号码、展台工作时间以及会议日程等全部都储存在该系统中,而且兼做产品示范台的15台计算机也都与该系统相连,随时可以查阅。

措施四:持续推动

如果参观者在产品演示结束之后不愿意参与销售代表组织的活动,也不想在计算机上查阅挖土机的技术指标,那么他们一定会注意到在展区后部的轮转装货机模拟装置、司机室和操纵杆是真实装货机上的复制品。这种装置就像一个复杂的虚拟现实的视频游戏,人们可以通过它来测试自己的操作技能,就像一个真正的重型机械的操作手。如果玩家能取得当天的最高分,那将是极大的挑战和自我满足。参赛者们排起了队,司机室里通常有10个或12个人轮流操作,两分钟换一人。外面排队的人可以同时观看现场即兴的喜剧表演和参赛者们的操作水平,真是一种享受。参观者平均等待的时间为20分钟,但是,他们花在这里的每1分钟都意味着对手失去了观众本该花在他们展台上的时间。

措施五:网站点击

价值180万美元、型号为PCI800的巨型液压挖土机,只适用于采石和开矿,但却是展会上最大的挖土设备。这台挖土机是从日本拆装后运到展会举办地,然后再拼装起来的。对于参观的承包商来说,这台机器就像硕大的巨兽,本身就具有吸引力。但是,小松山把它带来并不仅仅为了展示其笨重的外表,还有其他用途。参观者们被邀请站在挖土机的铲斗里,拍摄一张数码照片,照片会立刻被贴到小松山的网站上,并被这个网站保留大约6个月。但小松山是如何让这些人回访它的网站的呢?

个人照片是对参观展览的回忆。在展中和展后的6周时间里,网站被点击了37.5万次。由于点击者要查看他们的照片,所以他们也能查看小松山在博览会展出的所有21种机械产品的技术指标。

措施六:客户资料

在小松山的展区内,除了大型的机械外,还有两套单独的计算机系统通过2500英尺长的电缆连接着一对服务器,每套系统都相互备份,以防网络瘫痪。第一套系统包括产品示范台上的15台计算机,具有展台员工方位指向的功能,而且可以进入互联网和公司网站。第二套是13台触摸屏计算机,用来收集客户资料。事实上,这两套计算机通信系统才是小松山展区的核心部分,是公司请高科技公司按照要求设计的。资料收集系统可以直接连接到公司的"快速反应系统"。"快速反应系统"是为分销商开辟的通信渠道,可以很容易地收集到对以下问题的回答:买家在寻找什么具体产品?他购买产品的周期是什么?他愿意小松山的分销商跟他联络吗?他愿意收阅小松山的在线新闻简报吗?

被认为是潜在客户的参观者才是客户资料的收集对象。小松山在展会上收集了2700份客户资料,90%的客户资料都包括了合格的问题答案,48%来自从未购买过小松山产品的人。这说明,在现有客户的基础上,这次展览成功地扩展了潜在客户群。

自参展以来,小松山每周都通过保存在"快速反应系统"内的客户资料来追踪分销商的销售进展。几个月后,由于参展的缘故,他们已经做成了好几笔买卖,包括博览会第二天就做成的交易。

**评析：**

从这则案例中,我们很容易抓住其中的几个关键词:"演出""女主持人""演示""视频游戏""照片""客户资料"。正是这些词语,体现了"小松山"在展览中独出心裁的创意。

首先,演出。特别安排的演出,以"小松山"的生产率、可靠率和价值率为主题,以抽奖为奖励,5天内吸引了8 500人观看,实现了把参观者留在自己展台的目标。

其次,女主持人。她们不仅是为了吸引观展者的眼球,同时担负着重要的接待与沟通任务,而严格的挑选、培训、配合演习,使她们对工作胜任自如。当别的展台的美女们还在展台上风情无限地展示自己的迷人身段和漂亮脸蛋时,"小松山"的女主持人已经得心应手地参与到了展览的商务环节之中。

最后,演示与视频游戏环节的设计,则充分体现了项目策划人的"互动"理念。这一互动,让参观者在"小松山"的展台上又多停留了22分钟。粗略地估计,从演出、演示到视频游戏再到网上观看个人照片,每个参观者在"小松山"展台与网站上停留的时间近90分钟。

据有关资料分析,在展览会成千上万的展台中,80%的参观者停留的时间总共不超过5个小时,而"小松山"一个展位就让参观者停留了90分钟,这不能不说是一个奇迹!

# 思考与练习

1. 请简述会展服务的三个阶段。
2. 如何建立良好会展服务的第一印象?
3. 在会展现场如何与参观者进行良好的沟通? 怎样应对消费者的投诉?
4. 怎样有效地结束与参观者的谈话?
5. 为什么要建立有效的会展后续跟进系统? 会展的善后措施具体有哪些?

# 第 9 章
## 会展商品销售服务心理

[学习目标]

- 了解会展市场主体以及会展商品如何开发
- 掌握参展商与观众消费心理
- 熟悉会展商品的销售心理

[关键概念]

参展商　观众　展品　消费心理　销售心理

# 9.1　会展参与者的消费心理

在我们开始探讨会展参与者的消费心理之前,让我们先了解会展参与者的组成与分类。

## 9.1.1　会展参与者的组成与分类

会展市场主体是指会议与展览运作过程中的主要参与者。会展市场主体主要包括三个部分,即会展的组织者、参展商与观展商。会展组织者是一个展会事件的发起者,整个展会事件的执行者,以及展后事务的处理者,是在会展中处于主导地位的市场主体。通常在会展的实际运作过程中,会展的组织者又分为主办者和承办者,主办者与承办者在法律地位与职责上有明显的区别。参展商是受会展组织者邀请,通过订立参展会议书(或会展合同),于特定时间在展出场所展示产品或者服务的主体。观展者是通过购买门票或提前注册入场参观、与参展商进行洽谈的自然人、企业以及其他相关的市场主体。下面,我们就主要从会展主办者、承办者、参展商和观展者四个方面进行详细阐述。

### 1)主办者

由于我国目前既没有专门的会展法,也没有专业会展组织者资格的认定标准,因此,对于会展主办者资格的认定并没有专门部门和专门文件作出明确规定,一些零散的规定散见于部委规章、地方性法规,甚至是部委的某些函件中。如在《关于出国(境)举办招商和办展等经贸活动的管理办法》(以下简称《办法》)中,对涉外会展主办单位资格应具备的条件做了相关规定。该《办法》第6条规定:"外经贸部及其授权单位,主办全国性的赴国(境)外的招商活动。各省、自治区、直辖市、计划单列市人民政府的对外经济贸易主管部门,主办本地区的赴国(境)外的招商活动。除上述单位外,不得组织赴国(境)外的招商活动。"《办法》第6条则根据办展的范围和规模对主办单位做了进一步的具体规定。

关于展会组织者(包括主办者和承办者)的职责,在《办法》中也作出了相应界定。《办法》第7条规定主办单位的职责为:"根据外经贸发展战略需要,结合本地区、本单位业务实际,制订并负责向外经贸部申报出国(境)招商活动的办展活动计划,选定招商项目、展览商品和参加活动的企业、审核招商或办展承办方案、监督检查招商或办展活动的效果。"

从我国会展活动的实际运作来看,展会的主办者主要包括各级政府部门、各级贸易促进机构、各类行业协会、商会以及部分规模较大的企业等。

#### (1)政府部门、贸促机构

各级政府部门和贸易促进机构代表国家和地方利益,因此在组织展会时,主要考虑的因素是国家和地方的经济发展规划、贸易和产业政策等,在此基础上兼顾考虑其他因素。例如世界博览会,由于世界博览会是全球最高级别的国际展览会,是各国动员全国力量,全方位展示本国社会、经济、文化成就和发展前景的最好机会。举办世界博览会能给举办国创造巨大的经济效益和社会效益,提升举办国的知名度,促进社会的繁荣和进步。因此,世界博览会的申办和主办通常由各国政府部门和申办城市的政府部门担任主办者的重要角色,对世界博览会的全程进行操作。

(2)行业协会、商会

行业协会、商会代表行业的利益,因此主要考虑产业或行业的相关政策与发展。在我国大多数举办成功的国际性展览,其主办者都是中国的行业协会,而非行业协会主办的同类展览一般都不如行业协会主办的展览有规模和有影响力。我国行业协会主办专业展览主要具有以下4方面的特点和优势:

①行业协会掌握全面的行业信息和发展动态,办展具有针对性,能较好地满足行业、参展商和用户的需要。

②行业协会拥有众多的会员单位,与国内外同行有广泛的联系,拥有庞大的网络系统和较大的影响力。

③行业协会在办展的同时,往往还要举办一些对行业发展有针对性的学术交流活动和新产品、新技术介绍活动,以及行业的重要会议等,这是其他单位办展所不具备的。

④行业协会容易得到政府部门和国际行业组织的支持和帮助,以及行业企业的信赖。

因此,即使是国外的知名展会"移居"中国,要想占据中国市场,通常也需要与我国相关行业协会合作,才能保证展会的规模和水平。我国各类行业协会众多,如中国软件行业协会、中国电子元件行业协会、中国印染行业协会、中国仪器仪表行业协会、中国船舶代理行业协会、中国抗菌材料及制品行业协会等,几乎各行各业都成立了自身的行业协会。而商会则一般为各地设置的商会,如四川省总商会、海南三亚市总商会、福建泉州市总商会等,也有按行业成立的商会,如中国信息产业商会、中国机电商会、福建惠州鞋业商会等。

(3)公司与企业

公司与企业主办展会时,通常与政府部门或行业协会结为伙伴,这样有利于提升展会的知名度和扩大展会的影响力。一些大型企业自己主办展览的目的主要是发布新产品,增加销售额,提升公司形象等。

无论是政府部门、贸促机构,还是行业协会和商会,以及公司企业,虽然办展的出发点不同,但是在做出展出决定时,都应从实际需要出发,力求站得更高、看得更远、展览举办得更科学。

2)承办者

从表9.1可以看到,展会承办者一般为企业法人,承办者主要负责展会的具体运作以及运作过程中的具体事务。

表 9.1　我国部分展会主办者与承办者一览表

| 展会名称 | 主办单位 | 承办单位 |
|---|---|---|
| 2019 年第二届中国国际进口博览会 | 商务部<br>上海市人民政府 | 中国国际进口博览局<br>国家会展中心（上海） |
| 2019 年第 126 届中国进出口商品交易会（广交会） | 商务部<br>广东省人民政府 | 中国对外贸易中心 |
| 2019 年第 16 届"中国光谷"国际光电子博览会 | 工业和信息化部<br>科学技术部<br>国家知识产权局<br>中国科学院 | 上海意桐光电科技有限公司 |
| 2019 第八届亚洲国际建筑工业化展览会 | 联合国人居署<br>上海市住房和城乡建设管理委员会<br>中国城市规划学会<br>中国建筑学会 | 上海万耀企龙展览有限公司 |
| 2019 年亚洲教育论坛年 | 中国高等教育学会<br>成都市人民政府 | 亚洲教育论坛培训中心<br>四川师范大学 |

（1）会展组织者的职能分工

展会组织主体分为主办者和承办者，完全遵照市场运作的规律。会展主办单位大多为政府部门和事业单位性质的各类协会、商会等，其在主办各类展会时，也必须充分尊重参展商和观展商的自由选择权。而争取优秀的参展商和专业观展商的唯一途径就是按市场规律运作方式办展，提高竞争意识和办展水平，从而赢得参展商和观众的认可与信赖。因此只有实施"政府搭台、企业唱戏"的运作模式，将展会运作的这一过程交给企业法人来帮助完成，才能有效地将会展的社会效益与经济效益结合，运作出成功的会展项目。

目前我国会展主办者为了将展会办得更好，对于承办者的选择已开始采用招标的形式，如由成都市政府主办的"2004 中医药国际科技博览会"，展会承办权的招标在众多竞投公司中选定 10 家为投标单位，然后分 3 轮进行筛选，最终选出一家中标单位。而在"中国（西安）国际工业装备博览会"的承办权招标会上，6 家参加竞标的省内外企业在规定的时间内逐一陈述答辩，现场打分，最终选出中标企业。这一举措将大力推进我国会展业的市场化进程，有利于规范我国会展市场，也将加快我国会展企业的发展步伐。

（2）承办者的资格与职责

对于我国会展承办单位资格的规定，目前我国实行的是资格审定制度。凡从事境内对外经济技术展览会（简称"来华展"），或出国举办经济贸易展览会（简称"出国展"）业务，都必须获得政府有关部门批准的办理资格，否则不能进入展览市场。对于"来华展"，必须是经外经贸部批准获得办展资格的单位才能从事来华展览业务。目前全国具有举办来华展资格的单位约 300 多家。

对于"出国展览"资格的审定，则主要依据中国国际贸易促进委员会 2000 年颁布的

《出国举办经济贸易展览会审批管理办法》（以下简称《办法》），《办法》规定下列单位具有出国办展资格：中国贸促会及其行业分会；各省、自治区、直辖市及计划单列市（含原计划单列市）贸促分会；各省、自治区、直辖市及计划单列市（含原计划单列市）外经贸主管部门；原外贸、工贸总公司；各进出口商会和外贸投资企业协会；以及经外经贸部批准的其他单位等。目前全国具有出国办展资格的单位约 200 多家。

关于我国会展承办单位的职责，在原对外贸易经济合作部公布的《关于出国（境）举办招商和办展等经贸活动的管理办法》第 7 条中做了相应界定："按照主办单位的要求，具体办理布置展场、运送展品、安全保卫、广告宣传、现场活动、安排人员食宿交通、办理出国手续、收取费用等工作。"事实上，随着展会组织专业化程度的增强，展会承办者的职能在不断扩充，例如，由展会主办者负责的招展招商活动都由承办者按照主办者要求具体运作完成。

### 3）参展商

从参展企业角度看，参展应诠释为企业的一种营销活动，企业在参展中不仅可以展示新技术、新产品，更可以借此树立品牌形象，提高企业和产品的知名度。同时，除了展览本身以外，在展会期间举行的各种会议、论坛、表演以及招待会等活动更成为展会吸引企业的附加因素，展会以其独特的专业性和针对性成为国内外企业面对客户、展示自我的重要手段。

下面将主要介绍参展商参加展会的具体筹备工作，并就筹备工作中的重点进行详细阐述。在企业所有的营销方式中，参加环节最多、周期最长，而且各个环节紧密相连。因此，参展商的参展筹备工作是一项长期的工作计划安排，从经济预算、人员安排（包括筹备人员和参展人员），到项目运作（包括接待、联络、展品、运输、设计、施工、宣传、公关、膳食、出行）等都要统筹考虑安排。表 9.2 为"参展商展会筹备安排一览表"，参展要做到有备而来、满意而归。参展商的参展可以归纳为 16 个字"谨慎选择，及时决定，用心准备，完善服务"。

表 9.2　参展商展会筹备安排一览表

| 时　间 | 参展筹备工作 |
| --- | --- |
| 12 个月前 | 选定全年展览计划 |
| | 向展览组织者提出申请 |
| | 选定展览场地 |
| | 进行展览财务预算 |
| 9 个月前 | 设计展览结构 |
| | 取得展览管理公司的设计批准 |
| | 选择并准备参展产品 |
| | 与国内外客户联络 |
| | 制作展览宣传册 |

续表

| 时 间 | 参展筹备工作 |
| --- | --- |
| 6 个月前 | 实施各种推广活动 |
| | 支付展览场地及其他服务所需的预先付款 |
| | 检查展览准备工作 |
| 3 个月前 | 继续追踪产品推广活动 |
| | 最后确定参展样品 |
| | 准备赠送客商的样品或礼品 |
| | 最后确认展位结构设计方案 |
| | 计划访客回应处理技术 |
| | 训练参展员工 |
| | 排定展览期间的约谈 |
| | 安排展览现场或场外的招待会 |
| 4 天前 | 装好运货文件、展览说明书及公司和产品宣传册 |
| | 出发前往目的地 |
| 3 天前 | 视察展览厅及场地 |
| | 咨询运输商,确定所有运输物品的抵达 |
| | 指示运输承包商将物品运送至会场 |
| | 联络所有现场服务承包商,确定一切准备就绪 |
| | 与展览组织者联系 |
| | 访问当地顾客与客户 |
| 2 天前 | 确定所有物品运送完成 |
| | 查看所有设备及所有用品及功能 |
| | 布置展位 |
| | 最后决定所有活动节目 |
| 1 天前 | 对摊位架构、设备及用品做最后的检查 |
| | 与公司参展员工、翻译员等进行展览前最后简报 |
| 展览期间 | 在展览第一天就将新闻稿送到会场的记者通信厅 |
| | 现场详细记录每一个到访客户的情况及要求 |
| | 每日与员工进行简报交流 |
| | 每天将潜在商机及顾客资料送回公司,以便及时处理及回应 |
| 展览结束 | 监督摊位拆除 |
| | 尽早预约明年展览场地 |
| | 处理商机,寄出感谢卡 |

(1)谨慎做出参展决定

"谨慎做出参展决定"对参展商有两方面的要求。一方面,参展商的参展目的要明确,在选择展会时要谨慎。尤其是目前我国会展业处于发展时期,会展市场秩序和市场机制还不完善。各种展会数目繁多,良莠不齐,因此企业在选择会展时要进行详细的调研工作。考察会展项目与本企业的行业或产品是否相符,主办单位与承办单位的具体情况,向相关行业协会询问展会的具体情况等。展览调研主要有四种方式:根据综合展览资料进行研究选择,根据具体展览资料进行研究选择,通过直接询问有关方面获取资料进行研究选择以及通过实地考察获取资料进行研究选择。企业可根据需要选择调研方式,展览项目的合适与否将直接影响展览成败,必须采用认真的态度和科学的方法进行对待。

另一方面,企业一旦做出参展决定,就要尽早提出参展申请,开始参展筹备。因为越是好的展览,申请者越多。然而常常名额有限,展览会组织者招展的公开原则通常是在对申请者进行资格审查的基础上按先来后到排序,并按此原则接纳新的参展者。就世界最好的展览会而言,连续等候数年仍不能参展的现象很普遍。因为展览会面积有限,现有展览者一般不会轻易退出,新进者只有等待因违反展出规定而被禁止参展者的空缺。因此企业要尽早着手参展的申请与筹备,从而尽早落实参展时间和参展场地。

(2)积极配合展前宣传

企业参展前的各种宣传推广活动也必不可少,如广告宣传在整个展览过程中扮演着重要角色,参展商应在展览会前在行业的专业杂志以及展览会刊上刊登广告及自己产品的特别报道。并提前将刊有自己产品彩页的专业杂志寄给现有及潜在的顾客群,提醒顾客该项产品将于会中展出,同时附赠由展览组织公司提供的且印有公司名称及摊位号码的展览入场券或贵宾卡。

同时,网页宣传也是一种重要的展前推广方式。越来越多的展览组织者提供参展厂商与展览网页的链接,参展者可借此提高公司知名度,并可与顾客在网上探讨产品、销售技术等问题,并与顾客约定在展会期间的会谈。这样可大大提高展会对于顾客的吸引力,并提高参展商参展的针对性和效益性。

(3)加强参展人员培训

员工是展览会的特使,加强对参展员工的培训是建立企业专业形象和提升参展效用的必需。对参展员工的培训,应培养他们的三种基本能力:善于与顾客沟通的能力、善于收集展会信息的能力以及熟悉产品演示的能力。首先,员工要乐于并善于与顾客交谈,准确了解和抓住他们的需要,并立即记下客户的信息。同时,员工要熟练并热情地宣传企业和产品,宣传时要做到富有感染力和热情饱满。因为在观展商与专业观众看来,参展员工就是企业和产品的代表,其表现对观展商的决定产生很大影响。

(4)精心策划展台设计

企业展台设计是对企业和产品形象的综合反映,其不仅是产品展示的载体,同时展台设计还具备广泛的信息传播和广告宣传功能。目前展台设计以及展会期间的活动组织已发展成为一项专门的展览艺术——展览礼仪企划。展览礼仪企划起源于20世纪40年代法国巴黎的展览会,20世纪80年代末90年代初,伴随着我国会展业的迅速发展,展览礼仪在我国也逐步发展起来,专门化和规模性逐渐增强。

展览礼仪企划包括从展台设计到各种配套活动的举办,通过专业策划公司的精心策划,为参加展览会的公司提供最完美的参展活动设计方案。硬件策划包括展位、展台布置,以及与之配合的各种声、光、电效果;软件策划则包括各种宣传促销活动,展览礼仪模特的培训及包装等,从而最大限度地表现出参展商的优势。进行展览礼仪企划首先要了解展览会的类型、企业品牌、产品特色、展位的周边环境及竞争对手的情况等,从而确定展台风格,并进行整个礼仪活动的创意策划。进而根据创意将参展人员进行分工,包括解说员、演员、展示员、接待员等,并进行人员培训。展览礼仪企划的发展提高了展览会建设的专业化程度,有效促进了展览行业专业化的进程,从而使其更加适应市场竞争的要求。

(5)用心收集展会信息

"用心收集展会信息"不仅指参展商要注意收集客户信息,同时展会使参展商及其竞争对手汇聚一堂,因此这也是对竞争对手进行现场调研和信息收集的时机。尽可能搜集有关竞争对手的资料,如对方的定价、产品比较、付款条件、宣传资料、顾客评价和展会前的营销策略及其实施效果方面与竞争对手的差距。可通过以下问题来评估与同行间的差距及其原因:

参展企业与同行间的差距是积极的还是消极的?

目前的差距有多大?

造成这种差距的原因和时间?

在客户眼中,这种差距对你企业成长有何影响?

如何应对这种差距及竞争对手?

如果参展企业占据优势较大,竞争对手是否很容易赶上?

将如何保持这种优势?可以保持多久?

除了竞争对手,还有什么因素会影响你的竞争优势?

(6)重视展会后续工作

"重视展会后续工作"包括两个方面:一是展后对客户的跟进,从而使企业的销售更富有成效;二是重视参展效益的评估,每次展览会结束后立即与员工共同进行自我评估,以便不断改进,进一步提高下次的参展效益。

4)展会观众

展会观众是会展经济中另一个重要的构成部分,按照展会观众的身份及目的可以将其分成专业观众和一般观众。

专业观众是直接与参展者利益相关,成为会展市场中关键要素的观众群体,他们或扮演供给方的角色或成为需求方,因此,专业观众参加展会的目的直接与其业务相关。按照专业观展者的参展目的又可以分为产品供需型和技术探求型。产品供需型专业观众以产品交易为最终目的,通常由市场人员构成,如采购员、市场部经理等。技术探求型专业观众则不以达成和约为目的,其观展的目的在于探求相关领域技术的发展状况,了解该领域的最新动态,该类观众主要由技术人员构成,如软件开发者、工程师、设计师等。

一般观众则不以达成交易为目的,而是出于兴趣和爱好来了解展会情况。由于一般观众只是希望初步了解展会情况,因此,参展商不会像对待专业观众那样重视一般群众,所以许多展会,尤其是专业技术方面的展会不允许一般观众入场,即使允许也安排在展会的最后两天。但是对于消费类展会而言,一般观展者则受重视程度较高。

## 9.1.2 会展参与者的消费心理

会展参与者就消费来说主要涉及:参展商与观众,而参展商与观众消费心理分析属于消费者行为研究的范畴,它是现代会展企业以顾客需求为中心的经营理念的具体体现。参展商与观众消费心理直接关系到会议或展览会的规模和市场价值,因此对其进行分析是会展心理研究的重要内容。下面通过参展商与观众两个方面来阐述。

### 1)参展商消费心理

消费者心理学是研究消费者购买、使用商品和劳务的行为规律的商业心理学的主要研究领域之一。这里涉及商品和消费者两个方面。与前者有关的研究包括广告、商品特点、市场营销方法等;与后者有关的研究包括消费者的态度、情感、爱好以及决策过程等。消费心理学是一个跨学科的研究领域,与社会心理学、社会学和经济学有着密切联系。

就参展商而言其具有双重身份,它既是消费者,又是销售者。从它根据自身参展需要、收集信息等角度来说,它是消费者;参展是企业的一种营销活动,企业在参展中不仅可以展示新技术、新产品,更可以借此树立品牌形象,提高企业和产品的知名度,从这个角度来说,它又是销售者。

影响参展商消费心理的各种因素概括起来包括内部因素、外部因素和企业营销三个方面。其中内部因素指参展需要、参展商对展览会的态度、展后感受;外部因素包括经济形势、行业发展状况、协会推荐等;企业营销则指会展企业的展会项目、对外报价、分销渠道及促销活动。下面按参展商心理消费过程(图9.1)来阐述。

图9.1　参展商消费过程图

### (1)参展需要和动机

参展商必须受到刺激物影响才会参展,推进其消费,也就是认识到自己的需求。其根本需要和动机在于:树立、维护公司形象;开发市场和寻找新客户;介绍新产品或服务;物色代理商、批发商或合资伙伴;销售效果;研究当地市场、开发新产品等。参展商在参展环境中会产生独立感,从而以积极、平等的态度进行谈判。这种高度竞争而又充分自由的气氛,正是参展商在开拓市场时最需要的。

承办者可以通过营销组合让参展商意识到自己的需求。承办者向潜在目标客户传达会展信息,广告是宣传的手段之一,其优势是可以令信息传播得很广泛;承办单位通过招展和组团的方式来联络买家和卖家,以刺激参展商参加会展。

(2)信息收集

当参展商意识到自己的需求后,需求变成了具体的愿望。如果存在愿望,参展商就开始寻找需要的信息。会展信息是指反映会展活动特征及其发展状况的数据、消息、情报等的总称。参展商将各种渠道获得的市场信息进行归类研究,进而将分析结果提供给相关部门,包括会展市场信息的收集、整理、分析等。参展商既可以从主办者、承办者、行业协会等处接到邀请;也可以在各种渠道获得信息。随着科技的不断发展,会展信息渠道也日益广阔,除了传统的广播电视、报纸杂志外,网络、户外广告等信息渠道为参展商提供了多样化的选择空间。参展商应根据自己参展的目的来选择适合需要的会展。

(3)比较选择

参展商在收集到各种参展信息后,接下来就是根据自身的标准对候选名单中的不同会展进行评估。有的参展商把这些选择因素写在纸上,有的参展商只在头脑中进行考虑。影响消费的因素主要有会展性质、知名度、参展内容、时间、地点和成本与收益。这些内容已在第2章中阐述过了。

(4)参展消费

参展商知道哪项展会符合他们的标准后,便有了明确的消费意向。但是实际消费还没有产生,参展商最终是否消费还受到其他因素的影响,其中一个影响消费的因素就是风险知觉。具体包括:

功能风险,涉及展会的质量和服务优劣问题,在一般情况下,当购买的会展服务和享受的相关服务不能像预期那样满意时,就存在功能风险。例如,"行业老大"没有参加,展会的安排有变动。

资金风险,花费较多的金钱是否能买到较好的产品和享受优质的服务。比如,展会安排的住宿是否值这么多钱。

社会风险,购买这种会展服务是否会降低参展者的自身形象。比如,一个知名企业参加的会展中只有许多二流的企业。

安全风险,参展商所购买的会展服务是否会危害参展商的健康和安全。比如,流感病毒是否存在。

时间风险,是否能在预定的时间内完成会展活动。如果在计划时间内未完成,或者全部活动完成了而时间却超出了。时间上的保证无论对参展商,还是对承办者都是重要的。

为此,参展商应该在消费中消除风险:广泛收集信息,收集的信息越多,选择就越有信心;认真比较,根据自己的选择标准对备选展会进行权衡;寻求高价格,价格往往代表质量;消费知名会展,知名度高的会展往往会提供更好的市场机会,风险会小些。因此,参展商的消费活动的不确定性十分强。

（5）展后感受

认知失调是许多参展商在消费后经历的一种状态。参展商通常不确定他们的决策是好还是坏。消费行为的重要性越高，花费的金钱越多，失调的程度也就越高。例如，参展者参加国际会展而非本地会展，那么参展商经历的失调感要大得多。如果消费的会展服务缺乏参展商放弃的其他会展服务的优点时，参展商也会产生失调感。比如，参加一家会展时，却得知那里的住宿不像其他会展提供的那样好。

参展商体验会展服务后，会对他们原先的期望作出评价。该期望是以他们所获得的关于会展的信息为依据的。如果实现了期望，参展商就有满足感；相反，他们就会觉得不满意。诀窍就在于主办者和承办者不能承诺那些无法实现的诺言。如果对参展商承诺少一些，就有可能超出他们的期望。参展商对他们的服务满意，那么该承办和主办者就会得到巨大的回报。满意的参展商就可能成为回头客，因为他们知道这样的服务和产品能够满足他们的需求和期望。他们也会告诉其他参展商这些满意的经历，这样形成了口头推荐的信息，从而影响他人购买这些服务。反之亦然，不满意的参展商不太会成为回头客，他们也会告诉其他人，劝他们不要购买相同的服务。

来自社会的信息通常比来自主办和承办方的信息更重要。因为会展行业提供的服务是无形的服务，参展商会更加关注不满意的参展商。会展服务的质量控制比制造业和包装业困难。会展业是以人为本的行业，参展商本身及其行为很难标准化。监控参展商消费的满意度十分重要。

## 2) 观众的消费心理

如今展会越办越多，在展会上，新技术、新产品竞相登台亮相，供需直接见面洽谈，展会已成为人们接受信息、把握市场趋势的载体。

展会成功与否的关键，在某种程度上取决于观众的质量，犹如一部电影吸引观众，就有票房收入一样，展会需要观众，而且要看吸引了哪些观众。也许展会上人头攒动，展台前围得水泄不通，但多是领小礼品和纸口袋的，这些观众只是凑热闹，而不是参展商需要的。按照前文所说，观众分为专业观众和一般观众。专业观众是主办者的目标观众，是参展商的潜在客户。参展商主要是为了拓展销路和市场。如果观众少，质量不高，参展公司就没有得到效益。为此，我们要了解观众的消费心理，吸引足够多的观众、专业观众，既要有人气，又要开拓销路和市场。

观众以他们的五感：视觉、听觉、味觉、触觉、嗅觉来评估和感觉参展商的服务以及促销信息，这一过程就是感知。对于专业观众可能还带有专门的目标，如了解新技术、产品采购和市场合作等目标。

"感知比事实更重要"说的是一个重要的观众消费心理概念；观众通常更多依赖其对会展的感知来进行决策，而非事实本身。因此，不仅要促使观众消费，还要让他感觉到消费这些服务能够满足他们的需求和愿望。

感知就是"个体选择、组织和诠释信息以产生一个关于世界的有意义画面的过程。"世界上很难找出两个人对事物的看法完全相同。为什么呢？因为产生差异有四个感知过程：

（1）感知过滤

成千上万的观众涌入展馆，看到的是各家厂商各具风格的展台，那多姿多彩的场面常常使人目不暇接。观众对他们所接触到的广告刺激进行过滤。他们只注意和保留其中很少的一部分信息。有的心理专家称为"选择性保留"，有的称为"感知过滤"。参展商应尽其所能确保他们的服务和产品属于少数被保留和注意的信息。

（2）感知偏差

所有观众都存在感知偏差。观众扭曲一些参展商传达的信息，使之符合他们对产品和服务的看法。即使一则信息通过感知过滤保留下来，观众对其理解也可能完全没有达到参展商预期的效果。被扭曲的信息可能会和参展商的目的背道而驰。

（3）选择性保留

即使参展商传递的信息通过了过滤和偏差阶段，他们也不可能长期保留。观众在参展后可能很快忘记。观众实行一种"选择性保留"的过程：符合自己性格、信念和态度的信息保留时间较长。

（4）结束

观众倾向于看到的事物。人脑不喜欢处理不完整的物体、人和组织的形象。如果参展商信息不足以产生一个完整的形象，大脑会自动添加一些信息，而不管这些信息正确与否。如果不补上缺失的信息，人会处于一个心理紧张的状态。紧张能够引起人的注意力，参展商可以利用暂时缺失的信息来引起观众的注意。同时配合平时企业的广告反复播放，能够根深蒂固地植入观众的脑海中，让观众对他们熟悉到能够自动在这些陈述句后添加参展商的名字。

参展商应该通过各种工具和技术来避开观众感知障碍。他们应该认识到影响观众感知有两个因素：个人因素和刺激因素。个人因素包括需求、愿望、动机等。刺激因素更多是站在参展商的营销心理上来打动观众消费，这是重点。

刺激因素可以通过展位、展台布置以及配合的各种声、光、电效果和参展商安排的宣传促销活动、展览礼仪模特等方式来体现。诸如展会规模、颜色、强度、移动、位置、材质、形状等因素均可用于支持观众的感知。利用这些因素，可以很容易地通过观众的感知过滤，大力宣传自身产品。

规模，许多观众把规模等同于质量看待。他们认为，展馆面积越大、参展商的展位越多、观众越拥挤，参展商提供的产品或服务就越好。较大的规模还能使得参展商的印刷宣传品和小礼品吸引更多的注意力。

色彩，色彩也是有感知内涵的。五颜六色的展板远远比黑白两色更能吸引观众的眼球，同时，参展商颜色的选择也要同整个会展的主题、气氛相协调，展台设计是为了衬托展品，不可让颜色不协调而喧宾夺主，让绿叶淹没了红花。

强度，信息的强度能够引起观众超出寻常的注意力。可以利用观众恐惧驱动的心理吸引他们的注意力。

移动,作为刺激物,活动的物体要比静止的更能吸引人的注意力。这也就是为什么许多参展商在传递信息时除了模型、图表、样品外还有摄像、电视以及和观众的互动,如文娱表演、有奖问答和视频等。

位置,卖点材料陈列和参展商标志的位置能影响观众的印象,最好选择在观众一眼就能看到的位置,并且位于每行展位的顶端;在最多只有两面展墙的展位,它有两个边甚至三个边可以面对观众行走的通道,能更多地接触参观者。

质地,参展商临时租用的桌、椅、柜、地毯、展具以及分发给观众的介绍产品的小册子要做得精美,这样能给观众留下深刻的印象。

形状,设计独特的展具或促销品能让参展商在竞争对手中独树一帜。

参展商要抓住观众消费心理才能在短短的时间内让观众对自己的产品留下深刻印象。

# 9.2 会展商品销售服务心理

在我国,随着全球经济一体化步伐的加快,会展业的发展方兴未艾。据有关部门统计,目前我国每年举办的各类展览会超过2 000个,拉动相关产业(交通、住宿、餐饮、通信、旅游、广告、金融、保险等)经济收入达百亿元,已成为国民经济的重要组成部分和新的经济增长点。然而,所有的会展活动的核心又是会展商品,提供展品在会展业的组成中是必不可少的重要部分。

展品为什么能如此吸引会展相关人员?商品的展销怎样做才会收到更好的效果并满足观展商的需要?怎样使观展商兴高采烈地争相消费?这里面有很多心理因素的问题。必须明确,商品展示的主要目的虽然是满足观众的需要,但并不在于参观者的需要获得满足,主要还是希望引起其他观众的兴趣。同时,参展商的一个重要的目的是通过会展的"窗口"来宣传产品、开拓市场、树立企业形象、在竞争对手中独树一帜。从这些目标出发,我们可以从各个方面进行研究,其中重要的是对会展商品中的心理和销售服务心理的研究,以促进上述目标的实现。

## 9.2.1 会展商品中的心理因素

会展商品是指参展商用来展示或销售的商品。因为展出、宣传的需要,所以还应包括宣传材料和礼品。这些商品如何能迎合和吸引参观者的心理?有些心理学上的问题需要研究。商品的推广和宣传有很多方式,广告心理学对这个方面有专门的阐述,这里只就展馆内商品如何遵循心理的规律、发挥最大效能作简要的论述。

1)会展商品的性质、种类与消费者心理

以参展活动为主的观众对购物的心理趋向不同于其他消费者,会展商品的性质、种类也应有别于其他商品。比如说,没有特色的一般常见同类商品如已经过时、落后的或是竞争对手都有的物品就不能当作会展商品。会展商品的性质、种类必须充分考虑观众的心理特点。前面已提到观众在消费中感知过程的心理特征,根据会展自身的特征,会展商品的性质一般应该具有针对性、代表性、独特性的特点,这三者的有机结合也可以说是区别会展商品与一般商品的本质特点。另外,展品还要符合各种类型参观者的需求,宣传材料的设计与制作也要讲究。

(1)针对性

针对性是指展品要符合展出的目的、方针、性质和内容,如香港贸发局建立了世界一流的厂商资料库,根据不同的厂商寄送条码磁卡,观众凭卡入场。对于这样的专业观众,参展商一定要了解整个会展的情况,有的放矢地选择展品,了解市场空白,努力开拓市场,发现合作的可能性。如果是大众消费品应着力树立品牌形象,在观众中形成亲和力;如是新产品,需大力宣传其与众不同;如产品具有独创性,则应强调技术上的突破性。

(2)代表性

代表性是指展品应能体现展出者的技术水平、生产能力及行业特点。参展商的商品应该最大限度地代表整个企业,让参观者在众多的参展商中很快了解到自身的情况,不会误解或过多地咨询。

(3)独特性

独特性则是指展品应有自身的独特之处,以便和其他同类产品区别开来。会展商品的本质特点反映了消费者的需求心理,这些特点应表现在一定"特色"的基础上,也就是它有奇特的外观、颜色功能等特色。有特才有异,新异刺激物具有巨大的吸引力,它能自然引起人的无意注意和直观兴趣。参观者所需要、所追求的也往往在于新奇。1985年5月,保加利亚第9届春季国际博览会在普罗夫迪夫市举行,来自50个国家1 000多家公司的1万多种产品参展。贵州鸭溪窖酒独辟蹊径,夺得了本次展览会唯一的一块酒类金牌。它没有简单地效仿茅台酒在1915年巴拿马世界博览会上"摔酒瓶"的做法,而是对其进行了创新。工作人员倒出了一大碗鸭溪酒,放在冷风机下,美酒芳香顿时弥漫了整个展览厅,人们纷纷涌向鸭溪酒厂的展台,围观、品尝、询问、洽谈等。

(4)层次性

会展商品的种类也应该符合参观者的心理特点,特别是个性心理。品种多,既不单调又便于挑选,它能满足各种类型参观者的需求。会展商品应该是品种繁多,高中低档产品皆有。例如丝绸展刺绣产品有中堂、条幅、双面绣和日用刺绣头巾、手帕、靠垫、台布、手套、家具罩等。从各个方面满足参观者的需求,这在参观者心理上的感受是极为强烈的。在消费时,中、低档的旅游商品占极大比重,这是正常现象。首先,高档消费水平的旅游者终究属少数,大多是中、低档消费水平。其次,以购物为主的参观者不是全部。消费水平是消费者心理的经济基础,因此在会展商品的种类上应重点安排中、低档产品,这是符合一般参观者心理特点的。在"新"和"奇"字上做文章的会展商品之所以大受欢迎,说明它迎合了消费者的心理。特别是参观者多是直接购买的顾客。当然,高档的具有地方特色的商品也是需要的,它能满足水平较高的参观者的需求。因此,参展商品的种类应估计到各种情况，尽量地予以满足，满足各个层次的需要。

（5）精美性

在参展过程中，宣传材料的设计与制作是一项不容忽视的工作，有些参展商在这方面还有专门预算，同时，从上面提到的参观者刺激因素中可了解到观众会把宣传材料的质量和参展商质量等同，因此宣传材料也是展品的重要内容。宣传资料设计得好的产品，即使参展者在短时间内不产生购买行为，也会对这些产品形成一定程度的认同。宣传资料主要有请柬、手提袋、宣传手册、新闻稿、展览快讯和感谢信等。宣传材料的风格由宣传对象、宣传内容和宣传目的共同决定，但无论采取什么风格，其最终目的都是为了给受众留下深刻印象。宣传材料制作要注意制作成本，争取以较少的成本换取更高的回报；在外观设计上，合适的外观会对专业观众和媒体记者形成强大的视觉冲击力，但外观设计必须在尊重整体风格的前提下进行，设计要人性化，便于携带。例如，参展商将部分宣传资料设计成日历或手提袋的样子是一种不错的创意；在材质选择上，制作的材料必须保质保量，尤其是纪念品千万不能粗糙，要给参观者留下参展商的产品也同包装一样好的感觉。

2）会展商品的外形、包装与消费者的心理

会展已经成为现代企业的一种营销手段，展品代表一个参展企业的整体形象。因此，在会展商品的外形、包装方面要与相关群体当时的心理状态相适应。

（1）展品外形

展品的外形、包装是受众开始接触展品的最初感觉印象。对待物品首先是用眼看，用手去触摸，或用鼻去嗅闻。也就是运用感官去感知它。尽管审美观点不同，人人都爱美却是普遍的心理常态。而参展者尤其喜爱美观而富有特色的物品，这是由于在受众面前，会展活动的过程中有更大的从众鉴赏和比较的可能。为什么新、奇、美的展品特别受到受众的欢迎，因为它能满足观众对商品外形的心理需求。

（2）展品包装

展品的包装看来是商品本身的附属，它主要起着物理性的保护作用。但它在心理上的作用远非如此。一种精美的商品如果没有相得益彰的包装，人在心理上会降低对商品的美感和价值的评判。相反，包装的精美可以适当弥补商品的平凡，商品与包装就好比牡丹需绿叶，烘云才能托月。

包装实际是一种无声的推销工具。优良的包装往往能吸引参观者冲动性的购买。包装设计的美观、动人及增加使用的便利，使购买者愿意付出较高的价格来购买，尤其是会展商品的包装，如何考虑它的展示意义和作为实际消费的需要，以及携带的方便，特别是增加观展的乐趣等心理因素显得更为重要。

3）会展商品的陈列与参观者心理

会展商品陈列属于广告范围，是宣传推广的重要手段。通过商品陈列的直观形象可以帮助参观者认识某种产品，激发购买、合作欲望。商品陈列的方式有橱窗陈列、柜台陈列、悬挂陈列和就地陈列现场演示等。多种形式的商品陈列如何发挥刺激销售的功能，激发购买、合作动机和行为，要考虑参观者的心理特征。也就是说，要根据参观者的心理安排商品的陈列。

人的心理活动经常是由感知觉引起的，人们通过感知觉去认识和反映周围的事物。商品陈列的意义就在于以具体的形象作为刺激物去触发参观者的感知觉，从而发挥刺激销售的功能。商品陈列的效果与参观者感知觉的特点有很大的关系。因此，必须利用感知觉的特点设计和布置商品陈列。

(1)会展商品的陈列与参观者的视觉效果

展品陈列最重要的是视觉的利用，给参观者以整齐、美观、丰满、一目了然的视觉印象。在这一方面，首先要有整体的设计。展出商品的安排、展会背景和展台设计和装潢的布置、粗细线条的处理、深浅颜色的搭配要互相调和。必要时，可以用灯光来显示商品的色彩、形状，以吸引参观者的注意力。在摆放时，要合理使用空间，体现精致、宽阔、充实、美观、大方、新颖，同时要注意视线角度，高低适中。为了突出商品的形象，要处理好对象和背景之间的关系，也就是要将商品从背景中分离开来，增加刺激物的强度。柜台陈列要注意归类，将用途相似或同类的商品靠近，便于消费者比较和挑选。体积较小的商品可放在明显处以引起注意。

(2)会展商品的陈列与参观者的嗅觉效果

因为在展出前，展台搭建可能会造成环境的污染，商品的陈列与整个会展的环境要给参观者以清新的感觉。要保持展台以及陈列商品的清洁，确保没有异味，如油漆味、霉味、酸臭味等。注意空气的调节，展出时，要经常清扫橱窗、柜台，必要时可喷洒带有香味的清洁剂，使参观者对商品陈列既有视觉又有嗅觉的享受。

(3)会展商品的陈列与参观者的触觉效果

有的展品要在柜上陈列或就地陈列，让参观者用手触摸。需要保持物品的光滑度、清洁度。参观者有时要用手去抓握触摸物品，更需要利用触觉去刺激其购买动机和行为。参观者在参观物品时，通过触觉的感受利用已有的知识经验去鉴别物品的质量，并引起一定的情绪体验，对购买行为的产生有着重要的影响作用，因而在商品陈列上要充分利用触觉的效能。

(4)会展商品的陈列与参观者的联觉效果

在感知觉中，还有一种联觉的作用，即一种感觉能影响或兼有另一种感觉。在商品陈列的展馆还应充分利用听觉的作用。一个过于嘈杂、不宁静的场所，噪声的干扰能影响视知觉，并引起情绪上的烦躁。例如，在2003年上海国际汽车展中，曾有两家挨在一起的中外合资企业"比试"音响声音，结果使得场馆内噪声过大，让其他参展商和观众叫苦不迭，受到了主办者的多次警告以及媒体的批评，反而造成了一定的负面影响。在陈列展品的位置保持环境的整洁、美观、宁静，或适当播送一些轻松的乐曲，这会给人带来一种愉快的情绪。由听觉的舒适带来视觉和触觉的欲望，能触发购买、合作的动机和行为。

商品的陈列还应对某些具有特色或新产品适当地运用一些美观的文字说明广告来引起参观者的注意，帮助参观者进行思维上的分析和比较，这也是促进购买行为的一种手段。

4）展品演示

从心理学的角度来说，观众对静态和动态的物体观察时，更要注意动态的产品；另外，参展商往往不能在静态环境下充分说明展品的全部性能或独特之处，因而需要借助其他材料和设备来加以说明、强调或渲染，这便是展览会上多姿多彩的产品演示出现的原因。在如今的展览会中，很多参展商都采用文娱表演、有奖问答和视频音频的方法来进行产品演示，以吸引观众的注意力。然而，现场产品演示至少应遵循以下三个原则：

（1）追求高品质

现场表演应简洁或有高明之处和创新之处，切不可落于俗套。参观者抱着求新、求奇的心理，对于俗套的演示会减少参观的时间。

（2）突出主题

产品演示一般是围绕本次参展的产品展开的，要么突出产品的新功能，要么说明产品的特性。演示的方法可以多种多样，如实物操作、播放视频、现场讲解甚至魔术表演等，但目标都是一致的，这样可以让参观者在心理上对展品记忆犹新。

（3）"只能成功，不许失败"

试想，如果在众目睽睽下工作人员的现场演示失败了，那将是何等尴尬？因此，在演示产品前，工作人员必须反复练习，以确保万无一失。

5）展台设计和装潢

在展会中搭建参展商和观众沟通的平台，从心理学来说，这是一种平等、积极、竞争的感觉。

展台的设计应体现和加强企业形象，反映企业精神。展览会不再是摆摊推销卖货，它不应孤立地展示个别的产品，而是以产品为载体通过综合的手段展示企业整体的能力和形象。除了产品和推销之外，这些手段还应包括广泛的信息传播、交流、广告、公关和咨询。使观众在了解产品的同时，也在一定程度上加深了对企业的印象。因此，除了注意产品，还应该注意展台设计和装潢，围绕展品这个中心，要做到以下3点：

（1）展台设计新奇

充分利用各种可能的要素，如展台的形式、材料、音响、光线、色彩和其他装潢用品，不断给观众以新鲜感，刺激其好奇心，使他们对展台产生兴趣，进而产生与展览者谈话的愿望。

（2）展台设计突出个性

展台的设计要强调个性，同时要在空间和气氛上方便交谈。让参观者觉得新奇，又觉得舒适，这就十分理想了。

（3）展台设计体现铺垫性

展台要素的配套还要考虑到增强工作人员谈话的说服力，使顾客的瞬间好感在有限的时空内能够反复得到证实和加强，为展会后的联系打下基础。

### 9.2.2 会展商品销售服务心理

研究参观者在参观活动中的心理特征，有针对性地组织展品，搞好展品展出的工作，它还必须通过展台服务工作这一环节来争取理想的效果。展台人员如何在自己的工作中运用智慧和技巧去吸引参观者，博得参观者的欢心，这里有很多心理因素需要考虑。同样是参加展会，最终的结果往往一样。有的参展商布置较大，却门庭冷落；而临近展位却因为展台人员出色的解说、表演、资料礼品的有序派发而使展位门庭若市。

参观者到展会来，不仅希望能了解需要的物品，而且必然会要求受到什么样的接待，展台的服务是否使自己感到满足和愉快等。因此，不能把展台服务工作仅单纯看作是一种买卖，更重要的是企业和参观者的人际关系、企业信息的传播、企业形象的树立。

商品的交换是人类社会的现象，它是人们经济活动的一项内容。在展台服务工作当中，参观者是主体，只有处理好展台人员与参观者之间的关系，确认参观者为主的人际交往原则，才能使展品的交换成为可能。以参观者为主的展品服务工作，展台人员起着主导作用。展台人员必须重视存在于双方之间的各种心理因素并加以充分利用。

#### 1）观察力的发展

展台人员的观察力是工作所需求的基本心理素质之一，观察力的发展是在生活和工作实践中逐步提高的，它对于工作的成效有很大的影响作用。观察不是一种盲目的心理活动，而是有目的、有准备的思维的知觉。展台人员的观察是通过对参观者的表面行为，分析他们的心理活动规律，并为采取针对性的措施做准备。

商业工作者在实践经验中总结出"三相经"的说法，那就是观其行、听其言、察其意。参观者的心理活动往往溢于言表，有一种自然的流露。展台人员如果善于观察消费者的言行、神态举止，就能避免工作中的盲目性，变被动为主动，根据消费者的不同需求，予以最大限度的满足。在上门来的参观者当中，有的是以参观为主，眼睛东张西望，无固定目标，这时不必急于招呼，以免使对方受窘。但当他们较专注于某项物品时，可热情招呼并给予适当介绍。有的是有意了解者，目光比较集中在某些物品上，可亲切招呼，热情接待。通过观察参观者的年龄、性别、国籍、服饰等摸索了解动机和要求，并从神态和语言上了解消费水平情况，开展针对性的服务。

观察必须通过注意来进行，只有注意力高度集中并参与思维的活动，观察才能有好的效果。展台人员在工作时要和分散与干扰注意的杂念做斗争，全神贯注地观察消费者的外部表现，注意集中和分配是对立统一的关系。在接待参观者时有时需要"接一、顾二、联系三"，也就是在接待一位参观者时，还要兼顾观察周围其他的参观者，留神他们的先后顺序和消费需求。

观察力的提高需要在实践活动中锻炼和摸索，但关键在于树立正确的服务观念，培养专业的兴趣。对事业心强的展台人员来说，观察力的提高总是比较快的。

### 2）语言的运用

展台人员的语言表达方式对参观者的心理影响是很大的。语言动听、悦耳、热情、诚恳对促进参观者的购买动机和行为起着巨大的作用。在观察参观者动态的基础上，销售人员在接待时，应根据对方的年龄、性别、国籍以及身份等情况用敬语称呼对方，在介绍物品情况时应注意语调温和、诚恳，力求简明扼要。在观看展品时，要表现耐心并做好参谋。语言的速度和音调的高低要做到适中，太快或太慢、过高或过低都会使对方感到不舒服。临别时，应使用礼貌语言相送。语言表达能力与知识技能和精神文明的水平密切相关。较高的文化素养、政治素质和职业道德为语言的发展提供了前提。

在接待外国消费者，尤其是出国办展时，还必须较熟练地运用外国语言。展台人员的语言表达实质上是促进销售的工具，是激发购买动机和行为的诱因；它也可以因表达不当而降低销售功能。

### 3）情绪的调节

怎样使参观者来到展位时能有良好的观赏情绪、选购情绪，这固然需要展品陈列、演示具有一定的魅力，但更重要的是依靠展台人员去调节参观者的情绪。情绪的好坏无疑会影响展出，因此，展台人员要善于随时调节消费者的情绪，使他们感到来到了一个心情愉悦的场所。要做到这一点，首先展台人员本身的精神状态是振奋的、热情好客的；仪表是整洁大方的；礼貌是周到的；语言是亲切的；态度是主动而又耐心细致的。其次，善于捕捉参观者的情绪反应：当参观者对展品的质量、品种、价格和安全性表现出怀疑时，能热情帮助他们消除怀疑；当参观者在参观或购买表现出犹豫时，帮助他们找到满意的物品；当参观者表现出急躁情绪时，能稳定他们的情绪。总之，处处使参观者觉得亲切、方便，像见到亲人那样得到应有的关照。应该防止出现引起参观者情绪不安或反感的各种因素。

### 4）操作的熟练

展台人员熟练的操作技能（尤其是在演示产品时）在消费者的心理上有较强的感染力。要熟知各种型号展品摆放的位置，快速报出它的性能、用途和价格；要有较高的计算技能，准确而又迅速地报出计算结果，熟练地收付款项；要有过硬的包扎技术，既美观又稳妥，对于专业观众提出的问题要准确流利地回答等。熟练的操作技能能节省时间，增加参观者的信任感和安全感，让他们对展台的服务工作质量有较高的评估。熟练的操作技能也是一种无声的宣传，对参展商的声誉起着扩散作用。

操作技能的提高需要通过专业训练和自我锻炼的途径。同时，也必须做好展品服务前的有关准备工作，如展品、展具、宣传资料、视频及整个活动安排等。专业人员还要事先向展台人员介绍可能会提出的各种问题的回答。如果这些准备工作做得不够，会容易手忙脚乱、心慌意烦，这种现象会感染参观者，使他们也感到不安，甚至会产生埋怨和增加不信任感。

5）意志的锻炼

展台销售服务工作是一项复杂而带有一定技术性的工作，它需要体力与脑力劳动两者结合。从事会展商品服务的销售人员既从事着销售活动，又由于要宣传企业，还肩负着树立参展商形象的任务。因此，展台销售人员的工作艰巨复杂。做好这项工作，既需要具有展品知识、礼仪知识、专业知识、外语水平、工作技能技巧，又需要善于探索观众的心理特征，灵活地采取相应的措施。面对川流不息的观众，需要满足各种不同的需求，并随时妥善处理出现的各种情况。可以说，展台人员在不断经受着意志和毅力的考验。

展台服务多在展会内进行，首先是站着服务的科学，也就是一般所说的站柜台。站是工作的特点，然而这并不容易，站久了会感到疲劳、厌倦，生理作用会影响心理状态，它可以使人情绪下降，注意力涣散，记忆和思维效能减弱。如果这样，就会给工作带来损失，它必须依靠意志的力量达到自我控制。站还要保持自然姿态，表现出精神饱满的状态，给人一种亲切热忱的感受，即使是在两腿酸麻的情况下也丝毫不露于形，它所凭借的就是意志的作用。

参观者由于个性的不同，有的比较信任和依靠展台销售人员；有的并非如此，挑挑拣拣，喋喋不休。有的很尊重展台销售人员的劳动；有的可能忘了应有的礼貌；有的比较顺利地成交；有的唠叨多时无意购买；有的甚至对有些商品横加指责等。在有的情况下，还会出现一些误会和差错，也可能发生一些意外事件等。展台销售人员如果没有坚强的意志，并把它看作是展台服务中的正常现象，那将会经受不住。

意志是人的积极性的特殊形式。它以人调节自己的行为、抑制其他一系列的意图和动机为前提。根据自己提出的目的，预先规定自己应该怎样行动。意志活动就是一个人约束自己，控制自己不随意冲动，必要时压制这些冲动的思想行为。作为展品的销售服务人员要善于自我调节和控制，约束自我的冲动性，努力适应展台销售工作的职业要求。良好的意志品质并非与生俱来，它是后天经过锻炼逐步发展的。有目的的、有意识的自我锻炼就有可能使意志由脆弱转为坚强。在锻炼过程中，一旦形成习惯，它就能得到保持和巩固，就不会感到压抑或痛苦，而且会使人感受到意志坚强所带来的快乐。

# 案例举要

## 多管齐下　精心招展

2003年秋季，通过UFI认证后首次举行的大连国际服装博览会，承载了组织者更高的目标和使命——要在国际化方面保持引领作用，在促进商贸交流上追求实际成效，在吸纳信息方面发挥先锋作用等。为了推广名牌展会形象，第15届博览会组委会在年初就派出3批招展人员分别参加亚洲、欧洲著名的服装博览会，之后又在香港、北京、广州召开新闻发布会，介绍本次博览会的各项情况，与此同时，选择确定了海外招商代理。

大连国际服装博览会在招展方面进行了大量有益的探索：首创参展商和买家直接见面洽谈会；邀请全国百家亿元大商场临场；通过填写需求表，普查参展商的要求，有针对性地邀请各类贸易商；在我国同类展会中首先为参展商编印大商场和代理商名录；首创参展商和品牌的商贸发布会等。这些崭新的商贸理念和多样的洽谈形式为参展商和贸易商提供了源源商机。

资料来源：施志强《第15届大连国际服装博览会招展和买家邀请再续新高》

**评析：**

案例中，在本届博览会上，组委会通过精心搭建的商贸平台，为参展商提供了众多商机；面临服装业展览会的激烈竞争，大连国际服装博览会从不热衷于价格竞争，而是扬长避短，在突出商贸效果上闯新路，以创造更多的商业机会以及为客户争得未来市场作为增强展会竞争力的突破口，可见会展企业发挥好牵线搭桥作用的重要性。

# 思考与练习

1. 会展参与者有哪些？参展商事先要筹划哪些内容才能有条不紊地开展展览工作？
2. 我国会展承办单位的职责有哪些？
3. 参展商消费心理经历了哪些过程？
4. 参展商品的性质一般应该具有哪些特点？
5. 参展商品销售服务心理包括哪些？

# 第 *10* 章
## 会展管理心理

[学习目标]

- 了解人性假设理论等会展管理心理理论
- 了解会展群体的沟通与凝聚力形成的重要意义
- 了解会展领导心理学理论
- 掌握会展企业文化的构成策略

[关键概念]

管理心理理论　会展群体心理　会展组织心理　会展领导心理

# 10.1 会展管理心理的相关理论借鉴

## 10.1.1 人性假设理论

在人类思想史上，人性一直是哲学家、管理学家研究的重要问题之一。因为制订什么样的管理制度，采用什么样的管理方法，建立什么样的组织结构，都与如何看待人性问题有关。

1）人性假设的 X 理论与 Y 理论

1960 年，麦格雷戈出版了他的著作《管理理论 X 或 Y 的抉择——企业的人性面》。在这部著作中，他总结了若干较有代表性的人性假设，并将其归纳为 X 理论或 Y 理论。

（1）人性假设的 X 理论

麦克雷戈用 X 理论这一名称归纳了历史上控制导向的传统观点。其人性假设的基本点是：大多数人生来懒惰，总想少干一点工作；一般人都没有什么雄心，不喜欢负责任，宁可被别人指挥；多数人的个人目标都是与组织的目标相矛盾的，必须用强制、惩罚的办法，才能迫使他们为达到组织的目标而工作；多数人干工作都是为了满足基本的生理需要和安全需要，因此，只有金钱和地位才能鼓励他们努力工作；人大致可以分为两类，多数人都是符合于上述设想的人，另一类是能够自己鼓励自己、克制感情冲动的人，这些人应负起管理的责任。

（2）人性假设的 Y 理论

Y 理论是将个人目标与组织目标融合的观点。麦格雷戈称之为 Y 理论的人性假设是指：人在工作中消耗体力和智力是极其自然的事，就像游戏和休息一样；促使人向组织的目标努力，外力的控制和惩罚的威胁并非唯一的方法，人为了达到其本身已经承诺的目标，自然会实行自我监督和自我控制；人对目标的承诺，是为了目标达成后得到的报酬，这种报酬的项目很多，其中最重要的是自我需要和自我实现的满足；只要情况适当，一般人不仅能学会承担责任，也能学会争取责任；以高度的想象力和创造力来解决组织中问题的能力，不是少数人独有的能力，而是大多数人都拥有的能力；在现代企业中，常人的智慧潜能仅有一部分被利用，大部分都未被开发。

（3）人性假设的超 Y 理论

鉴于 X 理论和 Y 理论的局限与不足，摩尔斯（J. Morse）和洛斯奇（W. Lorsch）提出了超 Y 理论。这一理论对人性的假设是：人们到组织中工作的需要和动机是多种多样的，但主要的需要是取得胜任感。胜任感是指组织成员成功地掌握了周围的世界，其中包括面对任务而积累起来的满意感；取得胜任感的动机尽管人人都有，但不同的人可用不同的方式来实现，这取决于这种需要与其他需要之间的相互作用；组织目标与个人目标的

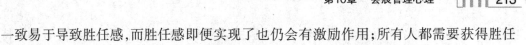

一致易于导致胜任感,而胜任感即便实现了也仍会有激励作用;所有人都需要获得胜任感,但由于人个体差异的存在,因而用什么样的方式获得胜任感是不同的。

2)人性假设的经济人、社会人、自我实现人和复杂人理论

在西方管理心理学研究中,另一种较有影响的人性假设理论是雪恩(H. Schein)提出的四种与管理有关的人性假设,即"经济人""社会人""自我实现人"和"复杂人"的假设。雪恩是当代著名管理心理学家,在哈佛大学获心理学博士,现任麻省理工学院斯隆管理学院的组织研究学会主席,管理与组织心理学教授。他在《组织心理学》一书中详细阐述的四种人性假设,展现了西方管理界对人性看法的发展历程。

(1)"经济人"假设

"经济人"假设又称"实利人"或"唯利人"假设,即认为人性是懒惰的,干工作都只是为了获取经济报酬,满足自己的私利。因此,管理上主张用金钱等经济因素去刺激人们的积极性,用强制性的严厉惩罚去处理消极怠工者,即把奖惩建立在"胡萝卜加大棒政策"的基础上。

(2)"社会人"假设

这种假设认为,人是社会人,人们的社会性需要是最重要的,人际关系、职工的士气、群体心理等对积极性有重要影响。因而,在管理上要实行"参与管理",要重视满足职工的社会性需要,关心职工,协调好人际关系,实行集体奖励制度等。

(3)"自我实现人"假设

"自我实现人"假设认为,人是自主的,勤奋的,自我实现的需要是人的最高层次的需要,只要能满足这一需要,个体积极性就会被充分调动起来。所谓自我实现,是指人的潜能得到充分发挥;只有人的潜能得以表现和发展,人才会有最大的满足。因此,管理上应创设良好的环境与工作条件,以促进职工的自我实现,即潜能的发挥,强调通过工作本身的因素,即运用内在激励因素调动职工的积极性。

(4)"复杂人"假设

该理论认为,无论是"经济人""社会人"或者"自我实现人"假设,虽然各有其合理性,但并不适合于所有人。因为,人是有个体差异的,一个现实的人,其心理与行为是很复杂的。人不但有各种不同的需要和潜能,而且就个人而言,其需要与潜能,也随年龄的增长、知识能力的提高、角色与人际关系的变化而发生改变。不能把人视为某种单纯的人,实际上存在的是一种具体的"复杂人"。

## 10.1.2 个体差异、个体社会化和社会角色

1)个体差异

(1)个体差异的内涵

近代对个体差异的重视和研究源于生理学家和心理学家对个体差异的实验室认定。

1879 年,随着心理学家冯特建立了第一个实验室,心理学家们在研究人类行为的共同特点时,发现对于同一刺激,不同人的反应常常是不同的。起初以为这是由实验本身的误差造成的,但经过长时期的实验后,最终发现这种差异与误差无关,而是被试个体之间的差异造成的。随着这一发现,个体差异的研究引起了人们的重视。

个体差异是指个体在成长过程中受遗传和环境的交互影响,个体在身心特征上所显示出的彼此各不相同的现象。对一个组织或群体来说,了解个体差异具有积极作用,可以帮助组织了解成员,做到人尽其才,人尽其责。

（2）个体差异的表现方面

①气质的个体差异。

气质即人们常说的"性情、脾气",是人的高级神经活动类型的心理表现,是不以活动目的和内容为转移的典型的、稳定的心理活动的动力特性。现代心理学认为,一类人身上有着的相似的心理活动特征,即为气质。参照古希腊医生希波克利特的气质类型说,并根据人的感受性、耐受性、兴奋性、内外倾向性等各种心理特征的不同结合,现代心理学把人的气质划分为四种类型:

a. 胆汁质。胆汁质的主要心理特征是:直率、热情、精力旺盛、情绪易于冲动、心境变化剧烈,具有外倾性。

b. 多血质。多血质的主要心理特征是:活泼、好动、敏感、反应迅速、喜欢与人交往,注意力容易转移,兴趣容易变换,具有外倾性。

c. 黏液质。黏液质的主要心理特征是:安静、稳定、反应缓慢、沉默寡言,情绪不易外露,善于忍耐,注意力稳定,但难于转移,具有内倾性。

d. 抑郁质。抑郁质的主要心理特征是:孤僻、多疑、行动缓慢,柔弱易倦、多愁善感,能觉察他人不易觉察到的细小事物,具有内倾性。

在现实生活中,仅有少数人是上述四种气质类型的典型代表,大多数人属于中间型或者混合型的气质类型。在某些职业中,具有符合工作要求的气质特点者,易于适应工作,工作也更有成绩、更轻松。比如:营销员这类工作要求热情开朗、反应灵敏,多血质的人就较易适应,而黏液质和抑郁质的人相对就要困难些;反之,会计这类工作要求持久、细致、严谨,那么黏液质和抑郁质的人就要比多血质、胆汁质的人容易适应一些。在这种情况下,气质特征直接影响着一个人是否适合于从事该种职业。

②能力的个体差异。

能力是人的综合素质在现实行动中表现出来的正确驾驭某种活动的实际本领和能量,是一个人成功地完成某种活动并影响活动效果的个性心理特征,主要包括潜能、体力、智力、情感力、意志力、精神力量和实践能力等。个体之间的能力存在着明显的差异,通过活动表现出来,具体表现在:

a. 能力表现早晚的差异。能力最初仅是人体内的一种潜能,这种潜能是随着人生的旅途逐渐显现出来的。但不同的个体,能力的显现参差不齐。考察古今中外的个体发展历史,大器晚成者有之,早慧成熟的神童也有出现。

b. 不同年龄的人之间的能力差异。一方面,表现为不同学科最佳创造年龄期的差异。创造有最佳年龄,美国学者莱曼经过研究认为,25~40岁是成才的最佳年龄。还有的研究把不同学科的平均最佳创造年龄进行了细分,如化学领域最佳创造的平均年龄为26~36岁;数学领域为30~34岁;物理学领域为30~34岁;心理学领域为30~39岁;哲学领域为35~39岁;声乐领域为30~34岁。另一方面,表现为不同能力的平均发展水平的差异。个体之间智力发展的差异是十分明显的。身体健康且经常参加体力劳动和脑力劳动的人,直到晚年时智力仍不会明显下降;反之,懒惰和体弱的人,智力会未老先衰。

c. 能力的类型差异。能力有各种各样的类型,能力的类型差异主要表现在:有的人长于想象,属于生动言语型或形象思维型;有的人长于记忆,视觉记忆或听觉记忆较好;有的人长于思维,善于逻辑推理或抽象思维的构建。不同能力的结合,使人们之间具有了个别差异。

d. 能力发展水平的差异。能力有高低的差异。一般情况下,能力在全人口中的表现为正态分布:两头小,中间大。智力的高度发展叫作智力超常或者天才;智力低于一般人水平的叫作智力落后;中间划分出不同的层次。

③性格的个体差异。性格是人们在态度和行为上表现出来的稳定的心理特征的总和。如同世界上没有两片完全相同的树叶一样,世界上也没有性格完全相同的人。性格特征是多种多样的,又是决定人命运的重要因素和构成个体差异的重要内容。性格具有如下特征:

a. 性格的理智特征。性格的理智特征是指人们在感知、记忆、想象和思维的认识过程中所表现出来的个别差异。

b. 性格的情绪特征。性格的情绪特征是指情绪影响人的活动或受情绪控制时经常表现出来的稳定特点。性格的情绪特征具体表现为情绪的强度特征、情绪的稳定性特征、情绪的持久性特征和情绪主导心境方面的特征。

c. 性格的意志特征。性格的意志特征是指个体为了达到既定目标自觉地调节自己的行为,努力克服前进道路上的困难时所表现出来的意志特征的个别差异。性格的意志特征具体表现为意志的自觉性、坚定性、果断性和自制力。

d. 性格的态度特征。性格的态度特征是指个体在处理各种社会关系方面所表现出来的个别差异。对现实态度的性格特征具体表现为对他人、集体和社会的态度,对待事业和工作的态度以及对待自己的态度。

心理学研究者从不同角度对性格进行了分类,如按照理智、情绪、意志在性格结构中占优势的情形,将人的性格分为理智型、情绪型和意志型;按照人心理倾向于内部或外部将人的性格划分为内向型与外向型;按照一个人的独立性程度将人的性格划分为独立型和顺从型;按照人的社会意识倾向性,把人的性格分为理论型、实际型、审美型、社会型、政治型和宗教型。

2)个体社会化

(1)个体社会化的概念

个体社会化指的是每个人从出生到长大成熟的生命历程中,都是通过不断地与周围环境的相互作用,逐渐从一个自然人,发展成一个社会人的。在周围环境的影响下,个体不仅学会了认识社会、适应社会以致改造社会,而且还各自形成了与他人不同的心理特征和行为风格。个体社会化的主要任务是掌握基本的生活技能,认识各种社会生活,遵守社会行为规范,树立个人生活目标,承担不同的社会角色,为适应社会生活打下良好基础。

(2)影响个体社会化的主要因素

社会化是通过个人和与之有关的其他个人及群体的相互作用形成的。构成社会化的整个因素就是影响个体的全部社会生活环境,其中家庭、学校和社会文化影响是构成社会环境的三个主要方面。

①家庭因素。

父母对子女社会化的影响远远大于其他人的影响。家庭是儿童的最初学校,父母是儿童的首任教师,父母的举止言行,会对孩子起着潜移默化的作用。从儿童的成长环境来看,家庭、学校、幼儿园生活,都对儿童的社会化予以影响。从他们接受教育的顺序看,首先是家庭影响,然后才是幼儿园和学校。由于儿童的家庭生活约占他们全部时间的2/3,因此,家庭环境的影响具有重要意义。现代心理学研究表明,个体接受社会化的最佳年龄是学前期。

②社会环境影响。

社会环境影响,主要是指学校教育的影响。学校教育通过一定的手段,会把各种行为规范、道德标准、社会价值观以及前人所积累的知识、经验、技能和技巧有目的、有计划、有步骤地传授给学生,再通过行为影响,使其符合社会化的要求。学校对个体的这种社会化影响,主要是通过教材的传授,教学内容的考核,教师的人格影响以及同学之间、个人与组织之间的相互作用实现的。

社会环境的影响,除了学校教育之外,国家的政策、方针,社会上的各种道德观念、习惯势力、宗教信仰、社会舆论以及意识形态等,都具有一定的作用。

③社会文化影响。

社会文化主要包括政治、经济、宗教、文化、风俗、习惯、民族传统以及生产力发展水平等。不同的文化结构对人的社会化影响也具有明显的区别,例如居住在新几内亚三个不同地方的部族,由于文化结构不同,他们的行为方式与人格倾向也有显著不同。居住在山地上的人,传统上一向和平相处,大都性格温和、对人亲切,因而居民之间都很合作;居住在河岸上的人,传统上残酷好斗,居民之间也是相互攻击,互不合作,占有欲很强;居住在湖边的人,正处于母系社会,男女性别分化很明显,女性支配男性,握有经济大权,男子在家带孩子,自卑腼腆。

近年来,通过对我国云南省少数民族克木人和基诺人的调查发现,他们还保留着某些原始社会的文化特点。他们热爱劳动,忠诚不欺,尊重老人长者,不打架骂人,相互借贷不要利息,父母不打骂孩子,村寨之间和睦相处,村寨有灾彼此能舍己相助。并且,私有观念淡薄,没有偷盗现象,从不锁门,每年收获完毕,粮食就放在地头上的棚子里,随用随取,无人看守。

3）社会角色

（1）社会角色的概念

社会角色，就是指一个人的社会身份。社会现实生活中，每个人总是隶属于一定的社会组织和群体，在错综复杂的社会关系体系中，总是居于某种地位，拥有某种身份，担任某种职务。人们的不同职务、地位和身份，统统称为社会角色。

社会成员所担任的社会角色并不是唯一的和一成不变的，有时一个人往往同时承担几种角色。例如，某人在企业里可能是经理，而在家里则可能是丈夫或妻子，同时又是孩子的父亲或母亲。有些角色是与生俱有的，例如男、女的性别角色；有些角色则是后天获得的，例如工人、学生、演员、战士或干部等。角色本身虽然决定着角色体现者的共同轮廓，但它却不能决定每个角色体现者个人的活动和行为。

（2）社会角色的类型

①从人们获得角色的方式上区分：先赋角色与自致角色。

先赋角色，也称归属角色，指建立在血缘、遗传等先天的或生理的因素基础上的社会角色。自致角色，也叫自获角色或成就角色，指主要通过个人的活动与努力而获得的社会角色。自致角色的取得是个人活动的结果。

②根据人们承担社会角色时的心理状态区分：自觉的角色与不自觉的角色。

自觉的角色，指人们在承担某种角色时，明确意识到了自己正担负着一定的权利、义务，意识到了周围的人都是自己所扮演的角色的观众，因而努力用自己的行动去感染周围的观众。不自觉的角色，指人们在承担某一角色时，并没有意识到自己正在充当这一角色，而只是按习惯性行为去做。

③从社会角色规范化的程度上区分：规定性角色与开放性角色。

规定性角色指有比较严格和明确规定的角色，即对此种角色的权利与义务、应当做什么、不应当做什么都有明确规定。开放性角色指那些没有严格、明确规定的社会角色，这类角色的承担者可以根据自己对角色的理解和社会对角色的期望而从事活动。

④从社会角色的追求目标上区分：功利性角色与表现性角色。

功利性角色指那些以追求效益和实际利益为目标的社会角色。所谓表现性角色指不是以获得经济上的效益或报酬为目的，而是以表现社会制度与秩序、社会行为规范、价值观念、思想道德等为目的的社会角色。

### 10.1.3　自我意识、需要与动机

1）自我意识

（1）自我意识的概念

自我意识，是一种多维度、多层次的复杂心理现象。从认识形式看，它表现为自我感觉、自我观察、自我分析和自我批评等，统称为"自我认识"；从情绪形式看，它表现为自我

感受、自爱、自尊、责任感、义务感和优越感等，统称为"自我体验"；从意志形式看，它表现为自立、自主、自制、自强、自卫、自律等，统称为"自我控制"。

（2）自我意识的作用

一个人的自我意识对他的自尊心、自信心和自我态度的转变有着巨大影响。

①自尊心。

自尊心，又称为自爱心，是维护自我尊严的一种自我情感体验，表现为尊重自己的人格、荣誉，不向别人卑躬屈膝，也不容许别人歧视和侮辱自己。一个有自尊心的人，与人相处严肃认真，不会因为某种压力而屈从于别人，也不会轻易接受别人的奉承，即使在领导面前也能够做到不卑不亢。而一个缺乏自尊心的人，则任何批评和表扬对他都不起作用。

因此，会展组织的管理者，应该善于利用自尊心来调动员工的积极性，尊重员工的意见，激发员工的创造精神，切忌对员工简单地采取行政命令。同时，利用自尊心，有计划、适当、适时地对员工的缺点进行批评，督促其认识错误，取长补短。

②自信心。

自信心是对自己力量的充分估计，是自我意识的重要成分。一个人的成长过程中，自信心有着积极的推动作用。一个人如果时刻对自己充满自信，对生活、对工作就会充满很大的热情，也会积极发挥自己最大的能量。而一个人如果很自卑，看不到自己的力量，认为自己什么都不行，久而久之，就会形成一种心理定式，给生活和工作带来消极影响。

因此，会展组织的管理者，应该善于利用自信心来调动员工的积极性，激发他们对工作的热情，创造一种你追我赶，彼此都不甘落后的工作氛围。每个人都有一种自我实现的心理，通过争取优异的成绩，以保持和提高自己在群体中的地位。

③自我态度。

自我态度就是个体对自己的一种自我评价倾向。个体的自我评价会随着客观世界对个体的要求而发生变化。自我态度的改变必须通过自觉自愿，否则自我意识将会起阻碍作用。

影响自我态度变化的因素很多，其中有主观因素，也有客观因素。当一个人的自我评价很高，自我态度的转变将会比较艰难。个人的自我意识还具有自我控制的功能，能有意识地控制自己的行为和态度，在一定的场合下，做到委曲求全。例如，在一种社会舆论的压力下，为了避免有失面子，不得不对社会舆论表示服从或顺从，声称自己的态度已经转变，实际上只是一种表面的服从，自我态度依然没有改变。这就是自我意识对个人行为和态度的一种控制作用。

2）需要

（1）需要的内涵

需要，是指有机体内部的一种不平衡状态，表现为有机体对内外环境条件的欲求。简单地说，需要就是人对某种目标的渴求或欲望。人类的需要是多种多样的。按照需要的起源,可以分为自然性需要和社会性需要两大类。人的需要越多越强烈,就会推动人积极地去获得。

在会展的组织管理过程中,首先应当了解员工的各种需要,尽可能地把组织目标与员工的合理需要有机结合起来,使得社会的需要、组织的需要逐步转化为员工的个人需要,从而更有效地挖掘人的内在潜力,激发出员工更大的积极性。

(2)马斯洛需要理论

1943年,美国心理学家马斯洛提出了需要层次理论。这一理论流传甚广,目前已经成为世界各国普遍熟悉的理论。马斯洛认为,人的需要是有层次的,按照它们的重要程度和发生顺序,呈梯形状态由低级向高级发展。人的需要主要包括:生理需要、安全需要、社会需要、自尊需要和自我实现的需要。需要总是由低到高,逐步上升的,每当低一级的需要获得满足以后,高一级的需要就接着要求被满足。由于每个人的动机结构的发展情况不同,这五种需要在个体内所形成的优势动机也不相同。当然,这并不是说当需要发展到高层次之后,低层次的需要就消失了;恰恰相反,低层次的需要仍继续存在,有时甚至还是十分强烈的。为此,马斯洛曾经指出,要了解员工的态度和情绪,就必须了解他们的基本需要。

马斯洛的需要层次理论的五个需要层次,是一个由低到高逐级形成并逐级得以满足的过程:

①生理需要。生理需要是人最原始、最基本的需要,即人对食物、空气、水、性和休息的需要,是人类赖以生存和繁衍的基本需要,是推动人们生存、活动、工作的最强大的动力。

②安全需要。当一个人的生理需要获得满足以后,就希望满足安全需要。例如,对生命财产的安全、秩序、稳定,免除恐惧焦虑的需要,以及希望摆脱严酷的监督和避免不公正的待遇等。

③社会需要。社会需要主要包括社交的需要、归属的需要以及对友谊、情感和爱的需要。一个人在满足了生理需要和安全需要之后,社会需要便开始变得强烈。希望通过社会交往,建立融洽的同事关系,获得友谊与忠诚,得到信任和爱情等。"社会需要"是一种比"生理需要""安全需要"更细致、更难以捉摸的需要,它与一个人的性格、经历、受教育程度、所隶属的国家和民族以及宗教信仰等都有一定的关系。

④尊重需要。尊重需要即自尊和受人尊重的需要。例如,人们总是对个人的名誉、地位、人格、成就和利益抱有一定的欲望,并希望得到社会的承认和尊重。一方面,对自己的知识、能力和成就充满自豪和自信;另一方面,希望自己有权力、地位和威望,被别人和社会看得起,能够受到别人的尊重、信赖和高度评价。马斯洛认为,尊重需要得到满足,能使人对自己充满信心,对社会满腔热情,体会到自己生活在世界上的价值。

⑤自我实现的需要。自我实现的需要是指人希望最大限度发挥自己的潜能,不断完善自己,完成与自己能力相称的一切事情,实现自己理想的需要,也是人类最高层次的需要。一方面表现为胜任感,为能够胜任某项工作而感到自豪并付诸百倍努力去完成;另一方面表现为成就感,为出色地完成某项工作获得成功而感到自豪。

在人的心理发展过程中,五个层次的需要是逐步上升的。当低级的需要获得满足以后,就会把追求更高一级的需要变为驱使行为的动力。作为会展组织的管理者,要善于分析和利用员工的需要层次和需要目标,发挥其最大能力。例如,成就需要强烈的人,往往把成就看得比金钱更重要,把工作中取得的报酬,仅仅看成是衡量自己进步和成就大小的一种标志。这种人事业心强,有开拓精神,具有埋头苦干、承担风险的优秀品质。

### 3）动机

**（1）动机的内涵**

动机,即推动人们行动的力量。它是人们的愿望、兴趣、理想表现出来的激励人们活动的主观因素。具体来说,动机是引起、维持个体活动并使活动朝某一目标进行的内在动力。

动机与需要是密切相关的。如果说需要是人的活动的基本动力的源泉,那么,动机就是推动这种活动的直接力量。

**（2）动机的种类**

动机对于活动的影响很大,动机有以下几种类型。

①内在动机和外在动机。

根据动机的引发原因,将动机分为内在动机和外在动机。内在动机是由活动本身产生的快乐和满足所引起的,它不需要外在条件的参与。个体追逐的奖励来自活动的内部,即活动成功本身就是对个体最好的奖励。外在动机是由活动外部因素引起的,个体追逐的奖励来自动机活动的外部。内在动机的强度大,时间持续长;外在动机持续时间短,往往带有一定的强制性。事实上,这两种动机必须结合起来才能对个人行为产生更大的推动作用。

②生理性动机和社会性动机。

根据动机的起源,将动机分为生理性动机和社会性动机。生理性动机是与人的生理需要相联系的,具有先天性。人的生理性动机也受社会生活条件所制约。社会性动机是与人的社会性需要相联系的,是后天习得的,如交往动机、学习动机、成就动机等。

③主导性动机和辅助性动机。

根据动机在活动中所起的作用不同,将动机分为主导性动机与辅助性动机。主导性动机是指在活动中所起作用较为强烈、稳定、处于支配地位的动机。辅助性动机是指在活动中所起作用较弱、较不稳定、处于辅助性地位的动机。

④近景动机和远景动机。

根据动机行为与目标远近的关系,将动机划分为近景动机和远景动机。近景动机是指与近期目标相联系的动机;远景动机是指与长远目标相联系的动机。远景动机和近景动机具有相对性,在一定条件下,两者可以相互转化。远景目标可分解为许多近景目标,近景目标要服从远景目标,体现远景目标。"千里之行,始于足下",是对近景与远景动机辩证关系的描述。

### 10.1.4　激励、期望与公平

1）激励

（1）激励的内涵

激励是指激发与鼓励员工的工作动机，使其潜在的工作动机和能力充分地发挥和维持，从而更好地实现组织目标的过程。通俗地说，激励就是调动和维持员工的工作积极性。

激励的对象主要是组织范围中的员工或领导。而激励过程就是组织的领导者或管理人员引导并促进工作群体或个人产生有利于实现管理目标的行为过程。

（2）激励的有效策略

得人才者得天下——这是众多企业在商战中得以获胜的法宝，如何充分调动员工的积极性，成为摆在管理者面前的重大课题。公平合理的员工激励机制是企业持续发展的重要动力。据统计，未受激励的职工，其能力只发挥20%～30%，而受到激励的职工，由于思想和情绪处于高度激发状况，能力发挥的程度可以达到80%～90%，这就是说，同样一个人在通过充分激励后所发挥的作用相当于激励前的3～4倍。好的激励机制会使企业员工受到很大的鼓舞，感到自己的价值和作用。

结合管理心理学及组织行为学的相关理论，会展组织要合理运用激励策略和手段，把握好以下几个方面的问题，即一个核心、三种手段、三项前提。

一个核心是"心"，即"人心"。"心"是激励的起始点，也是激励的结果点。管理者只有掌握了"人心"特点，才能针对性地运用激励手段。通过激励手段的运用改变"心"的导向，改变人的态度，使之积极主动的产生组织希望的行为和目标。

三种手段是"利""情""道"。

"利"指利益。会展组织为员工提供的薪酬、福利、分红等都属于利益的激励手段。"利"是激励过程中的物质手段。

"情"指情感，即员工从情感上对会展组织产生认同、归属。组织中对优秀员工的评选、表彰，对困难职工的援助，节假日的慰问和关怀等都属于此方面的激励手段。"情"是激励过程中的精神手段。

"道"在中国文化中有行而上的意义，"道"是代表法则、规律，是长期不会变易的原则和规律性的东西。如《中庸》首章中所说："天命之谓性，率性之谓道。"结合到会展组织的激励，就是要以人为本，以企业的发展为目标，制订相关制度，建立企业理念，塑造企业文化。会展组织中强调的公平、公开、公正的机制，为员工提供职业发展的机会和通道，提倡事业和家庭的平衡，以及国家所倡导的和谐社会，都属于"道"的激励手段。"道"在激励过程中起到了塑造企业文化的作用。组织在"道"上开展的激励将会是长期有效的，与"利"和"情"相辅相成，保证并放大了"利"和"情"的激励效果。

三项前提，即组织的目标或战略方向、组织不同的时空发展阶段、激励个体的差异性。

激励手段的设计首先应该以组织目标和战略为前提。组织的存在必定有其目标，为达到目标必定有战略的安排。组织激励正是组织发展与员工需求的连接点，其目的是通过将人的动机与组织的目标或战略联系起来，达到保证组织使命完成的结果。因此，组织的目标和战略对组织中的激励起到重要的导向和评价作用。

激励手段在组织不同的时空发展阶段应该采取不同的策略。首先，组织在不同的发展阶段，运用的激励手段是有区别的。如：创业初期的企业，对员工的激励将主要采取"情"和"道"的手段，侧重于为个人发展提供空间，通过情感团结创业团队等；而成熟的企业，对员工的激励将主要采取"利"和"道"，侧重于物质利益手段的运用，企业制度、理念、文化的塑造等方面。其次，组织处于不同的环境中，运用的激励手段也要调整。即不同规模、不同行业的企业所采取的激励手段会有所不同，企业对不同岗位的人员的激励也会有不同的侧重。

激励手段的有效运用还要注意激励个体的差异性。不同文化、宗教、教育、性格等背景下的个体，都会有不同的动机和需求特点，因此，应该"因材施教"，采取匹配的激励手段以保证效果。

激励的作用很重大。激励可以凝聚人心；激励可以引导、规范员工的行为；激励可以调动员工的积极性、创造性；激励可以充分发挥员工的能力，挖掘其潜能；激励可以提高组织的绩效水平，有助于实现组织目标等。基于激励的作用，会展组织及管理者要有效运用激励手段，以组织目标和战略为前提，兼顾个体的差异性。

### 2）期望

#### （1）期望理论的内涵

期望理论也是一种激励理论，是由美国心理学家佛隆在1964年出版的《工作与激发》一书中首先提出的。佛隆认为，人总是渴求满足一定的需要和达到一定的目标，这个目标反过来对于激发一个人的动机具有一定的影响，而这个激发力量的大小，取决于目标价值（效价）和期望概率（期望值）的乘积。

佛隆的期望理论可以用如下的公式来表示：

$$激发力量 = 效价 \times 期望值$$

公式中的激发力量，是指活动本身在调动一个人的积极性，激发人的内部潜力去行动方面的强度。

公式中的效价又称为目标价值，是指一个人对他所从事的工作或所要达到的目标的效用价值，或者说达到目标对于满足个人需要的价值。对于同一个目标，由于人们的需要、兴趣和所处的环境不同，对目标的效价也往往不同。一个希望通过努力工作得到升迁机会的人，在他心中，"升迁"的效价就很高；如果他对升迁漠不关心，毫无要求，那么升迁对他来说效价就等于零；如果这个人对升迁不仅毫无要求，而且害怕升迁，那么，升迁对他来说，效价就是负值。

公式中的期望值也叫作期望概率，它是一个人根据过去的经验判断自己达到某种结果（目标）的可能性的大小。一个人往往根据过去的经验来判断行为所能导致的结果，或所能获得某种需要的概率。因此,过去的经验对一个人的行为有较大的影响。

该公式说明,假如一个人把某种目标的价值看得很大,估计能实现的概率也很高,那么这个目标激发动机的力量越强烈;反之,如果期望概率很低或目标价值过小,就会降低对人的激发力量。

（2）期望理论的实践意义

佛隆的期望理论,对于有效调动人的积极性,做好人的思想政治工作,具有一定的启发和借鉴意义。优秀的会展管理者,应当研究在什么情况下使期望大于现实,在什么情况下使期望等于现实,以更好地调动员工的积极性。

在组织工作中,应该充分地研究企业目标的设置、效价和期望概率对激发力量的影响。不同的员工会有不同的目标,也会有不同的价值。只有具体问题具体分析,才能真正调动起每个员工的积极性。

例如,日本的"住友"银行在一次招收新职员的考试中,总裁堀团出了一道试题:"当住友银行与国家双方利益发生冲突时,你认为如何去办才合适?"许多人答道:"应从住友的利益着想。"堀团对这些人的评语是:"不能录取。"另有许多人答道:"应以国家的利益为重。"堀团认为这个答案及格,但不足以录用。只有少数几个人的回答是:"对于国家利益和住友利益不能双方兼顾的事,住友绝不染指。"堀团认为这几个人卓有见识,把他们录用了。一个资本主义国家的财团在考虑效价的时候,尚且能首先考虑到国家的利益,在社会主义国家的企业,就更应该以国家利益为重。

### 3）公平

（1）公平理论内涵

公平理论又称社会比较理论,由美国心理学家约翰·斯塔希·亚当斯（John Stacey Adams）于1965年提出。该理论是研究人的动机和知觉关系的一种激励理论,理论认为员工的激励程度来源于对自己和参照对象的报酬和投入比例的主观比较感觉。

公平理论指出,人的工作积极性不仅与个人实际报酬多少有关,而且与人们对报酬的分配是否感到公平更为密切。人们总会自觉或不自觉地将自己付出的劳动代价及其所得到的报酬与他人进行比较,并对公平与否做出判断。公平感直接影响职工的工作动机和行为。

（2）公平理论的指导意义

公平理论为会展组织管理者公平对待每一个职工提供了一种分析处理问题的方法,对于企业的组织管理有较大的启示意义。

①管理者要引导员工形成正确的公平感。

新时代下,人们的社会交往越来越广,比较范围越来越大,以及收入差距也越来越大的社会现实,都增加了员工产生不公平感的可能性。组织管理者要引导员工正确进行比较,多看到他人的长处,认识自己的短处,客观公正地选择比较基准,多在自己所在的地区、行业内比较,尽可能看到自己报酬的发展和提高,避免盲目攀比而造成不公平感。

②员工的公平感将影响整个组织的积极性。

员工的公平感不仅对员工个体行为有直接影响，而且还将通过个体行为影响整个组织的积极性。在组织管理中，管理者要致力于营造公平祥和的氛围，正确引导员工言论，减少因不正常的舆论传播而产生的消极情绪；深入了解员工工作、生活中的实际困难，及时帮助解决；关心照顾弱势群体，必要时给予特殊补助等。

③领导者的管理行为必须遵循公正原则。

领导行为是否公正将直接影响员工对比较对象的正确选择。组织管理者要平等地对待每一位员工，公正地处理每一件事情，依法行政，避免因情感因素导致管理行为的不公正。同时，也应注意，公平是相对的，而不是平均的。在分配问题上，必须坚持"效率优先，兼顾公平"的原则，允许一部分人先"富"起来，带动后富者不断改变现状，逐步实现共同富裕，否则就会产生"大锅饭"现象，使组织运行机制失去活力。

④报酬的分配要有利于建立科学的激励机制。

对员工报酬的分配要体现"多劳多得，质优多得，责重多得"的原则，坚持精神激励与物质奖励相结合的办法。在物质奖励上，科学引用竞争机制，通过合理拉开分配差距体现公平；在精神上，多关心、鼓励、表扬，使员工品尝成功的欣慰与自我实现的快乐，自觉地将个人目标与组织目标整合一致，形成无私奉献的职业责任感。

# 10.2　会展群体心理

## 10.2.1　会展群体的概念与结构

### 1）会展群体概念

#### (1) 群体的概念

群体是具有一定结构和共同目标，在心理上相互影响、行为上相互作用的人群集合体。著名心理学家霍曼斯（G. G. Homans）认为，任何一个群体中，都存在着相互联系的三个组成要素：活动、相互作用和情感。一个群体往往都具有共同的目标、规范和规则来指导群体成员的行为。

#### (2) 会展群体概念

会展群体是指参与会展活动、具有共同目标、在心理上相互影响、行为上相互作用的人群集合体。会展群体主要包括办展机构、参展商和专业观众，此外还包括运输代理商、酒店餐饮机构、旅行社等。

办展机构的主要职责包括会展招展、会展营销、现场管理、会展总结等；参展商的主要职责包括采用合适方法发放资料、关注发现潜在客户、有效利用会展时间、强化参展人员的素质和礼仪、保持信息沟通顺畅等。专业观众的数量或比重是关系一个会展能否成功的标准，他们能有效提升会展的交易额，而大量非专业观众将会造成人财物资源的浪费。展会过滤观众的措施包括:定向发送邀请函给专业观众;办理入场登记手续;收取门票;从数据库中抽取等。

### 2)会展群体结构

群体的结构,是指群体成员的组成成分及这些成分的有机组合。群体成员的结构可根据不同纬度进行划分,如年龄结构、能力结构、知识结构、专业结构、性格结构以及观点、信念的结构等。

根据群体成员特征的接近性程度可分为同质结构和异质结构。同质结构指会展群体成员在能力、性格、年龄、知识等方面都比较接近。研究表明,在以下三种条件下,会展同质群体可以达到最高的生产率:①当工作比较单纯,而又不需要许多种类的资源来完成工作时,同质群体有较高效率。②当完成某项大型会展工作需要大量合作时,同质群体往往有效。因为,在这样的会展群体中冲突和竞争较少。③如果会展群体在工作时需要连锁反应,那么群体的同质性对会展群体完成任务有较大帮助。

异质结构指会展群体成员在上述各个方面有很大差别。以下三种情景中异质会展群体会有较高的生产率:①异质群体适合于完成复杂的工作,因为在该群体中有各种能力和各种见解的人,"仁者见仁,智者见智",这样有利于复杂问题的解决。②当在较短时间就做出解决问题的方案有可能产生不利后果(过于仓促,考虑不周全,不成熟)时,异质群体就有优点,异质群体往往需要从多个角度,不同侧面,通过较长时间争议,最后才能统一思想,做出决策。而同质群体,则由于意见一致,工作进行得较快而对短时间内所做出的决策论证不足。③凡需要有创造力的地方,由不同类型的会展成员组成的群体较为有利,不同的见解有助于提高这个群体的创造力。

会展管理者应当懂得,如果会展群体中的成员过于参差不齐,他们彼此之间就难以和谐地相互作用,因而抑制了生产率的提高;反之,如果会展组织中的成员过于整齐划一,意见一致,就听不到不同声音,或有意见也不说,这样会导致会展群体的智慧难以发挥。因此,会展管理人员要注意研究会展群体成员的素质结构、知识结构及作用。

## 10.2.2 会展群体规范、群体压力与群体冲突

### 1)会展群体规范

会展群体规范是指会展群体中每个成员共同接受、遵守约定俗成的会展组织的行为方式和准则,包括群体思想、制度、纪律和信仰等。这些标准为群体每个成员所公认,而且是每个成员必须遵守的。群体规范能潜移默化地影响着会展群体成员的行为及人格的发展,起着调节成员活动和关系的作用。

### 2)会展群体压力

会展群体压力是指会展群体对其成员的一种影响力。当会展群体成员的思想或行为与群体意见或规范发生冲突时,成员为了保持与群体的关系而需要遵守群体意见或规

范时所感受到的一种无形的心理压力，它使成员倾向于做出为会展群体所接受或认可的举止。

### 3）会展群体冲突

会展群体冲突是指在会展群体之间公开表露出来的敌意和相互对对方活动的干涉。冲突将妨碍现有会展组织与人员的运转，但是群体冲突并不总是有害无益的，合理程度上的冲突有时能使组织更有效地运行。

## 10.2.3　会展群体的沟通与凝聚力形成

### 1）会展群体的沟通

#### （1）会展群体沟通的内涵

会展群体沟通也称意见沟通，有联络、通信、传播、商议的意思。意见沟通也就是信息交流。在现代会展业中，群体沟通可以通过通信工具（如电话、电影、电视、社交软件等）进行信息交流；也可以面对面进行信息交流和意见沟通。

#### （2）会展群体中人际沟通的类型

①正式沟通和非正式沟通。

会展组织内部的文件传达、通知发布、工作布置、工作汇报、各种会议以及组织与其他组织之间的公函往来都属于正式沟通。其优点是信息通路规范、准确度较高。而正式沟通渠道之外进行的信息传递和交流都称为非正式沟通，如员工间的私人交谈及一般流传的"流言"等。私人会餐及非正式团体的娱乐活动等可从中获取各种资料。非正式沟通既具有沟通形式灵活、信息传播速度快等优点，又具有随意性和不可靠性等弱点。

②单向沟通和双向沟通。

单向沟通是一方向另一方发出信息，双方无论在语言上还是在表情动作上都不存在信息反馈，发指示、下命令、演讲、报告等都带有单向沟通的性质。

双向沟通则是发信者以协商、讨论或征求意见的方式面对接信者，信息发出后便立即得到反馈。招聘会、座谈会等都属双向沟通。

单向、双向沟通各有所长，究竟采用何种方式沟通，要视具体情况而定。如果需要迅速传达信息，应采取单向沟通方式；如果需要准确地传达信息，以采取双向沟通为宜。一般来说，如果工作急需完成，或者工作性质比较简单，亦或者发信者只需发布指示而无须反馈时，多采用单向沟通方式。

③下行沟通、上行沟通和平行沟通。

下行沟通是上级向下级传递信息。如会展企业的上级领导向下级发布命令和指示。自上而下的沟通能够协调组织内各层级之间的关系，增强各层级之间的联系，对下级具有督导、指挥、协调和帮助等作用。这种沟通易于形成一种"权利气氛"而影响士气，并且由于曲解、误解或搁置等因素，所传递的信息会逐步减少或歪曲。

上行沟通是指由下级向上级传递信息。如会展企业员工向上级报告工作情况、提出自己的建议和意见、表述自己的态度等。在会展群体中,要求下行沟通迅速有效,以保证上行沟通畅通无阻。

平行沟通是指同级之间传递信息。如会展员工之间的交流、同一层级不同部门的沟通等。保证平行组织之间沟通渠道的畅通,是减少各部门之间冲突的一项重要措施。

④口头沟通和书面沟通。

口头沟通是面对面的口头信息交流,如会谈、讨论、会议、演说以及电话联系等。其优点是有亲切感,可以用表情、语调等来增加沟通的效果,能马上获得对方的反应,具有双向沟通的好处,且富有弹性。

书面沟通即指通过布告、通知、文件、刊物、书信、调查报告等方式进行的信息交流。其优点是具有一定的严肃性、规范性和权威性,不容易在传达中被歪曲;但是沟通不灵活,缺少感情因素,对文字能力要求较高。

### 2)会展群体的凝聚力形成

会展群体凝聚力是指会展群体对每个成员的吸引力和向心力,是一个群体是否有战斗力、能否成功的重要标志,它对群体行为和群体效能的发挥有着重要作用。实践表明:会展群体关系融洽、凝聚力强能顺利并高效完成任务;若群体成员之间意见分歧、关系紧张、凝聚力差则不利于会展活动任务的完成。会展群体凝聚力形成的策略有以下3种:

(1)冷制度热管理

会展企业的制度是硬的、冷的,原则是"方"的,必须要坚持。同时,在团队建设过程中,各种形式的人性化管理又是软的、热的,是灵活的,是"圆"的。它在团队中起到了关键的稳定作用,还能激发团队的整体创造力。员工的态度和团队的活力决定着企业的命运,只有让员工改变工作态度,整个团队才会有活力。因此,会展组织的领导,要做的第一件事就是,让员工喜欢上这份工作,并对所从事的工作充满热情。组建团队就是为了高产出,但只有团队成员积极参与、共同解决问题,才能保持较高的生产效率。

(2)坦诚沟通

会展组织领导要在团队内部营造一种开放坦诚的沟通气氛,使员工之间能充分沟通意见,确保每个员工不仅能自由地发表个人的意见,还能倾听和接受其他员工的意见。通过相互沟通,消除隔阂,增进彼此间的了解。

会展组织领导及成员之间坦诚沟通,可以形成有凝聚力的团队文化,通过促使共同价值观的形成,调动成员的活力和热情,增强团队的凝聚力。培养成员对团队的认同感、归属感和一体感,营造成员间互相合作、互相帮助、互敬互爱的氛围,将成为团队建设的重要内容。

(3)团结合作

在会展团体内部提倡和睦相处、合作共事,反对彼此倾轧、内耗外损。强调"以和为本"并非排斥竞争,而是强调内和外争,即对内让而不争,对外争而不让。一个企业如果能团结如一人,完全可以与别的企业一争高低。所谓竞争意识就是要提高一个集体的竞争力。只有共同的愿望才能使团队成员明确地知道自己的角色和任务,从而真正组成一个高效的群体。

# 10.3 会展组织心理

## 10.3.1 会展组织的概念与内涵

会展组织,是指按照会展业特有的宗旨和目标建立起来的集体。表现为组织形式即,按照一定的体制、部门设置、层次划分及职责分工而构成的有机整体。

## 10.3.2 会展组织类型与发展

1）会展组织类型

会展组织结构( Organizational Structure)是表明会展组织各部分排列顺序、空间位置、聚散状态、联系方式以及各要素之间相互关系的一种模式,是整个管理系统的"框架"。会展组织的类型主要有以下4种:

（1）直线型组织结构模型

直线型组织结构适合于小型、业务单一的会展企业。具有一条指挥的等级链;职能的专业化分工;权利和责任的一贯性政策和工作的标准化四大特征。

（2）职能式组织结构

职能式组织结构又称多线型组织结构。其特点是采用按职能分工实行专业化的管理办法来代替直线型的全能管理,各职能部门在分管业务范围内直接指挥下属。职能式组织结构适用于中小型会展企业或中小型会展场馆管理公司的组织结构设计。其优点是:管理工作分工较细;吸收专家参与管理,可减轻上层管理者的负担。缺点是:多头领导,不利于组织的集中领导和统一指挥;各职能机构往往不能很好地配合;过分强调专业化。职能式组织结构如图 10.1 所示。

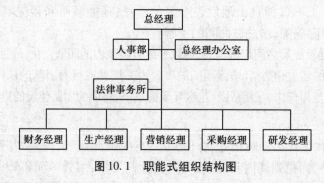

图 10.1 职能式组织结构图

（3）事业部制组织结构

其特点是在高层管理者之下,按地区或特征设置若干分部,实行"集中政策,分散经营"的集中领导下的分权管理。事业部制是欧美、日本等国家和地区的大型企业所采用的典型的组织形式,因为它是一种分权制的组织形式。其优点是:有利于高层管理者集中精力搞好全局及战略决策;有利于发挥事业部管理的主动权。缺点是:职能机构重叠;分权不当容易导致各分部闹独立,损伤组织整体利益;各分部横向联系和协调较难。事业部制组织结构如图 10.2 所示。

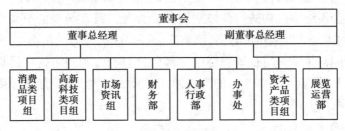

图 10.2　事业部制组织结构图

（4）矩阵型组织结构

该结构适用于按会展主题类别进行项目划分的会展企业。不同主题的会展要求不同行业的专业人才来指导。优点是:灵活调配,提高人才利用率。缺点是:结构复杂,双重领导。

2）会展组织机构的发展趋势

（1）组织机构职能更加细分

近些年,我国各城市的会展组织机构的职能越来越趋于多样化和深入化。在职能设置时,职能内容更加深入、细致。例如,长春市的会展组织机构——中国国际贸易促进委员会长春分会的职能为:"对全市会展业实施行业归口组织和工作指导,加强会展业政策研究工作,提出和制定相关的政策法规;负责长春市出国举办的经贸展览会审核、报批相关工作;负责市会展行业协会的业务指导工作;负责制定全市会展业中长期发展规划,综合协调、组织实施年度工作计划;负责长春市有关展览组织加入国际展览联盟和参加世界博览会、展览会相关事宜的组织、协调和监督,并负责做好长春市企业参加国内重要展览会、博览会的组织;组织、协调全市会展资源开发工作;负责会展专项资金的监督和使用;承办境外组织的来华展览会、博览会;组织开展长春市有关大型会议和展览活动。"其对职能的设置牵涉到办展实务、行业监管、部门协调、资金组织等多个方面,并进行了详细的定义。

（2）组织机构更加关注行业的长期发展

从之前的组织机构的职能设置中,我们可以发现,过去的会展组织机构更重视举办展会、组织参展等实务性的工作。例如,杭州市会展组织机构的职能为"负责指导、组织各类商品和技术的展览展销";成都市会展组织机构的职能为"指导在本市举办的各类对外贸易洽谈会、展览会等招商活动,组织赴境外举办上述活动"等。

现在,更多城市的会展组织机构开始越来越关注整个会展行业的发展,并采取一些措施来促进会展行业的长远进步。因此,越来越多城市的会展组织机构的职能中增加了"展会计划的编制与实施""政策法规和规章制度的拟定与执行""行业协会的培育与发展"等内容。这些举措都将为会展行业的长期发展带来积极的刺激作用。

**(3)组织机构职责更加明确**

目前,会展组织机构的行政级别发生了下调,在会展组织机构行政级别变革的浪潮中,许多城市将会展组织机构的行政级别调整为处级。行政级别的下调,使会展组织的职能能更加落到实处。以兰州市为例,原来的会展组织机构为兰州市对外贸易经济合作局,会展组织职能只是该部门行政职能的一部分;而现在,兰州市招商局设立会展处,专门行使会展组织的职能。设立专门的会展组织机构,使职能的分配更加明确,有利于会展组织工作有序、高效进行。

**(4)行政管辖力度加强**

在行政组织模式方面,过去的会展组织机构不仅有内设模式,不少城市还采用主管模式和代管模式。以昆明市为例,曾经采用政府办公厅代管会展组织机构会展组织办公室的模式进行运作。代管模式和主管模式与内设模式相比,在信息沟通、指令传达、协调运作等方面存在一定劣势,因此对政府的行政管辖力度具有一定影响。现在,已经基本取消了采用代管模式进行会展组织机构设置的方法,采用主管模式进行会展组织机构设置的城市数量也在下降。在过去几年中,我国各大城市的会展组织机构逐渐向以内设模式为主要组织模式的方向转变,而主管模式、代管模式和其他模式的比例则在下降。可见,各大城市对会展组织的重视程度不断提高,对会展组织部门的行政管辖力度不断加强。

## 10.3.3 逐步形成组织（企业）文化

### 1)会展组织文化的内涵

组织文化是指会展组织全体成员共同接受的价值观念、行为准则、团队意识、思维方式、工作作风、心理预期和团体归属感等群体意识的总称。基于组织文化的普遍概念,会展组织文化则是指在长期的经营实践中创造和形成的,具有会展组织企业特色的精神和各种成果的综合,包括价值观念、道德标准、行为规范、员工职业素质以及蕴含在企业制度、企业形象和企业产品中的文化特色。

### 2)会展组织文化的功能

**(1)凝聚功能**

会展组织文化使员工产生共同信念、集体意识和价值归属。共同的价值观念形成了共同的目标和理想,职工把企业看成是一个命运共同体,在企业中形成了一种团结友爱、相互信任的和睦气氛,强化了团体意识,使企业职工之间形成强大的凝聚力和向心力。在以人为本的企业文化的引导下,会展企业员工会把本职工作看成是实现共同目标的重要组成部分。若整个企业步调一致,形成统一的整体,"爱岗敬业"自然会成为职工发自内心的真挚感情。

(2)导向功能

导向功能就是通过会展组织文化对企业的领导者和职工起引导作用。会展企业目标代表着企业发展的方向,没有正确的目标就等于迷失了方向。完美的企业文化会从实际出发,以科学的态度去制订企业的发展目标,这种目标一定具有可行性和科学性。会展企业员工就是在这一目标的指导下投入到会展活动的策划及服务中。

(3)约束功能

会展企业文化的约束功能主要是通过完善管理制度和道德规范来实现。会展企业制度是企业内部的法规,企业领导者和企业职工必须遵守和执行,从而形成约束力;道德规范是从伦理关系的角度来约束企业领导者和职工的行为。如果人们违背了道德规范的要求,就会受到舆论的谴责。

(4)激励功能

会展企业精神和企业形象对企业职工有着极大的鼓舞作用,特别是企业文化建设取得成功,在社会上产生影响时,企业职工会产生强烈的荣誉感和自豪感,他们会加倍努力,用自己的实际行动去维护企业的荣誉和形象。因此,会展企业要营造以人为本的企业文化氛围,领导与职工、职工与职工之间要互相关心,互相支持。

3)会展组织文化的创建

会展组织文化是在长期经营管理过程中逐步形成的,具有实践性、独特性、稳定性和发展性。会展组织文化的特性,决定了它不可能一蹴而就,也不能简单模仿,必须将其纳入组织的发展战略,通过有意识地培育和稳步地长期建设,才能最终形成。会展组织文化的构建,可以通过以下4方面的努力:

(1)培育共同的会展组织价值观

会展企业价值观为会展企业的生存与发展确立了精神支柱,企业价值观是企业管理者与员工据以判断事物的标准。价值观一旦形成,就会产生长期的稳定性,甚至成为几代人共同信奉的信念,对企业具有持久的精神支撑力。会展企业要积极培育员工的价值观,使个体的价值观与企业价值观保持一致,员工就会把为企业工作看作是为自己的理想奋斗。

(2)培育积极的会展企业精神

美国著名管理学者托马斯·彼得曾说:"一个伟大的组织能够长期生存下来,最主要的条件并非结构、形式和管理技能,而是我们称之为信念的那种精神力量以及信念对组织全体成员所具有的感召力。"企业精神是会展组织文化的灵魂。会展企业要根据自身的情况提炼出能够显示自己企业特色的企业精神、口号、服务理念、形象标志等。

(3)塑造良好的会展组织形象

良好的企业形象是会展组织文化的展现。塑造良好的会展企业形象,需要确定企业形象识别战略（Corporation Identity System，简称 CIS）。CIS 是通过企业形象系统（由理念识别 MI、行为识别 BI、视觉识别 VI 三大要素构成）把企业文化以信息的形式传播给社会公众，促使他们了解企业信息，从而树立起企业良好的形象，使企业产生显著的经营效益。会展企业形象识别战略是企业文化建设和传播的一种特殊方式和工具，能够增强员工对会展企业的好感程度和归属感。

（4）搭建学习平台环境

会展企业要积极通过网络学习平台、图书资料库平台、培训平台、会议平台、学习活动平台等平台模式营造有助于组织和员工终身学习和知识共享的文化氛围，为员工创造良好的学习环境和机会，使学习成为企业的一种文化和机制；要培养员工终身学习的习惯，促进员工间的相互学习和共同学习，提高整个组织的学习力和竞争力；并且培育员工勇于挑战和创新的精神，营造创新失败宽容的文化环境，因为创新是有风险的，不可能每一次创新都能成功。企业应该采取一些措施来营造宽容的文化氛围，允许员工有不超出规定宽容范围的失败，鼓励他们从冒险和失败中获得享受并学习到知识。

# 10.4　会展领导心理

## 10.4.1　相关领导心理理论举要

### 1）领导的概念

领导指影响群体、他人以达成组织目标的能力。领导要有两个特点：一方面，领导必须具有影响力，影响他人自愿地追求确定的目标；另一方面，领导必须具有指导和激励能力。领导者是对群体行为、群体目标和群体信仰影响最大的人，他是发号施令、解决问题、提供鼓励、作出决断、为人榜样、走在组织活动前列的人，领导者的本质属性是影响。

### 2）领导心理的相关理论

#### （1）领导的特质理论

著名的历史学家托马斯·卡莱尔（Thomas Carlyle）曾经说过："世界的历史就是伟人的历史。"受这种观点的影响，早期的心理学家在看待领导问题的时候从特质论入手，他们把研究重点放在了人格特质与能否成为领导的关系上，并提出了一系列的理论。

传统的特质理论认为，领导者具有某些固有的特质，这些特质是与生俱来的，只有先天具备这些特质的人才可能成为领导。从 20 世纪 30 年代开始，心理学家对特质论进行了大量的研究，但结果并没有找到一些特质因素总能将领导者和非领导者以及成功的领导和失败的领导的特质相区分。这表明：想找到一组独特的特质来鉴别成功的领导者的努力是失败的。但研究表明，有一些特质，如智慧、支配性、自信、精力、富有专业知识，是与成功的领导者一致相关的。这说明具备某些特质确实能提高领导者成功的可能性，但没有一种特质能保证领导者的成功。

对于领导者到底应该具有哪些特质,Gibb(1969)认为,要想成为卓越的领导者,就必须具备以下特质:身强力壮,聪明但不能过分聪明,外向,有支配欲,有良好的调适能力,自信。与 Gibb 的思路相似,Stogdiu(1974)则进一步扩大了特质的范围,认为领导者应该具有下列特质:对所完成的工作有责任感;在追求目标的过程中热情并能持之以恒;解决问题时勇于冒险并有创新精神;勇于实践;自信;能很好地处理人际紧张并忍受挫折等。

特质理论由于存在以下一些缺陷,所以在解释领导行为方面并不十分成功,它的不足表现在:

一是忽视了下属的需要。具有某种特质的领导可能适合管理某些下属,但不适合管理另一些下属。

二是没有指明各种特质之间的相对重要性。成功的领导可能需要具备许多特质,但其中某些特质最为关键。

三是忽视了情境因素。没有考虑到工作的结构性、领导权力的大小等情境因素的影响,因此不能解释为什么具有不同特质的领导在各自的组织中都可以工作得非常出色。

四是没有区分原因和结果。特质与绩效之间的相关研究并不能解释是因为具有某些特质才导致成功,还是因为成功才建立了这些特质。例如,虽然研究可能发现丰富的专业知识与高的管理绩效之间有很好的相关关系,但这并不能说明到底是因为有较高的专业知识才获得了管理的高绩效,还是因为担任管理职位才获得了丰富的专业知识。

(2)领导的行为理论

行为理论旨在探讨有效的领导是否具有独特的行为风格。例如,比较民主还是比较专制。特质理论认为领导是天生造就的,一个人或者是领导,或者不是,所以这种理论对领导的培养与开发并不能提供指导和建议。而行为理论强调具体的行为方式,而非先天的品质,所以如果行为理论找到了领导方面的关键因素,则可以培养和训练这些行为模式。

俄亥俄模式是经典的行为理论,也是其他行为理论的基础。俄亥俄大学的研究人员通过对一千多位领导行为进行浓缩聚焦,最后将领导行为归纳为两大类:工作管理和关心人。

工作管理指领导者为了达到目标而在规定或确定自己与部属的角色时所从事的行为活动,包括组织工作任务、工作关系、工作目标。高度工作取向的领导者关注员工的工作,要求维持一定的绩效水平,并强调工作的最后期限。

关心人是指领导者注重人际关系,尊重和关心下属的建议与情感,更愿意建立相互信任的工作关系。善于关心人的领导者帮助下属解决个人问题,友善而平易近人,公平对待每一个下属,关心下属的生活、健康、地位和满意度。

工作管理和关心人构成了领导行为的两个维度。许多研究发现,高工作取向且高度关心人的领导,比其他类型的领导(在两个维度上都低,或在一个维度上低,在另一个维度上高)更能促使员工有高绩效和高工作满意度。

（3）领导的权变理论

与行为理论和特质理论不同，权变理论主张随具体情况而改变领导方式，具体的权变理论有以下三个：

①费德勒的权变理论。

费德勒的权变理论认为团队绩效取决于领导者与情境因素是否搭配。费德勒也将领导方式分为工作取向和人际取向两类。为了测量一个人的领导风格，费德勒发明了"最不喜欢的工作伙伴"量表。该量表由 16 组形容词组成，首先让领导者回想自己所共事过的同事中最难共事的一个同事，然后用该量表对这个同事进行评价。如果一个人对他最不喜欢的工作伙伴也用肯定性的形容词去描绘，说明他乐于与同事形成良好的人际关系，是人际取向的；反之，则认为领导者主要关心生产，是工作取向的。

②赫塞和布兰查德的情境领导理论。

保罗·赫塞和布兰查德发展出的情境领导（又称生命周期）模型认为影响领导者风格选择的重要因素是下属的成熟程度。在他们看来，成熟度是指个体对自己行为负责任的能力与意愿，包括两个方面：

a. 工作成熟度：指一个人的知识和技能水平。工作成熟度越高，执行任务的能力越强，越不需要他人的指挥。反之，则需要对工作进行指导。

b. 心理成熟度：指从事工作的意愿或动机。心理成熟度越高，自觉性越高，越不需要外力推动。反之，则要规定员工的工作任务和角色职责。

赫塞和布兰查德将工作取向和关系取向两个维度相结合，得出四种领导风格：

一是指导式（高工作—低关系）：领导规定工作任务、角色职责，指示员工做什么，如何做。

二是推销式（高工作—高关系）：领导不仅表现出指导行为，而且富于支持行为。

三是参与式（低工作—高关系）：领导与下属共同决策，领导提供便利条件和沟通。

四是授权式（低工作—低关系）：领导提供较少的指导或支持，让下级自主决定。

情境理论与其他权变理论的不同之处在于：它强调了被领导者，指出对于不同成熟构型的员工，应采取不同形式的领导方式，以求得最佳绩效（表 10.1）。但情境理论并未得到理论界的重视，也缺乏足够的研究证据的支持。

表 10.1　被领导者的成熟度适应的领导风格

| 成熟度 | 建议的风格 |
| --- | --- |
| 1. 能力低；意愿低 | 指导式 |
| 2. 能力低；意愿高 | 推销式 |
| 3. 能力高；意愿低 | 参与式 |
| 4. 能力高；意愿高 | 授权式 |

③路径—目标理论。

路径—目标理论是由罗伯特·豪斯提出的，该理论采纳了俄亥俄模型的工作取向和关系取向,并同激励的期望理论相结合。该理论认为领导者的主要任务是帮助下属达到他们的目标,并提供必要的指导和支持以确保下属的目标与群体或组织的目标相互配合。该理论认为领导者的行为要想被下属接受,就必须能够为员工提供现时的和未来的满足感。

该理论认为领导的激励作用在于:第一,使绩效的实现与员工需要的满足相结合。第二,提供有效的工作绩效所必需的辅导、指导、支持和奖励。为此,豪斯确定了四种领导行为:

a. 指导式领导:让员工明了别人对他的期望、成功绩效的标准和工作程序。

b. 支持型领导:努力建立舒适的工作环境,亲切友善,关心下属的要求。

c. 参与式领导:主动征求并采纳下属的意见。

d. 成就取向式领导:设定挑战性目标、鼓励下属实现自己的最佳水平。

豪斯假定领导者具有变通性,能根据不同情况而表现出上述各种不同的领导行为。路径—目标理论提出了两个权变因素作为领导行为与结果之间的中间变量。一是下属控制范围之外的环境因素,如工作结构、正式的权力系统、工作团队等。二是下属的个人特征,如经验、能力、内外控等。

不同的领导行为适合不同的环境因素和个人特征。例如,下属的工作是结构化的,则支持型的领导可以带来高的绩效和满意度;对于能力强或经验丰富的下属,指导式的领导可能被视为多余的;相信自己能够控制命运的内控型下属对参与型领导更为满意;而外控型下属对指导式领导更为满意。

## 10.4.2　领导艺术

领导艺术是指在领导的方式方法上表现出的创造性和有效性,是领导者个人素质的综合反映,是因人而异的。会展企业的活力在于人,工作千头万绪,人力资源能否得到充分利用,员工的工作效率能否得到提高,在很大程度上取决于领导行为艺术。不同的领导艺术,会给人不同的心理影响,造成不同的团体气氛与人际关系。作为领导,可以从以下8个方面来有效地领导组织,开拓创新。

### 1) 用人的艺术

如何用好人,除了要端正用人思想,让那些想干事的人有事干,能干事的人干好事外,在用人技巧上还要注意以下问题:

善于用人所长。用人之诀在于用人所长,且最大限度地实现其优势互补。用人所长,首先要注意"适位",陈景润如果不是被华罗庚发现,并将他调到数学研究所工作,他就难以摘取数学皇冠上的明珠。唐僧之所以能西天取经成功,主要是他能做到知人善任,把孙悟空、沙和尚、猪八戒安排到最适合他们的岗位上去,实现了人才所长与岗位所需的最佳组合。其次要注意"适时""用人用在精壮时"。界定各类人才所长的最佳使用期,不能单纯以年龄为依据,而应以素质做决定,对看准的人一定要大胆使用、及时使用。第三要注意"适度"。领导者用人不能搞"鞭打快牛","快牛"只能用在关键时候、紧要时刻。如果平时只顾用起来顺手、放心，长期压着那些工作责任心和工作能力都较强的人在"快车道"上超负荷运转，这些"快牛"必将成为"慢牛"或"死牛"。

善于用人所爱。有位中学生曾向比尔·盖茨请教成功的秘诀，盖茨对他说："做你所爱，爱你所做。"爱因斯坦生前曾接到要他出任以色列总统的邀请，对这个不少人垂涎的职务，他却婉言谢绝了，仍钟情于搞他的科研。正因为有了他这种明智的爱，才有了爱因斯坦这个伟大的科学家。

### 2）决策的艺术

决策是领导者要做的主要工作，决策一旦失误，对企业就意味着损失，对自己就意味着失职。这就要求领导者要强化决策意识，尽快提高决策水平，尽量减少各种决策性浪费。

决策前注重调查。领导者在决策前一定要多做些调查研究，搞清各种情况，尤其是要把大家的情绪和呼声作为自己决策的第一信号，不能无准备就进入决策状态。

决策中注意民主。领导者在决策中要充分发扬民主，优选决策方案，尤其碰到一些非常规性决策。应懂得按照"利利相交取其大，弊弊相交取其小，利弊相交取其利"的原则，适时进行决策，不能未谋乱断，不能错失决策良机。

决策后狠抓落实。决策一旦定下来，就要认真抓好实施，做到言必信、信必果，绝不能朝令夕改。一个领导者在工作中花样太多，是一种不成熟的表现。

### 3）沟通的艺术

领导人在实施指挥和协调的职能时，必须把自己的想法、感受和决策等信息传递给被领导者，才能影响被领导者的行为。同时，为了进行有效领导，领导者也需了解被领导者的反应、感受和困难。有些领导者在与下属谈话时，往往同时批阅文件，精力不集中，神情不耐烦，其结果不仅不能了解对方的思想，反而会伤害对方的自尊，失去同事和下属对自己的尊重和信任，甚至还会造成冲突和隔阂。所以，领导者必须掌握同下属交谈、倾听下属意见的艺术。

根据实践经验，同下属谈话时，要注意：在对方说话时，应悉心倾听，善加分析；要仔细观察对方说话时的情态，捉摸对方没有说出的意思；谈话一经开始，就要让对方把话说完，不要随意插话，打断对方的思路；如果你希望对某一点多了解一些，可以将对方的意见改成疑问句简单重复一遍，这将鼓励对方做进一步的解释和说明；如果对方诚恳地希望听到你的意见，你必须抓住要领，态度诚恳地就实质性问题做出简明扼要的回答，帮助他拨开心灵上的云雾，解开思想上的疙瘩；领导者必须控制自己的情绪，对方说话的内容，领导者可能同意，也可能不同意，可能会怀疑、不满，甚至反感，但是，不管领导者自己的观点和情绪如何，都必须加以控制，始终保持冷静的态度，让对方畅所欲言。

### 4）协调的艺术

没有协调能力的人当不好领导者。协调，不仅要明确协调对象和协调方式，还要掌握一些相应的协调技巧。

对上请示沟通。平时要主动多向领导请示汇报工作,若在工作中有意或无意得罪了上级领导,靠"顶"和"躲"是不行的。理智的办法,一是要主动沟通,错了的要大胆承认,误会了的要解释清楚,以求得到领导的谅解。二是要请人调解,这个调解人与自己关系要好,与领导的关系更要非同一般。

对下沟通协调。当下属在一些涉及个人利益的问题上与单位或对领导有意见时,领导者应通过谈心、交心等方式来消除彼此间的误解。对能解决的问题一定要尽快解决,一时解决不了的问题,也要向对方说清原因,千万不能以"打哈哈"的方式去对待人或糊弄人。

对外争让有度。领导者在与外面平级单位的协调中,其领导艺术就往往体现在争让之间。大事要争,小事要让。不能遇事必争,也不能遇事皆让。该争不争,就会丧失原则;该让不让,就会影响全局。

5)以身作则,干好本职工作

领导的事包括决策、用人、指挥、协调和激励。这些都是大事,是领导者应该做的,但绝不是说都应由单位的最高领导人来做,而应该分清轻重缓急,主次先后,分别授权给下属各级领导去做,让每一级去管本级应管的事。企业的最高领导者应该只抓重中之重、急中之急,并且严格按照"例外原则"办事。也就是说,凡是已经授权给下属去做的事,领导者就要克制自己,不要再去插手;领导者只需管那些没有对下属授权的例外的事情。有些领导者太看重自己的地位和作用。不分巨细,事必躬亲,其结果不仅浪费了自己宝贵的时间和精力,还挫伤了下属的积极性和责任感,反过来又会加重自己的负担。

6)个人魅力,与下属和睦相处

领导者靠自己的行政权力可以让下属执行任务,但是这种按照方格理论来说是高任务、低关心的管理方式,往往完成了任务,却让下属十分反感,容易失去组织士气。领导者必须有自己的人格魅力,取得同事和下属的支持,让他们愉快地完成工作,从而建立真诚合作的关系。要建立起这种关系,除了要求领导者品德高尚、作风正派以外,还要求领导者注意:

(1)谦虚待人

在与同事和下属相处中,要注意礼貌,主动向对方表示尊重和友好;在办事时要多用商量的口吻,多听取和采纳对方意见中合理的部分;要勇于承认和改正自己的缺点、错误,既不要轻易发脾气、耍态度、训斥人,也不要讲无原则的话,更不能随便表态、许诺。

(2)充分授权

在分工授权后,领导者要用实际行动使下属感到你对他是信任的,感到自己对企业集体是重要的。这样,下属就会主动加强同领导者合作的精神。如果领导者能在授权范围之外,主动征求并采纳下属对工作的意见,使下属感到领导对他的器重,这将有利于增进相互之间的友谊和合作。如果领导者让自己的副手或下属长期感到被忽视,不能发挥作用,则必将招致他们的不满和怨恨。

(3)身先士卒

领导者要在政治、思想、业务、生活等多方面关心他人。要为员工在生活上排忧解难,不怕麻烦;要吃苦在前,享受在后,在经济利益和荣誉面前一定要先想到他人。当企业取得成功时,要注意多表扬下属。当下属面临困难时,要提供帮助和支持,这样才能建立和谐的企业。

(4)一视同仁

同事之间的关系有亲有疏,领导者也不例外。但是,为了加强企业的内聚力,克服离心倾向,领导者既要团结一批同自己亲密无间、命运与共的骨干;同时,又要注意团结所有的员工,对于同自己意见不一、感情疏远或反对自己的人,领导者绝不可视为异己,另眼看待,加以排斥,而应对他们更加关心和尊重,努力争取他们的信任和合作。

7)合理利用时间

领导者要做时间的主人。首先要科学地组织管理工作,合理地分层授权,把大量的工作分给副手、助手、下属自己去做,以摆脱烦琐事务的纠缠,腾出时间来做真正应该由自己做的事。领导者要成为自己时间的主人,要注意:养成记录自己时间消耗的习惯,学会合理地使用时间,提高开会的效率。

8)激励的艺术

管理要重在人本管理,人本管理的核心就是重激励。领导者要调动大家的积极性,就要学会如何去激励下属。激励注意适时进行。美国前总统里根曾说过这样一句话:"对下属给予适时的表扬和激励,会帮助他们成为一个特殊的人。"一个聪明的领导者要善于经常适时、适度地表扬下属。这种"零成本"激励,往往会"夸"出很多为你效劳的好下属。激励注意因人而异。领导者在激励下属时,一定要区别对待。最好在激励下属之前,要搞清被激励者最喜欢什么?最讨厌什么?最忌讳什么?尽可能"投其所好",否则,就有可能好心办坏事。激励注意多管齐下。激励的方式方法很多,有目标激励、榜样激励、责任激励、竞赛激励、关怀激励、许诺激励、金钱激励等,但从大的方面来划分主要可分为精神激励和物质激励两大类。领导者在进行激励时,要以精神激励为主,以物质激励为辅,只有形成这样的激励机制,才是一种有效的激励机制、一种长效的激励机制。

## 10.4.3　决策行为

会展企业组织机构的选择、会展旅游者在购买过程中都会有决策问题。如为确定会展主办地点,会展主办者要先确定主题,然后确定若干旅游目的地,其次考虑社会因素、环境条件、展馆设施条件、交通、接待能力,还要实地考察……直到最后确定主办地点,这就是决策行为。决策是管理的核心。可以认为,整个管理过程都是围绕着决策的制订和组织实施而展开的。诺贝尔经济学奖得主西蒙甚至强调,管理就是决策,决策充满了整个管理过程。决策在会展管理中的重要性可见一斑。

所谓决策行为,是指组织或个人为了实现某种目标而对未来一定时期内有关活动的方向、内容及方式的选择或调整过程。决策具有目标性、可行性、选择性、满意性、过程性和动态性的特点。

决策包括了许多阶段的工作:决策的核心是在分析、评价、比较的基础上,对活动方案进行选择;选择的前提是拟订多种可行方案;要拟订备选方案,首先要判断调整组织活动、改变原先决策的必要性,制订调整后应达到的目标。所以,决策过程包括了研究现状、明确问题和目标,制订、比较和选择方案等阶段的工作内容。在从事这些工作的过程中,决策者要受到组织文化、时间、环境、过去决策以及他们自己对待风险的态度等多重因素的影响。

### 1)决策过程

#### (1)研究现状,判断改变的必要

决策是为了解决一定问题而制订的,决策的目的是实现组织内部活动及其目标与外部环境的动态平衡。因此,制订决策,首先要分析不平衡是否已经存在,是何种性质的不平衡,它对组织的不利影响是否已产生了改变组织活动的必要。研究组织活动中存在的不平衡,要解决以下问题:组织在何时何地已经或将要发生何种不平衡? 这种不平衡可能产生何种影响? 不平衡的原因是什么? 其主要根源是什么? 确定不平衡的性质,指出是否有必要改变或调整组织活动的方向与内容。分析组织活动中的问题,确定不平衡的性质,把不平衡作为决策的起点,是组织高层管理人员的职责。

#### (2)明确组织目标

在分析了改变组织活动的必要性以后,还要研究针对不平衡将要采取的措施应符合哪些要求,必须达到哪些效果,也就是说,要明确决策的目标。明确决策目标,不仅为方案的制订和选择提供了依据,而且为决策的实施和控制、组织资源的分配和各种力量的协调提供了标准。

#### (3)拟订方案

决策的本质是选择。要进行正确的选择,就必须提供多种备选方案。因此,在决策过程中,拟订可替代的方案要比从既定方案中选择重要得多。这些不同的方案必须能够相互替代,相互排斥,而不能相互包容。如果某个方案的活动包容在另一个方案中,那么它就失去了可以参加比较和选择的资格。

方案产生的过程是在环境研究、发现不平衡的基础上,根据组织任务和消除不平衡的目标,提出改变设想开始的。在此基础上,对提出的各种改进设想进行集中、整理和归类,形成多种不同的初步方案。在对这些初步方案进行初步筛选、补充和修改以后,对余下的方案进一步完善,并预计其执行结果,便形成了一系列不同的可行方案。

#### (4)方案的比较和选择

要进行选择,首先要了解各种方案的优势和劣势,为此,需要对不同方案加以评价和比较。评价和比较的主要内容有以下 3 个方面:

①方案实施所需的条件能否具备,筹集和利用这些条件需要付出何种成本;

②方案实施能够给组织带来何种长期和短期利益;

③方案实施中可能遇到风险使活动失败的可能性。

根据上述比较,就能找出各方案的差异,分析出各方案的优劣。在此基础上进行的选择,不仅要确定能够产生综合优势的实施方案,而且要准备好环境发生预料到的变化时可以启用的备用方案。确定备用方案的目的是对可预测到的未来变化做好准备,以避免临时应变可能造成的混乱。

### 2) 决策的影响因素

在上述过程中,组织的决策受到以下因素的影响。

#### (1) 环境

环境对组织决策的影响是不言而喻的。这种影响是双重的。

①环境的特点影响着组织的活动选择。比如,位于垄断市场上的企业,通常将经营重点致力于内部生产条件的改善、生产规模的扩大以及生产成本的降低。而处在竞争市场上的企业,则需密切注视竞争对手的动向,不断推出新产品,努力改善营销宣传,建立健全销售网络。

②对环境的习惯反应模式也影响着组织的活动选择。即使在相同的环境背景下,不同的组织也可能做出不同的反应,而这种调整组织与环境之间关系的模式一旦形成,就会趋向固定,限制着人们对行动方案的选择。

#### (2) 过去决策

在大多数情况下,组织决策不是在一张白纸上进行初始决策,而是对初始决策的完善、调整或改革。组织过去的决策是目前决策过程的起点;过去选择的方案的实施,不仅伴随着人力、物力、财力等资源的消耗,而且伴随着内部状况的改变,带来了对外部环境的影响。"非零起点"的目前决策不能不受到过去决策的影响。

#### (3) 决策者对风险的态度

风险是指失败的可能性。组织及其决策者对待风险的不同态度会影响决策方案的选择。愿意承担风险的组织,通常会在被迫对环境做出反应以前就已采取进攻性的行动;而不愿承担风险的组织,通常只对环境做出被动的反应。愿冒风险的组织经常进行新的探索,而不愿承担风险的组织,其活动则要受到过去决策的严重限制。

#### (4) 组织文化

组织文化制约着组织及其成员的行为以及行为方式。在决策层次上,组织文化通过影响人们的态度而发生作用。任何决策的制订,都是对过去在某种程度上的否定;任何决策的实施,都会给组织带来某种程度的变化。组织成员对这种可能产生的变化会怀有抵御或欢迎两种截然不同的态度。在偏向保守、怀旧、维持的组织中,人们总是根据过去的标准来判断现在的决策,总是担心在变化中会失去什么,从而对将要发生的变化产生怀疑、害怕和抗御的心理与行为;相反,在具有开拓、创新气氛的组织中,人们总是以发展的眼光来分析决策的合理性,总是希望在可能产生的变化中得到什么,因此渴望变化、欢迎变化、支持变化。显然,欢迎变化的组织文化有利于新决策的实施,而抵御变化的组织文化则可能给任何新决策的实施带来阻力。

(5)时间

美国学者威廉·R.金和大卫·I.克里兰把决策类型划分为时间敏感决策和知识敏感决策。时间敏感决策是指那些必须迅速而尽量准确的决策。相反,知识敏感决策,对时间的要求不是非常严格。这类决策的执行效果主要取决于其质量,而非速度。制订这类决策时,要求人们充分利用知识,作出尽可能正确的选择。组织关于活动方向与内容的决策,基本属于知识敏感决策,这类决策着重于运用机会,而不是避开威胁,着重于未来,而不是现在,所以选择方案时,在时间上相对宽裕,并不一定要求必须在某一日期以前完成。但是,也可能出现这样的情况,外部环境突然发生了难以预料和控制的重大变化,对组织造成了重大威胁。这时,组织如不迅速做出反应,进行重要改变,则可能引起生存危机。这种时间压力可能限制人们能够考虑的方案数量,也可能使人们得不到足够的评价方案所需的信息,同时,还会诱使人们偏重消极因素,忽视积极因素,仓促决策。

### 10.4.4 组织行为

哈罗德说:"为了使人们能为实现目标而有效地工作,就必须设计和维持一种职务结构,这就是组织管理职能的目的。"组织是一群人为了达到一个共同的目标,通过人为的分工和职能的分化,运用不同层次的权利和职责,充分利用这一群人的人力资源和智力资源的团体。

1)有效率组织的特点

有效率的组织通常具备整体性、实现性和反应快速等特点。

(1)整体性

组织是一个团体实现目标的工具,组织目标的实现不是依靠个人的能力所能完成的,它是整体智慧的结晶。从这个意义上说,有效的组织必须确保员工心理上的统一和力量上的凝聚。

(2)实现性

组织是体现人群结合的体系和人群活动的模式。有效组织必须做到为员工创造一个最佳的内部环境,协调员工关系以达到统一,结合人群,运用人力与物力实现企业目标。

(3)反应快速

高效组织必须做到使内部信息快速顺畅流通,以提高企业经营效益,确保企业经营活力。

对展会组织者来说,如何使企业现有的各项资源包括人、财、物等,围绕企业经营目标有效运营起来是其面临的重要问题之一。合理而高效的组织形式将是确保组展活动正常运行的前提条件,组展质量如何、效益如何、效率如何,都与组织工作的开展密切相关。

### 2)组织设计原则

组织设计原则指的是对组织建构的准则和要求,它是评价会展企业组织设计是否合理的必要条件。一般情况下,组织设计应遵循以下 5 个基本原则。

#### (1)目标导向原则

在组织职能运作过程中,每一项工作都应为总目标服务,也就是说会展企业组织部门的划分应以企业经营目标为导向,对于任何妨碍目标实现的部门都应予以撤销、合并或改造。在这一总的目标下有许多任务要完成,所以设计中要要求"以任务建机构,以任务设职务,以任务配人员"。

#### (2)分工协作原则

适度的分工可以提高工作专业化程度,进而达到提高劳动生产率的目的。会展企业的组织分工有利于提高人员的工作技能、工作责任心,提高员工服务质量和效率。但是,过度分工往往导致协作困难,协作搞不好,分工再合理也难以取得良好的整体效益。因而在具体职责权限划分中,要注意安排中间协调机构,以促进组织内部的良好合作。

#### (3)控制跨度原则

由于个人能力和精力有限,每个管理人员直接管辖和控制的下属人数范围,也即是管理跨度的大小问题,受个人能力、业务的复杂程度、任务量、机构空间分布等多方面因素的影响。会展企业管理跨度的确定必须综合考虑各方面因素,且需要在实践中不断调整。

#### (4)有效制约原则

企业组织作为一个整体,它的各项业务的运转离不开各部门的分工协作,这种分工引发的是彼此间的牵制和约束。适当的约束机制可以使上级的错误及时得到制止,对领导人的约束机制可以避免其独断专行,对财务工作进行约束可以避免财务漏洞等。

#### (5)动态适应原则

动态适应原则要求企业组织在发展过程中,以动态的眼光看待环境变化和组织调整问题。当变化的外部环境要求组织进行适度调整甚至产生变革时,组织要有能力做出相应反应,组织结构该调整的要调整,人员岗位要变动的应变动。而且反应速度要快,改变要及时,从而得以应付竞争日益加剧的外部环境。

### 3)会展企业组织部门设计

会展企业的职能部门划分是依据参展商在展会期间的活动类型具体安排的。这种划分应该既考虑部门划分的科学性,又兼顾会展服务的质量与效率。一般来说,会展企业的职能部门主要有:

（1）策划部

策划部是会展企业的基础部门，其主要工作是企业策划和展出策划两部分。企业策划主要是对整个会展企业形象的策划、组织的包装等。而展出策划则是指制订展览工作方案，主要是列明工作事项，安排人员的职责范围，安排工作进程、费用支出等。展览是一项复杂工程，详细而合理的展览策划工作是保证各方人员按时、按质、按量完成各项工作必不可少的环节之一。可以说，会展策划是会展的基础工作，也是核心工作。

（2）业务部

业务部是会展企业的重要部门之一，企业盈利与否与业务部招商业绩息息相关，成绩斐然的业务部能激发企业活力，推动企业良性循环。会展企业业务部的主要职责是招商，即招徕和联系参展商，说服他们来参展，所以有些企业直接设立招商部。其具体工作主要包括招展宣传，选择参展者，组织展览团队。招展宣传包括宣传和联络两种方式，宣传对象是全体潜在参展者，而联络的主要对象是重要的潜在参展者。对申请参展的公司要依据事先约定的参展标准进行公平合理的选择，并召开筹备会，对入选的参展商进行展前"培训"，签订合同，还要与相关部门联络，谈好合作条件，做好准备工作。除此之外，业务部的其他工作还包括展品运输、展台设计与施工等。

（3）市场部

市场部主要负责新闻宣传、广告策划实施、协调与各社会团体或政府的关系等。宣传工作是展出成功的基础保证，其手段主要是广告与联络，如查发信件、登门拜访、电话联系、媒体广告、印发资料等。公关的主要目的是争取有关单位的理解和支持，特别是争取得到新闻媒体、政府机关等影响力比较大的单位的认可与帮助。市场部工作的具体内容还包括：制订年度场馆销售计划；根据市场变化，对价格政策的制订和修正提出建议并报请企业领导批准后执行；审核参展单位的资质；负责市场营销，签订场馆出租合同；执行合同收款；负责有关展览会的报批手续等。

（4）信息部

信息部负责展览会的通信和网络数据的租赁业务，会展企业信息系统的规划、建设与维护，应用软件及办公电脑、耗材的采购与管理，同时还负责企业内部的通信系统以及网络的建设与保障工作等。

（5）管理部

管理部的工作包括对展台准备工作的管理，展台后续工作的管理以及展会整体评估工作管理等，有些企业称之为会务部。管理部与业务部都是实战工作部门。如果说业务部主要活动于展前的话，那么管理部则主要活动于展中与展后。鉴于管理部承担了整个会展最重要的工作——展台工作的组织与安排，管理部便成为整个展览工作最重要、最关键的部门。

除了以上五个部门外，会展的顺利开展还离不开工程部、财务部、人力资源部、保安部和项目合作部等部门的配合与支持。在实际组织结构设计中，会展企业应充分考虑自身情况，名称可有所不同，部门多少也可灵活处理。

# 案例举要

## 松下电器公司是制造什么的？

试运用本章所学理论分析下述案例中松下公司创始人、董事长松下幸之助的管理理念和松下公司的员工培训制度。

松下幸之助认为，一个人的能力是有限的，如果只靠一个人的智慧指挥一切，即使一时取得惊人的进展，也肯定会有行不通的一天。因此，松下电器公司不是仅仅靠总经理经营，也不是仅仅靠干部和管理人员经营，而是依靠全体员工的智慧经营。松下经常告诫公司管理层："事业成败取决于人""没有人就没有企业"。在这种理念指导下，松下非常重视员工的在职培训和发展成长，他对年轻的员工说，如果顾客问"松下电器公司是制造什么的"，就这样回答"松下电器公司是制造人才的，兼而制造电气器具"。

对于人才，松下有他自己的理解。他认为，公司招募人才，要以适用为原则，程度过高不见得一定有用，而且还可能不甘心或不安心。一个人只要人品好，肯苦干，肯学习，技术和经验是可以学到的。他的人才标准是：虚心好学的人，不墨守成规而常有新观念的人，爱护公司和公司成为一体的人，不自私而能为团体着想的人，有自主经营能力的人，随时随地都有热忱的人，能忠于职守的人，有气概担当公司重任的人。

基于上述认识，松下公司的各级各类人才主要立足自己培养。他不愿意挖别人墙脚，认为挖来的人不一定都是优秀的人，而且有的人还不一定可靠。在松下公司，课长、主任以上的干部，多数是公司自己培养的。即使是一些新的技术领域，也往往立足让本企业的员工去学习和探索。为此，松下公司不但建立了系统的教育培训机构和研发机构，形成了系统的教育培训制度，而且还在干部选拔和人事安排上，形成了与之相适应的独特、灵活的用人机制。在松下公司，员工可以自己申请调动或升职，也可以自己申请到公司的教育中心学习各种专业或管理知识。

在如何培养人才上，松下有自己独特的见解：

1. 注重员工的人格培养。松下认为，造成社会混乱的重要原因，是人们忽视了身为社会人应有的人格锻炼。人格的培养需要千锤百炼，良好的人格品质是形成商业道德的基础。在松下公司的员工教育中，人格教育是第一位的，知识的传授只是教育的第二意义。

2. 注重员工的精神教育。松下视对员工精神和常识上的教导为经营者的责任，他不但向员工介绍公司创业的动机和传统，而且让员工了解公司的目标和使命，努力培养员工的向心力。

3. 培养员工的专业知识和价值判断。没有足够的专业知识，就不能满足工作上的需要；没有正确的价值判断，就不能形成强有力的团队。所以公司不但重视员工的业务学习，而且倡导员工间要相互学习，在交流中形成正确的价值判断。

4. 训练员工细心的品质。松下认为，许多看起来微不足道的小事，却往往会影响大局。所以他非常注重工作中的细节，并要求所有员工都必须养成细心体贴的品质。

5. 培养员工的竞争意识。松下认为，无论政治或商业，都因比较而产生督促自己的力量，所以一定要有竞争意识，才能彻底发挥公司的潜力。

6. 注重知识与实践相结合。松下常引用福特说过的一句话："越好的技术员，越不敢活用知识。"他认为，年轻人具备高程度的学问、知识是好事，但不要被知识限制住。他告诫他们去做实际工作，在工作中发挥知识的力量，而不是显示知识的弱点。

7. 人才要配合得当。聚集智慧相等的人，不一定能使工作顺利进行，要把适当的人放在适当的位置上。一个部门里每个人都是一流的，每个人都有自己的主张，结果必然是无法决断，无法统一行动。

8. 任用就信任。松下主张，用人就要信任，不信任就不要用，这样才能让下属全力以赴地工作。否则会让人感到是奉命行事的机器，事情成败与自己无关。

9. 采用强过自己的人。松下认为，员工在某些能力方面超过自己，领导者才有希望。然而，一般最容易犯的错误，就是高估自己的能力，不肯接受他人的忠告，不愿意让身边的人超过自己，领导者最应留意这点。

10. 创造能让员工发挥所长的环境。工作的性质往往会影响个人能力的发挥，所以在人员配置、任务分配和管理方式等方面，要力求适应每一个人的情况，特别是在企业规模变大时，要尽量避免官僚主义。

11. 不能忽视员工的升迁。适时地提升员工，不但能激励被提升者的干劲，同时还会带动其他人的努力。提升员工职位，应以员工的才能高低作为主要标准，年资和考绩应列为辅助材料。

12. 在恶劣的环境中培养人和发现人。松下公司不但在企业发展顺利时注意培养人，就是在面临各种困难时，也不忘记人才培养，认为恶劣的环境比顺利的环境更能锻炼和考验一个人的人格和能力。

# 思考与练习

1. 公众心理有哪些特征？

2. 公众心理对企业形象有哪些影响？

3. 与公众的"双向信息沟通"体现在哪些方面？

4. 会展企业的个性心理管理应侧重在哪些方面？

5. 浅谈会展企业中的领导管理艺术的意义，并加以实例分析。

# 第 11 章
## 会展从业人员职业心理

[学习目标]

- 了解会展从业人员应有的职业道德、职业意识和心理素质
- 掌握会展从业人员在会展活动中应具备的待客策略

[关键概念]

职业道德职业意识 心理素质 待客策略

# 11.1 会展从业人员的职业道德

职业道德是指在一定的社会经济关系中,从事某种特定的职业活动所应该遵循的道德要求和行为规范。职业道德一般呈现出三个典型的特征:第一,职业关联性。不同的职业对道德要求不尽相同,例如,教师崇尚为人师表、传道授业,医生则贵在救死扶伤、人道情怀。第二,内涵传承性。职业道德是一个国家或民族优秀传统文化的传承和发展,具有一定的延续性和稳定性。例如,中国人民的勤劳奋进,德国人民的严谨守时。第三,形式多样性。职业道德往往以规章制度、工作手册、约定俗成等外在表现形式,促进人们遵守所从事职业的道德要求和行为规范。在我国,会展业作为一个城市的窗口行业、城市名片,从业人员应当拥有高水准的道德标准、得体的行为规范、专业的服务技能,才能成为一名合格乃至优秀的职业人。

## 11.1.1 爱岗敬业

"干一行爱一行"是对从业人员最基本的要求,也是人类社会产生职业以来,最核心的道德规范。它要求各行各业的劳动者既要热爱自己所从事的职业,又要以恭敬的态度对待自己的工作岗位。爱岗敬业是爱岗与敬业的总称,"爱岗"与"敬业",互为前提,相辅相成。"爱岗"是"敬业"的基础,"敬业"是"爱岗"的升华。爱岗就是从内心里热爱自己的本职工作,对工作一丝不苟,对同事与客户热情周到。敬业是对工作负责任的态度,孔子曾提出过"执事敬""事思敬""修己以敬"的观点,就是主张人在一生中始终要勤奋、刻苦,为事业、为工作尽心尽力。

爱岗敬业,对自己的工作专心、认真、负责任,这是忠于职守的事业精神,也是"三百六十行、行行出状元"的前提。古有大禹在洪水肆虐时临危受命,踏遍九州寻找治理洪水的方法,十三年如一日,三过家门而不入,爱岗敬业精神可表天地;今有钟南山在"非典"和"新冠病毒"荼毒生命之时,坚持奋斗在抗疫一线,救死扶伤,用最美逆行诠释自己对"医生"这个职业的热爱和执着。会展行业普遍存在工作时间不规律、岗位劳动强度差异大等特点,尤其是在办展期间,高强度、长时间的工作,对会展从业人员而言,既是本职工作,同时也是考验。这就要求办展期间,各个岗位的工作人员忠于职守,无论再辛苦、再疲劳,也要认真仔细地做好每一件事,热情周到地对待每一位参展商和观众;无论遇到再大的困难和问题,也要兢兢业业,克服万难,确保活动的顺利进行。

## 11.1.2 诚实守信

诚实守信是人和人之间正常交往、社会生活稳定有序、经济秩序健康发展的基本保障。诚实守信既是一种道德品质和价值观念,也是每个公民的责任义务。对个人而言,它是一种性格品质;对企业和社会组织而言,它是一种形象与信誉;对一个国家而言,它又代表着国格与尊严。诚实守信由诚实与守信组合而成,诚实就是要以事实为依据,忠于事物的本来面貌，不隐瞒自己的真实思想，不掩饰自己的真实感情，说真话、做实事，不弄虚作假，不瞒哄欺骗，对人真诚实在，能做到言行一致，表里如一。守信，就是要讲信用，讲信誉，信守承诺，答应了别人的事一定要做到。俗话说，人无信不立，人无诚不交。要想获得别人的信赖和尊重，就应该"言必信，行必果"，做一个诚实守信的人。"狼来了"的故事教育了一代又一代青少年，我们从小就明白一个道理：如果不诚实，就会失去信用，后果将很严重。这个耳熟能详的故事是对诚实守信最好的诠释和最直观的表达。

诚实守信是中华民族传统美德之一，东汉的许慎在《说文解字》中表达过："诚，信也""信，诚也"。"诚"与"信"，自古以来便搭配使用、互相通用，强调诚实守信在修身成仁过程中的重要性。孔子曾说过："人而无信，不知其可也。大车无輗，小车无軏，其何以行之哉！"比喻没有信用的人就像失去轮子的车一样，寸步难行。随着时代的不断发展与变化，诚实守信被赋予新内涵。以信息技术快速发展为特征的第三次产业革命，极大地改变了人民的生活生产方式，特别是人与人之间的沟通交流方式。过度宣传与包装、假象、谎言、谣言……随处可见、难以分辨。为了避免"狼来了"故事的发生，近年来，国家、地方政府和企业特别注重诚信体系的建设，通过建立个人、组织和企业的诚信档案，将失信行为记录在案并适时公布，以儆效尤；通过建章立制，加大对失信人员和企业的惩罚力度，如限制高消费、贷款等，让不诚实守信的人如过街老鼠，没有生存空间。

在日常工作中，我们经常会因为不能按时到岗去找各种理由，如堵车、遇到车祸、交通临时管制等，而真实原因却是赖床起不来、起晚了。当说谎、不诚实变成了一种习惯，成为随意破坏制度的理由，也就很容易失去领导和同事的信任。与其找客观理由，倒不如反省自己、改变自己，做一个积极向上、诚实守信的人。

### 11.1.3　文明友善

中国是文明古国、礼仪之邦，中国人民骨子里自古以来就有文明友善、包容万象的基因。"文明"一词，最早出自《易经》："见龙在田、天下文明。"在当今社会，文明指一种社会进步状态，与"野蛮"一词互为对立。讲文明，不仅是个人修养、品行的体现，也是一个国家、一个民族发展水平的体现。文明礼仪是社会公德的基本内容和重要道德规范，是人与人之间交流、交往的必要行为准则。作为一个城市的窗口行业，会展业通过大型会议、展览和节事活动的成果举办，对于树立城市形象、传播城市文明，意义重大。讲文明、懂礼貌、行礼仪，这是对会展从业人员最基本的道德规范和职业素养要求。

友善即与人为善，是对待他人的态度与行为表现。人们常常拿《三国志·蜀书·先主传》中"勿以善小而不为、勿以恶小而为之"这句话来教育孩子们，要多做善事、少做坏事，要与人为善、少树敌人。友善是公民优秀的个人品质，是营造良好人际关系的必要条件，也是构建和谐社会的基本要求。

《论语·学而》："礼之用，和为贵"，崇尚一种文明礼貌、和谐友善的社会状态。进入21世纪，人类不文明的行为和对环境粗暴的态度，致使自然灾害频发，各种未知病毒肆虐，为人们追求美好生活向往的进程蒙上了阴影。人与自然和平相处，构建人类命运共同体，需要我们不仅要在生活生产中讲文明懂礼貌，善待亲朋好友、同事客户，还要善待与我们共生共存的动植物和生态环境。

### 11.1.4　团结互助

团结互助是指在一定的组织或社会关系中,为了实现共同的利益和目标,成员之间互相帮助、互相支持、团结奋进、共谋发展。团结即相互配合,依附于组织或集体,既是个人道德品质的表现,也是集体形象的展示。真正的团结是摈弃个人因素,为了组织或集体的利益,无条件地配合。互助即互相帮助,通过相互配合、分工协助的方式实现合作各方利益最大化。

一次会议、展览或者节事活动,涉及策划、宣传、组织、安保、交通、餐厅等各个环节和不同岗位工作人员,既需要发挥每个员工的主观能动性,还需要相互之间紧密配合、团结互助。在会展业,正确处理好企业内部的人际关系,对于为参展商、观众提供优质服务,确保会议、展览或节事活动圆满成功具有重要意义。"100-1=0"是服务行业顾客对服务质量评价的一般规律,在会展服务过程中,即使其他99个服务环节都能让服务对象十分满意,只要有一个环节出现纰漏,比如展位不通电、餐饮供应不足、交通安排脱节等,都足以让其他所有人的劳动失去意义。所以,每一位会展从业人员承担的工作都是服务流程中必不可少的一环,都很重要,大家应该目标一致,在坚守岗位、做好本职的基础上,分工协作、团结互助,才能确保会展活动的顺利进行,并为参展商、观众提供满意的服务。

### 11.1.5　奉献社会

奉献是一种精神,是一种信念,也是一种行动;是对自己热衷的事业不讲条件、不谈待遇、不求回报的付出。"春蚕到死丝方尽,蜡炬成灰泪始干",李商隐的诗句生动地描述了奉献精神的无私与伟大。对任何个体而言,生存和生活都离不开所在的社会环境,社会滋养、哺育成就了个体,特别是在中国特色社会主义大家庭,国家的庇护,使我们免遭战争、饥饿、种族主义、枪支泛滥、病毒肆虐的痛苦,因此,每个人都应该心怀感恩,尽自己所能,帮助身边人,回报社会。

关于"时代楷模"张富清的先进事迹,习近平总书记这样评价道,老英雄张富清60多年深藏功名,一辈子坚守初心、不改本色,事迹感人。他用自己的朴实纯粹、淡泊名利书写了精彩人生,是广大部队官兵和退役军人学习的榜样。作为一名普通的会展从业人员,虽然从事着默默无闻、单调枯燥的重复工作,但是,平凡并不意味着平庸,我们应该向张富清、杜富国等"时代楷模"学习,在平凡的岗位上,树立崇高的职业荣誉感和认同感,不畏困苦,甘于寂寞,兢兢业业,乐于奉献,一样可以书写灿烂的人生。

## 11.2　会展从业人员的职业意识

什么是职业意识呢? 职业意识既是一种心理活动的总和,又是一种观念的反映。简单地说,职业意识是人们对全社会职业活动在头脑中的反映,是对求职择业和职业劳动的感觉、思维判断等各种心理过程的总和。会展职业人员应对自己职业意识做审视,及时调整认识上的偏差,以便实现个人价值和人生理想。

### 11.2.1　角色意识

从某种意义上说,社会就是一个大舞台,社会中的每一个成员都是这个大舞台的一个角色。无论会展从业人员身为管理者还是被管理者,都是组织中的一个角色,为了避免产生过多的角色冲突,角色不明和角色负担过重的现象,各组织成员就必须要扮演好组织所赋予的各种角色。从某种意义上说,整个组织就是由许多重叠相连的角色所构成的。所谓角色意识是指个人对自己所扮演角色的看法,包括对角色的了解、评价、监督和自我教育。角色意识强调会展人员应将个人行为习惯从基本角色和岗位角色中彻底剥离,达到工作过程中的"无自我"状态;同时在工作中加强角色认知。员工在认清其双重角色之后,就需要对双重角色进行明确的职责规划,明晰角色职责。另外在加强会展人员角色意识的同时,应对其进行行为标准的培训指导,给予特定的服务技能与服务标准的指导以达到专业化水平。如通过大量的案例课、实习课、模拟课的学习培训使从业人员亲自体验办一次展会的整体运营过程,熟悉会展的操作流程,通过亲身体验的方式让员工了解每个环节的实务核心,充分了解会展这个行业。在会展活动中,在不影响消费者感觉的前提下给予员工及时的督导和角色提醒;另外,也可以围绕主题赋予员工的理想角色行为,对照其现实行为,进行不同程度的正负强化,以帮助员工修正个人行为,快速而准确地融入角色。

### 11.2.2　质量意识

经过十几年的快速发展,我国的展览会现已进入整合阶段。展览会的质量是整合会展的根本。作为传统贸易延伸出来的展览会,我们购买产品,需要它具有优良的质量。如果我们把展览会也作为一个产品来考量,或许可以从另一个角度得到启发。对展览会而言,资源管理主要是人力资源的管理。我国展览业发展迅速,对从业人员的需求量较大,但社会上具有一定专业水平的展览人才较少,国家也无相应的从业人员资格考核、认定制度,导致从业人员的整体素质较低,直接导致展览会质量低下。因此,强化会展从业人员的质量意识十分必要。所谓会展从业人员质量意识,即增强成员对会展质量管理重要性的认识。在整个会展功能的形成组织过程中,会展从业人员的质量意识对展览会功能的形成影响重大,它不仅关系到展览会的质量,更直接关系到其将来的发展。如交易功能、信息交流、品牌提升等功能的体现都和从业人员的质量意识相关。比如在产品开发阶段,其内容不仅仅是展览会市场即参展商资源的调查,更多的是参展商产品的需求市场及交易特征的分析。只有产品市场得以发展,才能推动展览会的发展。再如,展览结束后,对展览会进行质量分析、改进,是为了提高下届展览会的质量。分析的依据主要是专业观众信息及参展商信息。通过收集观众登记表,按观众的行业特征、决策作用、来自区域进行分析。所有这一切活动的组织都和从业人员质量意识的强弱有关。质量管理活动贯穿于整个展览会过程中,加强展览会过程的质量管理并持续改进,展览会才有生命力。

### 11.2.3　形象意识

由于会展具有便捷、集中、直观和快速等特点,能较好地起到传播信息、文化和理念的作用。企业通过在展会上把新型产品和技术进行展示和推广,让客户可以迅速、准确地了解国内外相关的行业动向和发展趋势。加上展会期间举行的各种论坛和会议,能有效促进政府与企业、专家与企业、企业与企业以及企业与消费者之间的沟通与交流。会展可以展示城市形象,提高城市在国际、国内的知名度,具有很好的广告效应。而从业人员职业意识是产品质量和服务质量的有效保证。会展的内在气质与外观形象的结合才构成了会展的组织形象。其实,不仅仅会展管理者代表会展的形象,每位员工都是会展形象的代言人。树立好一个会展的社会形象,是这个会展生存与发展的基础。对于形象化问题,首先要培训会展系统的从业人员来增强这个意识。

形象意识,说到底就是要完成一个"立信"的任务。这就如《商君列传》中所说的,商鞅的新法已准备就绪,"恐民之不信己,乃立三丈之木于国都市南门,募民有能徙置北门者予十金"。仅仅搬木头本是毫无意义,但是通过它达到"立信"的效果,这才是真正的目的。它是竞争中一种不可忽视的心理力量。如果一个会展树立了良好的形象,就可以增强对消费者的吸引力,赢得好感、信任和尊重,吸引更多的消费者,从而有利于提高会展的竞争力,扩大产品知名度,提高市场占有率。对于形象意识的强化,应该从全方位来增强这方面的管理。参展工作人员的言行举止和精神面貌都会对参观者认识企业产生极大的影响,参展工作人员如果形象意识不强,最终有可能会失去参观者对会展产品的可信度。同时,要不断地保持和改善同现实环境中以上诸多因素的关系。因为,要在社会树立一个好的会展形象,得到更高的美誉度,不是一朝一夕的事,也不是一个人的事。要努力把会展系统的管理打造成一个统一的整体,形成属于自己的文化和精神。所以,要打"持久战",要从战略的角度研究这个形象问题。

在展览形式上要强化形象意识,培育各类特色展会。我们要着力培育市场定位准、科技含量高、影响面广,面向制造商、经销商的大中型专业展会。一些城市展览业快速发展的成功经验告诉我们,专业化展会是国际会展界通行的成功模式。要达到专业化,就要避免在展会现场零售,要使专业的采购商达到一定的比例,使主办方、参展方、贸易商的利益都得到保证。像广州的广交会、香港的国际旅游交易会、昆明世博会、大连国际服装节、青岛啤酒节这样的展览会能带动相关产业的发展,取得明显的社会和经济效益,以强化展会的影响力。

### 11.2.4　信誉意识

信誉就字面而言,指诚信和名声。信誉意识就是指会展从业人员对会展的诚信和名声的看法。会展的信誉体现在公众及消费者对会展整体的评价和看法。具体体现在会展活动的组织质量、会展效益、会展技术水平、会展人员的服务态度、会展人员的素质和形象、总体实力等方面。这一切都和会展形象和声誉紧密相连。

近年来，我国会展业进入了快速发展的黄金期，每年以20%~30%甚至更高的速度增长。然而，会展经济繁荣的背后存在着许多问题，其中之一就是"骗展"。北京、上海、广州等城市会展业都传出"骗展""拼盘展""重复展"等不和谐的声音，甚至形成了一批有资金、有经验的骗展团伙，严重影响了这个都市型服务业的健康发展。主要的骗展伎俩体现在假国际展，其实只是组织几家合资企业参展，打出国际旗号而已；企业到了国外才发现，展览公司承诺的展位大多子虚乌有；编造主办单位，展览公司请不到"某某协会"来主办展会，就写上仅有一字之差的"某某学会"，其实根本就没有这个单位；虚假承诺，等到展会开幕，参展企业才发现规模远远达不到展览公司招展时的承诺，展览场地也被临时更换，变成一个不专业办展的地方；拼凑企业，招展是"某某专业展"，来的都是不相关的企业，整个展会就是拼凑出来的"大杂烩"。

从经济学角度分析，会展从业人员是否坚持信誉是会展对长远利益和眼前利益取舍的结果，尤其在当今会展业迅猛发展的时代，会展的信誉是会展活动长期生存的关键。会展人员必须有危机意识，只有从业人员具有较高的信誉意识，会展组织才可能有较高的形象和品牌力度，才有机会追求相对长远的利益。反之，如果会展组织者着眼于眼前利益，损害了公众利益，虽然短暂得利，但由于信誉的丧失，公众和消费者评价差，会展的市场将迅速缩小。对于从业人员而言，应建立科学完善的诚信体系，需要展览业各利益主体尤其是组展企业、展览场馆和参展商的共同努力。然而，一般意义上的信誉属于意识形态的范畴，各从业人员应坚持向消费者提供优质产品和服务；应自觉通过自身行为来维护会展的信誉；在有危机时，及时向消费者和公众公布，以主动真诚的态度与消费者沟通，勇于承担责任；同时在会展活动的组织和实施过程中通过采取一系列对社会负责的行为来树立会展的信誉。这一切都和会展从业人员的信誉意识相关。

## 11.2.5 服务意识

会展业属于第三产业的服务业，它不同于第一、第二产业。会展是一个营销的过程，关键是人才、客户和服务，对资金的需求并不突出。服务水平的提高不仅要提高软件服务，如设立相关的服务商、法律咨询机构、专业观众检录系统，还要改善硬件设施建设，如必备的商务服务部门和专线交通等。会展专业人才奇缺是制约会展业发展的瓶颈，因此加快会展专业人才培养迫在眉睫。但是要推行优质高效服务，进一步改进工作方式，提高办事效率和服务质量，必须强化会展从业人员的服务意识，优化会展业发展环境。所谓服务意识，指会展从业人员对会展服务理念的认识和看法。在会展活动的组织和实施过程中，需要有一大批高素质的专业展览人才进行精心策划，才能实现高质量的服务。因为会展经济也是智力经济，高效经济的服务运作离不开从业人员超前的服务意识。

展会服务主要是指展期前后的服务，是展览会工作的重要部分，也是展览质量的重要环节。比如在组织展品的运输、展台的搭建活动时，有可能会引起投诉，在会展的管理过程中应采取相应的措施来提高会展服务质量。首先，要切实简化会展准入手续的办理，实行"一站式"办公。展会参展方因故不能派员前来的，邮寄必备资料，会展管理部门可代为办理准入手续。实行会展项目委托办理制,会展企业办理准入手续后,协调各部门的工作由会展管理部门办理,为客商提供方便、快捷的服务。其次,要完善会展服务运作体系。为会展配套的相关企业要树立"以人为本"的服务理念,按照市场化、商业化和优质高效的要求进行服务运作,尽快实现会展场馆租赁、广告、展品运输、仓储、展位搭建、物业管理等服务流程专业化、规范化;餐饮、旅游、住宿、交通等配套服务标准化、人性化;有针对性地安排专业化配套服务如专家论坛、信息发布、商贸洽谈、文娱节目、参访等活动,结合地方特色产业和人文环境,注入健康的文化元素,提升展会的文化品位,满足与会供需双方贸易交流的商务需要。最后,要关注网上展览和会展信息化的发展趋势,逐步实现实物展览和网上展览、交易之间的相互补充,提高行业的透明度;通过加强展会的各项专业配套服务,全面提高会展业的专业化程度,逐步形成具有自身特色、符合市场经济规律和国际惯例的服务运作体系。

全方位、周到满意的服务为参展商与顾客提供了极大的方便,不仅便于参展商成功地达到参展目的,更为展览会培养了顾客忠诚度,树立了良好的品牌形象。因为奥妙就在于一切围着展会转,围着参观者服务,展场布置把舒适放在第一位,良好的服务分别体现在空气流动,光线明亮,温度适宜,布局宽松,并且在众多展场之间,到处设有咖啡座,可供人们休息、聊天、交流、业务洽谈,在市区乘车凭展馆出入证"一证通",十分便捷。这样的服务,消费者满意率怎么可能不高,会展的发展和效益怎么可能不好? 说到底,会展业的竞争归根结底是人才的竞争,而人才的竞争离不开人才的服务意识。

## 11.3　会展从业人员的心理素质

人是有感情的,有个性的,而感情、个性又会随环境的变化而变化。会展从业人员要有良好的心理素质。心理素质渗透在会展活动的每一个环节,影响着会展从业人员的行为方式和活动质量。一方面要经得起消费者的赞扬而不自我陶醉,另一方面要随时准备承受某些误解、怨言、委屈,甚至打击。会展从业人员要做到在各种环境中都能保持一种持续的、积极的、良好的心理效能状态,做到处处为消费者提供满意的服务。

### 11.3.1　自信、热情、开放

1) 自信

自信,是对会展从业人员心理素质最基本的要求,是取得事业成功的基石。自信就是高度的自我肯定,自我肯定是一个从业者喜欢自己的程度。如果一个会展从业人员连自己也不喜欢,就会产生一种自卑感、无价值感,这样就会对会展的形象带来负面的影响。一个会展从业人员只有相信自己的能力和力量才能敢于去竞争,敢于去拼搏,敢于追求卓越,在会展的人际交往中充分发挥自己的才能,抓住各种时机,适时推销形象。另外,会展从业人员在会展活动的组织过程中要和各种各样的人交往,要为组织建立协调上下左右、四通八达的关系网络。会展从业人员必须具有宽宏大度、容人容事的气量，要能容忍他人的弱点和不足，容纳他人的不同观点，要能着眼于未来，不计小是小非，善于同各种各样的人结交朋友，还要能以豁达乐观的态度，冷静地对待和处理工作中的困难与挫折，不可太计较一时一刻的得失。

只要会展从业人员在工作中能友善地对待顾客，相信别人也会友善地对待自己。会展从业人员必须对自己有绝对的信心，才能取悦消费者，让他们感受到优质的服务。

### 2）热情

会展是营销组合的一部分，而热情是营销专家公认的一项重要的人格特征。它是从业者从内心表达出来的兴奋与自信，是一种强有力的、稳定而深厚的情绪体验。热情的特征表现在它是强有力的，它影响人的整个身心，是鼓舞人去行动的巨大力量；同时热情是深厚的、稳定而持久的，它使人长久地、坚持不懈地去从事某种活动，并对这种活动产生愉快、满意等积极肯定的情感体验。会展从业人员如果对会展工作具有高度的热情，能引起消费者的共鸣，它能让消费者对会展从业人员所说的话深信不疑，它能驱使消费者自觉地参与到会展产品和服务的宣传中。每个人都有独特的外貌、仪表和气质，其内在的精神、素质、经营哲学理念总是通过一定的具体形象表现出来。表现热情的主要方法是赞美，但赞美要恰到好处、掌握赞美的分寸，把握时机，真诚、发自内心，这样就会让会展消费者真切地体验到会展的高品质。

### 3）开放

目前，我国展会的国际化程度越来越高，要求会展从业人员实现经营观念、会展品种、运作模式和服务方式等方面的不断改进与创新，努力与国际惯例接轨，进一步加速我国会展业的国际化进程。这就要求会展从业人员要具有开放心理。开放心理就是会展从业人员要能不断接受新事物、新知识、新观念，在工作中敢于大胆创新，做出突出的贡献；能宽容、接受各种各样与自己性格不同、风格不同的人；能冷静地对待和处理工作中所遇到的困难和挫折。具有开放心理的会展从业人员善于整合会展资源，加强联合，实现优势互补，进行更好的探索和有益的尝试，组织有特色的品牌展览会，从而提高会展的竞争力。

## 11.3.2　情感与意志

情感是在人类社会历史发展中产生的与社会性需要是否满足相联系的体验，它是人类所特有的、高级而复杂的体验，是人对所反映对象的态度，这类态度总是以带有某些特殊色彩的体验形式表现出来。情感由客观事物是否符合人的需要而产生，它反映着客观事物与人的需要之间的关系。它和人的行为密切相关，不同的体验产生的情感不同。因此，需要对会展从业人员的情绪和情感加以正确疏导，使从业者在会展工作中心情舒畅，从而能愉快地工作。

意志是自觉地确定目标，并根据目标来支配、调节自己的行动，克服种种困难，实现预定目的的心理过程。人的意志过程同其他过程一样,也是来自客观实践。人在对客观世界由感性到理性的认知活动中,逐渐掌握了事物的本质和规律,从而能根据目的积极能动地改造世界。意志和克服困难相联系,在会展活动的组织过程中,需要会展从业人员具有能克服困难的意志。通过较强的主观意识控制和调节在工作过程中的随意性行为,使行为指向目标。从而在从业人员对会展的认识过程中,通过较强的意志来提高认识水平。

积极的情感可以对人的行为起到鼓舞作用,而消极的情感需要意志来调节,因为意志行动一开始就以一定的认识和情感为依据。在目前我国会展业和国际会展业存在较大差距的情况下,会展从业人员需要有较强的心理素质来应对工作中的困难,特别是要有积极的态度和超强的意志力。目前我国会展市场竞争有待规范,展馆资源有待整合,本土企业数量较少、规模档次较低、专业水平不高、竞争力较弱,会展业协会未正式成立,行业没有形成自律和规范,这些困难都需要会展从业人员来克服。

情感和意志对会展工作的效果有显著性的影响。愉悦的心境在工作时间、工作强度和工作效果上所表现出的状态要比痛苦和意志力弱所表现出的状态好。会展工作者在工作中所接触到的一切,都会引起情感和意志的变化,具体影响有以下5个方面:

1)需要是否得到满足

会展工作者在工作中需要从上司、同事、消费者那里得到对工作和自身的肯定,同时还希望得到事业的发展、岗位的提升、报酬的增加、激励、福利、关爱等各方面的满足。如果从业人员在工作中能得到一定的满足,就会产生积极肯定的情绪,如高兴、满意、喜欢等。如果得不到满足,就会产生否定的、消极的情绪,如不满、失望等,从而影响工作。

2)工作是否顺利

需要是动机的基础,为了满足需要,会展从业人员在动机的支配下产生行动,不仅行动的结果产生情绪,而且在工作过程中是否顺利也会引起不同的心理体验。在整个会展工作的实施过程中,如果工作顺利就表现出愉快、满意、轻松等情绪体验,促进从业人员工作热情和工作积极性的发挥。如果工作不顺利,就会产生不愉快、紧张、焦虑等情绪,影响工作积极性的提高。会展工作本身就极具激励作用,而情绪的产生,反过来会对会展从业人员产生积极和消极的作用。

3)客观条件

客观条件是一种外在刺激,它引起从业人员的知觉从而产生情绪、情感体验。会展活动中的客观条件包括会展的硬件设施、会展项目、交通、旅游、通信等状态。此外,消费者的情感也是客观条件。上述因素都会对会展从业人员的情感和意志造成影响。

4)会展团队状况和人际关系

会展从业人员所在会展团队的状况和团队内部的人际关系也对其情感和意志造成

影响。如果一个会展组织成员间互相信任,团结和谐,就会使工作者心情舒畅,情绪积极;如果彼此不信任,互相戒备,就会使工作者随时处于不安全的情绪中。在人际交往中,会展从业人员尊重别人,欢迎别人,同时也会受到别人的尊重和欢迎,进而产生亲密感、友谊感。

### 5）身体状况

会展从业人员在工作中需要一定的体力和精力作保证。身体健康、精力旺盛,是产生愉快情绪的原因之一。身体健康欠佳或过度疲劳,容易产生不良情绪。因此,会展从业人员应随时注意自身的身心状态,随时保持愉悦的情绪,以保证会展工作的正常进行。

## 11.3.3　气质与性格

随着会展的不断发展,对会展从业人员也提出了更高的要求。在从事各种会展活动的过程中,会展从业人员的心理活动规律,直接影响其在工作中的认知能力和活动效率。不同的从业人员在心理特征上表现出不同的差异。比如说在气质与性格方面所表现出的不同使其工作效率也不同。

### 1）气质

气质即人们常说的"性情、脾气",是人的高级神经活动类型的心理表现,是不以活动目的和内容为转移的典型的、稳定的心理活动的动力特性。这种心理活动的动力特性,反映了个体心理过程的强度、速度、稳定性、灵活性以及心理活动的指向性等特点。在会展工作的日常管理过程中,从业人员在感知思维的快慢、情绪和意志的强弱、注意保持时间的长短、心理活动是倾向于内心体验还是倾向于外部等方面都由于气质的不同而表现出极大的不同。一般用来描写气质特征的词语很多,如急躁、活泼、开朗、热情、冷静、多虑和忧郁等。

根据人的感受性、耐受性、兴奋性、内外倾向性等心理特征的不同,人的气质分为胆汁质、多血质、黏液质和抑郁质共四种类型。对这四种气质类型的特点,第5章已有详细的描述,这里不再赘述。

在实际的会展工作中,不同气质类型的从业人员并无好坏之分,也不能决定他们在工作中的价值和工作成就。仅仅在工作中由于气质的不同而表现出双重关系,即互补性和适应性。互补性是指从业人员能不自觉地自我取长补短,能基本上适应普通工作的要求;适应性是指因为在会展的各项工作中,由于工作岗位的不同,对任职者也会提出不同的要求,即对不同气质类型的工作人员提出了要求,从而使从业者的气质特征与会展工作之间存在着不同的适应水平。当然,在基本的会展活动事务中,不同气质类型的从业人员对工作的影响并不大,工作所提出的要求会由于从业者依靠自身其他气质特点以及相应的职业训练来得到调节。此时,决定工作成败的关键因素并不在于气质类型的不同,而更多地取决于会展从业人员在工作中所表现出来的工作态度、工作积极性和技术熟练程度等。对于那些会展设计师之类的工作就要求具有特殊气质的会展从业人员来从事,以适应工作对气质的要求,发挥较大的工作效率。

### 2)性格

所谓性格,是指一个人对现实的态度和习惯化了的行为方式表现出来的较稳定的具有核心意义的个性心理特征。性格是一个古老的概念,也是一种十分复杂的心理构成物。它有着许多不同的侧面,如同世界上没有两片完全相同的树叶一样,世界上也没有性格完全相同的两个人。性格特征是千姿百态的,它是决定人命运的重要因素和构成个体差异的重要内容。如诚实、善良、勇敢、谦虚、虚伪、自负、自卑和骄傲等,它反映了一个人的基本生活面貌。

各种性格特征在一个从业者的身上不是彼此孤立存在的,而是相互联系、相互依存地成为一个系统。工作中的认真负责、踏实、关心集体、遵纪守法等特征,构成一个完整的性格系统;追求名利、自负、自高自大、轻视别人、不关心集体等性格特征,构成了另一个完整的性格系统。只要了解一个从业人员的某种或某几种性格特征,就可以推测出其他特征。在推测中主要注意从业人员对社会、集体、别人的态度,从而考察一个工作者的工作态度和工作责任心。

不同的会展工作岗位对会展从业人员的性格特征也提出了不同的要求,应使人的性格与工作中的职务相匹配,做到"人适其事"。

### 3)性格和气质

性格是在神经系统一般类型即气质类型的基础上后天形成的一种心理特征。因而,性格与气质的关系非常密切,二者相互渗透、彼此制约。首先,气质能左右性格形成、发展的速度和强度。如抑郁质的人比较容易形成"自制"这种性格特征。但气质类型并不能预定一个人最终形成什么样的性格。如胆汁质的人常常是满腔热情、急切豪爽地帮助人,也可能是狡猾、自私、虚伪的人。其次,气质受性格较长时间的影响,可以被改造。如长时间从事会展的旅游服务工作,需要具备细致的性格特征,在形成这一性格特征的过程中,可以改造胆汁质容易冲动的气质特征。最后,气质无好坏之分,性格却有明显的优劣差异。所以在会展工作中,管理者应特别重视分析从业人员的态度和行为,对员工的外部活动、语言、外貌表现等方面做深入的了解,并在此基础上,加强教育,增强员工的自我评价、自我调节、自我控制的能力,培养员工正直、诚实、热爱工作的性格,以提高员工的工作效率。

## 11.4　待客之道的心理策略

会展表现出互动性。会展活动的进行是通过会展从业人员和消费者之间的相互接触来实现的,面对面地通过互通信息、洽谈、签约成交等方式进行交流,从而实现交流双方各自的目的。为了吸引消费者,实现消费者对会展产品和服务的高满意率,达到会展营销的目的,需要会展从业人员在待客之道方面有一定的心理策略。

### 11.4.1  个性化服务

会展业需要个性化的服务营销。个性化的服务策略是指在会展营销活动中,针对每个前来洽谈的客户和经销商、服务商的与众不同的个性化要求,为其"量身定做"产品和服务从而最大限度地满足客户和经销商、服务商的服务营销模式。个性化服务包括灵活服务、心理服务、自选服务、意外服务、委托服务甚至癖好服务。

会展经济是一种风险型经济,不论是举办大型的国际会展,还是召开会议座谈都难免会遇到风险。为了能够最大限度降低会展风险,让会展适销对路,并在会展市场上占有一定的份额,获得丰厚的利润,必须进行会展需求的预测和分析。在会展服务过程中,会展各个服务部门都应针对自己的服务对象精心设计周到的服务,让投资商、项目方都满意,以满足客户们的特殊需求,实现客户的贸易成交率、收集信息、产品发布和产品展示等具体目标。从而也通过个性化服务来提高现有客户的购买数量,扩大展会的展位销售和增加观众参观量。通过个性化的服务和客户的合作共赢共荣,展会与客户之间的长期合作关系才会牢固,展会才能长盛不衰。

会展个性化服务的实现需要会展从业人员在接待相应的客户时,掌握客户的需求心理,并采取相应的心理策略。过去,参展商在布展遇到问题时,需要在会展的各展馆之间奔走,分头找各部门解决,这导致了参展商参展积极性的降低。针对参展商希望获得方便、简洁的"一站式"服务的心理,会展从业人员应从服务意识上为参展商提供最需要的服务。如开辟场馆,设立客户服务中心,集中布展工作、货物运输、展览商务、自助网吧、海关、银行、航空售票、酒店等各个部门,从而让参展商的所有问题都能在客户服务中心得到解决。又如,针对一些展品需要多次转展的情形,会展组织者可以和相应的部门如海关,协调简化国内转展、转关手续,为客户方便、快捷地办理各种途径的转展,统一规范;利用多种交通工具转展的办法和手续,做到让客户满意。而要做到像上述客户服务中的客户满意,需要会展从业人员切实分析客户需求心理,采取个性化的订单式的服务,稳定老客户,赢得新客户。

### 11.4.2  情感化服务

客户对展会的满意可以从物质方面获得,即展会的功能、品质、定位和效用等。这些是客户对展会满意的核心。客户对展会的满意也可从精神方面获得,即展会的服务,包括会展从业人员的态度、服务的有形展示和服务的过程等。每一个客户都有被尊重的需求,客户经常会谈到参加不同展会的感受,客户对展会的满意度可能会因某一个展会工作人员的态度而大打折扣。展会工作人员的态度对客户满意度的影响不能不引起展会的重视。

会展从业人员是否采用情感化服务,会对消费者行为造成不同的影响。主要表现在以下3个方面。

1）对会展消费者动机的影响

动机是激励人们从事某种活动的内在动力。人的任何行为都是在动机的支配下产生的。因此，要促使消费者产生会展消费行为，首先要激发会展消费者的消费动机。而从业人员的喜欢、愉快等情绪可以增加消费者参展的动机，增加做出选择的可能。

2）对活动效率的影响

人的一切活动，都需要积极、适宜的情绪状态，才能取得最大的活动效率。会展从业人员积极、热情、礼貌的服务态度可以激发消费者参展和采取积极行动的热情，从而提高消费者参展的效率。

3）对人际关系和心理气氛的影响

由于会展从业人员的情感化服务，可以使消费者产生良好的情绪状态，进而增进双方的关系，增强客户参展的信心。让消费者和客户从展会参与人员的言语、行为、服务态度和服务技能中感受到优质的服务，感受到被关怀与尊重，从而让他们满意，愉快地参展。

## 11.4.3　语言与交流方式

会展经济的独特交易方式要求会展从业人员在和会展消费者接触和交流的过程中，为增进双方的交流，改善贸易关系，特别需要注意交流方式的选择。其交流的目的主要是实现有效的沟通。沟通是指双方通过一定的信息交流而达到相互了解的过程。在会展活动中，会展从业人员与消费者之间会经常不断地进行各种各样的信息交流。沟通的主要两种方式为言语沟通和非言语沟通。

1）言语沟通

言语是人运用语言进行思考，并用以表达思想和交流信息，最终影响他人的过程。现代会展越来越重视会展从业人员的交往能力，而交往能力的高低与人的表达能力关系密切。从业人员用明晰的语言、缜密的逻辑，再辅以传情达意的动作来表达，就使口头语言有了综合感染力。如在介绍相关的展品知识时，需要从业人员高超的表达能力来阐述产品的性能等方面的专业知识，以达到让消费者了解产品并产生购买动机和行为的目的。

（1）言语沟通的原则

会展从业人员在与消费者进行语言沟通时要遵守以下两个原则：

①要选择准确表达思想内容的语句。选用合适的语句，准确、恰当地表达自己的思想是和消费者进行成功交流的首要环节。交谈时要慎重地斟酌措辞，不要造成歧义，使顾客误解。

②言语交往要符合特定的交往环境。言语交往都是在特定的交往环境中进行的。

一般包括谈话对象、时间、地点、场合、心理情绪等。讲话的语言要适应不同对象的特点，首先要弄清客人的年龄、身份、职业、文化修养等。针对不同的对象，交谈不同的内容，要采用不同的语言形式，以达到有效的沟通和产品的成功营销。

（2）会展活动中的语言表达技巧

在会展服务过程中，会展从业人员的语言表达要注意以下两个方面：

①会展服务用语的使用。常用的有："对不起""别客气""谢谢""您好""再见""欢迎再来"等礼貌用语。

②声调的使用。说话声调能直接影响服务交往的效果。因为在声调的使用中蕴含着会展从业人员的情绪，如对顾客说"再见"时，应以亲切、热情为宜，表达出依依惜别之情。如果音量过大，声调过高，会让客人不耐烦，甚至产生误会。

2）非言语沟通

在会展服务过程中，除了使用言语的沟通方式以外，恰当的非言语交流方式也能让消费者产生愉悦的心情，从而产生满意感。

非言语沟通是人们通过使用不属于言语的方式来沟通感情、交流信息的过程，通常包括身体动作、面部表情、穿着打扮、交往距离等内容，一般称为身体语言。在交往沟通过程中，从业者的思想、感情等从体态语中反映出来。如从业者视线频频乱转，给人的印象是心不在焉；视线向上，表示沉思高傲；视线向下，则表示害羞、胆怯、悔恨等。在会展服务中，要学会巧妙地使用目光，给人以亲切感、稳重感。自然得体的眼神是语言表达的得力助手，传递出的自信、礼貌信息，能让消费者产生愉快的情绪，并激发参展和购买产品的行为。

### 11.4.4 环境与氛围

会展业的服务宗旨是尊重消费者的意愿，一切为消费者着想，千方百计为消费者服务，以满足消费者的需要。

一般来说，展会的专业化、国际化、品牌化程度越高，展品的质量越高，越能吸引专业消费者的消费需求。会展市场对消费者的吸引力主要依靠会展所拥有的高级配套设施、高级专业技能人才和组织者的专业化组织能力，以及国际公认的"3L"环境，即举办会展活动相呼应的休闲环境、必备的学术氛围、下榻环境。其中学术氛围的营造和会展从业人员所具有的专业素质相关，和专业人员在会展活动的组织过程中所能体现出的文化素养相关，这就需要会展组织者开发和利用各种资源、要素来创造出良好的会展氛围。采取措施有效地激励从业人员，激发从业人员在工作中激情的发挥，努力提高和消费者交流过程中的艺术性和创造性。而要实现各种资源的有效利用和开发，需要有专业化的会展人才队伍和丰富的会展组织管理经验，凭借极强的号召力才能实现所要达到的会展氛围。

从业人员在和消费者的接触中，消费者的情绪主要受到从业人员的个人特质影响。从业人员的个人特质对消费者具有影响的因素主要有以下3个方面：

1）接近性

时空的接近是和消费者之间建立良好关系的沟通桥梁。尤其是在交往的初级阶段，从业人员和消费者交往的时间和机会越多，越容易促进从业人员和消费者友谊的建立。心理学研究表明，人们接近的概率越大、见面的机会越多，彼此越容易相互喜欢。不过这种时空上的接近只是友谊建立的必要条件，而彼此的好感才是友谊建立的基础。作为交往的双方，从业人员是试图建立友谊的一方，需要用良好的精神面貌、得体的仪态、幽默的言语来吸引消费者，使消费者对自身产生好感，才能改变消费者的态度，产生建立友谊的愿望。会展活动中，从业人员的魅力所营造出的氛围对消费者的心理会产生明显的影响。

2）类似性

在个人特性方面，从业人员和消费者在交往中的"物以类聚、人以群分"的态度，会使双方都意识到彼此的相似性，容易产生好感并相互吸引。这种相似性越多，越接近，越能产生好感。相似性主要表现在社会性和心理特性上，如社会地位、种族、职业、籍贯、宗教信仰、学历、性别、兴趣、爱好、态度、容貌等。心理学研究发现：被要求指出个人最好朋友时，被提到的人与指出者在教育水平、经济条件、社会价值等方面都很相似。从业人员在和消费者的交往中，自身所具有的文化和交往技能所体现出的素质对消费者是否具有吸引力，首先要看从业人员在兴趣、爱好方面是否和消费者相似，因为具有心理相似感的人之间更容易在时空上接近，因而也就更容易建立良好的关系。其次在交往中，从业人员的表现是否能让消费者发现彼此之间的价值观、社会态度相似或一致，如果一致，双方会产生一种增强作用。如在对当前会展市场热点和某专业技术的讨论过程中，这种增强作用更明显，从而消费者的自尊心会因为得到支持而受到保护和抬升，由此会产生对对方的感念之情，从而建立起友谊。这样的结果对会展产品的成功销售是十分有利的，但这和从业人员所营造出的心理氛围有关。

3）互补性

互补是指双方在交往过程中获得互相满足的心理状态，主要指心理特性相反者的互补。会展从业人员在和消费者的交往过程中，其性格和兴趣应表现出消费者所欣赏的另一面，这样才能对消费者有较强的吸引力。当然，从业人员也必须注意观察对方的性格和兴趣爱好方面的特质，结合自身丰富的交际经验，尽量表现出最佳的一面。

# 案例举要

## 一个会展服务人员的服务

2009年夏，两位中国企业家到日本参加汽车展览，宿于日本东京大仓饭店。一日，两位中国客人晚上回来,发现房间清洁不好、物品不齐,便告知总台。不到两分钟值班人员赶来,先鞠躬,接着连声不迭地说"对不起""这么晚了,还给两位增添那么多的麻烦,敬请原谅,我马上请人给两位先生的房间重新清扫整理,并配齐所有物品。"说到这,他停顿了一下,看看客人有什么反应。看到客人没有表态又继续说:"或者立即另外安排一个房间,不知二位意下如何?"中国客人接受了第二种补救措施。值班员又深深地鞠了一躬,感谢客人的谅解。他很快重开了一间客房,亲自帮客人提行李并送进房间。整个过程不到5分钟。

**评析:**

在这个事例中,会展服务人员有几个非常突出之处,首先就是非常讲究,注重礼貌、礼节,而且能让人感受到其中的真诚与人情味。在出现问题时,不推诿、不辩解,尊重客人的感情、权利,处理方案充分考虑到客人的利益。这样,客人的要求自己还没有说出来,就先由饭店工作人员说出,让人真的无话可说。另一个亮点就是处理事情的效率,高效率需要的是技能、经验、态度和服务意识。

# 思考与练习

1. 会展从业人员的职业道德包含哪些内容?
2. 会展从业人员的职业意识有几类?
3. 怎样认识会展从业人员的心理素质?
4. 气质和性格有何不同?
5. 在和消费者接触的过程中,会展从业人员所要采取的心理策略可以从哪些方面考虑?

# 第 *12* 章
## 会展企业的公共关系心理

[学习目标]

- 了解、掌握、分析公众心理的特征及运用原则
- 了解企业形象与公众心理的相互影响，重视与公众的"双向信息沟通"
- 掌握会展员工的个性心理管理

[关键概念]

公众心理　企业形象　个性心理管理

# 12.1 公众心理认知

心理特征是个体心理特点的表征，它不能直观呈现在我们面前，而是通过人的外部行为来表现。在公共关系活动中，公关的对象是公众，了解、掌握、分析公众心理，全面、深刻地认识所有客体，是公共关系心理研究的责任与义务。

公众的心理特征分为三个层面。第一个层面是个性心理及其特征；第二个层面是角色心理及其特征；第三个层面是群体心理及其特征。个性心理特征是基础，处于心理特征结构的底层；角色心理特征是从生理角色的心理特征逐渐向社会角色的心理特征过渡，因而处于中间层次；群体心理特征具有典型的社会化色彩，它表明个体并不是独立存在的，只有在群体中才能生存，因此应属于心理特征结构的最高层。

## 12.1.1 公众心理特征举要

### 1）公众个性心理特征举要

公众个性心理特征是表现于公众个体中最稳定、最根本的心理特征，它主要包括能力、气质和性格。

在公共关系活动和会展活动中，公众的个体能力一般表现为交往能力和语言能力，这两种能力是会展工作者判断公众个体能力的标准，也是产生第一印象的基础。公众能力上的差异往往又与其气质和性格密切相关，认知公众个体能力差异有助于提高会展活动的效果。

公众气质是指公众个体心理过程的速度、强度、稳定性和内外倾向性的心理特征总和。心理学认为，气质是高级神经活动类型的表现，人的高级神经活动具有兴奋和抑制两个基本过程。有人兴奋性强，有人兴奋性弱；有人兴奋强度与抑制强度相平衡，有人则正好相反。由此产生了胆汁质、多血质、黏液质、抑郁质四种气质类型。了解公众的气质类型，有利于有的放矢地进行个性化服务，提高服务质量。

性格与气质不同，它不依生理特点决定，而是在社会实践中形成，它是对客观现实稳固的态度以及与之相适应的习惯性行为方式。性格大致可分为摩擦型、平常型、平稳型、领导型、逃避型五种，国际上依序称为 A 型、B 型、C 型、D 型、E 型。A 型与 E 型（摩擦型和逃避型）社会适应性差，前者表现为人际关系紧张，经常造成摩擦；后者不善交际，与世无争。B 型（平常型）指态度、意志、情感、理智等性格特征均表现为一般，属中间型性格。C 型与 D 型（平稳型与领导型）社会适应性较好，两者的区别在于前者表现为被动适应，其特征是善结人缘；后者则自主能动，其特点在于影响公众。认知公众能力、气质与性格，在于营造一个和谐的团体氛围，增添会展活动的情趣，提高工作效果，提升服务质量。

### 2）公众角色心理特征举要

人的心理本质上是社会存在的反映。不同的社会角色具有不同的心理特征，原因是不同的角色与社会的联系具有不同的特征,并以所扮演的社会角色去对待社会。可以说人可以创造社会,而社会同时也在改造着人,角色心理已从个体心理活动的生理基础上升华出来,带有明显的社会痕迹。

男女性别不同,在心理特征上就有明显的差异。女性富于幻想,擅长形象思维;情感丰富且心细善记;富于同情心,但胆小;心胸较男人狭窄,而且忌妒心较强,自制力也较弱。而男人则独立性强、刚强、开朗、坚定;男性合群,朋友多,对生活小节、个人仪表、服饰与卫生往往不如女性那么讲究,显得随意得多;但男性重实际,长于逻辑推理,不像女性那么富于幻想和多愁善感,而且粗心,对人和事的观察没有女性敏锐和周到,往往女人生了半天气,男人还一头雾水,不知何故。

人的年龄不同,心理特征也不同。一般而言,青年人朝气蓬勃,自尊、好强、敏感、偏激、易变、充满幻想;中年人老练持重、自爱、沉着、坚毅、求实且中庸;老年人则关注年龄、不服老、怀旧,极易产生孤独与寂寞的感情。虽然人的心理特点与生理特点是相联系的,但不宜过分强调,因为人的生理特点只为特定的年龄心理提供可能,而起决定作用的是人和社会的关系。

公众的性别角色无法改变,年龄角色也是逐步发展的,职业角色是第三种社会角色。中国人与欧美等国人不一样,一生中职业的变更并不频繁,因此一般具有比较稳固的职业心理特征。农民一般对土地和家乡十分眷恋,求实用,讲实惠;工人集体荣誉感强,性格外露,心直口快,重感情,讲义气,乐于助人,喜欢打抱不平,关键时刻挺身而出、见义勇为;知识分子自尊、爱国、重事业,对学术研究可达痴迷的程度,一般极易接受现代各种新思想、新观念,信息获取快,对国际、国内形势十分关注,并十分善于将自己所长与现代社会的发展结合起来;军人以服从命令为天职,由于长期在相对封闭的军旅生活,具有严肃、坚毅和奉献的心理特征,他们不仅是保卫人民生命财产的钢铁长城,而且是困难、艰苦的斗士,可以说,哪里有艰险,哪里就有人民子弟兵;而在商业和第三产业工作的人一般具有精明、能干、善于观察人、揣摩人、反应机敏的心理特征。

文化程度不同,人的心理特征也不同。一般情况下,文化程度越高,自我意识越强,需要的层次也越高;反之,文化程度越低,盲目性越大,自我要求也越低。知识能使人变得充实、聪明和有修养,而缺乏知识只能使人变得愚昧。另外,民族不同、生活的社会环境不同,也会带来民族文化与地域文化的差异。而公众的角色是复合的,在家是孩子的父母、父母的孩子,丈夫的妻子、妻子的丈夫;在单位是上司的下级,下级的上司;到商店扮演的是顾客角色,乘车时扮演的是乘客角色,在医院扮演的是病人角色,看演出时扮演的是观众角色……认知公众的角色心理和综合性、复合性的特征,对于掌握公众心理,提高公共关系中宣传、服务、解释和协调的工作质量是大有裨益的。

3)公众群体心理特征举要

群体是指实际群体,实际群体分为正式群体和非正式群体。正式群体是以理性为原则,围绕一个共同的目标,一群人按统属关系而形成的社会组织;非正式群体是以情感为核心理念,按同乡、同学、同兴趣爱好、同理想追求而形成的三个一群、五个一伙的小圈子。

认同感是群体心理的第一个特征。无论是正式群体或非正式群体的成员，都有归属于某个群体的共同心理特征，即从心理上和思想上把自己融入该组织群体中，认同自己是本组织机构的一员。

归属感是群体心理的第二个特征。人们都有归属于群体的共同心理特征，也有依赖群体的需求。归属感中有自愿与被迫两种倾向，自愿式的归属感能充分调动人的积极性，而被迫式的归属感常常是因为一个人在正式群体中得不到充分的表现，所以会对归属的群体产生被迫感，在这种与被迫并存的归属意识中，公众首先考虑的不是我应该为群体做些什么，而是考虑群体该为我负什么责任。因此，同样是归属感，自愿的归属增强凝聚力，被迫的归属增强离散力。

整体感是群体心理的第三个特征。一个组织的成员都有或强或弱的整体意识，即意识到群体有其整体性。但整体意识也分强弱，一般情况下，整体意识越强，维护群体的意识也越强，行为具有与群体其他成员的一致性；反之，整体意识越弱，维护群体的意识也越弱，行为具有或强或弱的独立性。当然也有一种情况，正是因为整体意识强，当发现其他成员行为有害于群体时，采取坚决地反对措施；也正是因为整体意识弱，对危害群体的人和事采取不闻不问的态度，甚至与其同流合污。

排外感是群体心理的第四个特征。排外即排斥其他群体的意识，如只要小集体利益而不顾大集体利益，只管班组奖金高，不管其他班组和车间发不发得出奖金。非正式群体一般没有层次，更具独立性，因此更具排外色彩。典型的例子是犯罪团伙，他们绝不会考虑团伙之外的利益。正式群体是有层次的，上至国家，下至班组，有数不清的群体层次，虽然具有排外意识，但也是相对的。

有了群体，自然就有领头人，这个领头人即群体领袖，即使在三五日的旅游团队，也会产生非正式的领袖人物。领袖人物分正式群体领袖和非正式群体领袖，他们的共同点是都以个性心理特征为基础，以人格的吸引力感染人、影响人。不同的是非正式群体的领袖没有合法地位和合法权力，他们如要维系非正式群体，就必须充分展示个人才能，重视沟通，积极寻找组织成员的共同点；维护群体利益，必要时挺身而出；遇到合适的机会，在组织成员的积极拥戴下成为合法领袖。正式群体的领袖具有合法地位、合法权力，他们的注意力往往集中在工作上，而不是关系上；他们更多地考虑对上级负责，有时为了迎合上级、维护自己的地位而得罪群众，容易滋生刚愎自用、主观主义、脱离群众、脱离实际的作风。当然，如果正式群体领袖个性心理特征具有吸引力，个人思想素质、道德素质和文化修养比较高，有一定的领导艺术，那么他们同样在群体中有威信，能受到群体成员的热烈拥戴。认知群体心理特征，有利于我们掌握群体公众的心理发展变化规律，提高组织内部的凝聚力与向心力，融洽组织气氛，调动积极性，提高工作质量。

### 12.1.2　公众心理倾向

公众在进行有选择的活动时一般有以下考虑：喜欢与否、需要与否、值得与否和能够与否，这四种考虑与兴趣、需要、价值取向、自我意识密切相关。心理学中将这种现象称为个性倾向性,也是公众的心理倾向。

### 1)兴趣倾向

兴趣是人脑对特定事物的特定反映。兴趣既与人的情感相联系,又与人的认识水平和社会生活分不开。兴趣一般和"新""奇"联系在一起,而且各种各样的兴趣是可以相互转化的。值得一提的是,兴趣可以指导人们的行为,当人们对某种事物产生兴趣之后,他们的行为会积极地表现出来。当然,兴趣因人而异,存在着个体差异,这些差异首先表现在对事物种类上(既有横向种类,也有纵向种类);其次表现在兴趣主导上,即兴趣的博与专以及兴趣的选择与分配上;然后,兴趣在范围上也有差异,有人兴趣十分广泛,有人则仅对一两项事情有兴趣;再次,兴趣在程度上也存在差异,兴趣程度强,其行动自然积极和主动,反之则显得消极和被动;最后,兴趣在迁移上也存在差异,有人兴趣的扩展与转移十分灵活,举一反三,有人则相对呆板、保守一些。认知公众兴趣倾向,有利于使公众兴趣对会展企业目标发挥导向作用,也有利于对会展企业主体发挥启迪和诱导作用。

### 2)需要倾向

需要是有机体在生理和精神上的一种不平衡表现,是产生行为的原动力。需要源于刺激,这种刺激有生理的,也有社会的和精神方面的。与兴趣相比,需要和缺乏、危险相联系,它要解决的首先不是选择,而是必须解决的问题,如人的生理需要(食物、水、住所、衣服等)。但人与动物不同,人还有许多别的需要,按层次分有生理需要、安全需要、爱与归属的需要、尊重的需要和自我实现的需要。第一层次是缺失需要,第二层次是生长、提高发展的需要,一般来说,人只有第一层次需要满足后,才会产生第二层次的需要,但也有例外,在理想、信念的支持下,高级需要也可以调节低级需要。在现代社会,人的生存需要满足后,发展需要将会产生越来越大的作用。按类别分,人有生存需要和发展需要、物质需要和精神需要、个人需要和公共需要、眼前需要和将来需要、刚性需要和弹性需要、能满足的需要和不能满足的需要。认知公众的需要有重要的意义,因为它是主动性和积极性的原动力,在人的心理倾向和会展企业的生存与发展中所占地位不容忽视。

### 3)价值观倾向

从心理学的角度谈价值是指周围事物以及人和社会的关系在人心目中的轻重、主次地位,而人对事物的是非、善恶及其重要性的判断、评价以及行为取向构成人的价值观。价值是主观对客观的判断和评价,属于认识的范畴,人们对事物认识的程度和范围不一样,所以就存在着价值观的倾向性。例如对待子女教育问题,有的家长不惜重金投资于子女教育,符合社会的潮流;有的家长则宁愿孩子弃学从商,目光短浅,只重眼前利益。有人认为有价值的东西,有的人则认为不一定有价值;有人看来十分值得去做的事,有人则嗤之以鼻。评价的倾向不一样,活动的取向也不一样。在现代社会,知识价值、金钱价值、生命价值、爱情价值、政治价值、道德价值都呈多元化趋势,人们的价值取向也发生着巨大的变化,对各类公众的价值观进行分析研究,有利于我们制订合乎实际的会展企业战略决策和公共关系策略。

4）自我倾向

自我，即自我意识，是指个体对自身及自身与外部环境关系的认识、评价、态度等心理倾向。自我由三个基本要素构成：第一是生理的自我，即对自身的生理属性、物质属性以及外部世界中属于自己那一部分的认识、评价和态度。第二是社会的自我，即对社会关系中的自身地位、作用的认识、评价和态度。第三是精神的自我，即对自身心理活动的状况、过程、特征的认识、评价和态度。这三个要素在不同的个体中所占的比重不同，侧重于生理自我的人，属于低水平、低层次的自我境界，他们的自我意识表现为注重自己的生理属性，强调自己的物质要求，以生理和物质方面的优越与否作为评价自己的依据。侧重于社会自我的人，是一种较高水平、较高层次的自我境界，他们的自我意识表现为强调人的社会属性，强调社会对人的制约作用，他们是以个人能否与周围的环境、与环境中的人和睦相处作为评价自己的依据。侧重于精神自我的人，他们的自我意识是一种更高水平、更高层次的自我境界，他们把精神上的追求放在第一位，受自己精神方面信念、理想的支配，不太为个人的一时利益得失和外部环境的不利评价所动摇。我们提倡和追求的是和谐自我境界，它兼具生理自我、社会自我和精神自我的特点，三者在个体身上高度统一。首先，它充分发掘个体生理和物质方面的潜力，注重仪表风度，爱惜名誉、健康；其次，它了解和掌握社会对自身的要求与期望，能自觉地按社会的要求调节自己的行为；最后，精神上有寄托、有追求，不是平庸的凡夫俗子，能自觉调节心理活动，具有高尚的道德理想和道德信念。

需要说明的是，人的自我分两种情况：一种是强调自身的主体地位，即"我想怎样"，是"主我"心理倾向，美国心理学家詹姆士称这种心理倾向为"纯粹自我"，米德则用英语"I"来表示；另一种是强调环境的制约作用，即"我应该怎样"，是"客我"心理倾向，詹姆士和米德分别用"经验自我"和"me"来界定。另外，我们应该认识到，主我或客我的片面发展同自我境界有一定关系。生理自我与精神自我带有主我倾向特点，而社会自我则带有客我倾向特点，因此，这三种自我都具片面性。应追求和谐统一的自我，这种统一的自我符合群体和社会发展的要求，也对个体的成长与发展有积极意义。

## 12.1.3 对公众心理的认知

前面我们对公众的个性心理、角色心理、群体心理进行了举要、分析与探讨，还归纳和概括了公众的心理倾向与心理定式。在本节的内容中，我们准备谈谈在具体实践中认知公众心理的途径与方法，学会在不同场合、不同情况下识别和预见公众心理，为下节所谈的公众心理沟通、对公众心理施加影响打下基础。

1）对公众个性心理的认知

（1）从外部特征判断公众心理

人的外貌由仪容、仪表、仪态三个部分组成，它形神兼备，是个体最典型、最具表现力的某种表现形式。人的相貌不仅具有生物性而且具有社会性,有人一望便知城府很深,有人一看则显简单幼稚。因此,根据相貌可以在一定程度上推断和认知公众的个体心理。体型和肤色不仅具有审美价值,而且也能在一定程度上反映个体心理特点,例如,"心宽体胖""白面书生"就将体型、肤色与个体心理特征、职业联系起来,而且具有一定的准确性。德国精神病学家克雷奇默尔曾以 602 个病例的研究数据为基础,发表了《体型与性格》一书,认为人的体型分为瘦弱型、肥胖型和健壮型,三种体型均与人的性情相关。从经验来看,体型、肤色确实同个性有一定关系,如人到中年以后身体逐渐发胖,心理上则逐渐变得宽容、达观,这种变化同人的社会性密切相关,正好说明人的社会性就是人的心理性。发型、服饰在现代社会中是表现自我的重要手段。它与相貌、体型和肤色不同,有很强的自主选择倾向,具有展示自我和遮掩缺点的特征,同时也是个体心理的反映,当然它也受风俗、传统、环境、民族习惯的制约。

（2）从言谈举止了解公众心理

言谈举止是公众外在的动态表现,从某种意义上讲,它更能反映公众当时的心理状态。言谈举止可以为我们认知公众个体心理提供更可靠的依据。

"言为心声",正常情况下人们说的大多是真话,当然,有时为遮掩什么会用沉默和模棱两可的言语来表示。公众的言语表达一般有三种形式:第一种是直陈式,即直接表达自己的兴趣、需要、价值观等心理倾向性;第二种是婉言式,即由于某种原因不便开诚布公,因此采取含混、委婉的言辞间接地表现自己的心理倾向;第三种是反语式,即明明同意却说不同意,明明反对却说不反对,这是反面表现自己心理倾向性的方式。三种说话方式在一定程度上反映了公众的个性差异,例如胆汁质的人不善于用婉言的方式;抑郁质的人最习惯用反语的方式;温和性格的人说话委婉,好斗性格的人容易话中带刺……从公众的言语中了解公众心理,就要注意对公众的言语表达方式进行辨别,从而真正弄懂公众想说的是什么,他具有怎样的心理特征和心理倾向性,是一个什么性格的人。

表情、手势、体姿传递信号的不统一,给我们认知公众心理带来了难度。我们观察公众表情、手势和体姿,不仅要从它们表达了什么,更要从它们的表达是否一致以及为什么不一致来认识公众心理。我们认为心理学家在警告人们不要为表情、手势、体姿等假象所迷惑时提出的四条原则要谨记:第一,离脸部越远发生的动作越为真实;第二,越不自然的动作越为真实;第三,越不明确的动作越为真实;第四,越不自觉的动作越为真实。用这四条原则检验公众言语和动作的真伪性,一般能准确地认知公众心理。

2）对公众群体心理的认知

凝聚力与向心力,是组织得以维持和发展的基本保证,因此,认知群体心理主要从组织内部的凝聚力和向心力入手。

凝聚力是指内部的相互吸引力;向心力是指环绕着圆心运动的运动力。凝聚力的高低标志着组织状况的好坏。关系融洽、意见一致、相互合作,标志组织状态良好稳定;反之,组织成员间关系紧张、意见分歧、离心离德,标志着组织涣散。向心力与组织活力关系密切,向心力有两种类型:一种是围绕组织领导的向心力,一种是围绕组织目标的向心力。前一种的基础是领导的威望和组织一般成员的信赖，带有军事化的倾向；后一种的基础是对组织目标的共识，它表现为组织全体成员工作的积极主动，带有民主化的倾向。凝聚力和向心力高，是组织兴旺发达的表征；凝聚力低，向心力高，是典型军事化特征，一般是领导说了算，下面都服从；凝聚力高，向心力低，说明组织处在维持状态中，不会有大的发展，也没有什么活力；凝聚力低、向心力也低，毋庸赘言，组织涣散，矛盾众多，领导软弱无力，控制不住局面，人心浮动，大多数人对组织失去责任感，想离开这个组织。凝聚力与向心力本身不是公众心理，但它们反映公众心理，并且反映的是一群人的共同心理，因而它们可用来判断群体心理，尤其是组织内部公众的心理。

从公共关系的角度看，应当还有社区公众心理、媒介公众心理、政府公众心理、顾客公众心理等，但由于为非本节的侧重点，所以不做详细介绍。认知这些相关公众心理的要点是必须将这些相关公众看作一个相对独立的群体，从整体上认识和把握这一群体的心理特点、愿望和要求；其意义是扩大会展企业的影响，树立良好的组织形象，提高会展企业在这些相关公众心目中的地位和声誉。

3）对公众心理变化的认知

无论是个体公众还是群体公众，他们的心理都不是一成不变的，变化的原因有两方面：一是自身的原因，如生理上的变化，工作、生活受挫等；二是外部原因，如环境、教育、物质等。正确认知公众的心理变化，才能因势利导地做好工作。

引起公众心理变化的第一个因素是宏观环境，包括社会大环境、国内环境和国际环境，例如，今天人们的心理与改革开放前相比，变化之大是不言而喻的。微观环境是影响公众心理变化的第二个因素，如家庭变故、工作变动或微观环境的变化，都会给人带来或多或少的变化。如出国多年后回国的人，往往和自己亲人话不投机，说明他们在新的环境中改变了自己，改变了兴趣、需要、价值观等心理倾向。舆论导向是引起公众心理变化的第三个因素，俗话说"舆论可杀人"就是这个道理。舆论导向可以引导人们的行为变化，但不一定充分说明人的心理认同舆论导向，因为有些时候人们是迫于舆论压力而采取违心行为的，但舆论改变人们的心理也是事实，只是其作用的大小是一个可变量。思想教育也可以改变人的心理，因为它有塑造人们心灵的功能，思想和心理本来就浑然一体，当思想发生变化后，心理自然也就发生相应的变化。

4）了解自身认知公众心理的障碍

俗语说"人心难测"，这说明人的心理是最难认知的。概括起来讲，影响认知公众心理的障碍主要有三个方面：

第一，对象因素。公众的心理是认知的对象，它具有特殊性。因为人的心理是内在的，是通过人的外部活动反映出来，受意识、意志控制的。有人心理外露的阈值较低，心理容易认知；有人控制心理外露的阈值较高，他们的心理不太容易被认知。公众的个性也是影响认知的主要因素，性格外倾的人情感外露，思想、情感、兴趣、能力很容易流露出来；性格内倾、寡言少语、表情严肃的人很难让人窥视其内心世界。另外，心理状况也是影响认知对象的重要因素,"酒逢知己千杯少,话不投机半句多"就是真实写照。人的自我防卫与自我整饰也给认知带来了很大困难。人为了防御挫折、逃避危险,往往采取压抑、投射、反向、文饰、转移等方式进行自我保护;为了个人前途或达到某种目的,又往往采取各种整饰自己和投其所好的方法,这些都给准确地认知公众心理造成了困难。

第二,情境因素。人在不同的情境中会有不同的表现。在单位里显得严肃端庄的领导,换到轻松、休闲的环境,又无本单位职工在场的情况下,会变得幽默活泼,甚至口无遮掩。情境既可唤起人真实的本性,也可制约人的言行。因此在认知公众心理方面,情境既可能被利用来认知公众心理,也可能成为认知公众心理的障碍。

第三,主观因素。这是影响认知公众心理的主要因素,我们承认公众心理是可以认知的,那么一切障碍应当是认知者方面的障碍,是他个人的主动性没有充分发挥。首先,是认知者没有认知公众心理的愿望和积极性,高高在上,官僚主义严重。其次是认知者的能力,有的能"于细微处见精神",有的则"站在身边不识人"。认知能力强的人会创设一定的情境让公众露出"庐山真面目",认知能力差的人只会被特定的情境和公众设置的障碍所遮蔽。最后,认知者的偏见是影响认知公众心理的第三个主观因素。这种过强的心理定式,让自己戴上了有色眼镜,使正常的分辨系统失灵,要么爱屋及乌,要么全盘否定,甚至还视溜须拍马者为知己、敢于直言者为仇敌,久而久之,脱离群众,形成一个自我封闭的小圈子。

为了克服认知过程中的障碍,我们应当加强对认知公众心理意义的学习,提高主动认知公众心理的自觉性。会展业是以提供服务设施,出售服务劳动,进行会展策划,开拓会展市场为特征的服务型企业,提高服务质量是一个永恒的话题。因此,在服务工作中,进行公共关系活动时,要养成随时随地观察和研究公众心理的习惯,注重在动态中把握公众心理的变化。要与人为善,真诚待人。努力赢得公众的信任,注意有意识地创设认知公众心理的情境,让公众充分发表意见,展示才华,从中了解公众心理的变化,有的放矢地调整服务行为、经营决策,让会展企业在市场经济的大环境下永立于不败之地。

## 12.2 企业形象与公众心理

### 12.2.1 公众印象与企业形象

公众印象是客观事物在人们头脑中留下的迹象,印象有深与不深、好与不好之分。会展企业形象是公众对会展企业的总体评价,是会展企业的表现与特征在公众心目中的反映,通俗的说法就是印象。会展企业形象从公众角度来看也是一种印象,它是组织性状在公众头脑中留下的抽象的迹象。

1)印象如何形成

印象在感觉、知觉、记忆、想象、思维(判断和推理)基础上形成,其中注意、判断、记忆三种心理现象最为重要。

（1）注意

注意是心理活动对一定对象的指向与集中。所谓指向和集中，是指在某一时间范围内心理活动有其特定的对象范围，它不涉及对象范围以外的事物。印象的形成离不开注意，我们不可能对任何接触过的事物都留下印象，是因为接触到的事物有的引起了我们的注意，有的则不然，注意了的事物有印象，没有给予注意的则没有印象。会展企业要使公众对企业产生印象，就必须在引起公众注意方面做努力。

注意分为有意注意和无意注意。有意注意与人们的兴趣、需要、价值观等心理倾向密切相关，它是带有特定目的的注意，是一种寻找、发现，有意注意的产生一般带有特殊性，我们应当更加重视无意注意对公众印象的影响。无意注意一般来说和事物的特点有很大关系，这种特点表现在内容和形式两个方面：从内容方面说，和人们关心的事物相联系的刺激容易引起人们的无意注意；从形式上来讲，相对强烈的刺激、突然变化的刺激、不断变化的刺激、背景突出的刺激和一再重复的刺激容易引起人们的无意注意。我们应该运用无意注意的规律使公众产生印象，注重内容与公众关心的事物相联系和形成对公众富有刺激的冲击波，以期使公众的无意注意转变为有意注意，再针对公众的兴趣、需要、价值取向下功夫，最终取得良好效果。

（2）判断

判断是对事物性状有所判定的一种基本思维形式，它分直觉判断和复杂判断两种，与印象联系较密切的是直觉判断。直觉判断也有两种，一种是了解性的，一种是评价性的。了解性的直觉判断与事物特征相联系，评价性的判断与人们的情感相联系。公众对会展企业的印象一般是通过直觉判断形成的，其中包含了解性和评价性，因此直觉印象（首因效应）的作用很大。

会展企业要在公众中形成良好印象（这种印象是一种评价性印象），所以应当特别重视公众评价性判断的特点。评价性判断主观性比较强，受到个人经验、个性、角色、心理倾向、当时状况和周围环境的心理定式影响较大，因此容易产生偏见。针对这一特点，会展企业要在公众心目中形成良好的印象应该特别注意两点：第一，注重质量、品质，要经得起社会的检验；第二，拓展与公众沟通的渠道，让更多的公众有机会了解组织团体中的事实。

（3）记忆

记忆是经历过的事物在人脑中遗留的印迹，从信息加工的角度讲，记忆就是对输入的信息加工、储存、提取的过程。记忆包括识记、保持、再认（回忆）三个基本环节；识记就是识别和记住事物的过程，是记忆的开始；保持就是储存，是记忆的巩固过程；再认就是经历过的事再度出现时能把它认出来；回忆是经历过的事物不在眼前也能把它回想起来。再认与回忆是记忆的经验恢复过程。

公众对有的事物容易识记，对有的事物则不容易识记；有的保持的时间长，有的则保持的时间短。会展企业的各类活动能不能使公众产生对企业的印象，就看能不能使公众记忆。由于识记是保持的前提，因此我们的活动不仅要给公众印象，而且应该给公众留下深刻印象。我们前面谈到的注意是与一切心理活动伴随在一起的,因此识记、保持、再认或回忆实际上是一个如何吸引注意的问题。会展企业能够在公众记忆过程中经常吸引唤起公众的注意,才能使公众对会展企业有一个深刻而持久的印象。

2)加深和巩固公众印象

要使会展企业的良好形象广为人知,经久不衰,就必须在加深和巩固方面做工作。

第一,不断提高员工素质,加大培训力度。企业内人员素质的提高,是企业获得公众良好印象的最重要的内部环境,为了使企业员工在本职工作和对外交往中维护企业形象,只能采取教育培训的方法。第二,要做好服务项目的开发和对外宣传工作。服务产品是企业与公众发生关系的媒介,产品不新颖、质量不高、没有吸引力,公众与会展企业的关系就不会发展,这是一切活动的基础。对外宣传是十分必要的,这也是会展企业公共关系活动的主要工作,它不仅在吸引注意、强化判断、增加记忆方面功不可没,而且在转变公众态度、实施潜移默化影响方面更是作用巨大。因此,会展企业只有持之以恒地开展对外宣传工作,才可能引起公众的注意,加深他们的印象,为改变公众态度打下基础。

## 12.2.2　公众态度与企业形象

态度是人们对客体对象所持有的主观上的内在意向。态度是一个复合体,具有社会性、针对性、稳定性、内隐性、协调性的特点。态度是对社会生活的反应,带有一定的针对性,当然针对的对象有抽象和具体之分,而且态度一旦形成不会轻易改变,是稳定和持久的;人的态度与行为并不一定一致,因为态度是内隐的,行为的表现往往自相矛盾,但也可以根据对认识、情感、行为三方面进行协调而改变态度。

在会展企业的对内对外交往中,态度与企业形象有着密切的联系:一方面,企业要树立良好形象,有一个如何对待自身和公众的态度问题;另一方面,会展企业的形象是社会公众心目中形成的印象,有一个公众对组织的态度问题。当企业态度与公众态度形成良性循环时,企业的社会形象一般比较好,反之,则会造成树立组织良好形象的障碍。毫无疑问,公众的态度有时也未必正确,但会展企业始终对公众施以正确态度,公众不正确的态度最终是会转变的。

## 12.2.3　公众舆论与企业形象

舆论即相对多数公众的看法和意见,大到整个国际(国际舆论),小到班组(班组舆论)。舆论具有公开性、评价性、冲撞性、煽动性的典型特征。首先,当某个事件(比较重要的事件)引起公众的广泛兴趣之后,公众就会注意事态的发展,并不由自主地发表议论,同时还对别人的议论陈述自己的看法,当这些意见、看法公开发表出来就是舆论。舆论是公开发表的议论,具有公开性和威慑力。其次,舆论是含有某种评价的议论,它反映了人们的价值观、兴趣和情感。在社会生活中,舆论只是以评价为武器,并不具有法律那样的强制力。但舆论是以赞同和反对两种形式出现的,二者相辅相成。舆论虽然是多数人的看法和意见,但在它的起始阶段两种意见的交锋还是相当激烈的,舆论是在不同意见的斗争和冲撞中形成的,所以具有强烈的冲撞力。第三,舆论虽不具有法律那样的强制力,但它是大多数人对某种言行进行的指责、冲撞,因此舆论带有煽动性。煽动性的根源是人们对事物的认识,它依靠的是人们的情感力量。煽动有故意和非故意之分,但不管其动机如何,舆论本身的煽动性是客观的、绝对的;舆论煽动性越大,舆论的冲撞力也越大,舆论也就越具有威力。

公众舆论是公众态度的一种反映方式,公众态度的综合即民意,民意具有极大的威力,作为民意反映的公众舆论也具有极大的威力,"水能载舟,亦能覆舟"就是这个道理。在会展企业的对内对外关系中,公众舆论不容忽视。第一,公众舆论在会展企业塑造其社会形象的过程中具有极大威力,一方面它可以在会展企业塑造良好形象的过程中发挥最佳宣传作用,另一方面它又可能成为毁坏良好形象的有力"杀手";第二,公众舆论产生之后,对相关组织和相关公众都具有导向的极大威力,它可以调节他们的行为,引导他们的思想和看法;第三,公众舆论同时也是监督企业行为的有力武器。公众舆论包括公众的基本要求、道德观、价值观等,它既是一种心理定式和一种社会力量,又是一种评价标准。因此,公众舆论的威力时时提醒我们:第一,千万不能将企业行为仅仅看成组织的内部行为,要从"组织是社会的一个子系统"来认识企业行为的社会性;第二,公众舆论是民意的反映,要注意民意动向,积极把公众舆论当作塑造组织较好社会形象的机遇,防微杜渐,避免不利于组织发展的公众舆论的产生;第三,当会展企业不幸成为公众指责的对象时,要充分利用被"事件"扩大了的知名度,采取有力措施,变不利舆论为有利舆论,使知名度与美誉度得到统一。

会展企业了解公众舆论,主要通过调查的形式。调查分直接调查和间接调查。直接调查即民意测验,一般采用个别访谈、问卷调查两种方式;间接调查要求企业经常性地注意收集各种信息资料,做好统计、分析工作。了解公众舆论还可以征求专家、顾问的意见,这种方式省时省力,因为专家一般都能客观地、实事求是地谈问题,需要注意的是所请专家必须具有真实能力,而且不能只听一家之言,征求意见的面应广些。

### 12.2.4　重视与公众的"双向信息沟通"

#### 1)信息沟通

信息沟通指的是信息的交流与贯通。在现代社会中,信息起着无可比拟的重要作用,它在交流与贯通中显现着自身的价值。从心理学的角度看,信息在人与人之间的沟通,实质是一种心理沟通,因为人都有求知的需要,任何对自己有价值的消息,都能受到人们的欢迎。会展企业提供的消息如果能满足人们的求知需要,必然会产生"补偿效应";公众对企业增加信任感、亲近感,这种信任与亲近又推动公众对会展企业发送能满足公众自身求知需要的信息,于是就构成了信息沟通的一个完整过程。

向公众发送什么样的信息,必须遵循以下原则:首先,信息必须有用、有价值。信息如果没用,就完全达不到传递信息的目的。但要注意公众对象不同,求知的需要也不同,不分公众对象的需要而随意发布的"信息"毫无作用。其次,要坚持健康的原则。传递不健康的信息是对公众和社会的毒害,必然会受到舆论的谴责和唾弃。再次,信息必须新颖。只有新颖的信息才能吸引公众的注意力,引发他们的求知欲望,增加他们的兴趣,推动信息的多级传送,加大信息辐射的范围。最后,信息应该是真实的。不应当把虚假内容或不确定的消息作为信息发布,否则,必将失去公众的信任。一个没有信任度的企业是十分可怕的。下面简单介绍几种沟通的方式,如图12.1所示。

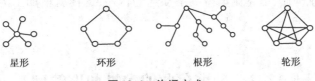

星形　　　　环形　　　　根形　　　　轮形

**图12.1 沟通方式**

星形:以会展企业主体为核心向外传递信息,其特点是主体和客体单线联系,客体与客体间没有直接联系。这是一种集权式的沟通形式。

环形:会展企业主体与关系亲密的客体秘密交换信息的沟通网络,特点是关系亲密者之间相互传递,形成一个封闭圈,这是一种最原始的、小生产者的行为方式,其后果必然造成"人情网""小集团",外部形象肯定不佳。

根形:会展企业主体与各类公众直接或间接地交流信息,其特点是通过上传下达与上级公众或下级公众以及更远的公众进行间接的信息沟通。根形沟通有渠道广、信息量大的优点,也有笼统和易失真的缺点。

轮形:会展企业主体和各类公众进行全方位的信息沟通,其特点是透明度强,一人知晓,众人皆知,组织内部或者圈内信息完全公开。这种沟通形式最显著的优点是民主性强,集体办公、碰头会、交流会都是轮形沟通的方式,参与者面对面地交流信息,公开、直接,充分体现了平等和民主的精神。但轮形沟通也存在费时、费力、效率不高的缺点。

上述四种沟通方式,各有特点,也各自存在着不足。因此,会展企业应将四种信息沟通方式根据需要灵活运用,取其所长,避其所短,这样才能在信息沟通方面具有主动性。

2)双向信息沟通

会展是一项复杂的系统工程,组织者在实施总体战略过程中,需要协调与政府、合办单位、新闻媒体、参展商、社会公众、内部员工等多方面的关系,以达到良好的产业效应、经济效应和形象效应。会展企业公关传播与一般组织传播行为的广告、推广、新闻、外交等活动不同,它不是单向的传播行为,而是"双向信息沟通",即信息的双向交流。信息交流的"双向性"可以说是公共关系传播的最主要特征。

双向信息沟通是指信息传递双方互相传递、互相理解的信息互动过程,是贯穿公关传播活动的主要特征,也是公关理论的精髓。双向信息沟通主要包括三个方面的内容:首先,沟通的双方互为角色;其次,沟通不仅仅是一种信息的交流和共享,更是人们的一种认识活动的反映;最后,沟通的过程由两个基本的阶段组成即传递阶段和反馈阶段。传递阶段指的是根据会展企业信息,对外开展强有力的传播活动,有效控制社会舆论、公众态度,引导公众对会展企业进行良好评价。反馈阶段指的是当组织向公众进行传播后,公众会反馈回来相应的信息,会展企业将对反馈的信息进行分析、归类、加工、处理,总结出行之有效的措施和办法,这无疑成为会展企业改善形象、修正经营方针的一剂良方。

从信息互动的质上来看,双向信息沟通的信息比单向信息发送更加准确、更加完善。信息发送者可以根据反馈,不断检验所送出的信息。从信息互动的量上来看,双向信息沟通对比单向信息沟通、信息流量得到了加速的传递,这样就增加了沟通过程中单位时间内的信息容量。

# 12.3 会展企业的个性心理管理

由于我国会展业发展起步较晚,专业会展人才较为缺乏,无论是展览组织者、展览管理者、施工人员还是展览服务人员的素质与会展业发达国家比较都存在较大差距,人才问题已成为严重制约我国会展业持续快速发展的"瓶颈"。分析会展业中"买家"的个性、气质,提供针对性的服务,找出会展企业员工的能力、需要、期望、挫折,搞好人性化管理,是会展企业良性循环的重要保障。

## 12.3.1 个性、气质、能力

会展业中的人有两种——"顾客和员工",要使员工为顾客提供优质的服务,就必须分析顾客的个性和气质,这样才能有的放矢地提供优良的服务;然而,什么样的员工才能胜任这样的工作,才能符合现代会展业发展的需要,就需要对员工应具备的能力加以分析。

### 1)人格(个性)

个性是一种复杂的心理现象,它是一个人不同于其他人的、自己特有的精神面貌。会展顾客不同的人格影响其会展的行为。对于会展管理和服务人员来说,研究顾客的个性、气质,是寻求、预测和调节顾客行为的重要途径。

人格就是一般心理学著作中所说的个性。人格或个性一词来源于拉丁语(person),是指演员在舞台上的面具,代表剧中人的身份。以后被心理学引用,把人在人生舞台上扮演的角色行为,看作人格(个性)的表现。所谓人格(或个性)是指个体在先天素质的基础上、在一定的历史条件下、在社会实践活动中形成和发展起来的比较稳定的心理特征的综合,也可以说是一个人区别于其他人的个人行为的特征。"顾客"个性的划分可以从不同的角度来进行。

#### (1)以性格倾向来讲解人格特征

著名的心理学家荣格(G.G. Jung)认为生命力流动的方向决定人的"人格"类型,生命力内流占优势的人属于内倾型,生命力外流占优势的人属于外倾型。内倾型性格在外在情况下重视自己和自己的主观世界,他们常沉浸在自我的欣赏和幻想之中;外倾型性格者在正常的情况下常指向他人和外在的客观世界,爱好社交。

荣格按内倾和外倾描述人格的方法,在某种程度上比较接近实际,尤其是对我们来说,只要求对人格进行大的、粗略的确定的情况还是可以用的。但这种确定方法有很大的局限性,也过于简单。在实际情况下,大多数人属于中间型,即兼有内倾和外倾的特征。

内倾型人格的人,强烈要求他的生活具有可测性。因此,他的典型做法是自己到他所熟悉的会展场所去看熟悉的展会、参加熟悉的会议等。他属于不活跃的人格,他理想中的安排,包括会展目的地、会展内容、办展方式及全部活动、相关旅游及娱乐内容——都应该是固定不变的、事先可以估计到的,如果会展在实际进行中与他预料的不同,他会感到不适。

而外倾型人格的人则渴望生活中有一些估计不到的东西。他们一般去那些比较新的展会,尝试新的体验。他们是活跃的人,喜欢去国外旅游,接触与他们文化背景不同的人。他们心目中理想的活动是无法事先估计的、复杂的假期。他们不像内倾型的人那样渴望一切都可以事先估计到。他们办事灵活,如能去一些他们没有听说过的地方,经受一些新的经历,避免千篇一律,他们会感到十分满意。

(2)以生活表现来划分

根据顾客在生活中的表现或与他人之间的关系,可以划分为以下 4 种类型:

①神经质的顾客。

这类顾客具有敏感、易变的个性。其特点是厌倦、脾气古怪;急躁、大惊小怪;事必挑剔;敏感、难以预测。

这类客人最难服务,对于展台人员的工作有很大的挑战性,应尽力给顾客以舒适体验、抚慰和尊严。

②依赖性的顾客。

这类顾客具有羞怯、易受感动、拿不定主意的特点。

对这类顾客应给予更多的关注和同情,他们需要详细掌握展会提供的产品信息,展台人员要耐心讲解,考虑周全才能抓住这样的客人。

③使人难堪的顾客。

这类顾客具有爱批评、漠不关心、沉默寡言的特点。

他们爱对别人提要求,在会展期间展台人员一定要谨慎、周到、注意细节,否则,可能会造成不必要的难堪,破坏企业自身形象。

④正常的顾客。

一般的顾客礼貌、有理智。

员工可以充分发挥自己的聪明才智,把各种服务充分有效地提供给他们。

(3)以生活方式划分

一个人生活方式方面的特点,如每天的生活习惯、活动和爱好,以及对事物的看法和需求等都反映一个人的人格特征。它能帮助我们了解各种类型的顾客以及他们的参展行为。

①平静生活者。

寻求平静安宁生活的人，有自己独特的生活方式，重视家庭，关心孩子，维护传统，爱好整洁，而且对健康异常注意。他们更愿意做家庭建设，喜欢到幽静的地方旅游，不愿意冒任何风险。

对于这样的顾客一定要注意展馆的清洁，不要将会议和展览的举办地点选择在嘈杂的地方。展台人员在讲解时一定要实事求是，切不可夸大其词，一旦他们成为买家，而且感到满意，就会反复购买企业产品。

②交际型顾客。

这类顾客活跃、外向、自信、易于接受新鲜事物，他们喜欢参加各种社会活动，结交新朋友、联络老朋友。

因此在布展时，要注意新和奇。展台促销人员要以生动、形象的讲解捕获他们的注意力，会展的目的地也可以安排在一些鲜为人知的地方。

③考古型顾客。

他们对历史感兴趣，认为参展经历应该有教育意义、能够增长见识，而娱乐是一个次要的动机。

在会展期间应该配套新产品的功能介绍，让与会者了解产品发展历史。会议期间可以安排一些参观历史名胜古迹的活动，让他们了解不同文化的人和他们的生活习俗。

当然还有其他类型的顾客，在这里就不细说了。

2）能力及素质

从会展相关人才所属行业来看，会展业对于人才素质的需求在结构上呈现出旋涡型的特征，即围绕中心旋转的结构。对运作人才的专业程度要求越高，对辅助人才和支援人才的综合素质要求也就越广泛。这就犹如湍急的旋涡，越深，对周围的吸力就越大。该"旋涡"的核心部分是会展运作人才，包括语言、会展、公共关系、会展营运服务等，其拉动部分是会展辅助人才，包括广告、法律咨询、物流、宣传等，其边缘部分是会展支援人才，是旋涡结构的外围，包括工程技术、贸易、金融投资等，如图12.2所示。

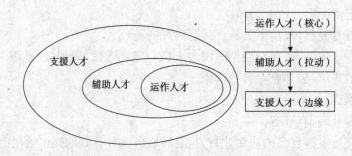

**图12.2　会展人才需求**

会展业作为新兴产业，和生产服务业具有较高的产业关联性。从产业链的角度来看，会展产业与其他产业具有紧密的联系。同时，从会展产业的经营和运作来看，会展业同样涉及许多国民经济部门。基于此,会展对于专业人才需求的能力方面也要求较高。

从会展运作的角度看,人才素质要求由会展策划、会展运营、会展总结三个层次构成,见表12.1。

表12.1　会展业人才素质

| 层　次 | 会展策划 | 会展运营 | 会展总结 |
|---|---|---|---|
| 要求 | 行业的了解,业态分析,项目预测,资金投入回收。<br>会展策划证书。 | 组织沟通能力,公关,协调,应急事件处理,人际关系等。<br>良好的心理素质。 | 全面统筹,计划的准确传递,信息的通盘整理。<br>扎实的学科知识。 |

能力是指完成一定活动的本领。它包括完成一定活动的具体方式与顺利完成一定活动所必需的心理特征。能力是在人的生理素质的基础上,通过教育、培养和学习而形成和发展起来的。会展人才必须具备的能力有:

(1)知识能力

成功办展包括很多工作:立项、策划、调研、招商、现场管理。因此,会展工作人员应具备综合全面的知识和能力。除需要具备扎实的会展专业知识外,还要求会展人才懂得外语、贸易经济、市场营销、客户服务、心理学等多方面的知识,可以说应该是个多面手。另外,办专业展还要求会展从业人员具备专业知识,甚至成为这个行业的专业人士,这样才能提供更优质的服务。

(2)组织能力

会展业涉及的部门有:主办者、承办者、行业、企业、专业人士等,最终要让多方满意、取得良好的效益,需要通过良好的组织工作来协调处理纷繁复杂的关系,因此组织能力是会展专业人员应该具备的核心能力。同时,会展中的突发应急事件也需要及时地组织处理,这些需要员工具有灵活应变、组织协调的能力才能保证会展有序地进行。

(3)沟通能力

会展行业本身是个平台,通过这个平台,会展人员不仅要与顾客沟通,还要与多方面的利益相关者沟通,稍有不慎,就会影响会展企业与其他相关者的关系,只有有效地沟通和处理好人际关系才能推动会展工作的顺利进行。除此以外,如果是出国办展,或者与国际友人联系,语言能力就十分重要,因此会展专业人员应该多掌握几门语言。

(4)创新能力

会展设计如同在拍摄电影,通过各种方式展示展品,而这一工作就是"会展创意",一个好的创意是办展成功的一半;另外,各个参展行业都可以说是瞬息万变,在参展中展示最新的产品、工艺、技术,不断创新的专业变化和展会设计,要求会展专业人员具备创新能力。会展企业应该是一个学习型组织,不断学习新的知识、不断创新才是会展企业能够持续、良性发展的真正动力。

### 12.3.2 需要、期望、挫折

研究会展企业员工需要、期望和面对挫折时的心理对于有针对性地、因人制宜地调动工作积极性有重要意义。

**1）需要**

下面我们先介绍国外的心理学家关于人的需要层次的理论，然后，我们将理论用在会展企业管理中去。

（1）马斯洛的需要层次理论

美国人本主义心理学家马斯洛认为，人的需要和动机有高低不同的层次结构，高层次动机的形成有赖于低层次需要的基本满足，但只有高层次需要的满足才能产生更加令人满意的心理效果，使人体验到更深刻的幸福感和丰富感，因此高层次需要比低层次需要有更大的价值。他认为人的需要有五个层次：

①生理需要。

这是人类最原始的基本需要，包括饥、渴、性和其他生理机能的需要，它是推动人们行动的最强大的动力。马斯洛认为人的生理需要是最重要的，只要这一需要还没有得到满足，他就会无视其他需要或把其他的需要搁置一边。

②安全需要。

当一个人的生理需要得到满足后，就想满足安全的需要。要求获得生命和财产安全，要求避免职业病的侵袭，希望解除严酷监督的威胁，要求避免意外事件的发生等。马斯洛认为，整个集体是一个追求安全的机制，人的感受器、效应器、职能和其他能量主要是寻求安全的工具。

③社交需要。

社交有两层含义，一个是爱的需要，即人都希望伙伴之间、同事之间的关系融洽或保持友谊和忠诚，希望得到爱情，人人都希望爱别人，也渴望得到别人的爱；另一个内容就是归属的需要，即人都有归属感，都有要求归属于一个集团或群体的感情，这和一个人的生理特征、经历、教育、宗教信仰都有关系。

④尊重需要。

当社交需要满足后，人还希望自己有稳定的地位，有对名利的欲望，以及能力、成就得到社会的承认等。尊重得到满足能使人对自己充满信心，对社会满腔热情，但尊重需要一旦受挫，就会使人产生自卑感、软弱感和无能感，使人失去生活的基本信心。

⑤自我实现需要。

自我实现的需要是指实现个人的理想、抱负，发挥个人的能力与极限的需要，也就是说，人必须干称职的工作，是什么样的角色就应该干什么样的事情。自我实现的需要是指最大限度地发挥一个人的潜能的需要。

（2）需要理论在会展企业管理中的应用

马斯洛的需要层次理论在企业管理中的应用主要是以下三个方面：

①马斯洛认为,低层次的需要至少得到部分满足以后,高层次的需要才有可能成为行为的重要决定因素。因此,会展企业的管理者应当关心员工的低层次需要,使他们的物质生活有基本的保障。在考虑员工的福利问题时,首先要"雪中送炭",然后才谈得上"锦上添花"。

②马斯洛认为,高层次需要比低层次需要更有价值。因此,会展企业的管理者绝不能只想到员工的低层次需要,而忽视了他们还有高层次的需要。当生理需要和安全需要尚未得到满足时,会产生强大的动力。当这些需要基本上得到满足时,他们的推动作用就要让位于高层次的需要了。归属需要虽然不像生理需要和安全需要那样具体,但是这类需要对于大多数人来说都是很强烈的。尊重需要很少能得到完全的满足,因为它是无止境的。至于自我实现的需要,就更是无止境的事。可以说,从人的高层次需要可以产生无穷无尽的动力。因此,企业的管理者在关心员工的低层次需要的同时,应当着重来开发员工的高层次需要这个无穷无尽的"能源"。

③马斯洛还认为,人的需要结构是动态的,是会发展变化的。一个人在某一时期的需要结构往往由某一层次的需要占优势地位。占优势地位的需要对人的行为具有更大的推动作用。同一个人在不同的时期会有不同的优势需要,在同一时期不同的人也会有不同的优势需要。因此,企业管理者还应当具体了解每一时期每一个员工占优势地位的需要是哪一个层次的需要,以便有针对性地去调动员工的工作积极性。

2)期望

(1)弗鲁姆的期望理论

1964 年,弗鲁姆提出了管理中的期望理论。此理论的基本观点是:激励是评价、选择的过程,人们采取某项行动的动力或激励力取决于其对行动结果的价值评价和预期实现目标可能性的估计。换言之,激励力的大小取决于效价与期望值的乘积。用公式表示为:

$$激励水平(M) = 目标效价(V) \times 期望值(E)$$

式中　　目标效价——个人对某一工作目标对自身重要性的估价;

　　　　期望值——个人对实现目标可能性大小的主观估计。

其中,效价指个人对某一行动成果的价值评价,它反映个人对某一成果或奖酬的重视与渴望程度;期望值是个人对某一行为导致特定成果的可能性或概率的估计与判断;激励力则是直接推动或使人们采取某一行动的内驱力。显然,只有当人们对某一行动成果的效价和期望值同时处于较高水平时,才有可能产生强大的激励力。

(2)用期望理论调动职工积极性

期望是一种心理活动。当人们有了需要并看到可以满足的目标时,就会受需要的驱使,在心中产生一种欲望。期望本身就是一种激励力量。期望的概念就是指一个人根据以往的能力和经验,在一定的时间里希望达到目标或满足需要的一种心理活动。

期望理论认为,人的积极性既与目标价值密切相关,也与实现目标的可能性密切相关。一般来说,人需要有六个条件才能产生被激励的行为:①努力工作导致良好的绩效;

②好的绩效导致报酬；③报酬满足一项重要需要；④满足需要的强度足够使人认为努力是值得的；⑤主观上认为获得成功的可能性很高，足以获得报酬；⑥如果获得报酬的可能性很低，那么报酬应很高。这一理论详细分析了影响动机强弱的具体条件。实现目标对满足需要的可能性大小，影响着动机的强弱；实现目标对满足需要的意义、价值的大小，也影响动机的强弱。

弗鲁姆指出，效价受个人价值取向、主观态度、优势需要及个性特征的影响。有人认为有价值的事物，另外的人可能认为全无价值。如1 000元奖金对生活困难者可能很有价值，而对百万富翁来说意义不大。从公式可以看出，期望值与效价越大，激发的动机越强烈，激发的力量也越大。期望值与效价其中一个小，激发的力量也相应减弱；一者为零，激发力量也为零。例如：完成某项任务可得到一大笔奖金，当不存在完成任务的可能性时，奖金再多，人也不会去积极争取。另外，做一件事对个人与社会都没有意义，即无效价，这种事情，再容易，人也不会去做。对于目标的期望值怎样才算适合？有人把它形容为摘苹果。只有跳起来能摘到苹果时，人才会最用力去摘。倘若跳起来也摘不到，人就不跳了。如果坐着能摘到，无须去跳，也不会使人努力去做。

由此可见，领导者给员工制订工作定额时，要让员工经过努力就能完成，再努力就能超额，这才有利于调动员工的积极性。定额太高使员工失去完成的信心，他就不努力去做；太低，唾手可得，员工也不会努力去做。因为期望概率太高、太容易的工作会影响员工的成就感，失去目标的内在价值。所以领导者制订工作、生产定额，以及使员工获得奖励的可能性都有个适度问题，只有适度才能保持员工恰当的期望值。

另外，期望值不仅受个人主客观条件的影响，不同的事件也影响期望概率的大小。有些特殊事件，如升职、加薪等与个人利益直接相关联的事情，就容易使人产生较高的期望值。因为受工资、奖励总额与比例的限制，人们的高期望值是不可能都实现的。对于未能实现者，就会期望越高，失望越大，挫折感也会越强烈。领导者应早做工作，使大家的期望值保持在适当水平上。适当降温，有利于使员工减轻挫折的打击，保护其身心健康。

效价受人的价值取向、主导需要和个性特征等的影响，所以同一件事情对不同的人带来的效价会不同。就一般情况而言，任何人都存在着物质需要与精神需要。所以要想使奖励对人产生更大的效价，即产生更大的意义，最好的奖励是既能满足人的物质需要，同时也能满足人的精神需要，把两者有机地结合起来，这样就会使奖励起到更大的激励作用。如有的会展企业开展展台设计竞赛，优胜者可免费旅游。这种奖励形式，使员工不仅感到光荣，满足了荣誉需要，又为实现了旅游愿望且节省一笔开支而高兴，从而对员工产生了较大的吸引力，这可能比只发给一笔奖金的效价要大得多。

### 3）员工的挫折与心理防卫

人一生很少是一帆风顺的，难免会遇到这样那样的困难和挫折。不同的人对待挫折有不同的态度和方法。正确的态度和方法能使人从挫折中总结经验，吸取教训，增强心理承受能力和解决问题的能力。不当的态度和方法会给人造成巨大的心理痛苦，引起失意、沮丧、悲观、消沉,甚至种种疾病,从而影响员工的工作质量,给企业带来不良的影响。

（1）挫折及其原因

挫折是指个体从事有目的的活动,在环境中遇到障碍或干扰,使其需要和动机不能获得满足时的情绪状态。它是一种社会心理现象。

引起挫折的因素很多,各种因素所引起的挫折强度也不尽相同。总结起来,这些因素可以分为两类。一类为客观因素,包括环境、社会及个人诸方面的客观条件的限制;另一类为个人的主观因素,包括各种形式的内在冲突。

环境的限制会对人们的动机形成阻碍,使人们达不到目的,从而引起人们的挫折感。比如,地震等自然灾害会使人们日常生活中的许多动机无法实现,甚至生命安全也受到威胁。

社会因素也常常是挫折的诱因。可以说,作为社会的成员,社会上一切宗教、政治、法律、道德、经济、习俗、人际关系的因素,都可能经常使我们的动机遇到阻碍而无法实现自己的目的,引起挫折。

挫折也可以来自个人的各种客观条件的限制。比如,由于个人健康状况不佳或生理上有缺陷,不能胜任某种工作;或知识经验不足和智力水平较差,在工作中遭到失败等。

除了各种客观条件的限制外,挫折也可以由各种各样的内在冲突引起。我们在日常生活中所遭到的冲突,概括起来主要有以下四种类型。

①趋势冲突。

当同一个目标既能够满足我们的需要,对于我们有吸引力,同时又会给我们心理上带来威胁,对于我们有某种伤害性的时候,我们趋近这一目标和逃避这一目标的动机同时存在,并互相冲突,这就是趋势冲突。它是我们日常生活中遭遇最多,而又最难解决的一种冲突。

②双趋冲突。

当我们在有目的的活动中同时存在两个目标,并且两个目标对我们具有相近的吸引力,使我们有相近强度的趋近动机,但又由于各种原因的限制,使我们"二者不可兼得",必须放弃其中一个目标的时候,就会在心理上产生难以做出取舍的内在冲突,这就是双趋冲突。双趋冲突也就是"鱼与熊掌不可兼得"现象。

③双重趋避冲突。

当同时有两个目标与我们联系,而每个目标既可以有益于我们,同时又会不利于我们的时候,就会出现双重趋避冲突。

④双避冲突。

同时存在两个目标,对我们都有害,而现实又迫使我们必须选择一个,这会给我们心理上带来很大压力,并由此产生强烈的心理冲突,导致挫折感产生。

（2）挫折的耐受力

挫折耐受力也称挫折容忍力,是指一个人忍受挫折、保护自己心理健康,维持正常适应的能力。

任何一个人,在现实生活中都会不可避免地碰到这样或那样的困难,遭受到或大或小的挫折。但是，挫折在不同的人身上所发生的心理影响却可能不同。不同的人，对于挫折的耐受力会有不同。有些人可以忍受经常的、严重的挫折，对于引起挫折的客观条件限制可以表现出坚韧不拔、百折不挠的坚强毅力；而有些人往往稍遇挫折就意志消沉，通常在别人看来是正常的困难也会使他颓废沮丧，甚至一蹶不振。这就是挫折耐受力不同造成的。

挫折耐受力的高低由两个方面的因素决定。一个是人的身体条件，另一个是成长过程中经受挫折的经验与价值观的稳定程度。

大量的心理学研究证明，身体条件好的人，要比身体条件差的人具有更好的挫折耐受力。身体健康、强壮，高级神经活动过程平衡，则挫折耐受力较高；相反，体弱多病的，神经类型属于典型的弱型的或不平衡型的人，挫折耐受力较低。

另一方面，如果一个人在成长过程中经常身处逆境，生活风浪的冲击会提高他应付生活困难、摆脱心理冲突的能力。此外，在成长过程中受到良好教育，价值观念统一而稳定的人，也可以百折不挠，表现出超人的挫折耐受力。

（3）挫折后的行为表现与心理防卫机制

员工在工作和生活中遇到挫折后，会表现出各种各样的态度和情绪。研究这些反应有助于理解周围发生的各种事件，同时也能提高自己承受挫折的能力。对于从事会展工作的人来说是很重要的。

①挫折后的行为表现。

由于受挫折的人各有特点，所以其受挫折的行为表现也各有不同。一般有两类：有的人采取积极进取的态度，来减轻挫折和满足需要的积极适应态度；有的人却采取消极的态度，甚至是对抗的态度，比如攻击、冷漠、幻想、退化、固执等。

攻击，攻击是一种常见的对挫折采取的公开对抗的行为。这种攻击行为又可分为直接攻击和转向攻击两类。直接攻击是把攻击行为直接指向阻碍达到目标的人和物。转向攻击是指当不能直接攻击阻碍自己达到目标的人或物时，把攻击行为转向某种代替的人或物。比如，在工作单位受到批评，不敢直接顶撞上司，回到家里骂老婆、打孩子、摔盆砸碗，也常常是遭受挫折后的一种转向攻击。在会展企业中如果员工遭受挫折，很可能向顾客发泄，引起冲突。这是会展工作的大忌。

冷漠，当一个人受到挫折后压力过大，无法攻击或攻击无效，或因攻击导致更大的痛苦，于是便将他愤怒的情绪压抑下来，采取冷漠行为。从表面看来，似乎对挫折漠不关心，但是，人内心的痛苦可能更严重，严重的可能变为忧郁型精神病人。

幻想，幻想是人受到挫折后的另一种退缩式反应，它是指个人遭受挫折后退缩、脱离挫折的情况，把自己置于一种想象的境界，企图以非现实的虚构方式来应付挫折或解决问题。

退化，退化是指个体遇到挫折时会表现出与自己年龄、身份不相符的行为，是一种反常的现象。有的人在遇到挫折时会失去控制力，而像小孩一样哭闹、暴跳如雷，或蒙头大哭，甚至装病，这种行为属于幼稚退化。

固执，个体在生活环境中遇到挫折时，需要有一种随机应变的能力，才能顺利解决所遇到的问题。但在某些情况下,如个体一再遇到同样的挫折,他可能会采取一种一成不变的反应方法,即使以后情况已改变,而这种已有的刻板性反应方法仍会继续盲目出现。这种现象就叫固执。

②心理防卫机制。

为了避免痛苦的焦虑体验,避免这种有害情绪对我们心理上造成的进一步伤害,当某种冲突导致焦虑出现时,我们的心理活动会自然地、无意识地运用歪曲、夸大、补偿、否认、升华等方法来平息内心焦虑,继续维持自我同外部世界的满意关系。心理活动的这种避免焦虑、恢复情绪平衡与稳定的自我保护倾向,就是精神分析学家所说的心理防卫机制。

具体来说,人们在日常生活中所运用的心理防卫机制主要有以下几种形式。

压抑作用。每一个人在一生中都会碰到令人难堪或痛苦的经历,都可能体验过足以让自己无地自容的欲望和冲动。有时,我们的意识可能会不堪忍受这些经历、欲望和冲动所引起的强烈焦虑、困扰和痛苦。在这种情况下,心理防卫机制就会发生作用,将这些不能忍受的经历、欲望或动机压抑到无意识当中去,使我们的意识经验觉察不到,这种形式的心理防卫机制就是压抑作用,也称动机性遗忘。

合理化作用。合理化作用也称文饰作用,它是人们日常生活中运用最多的心理防卫机制之一。当人们的行为或动机的结果不符合社会公认的价值标准,或是自己的意愿、目的不能实现时,为了减轻自己的价值得不到确立所带来的焦虑情绪,人们会为自己寻找一个"合理"的解释,以便使自己的所作所为看起来合乎逻辑或与社会要求不相违背。这就是所谓的合理化作用。

补偿作用。当一个人由于自己某些方面不足,如形象不佳或身体残疾时,为了弥补这些不足所带来的自我价值缺失,他会在其他方面加倍努力,力求出类拔萃,以求得心理上的平衡,保持自我价值感,这种心理的自我防卫机制,就是补偿作用。

升华作用。日常生活中常常有这样的现象:对于许多社会所不允许的欲望或动机,若是直接表现,将会受到严厉的责罚和自我谴责,引起痛苦的情绪体验;但是,若以社会允许的方式表现出来,却可以受到社会的欢迎,自己的良心也可以得到慰藉。这种以社会允许的方式来表现社会所不接受的欲望或动机,既释放了心理能量又不用担心受到责罚的心理防卫机制,就是升华作用。有人认为,由压抑导致的升华,是许多伟大的文学艺术作品产生的直接原因。

投射作用。投射也是人们经常运用的心理防卫机制之一。对于自己身上所具有的带有强烈的自我价值否定性的欲望、动机、态度和个性特点,人们的意识经验常常是不能接受的。人们不能忍受自我价值被严重否定时所引起的焦虑折磨。因此,心理防卫机制会发生作用,使人无意识地将那些自己所不期望的东西投射到别人身上,让自己觉得是别人具有这些欲望、动机、态度和个性特点,而不是自己,由此来消减自我价值被否定的恐惧,维持自己的心理平衡,这就是投射作用。

反向作用。在通常情况下,个人行为的方向与动机的指向是一致的。行为会直接反映人们的需要和动机。但是,当人们具有了某种与社会期望不相符的动机时,这种动机会引起强烈的受责罚的焦虑情绪。为了避免焦虑,人们不是直接做出与这种动机相对应的行为,而是与这种动机相反并与社会期望相符合的行为。一方面可以掩盖自己原有的动机,消减由此产生的焦虑;另一方面也可以压抑原有动机。这种行为表现与社会期望保持一致,而与始发动机相反的心理防卫机制,就是所谓的反向作用。

### 12.3.3 人群心理与人性管理

1)人群心理

管理心理学在界定群体概念时,使用了三个标准:各成员相互依赖;各成员间在行为上相互作用,彼此影响;各成员有"我们同属于一群"的感受。下面就非正式团体和正式团体来分析会展企业人群心理。

(1)非正式团体

像正式团体一样,非正式团体也是一种客观存在。由于其特殊的组成方式,非正式团体在行为与功能等方面有其独到之处。从心理学角度分析了解非正式团体的产生、功能以及如何发挥其积极作用,是管理者应重视的问题之一。

①非正式团体的产生。

非正式团体是人们在社会工作和生活中自愿结合而成的团体。随着工作交往和相互了解的加深,在同一组织内的成员,除了在工作场合,按照一定的行为规范扮演组织所分配给他们的角色之外,他们还将与一些志同道合、信念一致、感情亲近、关系密切的别的成员建立一种非正式的联系,以满足他们的共同心理需要。

非正式团体产生的原因是多种多样的。除了一致的利益、相同的兴趣爱好和亲朋同学关系以外,还与下述心理趋向直接关联。

a.追求平等感的心理趋向。

追求平等感可以说是人的本性之一。对于平等感,我们应该广义地,也就是从人的心理状态去看待。这样,平等感将与人们是否得到尊重、心理是否平衡、感情上是否接纳别人等因素发生联系。

在一个正式团体或组织内部,如果管理者自命不凡,不尊重下属的人格和需求,很容易在员工的心理上形成一种压抑感或抵触感。碍于个人的微薄力量很难与这位专横的管理者抗衡。于是,他们会私下联合起来,组成一种群体力量,给管理者一种反挫力。在这种自然形成的非正式团体内部,成员之间均能彼此尊重,以礼相待,在一定程度上可以满足各自的平等感需要。

b.追求友谊的心理趋向。

任何人都不喜孤独。人们在社会生活中都有一种强烈的社交欲望,也就是喜好结识朋友、彼此建立友情。一般来讲,青年人最好交往,最重友谊。共同的爱好、相仿的年龄、旺盛的精力以及频繁的接触往往是他们从事社交活动的有利条件。特别是在青年员工集中的会展企业里,这种追求友谊的欲望尤为强烈。许多员工常常跨班组、跨部门广交朋友,组成非正式团体。

c.追求承认的心理趋向。

人们都有获得成就和被尊重的需要,都希望能得到别人或社会的承认。无论是会展企业的讲解人员,还是会展活动策划人员,要想通过正式途径得到同事或组织管理者的承认或赞许,都需要付出一定的努力和劳动。但在一个自行组成的非正式团体里,彼此之间很容易相互认同、互相尊重。就承认的宽度而论,员工在正式团体或组织中得到的承认大都与工作表现和能力有关。而在非正式团体中得到的承认,往往与丰富的社会生活内容(如兴趣、爱好、价值观念、生活方式等)有着更为广泛的联系。正是由于这种承认的广泛性,非正式团体常常被看作增强人的自尊心、提高自我价值的有效途径,对那些未能在正式团体或组织中满足自己承认需要的人具有更大的吸引力。

d.追求自我实现的心理趋向。

人的需求是多样化多层次的,按照马斯洛的理论,自我实现是人类需求的最高层次。

产生自我实现需求的人,大都具有某种特殊的爱好或专长。他们一旦发现所在团体或组织不能满足他们的这种需求时,就会与那些志同道合的知音聚在一起,自愿组成一种非正式团体。

②非正式团体的功能。

非正式团体的功能同样具有双重性:一是对内部成员的功能,二是对会展企业组织的功能。

A.对内部成员的功能。

非正式团体对其成员的功能,主要表现在满足他们的多种心理需要方面。

a.它能够使成员获得安全感。因为在一个非正式团体内部,大家和睦相处,彼此平等,不存在互相排斥、挤压的紧张关系。当一个人归属于这种团体时,有可能减轻或缓和孤独感、紧张感以及恐惧感,并在心理上得到一种依靠、慰藉和安定的感觉。

b.非正式团体渴望满足成员们亲和的心理需要。在这种内聚力特强的团体中,成员之间互相联系,互相支持,互相帮助,从而使他们产生一种心理上的默契,在感情上互相亲近,互相依恋。

c.非正式团体还能满足成员自我实现的需要。在一个充满自由、民主和创造性气氛的团体中(如员工自行组织的卡拉 OK 比赛),人们能够随意培养自己的兴趣,发展自己的专长,挖掘自己的潜力,在自己认为有意义的实践活动中达到实现自我的目的。

d.非正式团体还可以满足成员的尊重需要。我们知道,一个人的经济条件和物质生活越优越,他的精神需要(如得到尊重的需要)就会表现得越加突出。如果一个人的尊重需要在正式团体或组织中没有得到充分的满足,他会在互相认同、尊重和爱戴的非正式团体中得到心理上的一种补偿。另外,非正式团体还有助于增加成员的力量感。面对强大的外来压力和威胁时,一个人往往会感到形单影只、无能为力、紧张恐惧,以致逆来顺受。但当他属于一个“有难同当,有福同享”的非正式团体时,同伙的支持和鼓励会使他感到振奋,获得一种力量,从而对他原来感到恐慌害怕的人或事,反而能针锋相对,坦然处之。

e.非正式团体还有助于满足成员的其他个人心理需要。例如,生病时得到安慰问候,有困难时有人帮助接济,遇喜事时互相庆祝恭贺等。

B. 对组织的功能。

非正式团体对企业组织的功能有正负之分。换言之,它对于实现组织目标,既有积极的一面,也有消极的一面。譬如:

a. 一个内聚力强的非正式团体,如果它追求的目标与企业目标完全吻合,全体成员就会自觉自愿地以高士气、高效率去完成所交付的任务。但若两者目标相悖,他们可能会一起采取抵制态度,以拖、泡、磨的办法对待组织的任务。

b. 成员接触频繁、信息交流迅速是非正式团体的主要特性之一。这对于传播组织意见、推广企业价值观和完善沟通网络很有帮助。但它在传播小道消息,甚至散布谣言方面也很快,这对企业组织内部的人际关系危害很大。

c. 非正式团体成员一般都享有共同的价值观。如果企业所推行的价值观在某些方面同他们的价值观一致,他们会自然接纳。而对于那些有差异的部分,他们不是群起而拒之,就是漠不关心,我行我素。

d. 非正式团体成员间的协作精神或同伙意识强。如果他们中间的某一成员在工作与生活中遇到困难,他们会较早先觉并竭力提供帮助,使问题得到及时地解决。这对于管理者来说,可谓帮了大忙。但是,当非正式团体成员因受到某位组织管理者的批评或处置而产生不满时,容易引起该团体其他成员的同情,从而导致整个团体对这位管理者的抵触情绪或报复心理。

e. 由于组织管理者对非正式成员的约束力较小,所以,当管理者与他们交换意见和看法时,他们往往显得无所顾忌,敢想敢言。组织管理者可以利用这一点得到真实的反馈信息。但他们也可能不买管理者的账,无视任何权威,使找他们交谈的组织管理者下不了台。另外,在实际工作中,非正式团体的成员如果碰在一起,比较喜欢说长道短,影响工作效率。

③发挥非正式团体的积极作用。

对于非正式团体的功能的两面性,企业组织的管理者要有一个清楚的认识,要从现实组织目标的全局利益出发,充分利用和发挥非正式团体的积极作用,设法限制和消除消极作用。欲达到这一目的,可以从以下几个方面做起。

a. 正确认识非正式团体组织。

非正式团体的产生是一种必然的社会现象,这是一种客观存在,是不以管理者的意志为转移,是不能禁止的,也是无法禁止的。相反,管理者应该承认这种现实,承认它的存在,并且了解本组织存在多少非正式团体,设法掌握各自的构成原因、背景、宗旨、目标、思想倾向、骨干人物、成员状况和活动方式等。这是发挥积极作用、限制消极作用的先决条件。

与此同时,管理者在对待和处理非正式团体的问题上要有正确的态度和有效的方法,也就是所谓正视它们的问题。要确立一个尊重的态度,还应采取一种因势利导的方法,管理者应该加强对非正式团体的引导工作。根据他们的目标、需要、思想、感情、兴趣、爱好等,采取相宜的措施,能支持的支持,能满足的满足。对于他们的不合理要求或越轨行为,要多用说服教育而不是行政命令的方式,进行妥善的处理和矫正。

b. 多沟通和联系。

管理者要想真正了解和掌握非正式团体的有关情况,利用和发挥其积极的作用,就必须主动接触非正式团体成员,把他们视为一个活动性很强的信息反馈系统或沟通网络,与他们建立尽可能密切的联系。然而,非正式团体成员对于管理者的接近十分敏感,有一种防卫戒备心理,或者说存在一种心理障碍。鉴于这种感情上的戒备,管理者要想被他们接纳,务必拿出真正的勇气和实际的行动。通常的做法是:参加他们的某些业余活动,与非正式团体成员促膝谈心,积极支持他们的正当而有益的活动等。总之,要本着"精诚所至,金石为开"的精神,才有可能疏通他们感情上的隔膜,扫除种种心理上的障碍,建立起相互之间的友谊和信任。

c. 充分利用,适当限制。

对于非正式团体的许多积极因素,管理者应根据该团体的性质与特点,采用多种方式加以利用,为实现组织的目标服务。

一般来讲,要利用非正式团体相互接触频繁、思想交流广泛、沟通渠道畅通的特点,来了解员工的心理动态、需求变化、对工作的态度和对管理者的评价;要利用非正式团体成员之间的协调、步调一致的特点,引导他们相互学习,共同提高业务能力,交给他们一些需要高度协作才能完成的任务,为实现企业目标做出贡献;要利用非正式团体成员之间关系融洽、相互依赖的特点,引导他们相互爱护,相互帮助,稳定职业思想,提高工作士气,关心成员的疾苦,解决成员的困难。

针对非正式团体的某些消极因素,管理者应在深入分析和研究其原因、背景、动机的基础上,积极采取有效的对策和预防措施,来影响和控制他们可能发生的问题。考虑到非正式团体成员喜好扎堆聊天、说长道短,可能会浪费时间、影响功效等不利因素,管理者在分配任务的时候,可按照工作性质要求,灵活使用"分而治之"的策略。在展览活动中采取人员调换、工作定量或单人操作的办法,对限制这种消极因素有一定的成效。

(2)团体心理与行为

团体是一种社会现象。一般来讲,两个以上的个体,由于工作的关系或满足自我需要的目的,聚合在一起采取共同行动,就构成团体(Group)。团体构成的原则和方式不同,团体形式也将相应有别。在会展企业组织中,同一会展活动的工作人员,以及同一会议活动开展的人员等,便是最普遍、最常见的一种正式团体形式。

从现代管理思想的发展来看,要管理好一个企业,首先要管理好所在企业组织中相互关联的诸团体。要想达到这个目的,必须对团体的基本特征进行心理分析。

①团体士气的意义。

团体功能一般表现在两大方面:一是实现组织目标,二是满足团体成员的需要。在实际社会活动中,团体功能可否成为现实,往往要以团体士气的状况而定。

在管理心理学中,士气被认为是"对某一团体或组织感到满意,乐于成为该团体的一员,并协助达到团体目标"的一种态度,士气是增强企业活力和内部团结的一个重要心理因素。一个企业能否有效地实现自己的目标,很大程度上取决于员工的士气。

管理学家麦格雷戈（D. Mcgregor）认为，管理人员的主要责任在于如何安排组织的条件及其执行的方法，指导员工实现组织的目标的同时，达到自己的目标。这便是激励士气和提高生产率的秘诀。

管理学家赛尔兹尼克强调，你要把公司的价值观灌输到员工每天的行为中去，必须采用多种方法。只有通过非正式方法传播，而不是演讲和说教的方式，才会产生更大的效果。如果管理者自己缺乏一种"率先示范"的精神，就很难指望下属人员主动采取行动。

②建立共同的价值观。

在会展企业中，大多数员工都是年轻人。他们不仅有自己的追求、理想、爱好，而且有自己的生活方式、生活节奏和处世哲学。他们对传统的管理方式抱有自己的看法和态度。正因为如此，在有的会展企业里，如果用严格控制的方式去管理他们，往往会处处受阻。强压也许只能招致强烈的反抗，唯一的办法就是求得心灵深处价值观上的一致。

正如有的国外学者所言："组织的生存，其实就是价值观的维系，以及大家对价值观的认同。"因而，对于这种能够唤起强大物质力量的价值观，组织管理者必须善于保护和推广，否则，就很难赢得人心。

如何推动企业价值观呢？这是摆在管理者面前的一项复杂、艰巨、富有挑战性而又充满创造性的任务。根据一些企业的成功经验，要注意以下几方面：

a. 步调一致。

在一个企业里，要向各层员工灌输或推广一种价值观，光靠总经理一人的力量是绝对不够的，必须调动和利用各层管理者的骨干作用，使他们在推动企业价值观的过程中，统一认识，统一思想，统一行为。管理学家赛尔兹尼克就曾指出："全体人员和谐一致是重要的原则，政策和实施细节，必须在共同的看法下推动。"

b. 持之以恒。

国外一些专家对企业如何推广和实践价值观问题进行过长期的调查研究，最后得出的结论是：企业管理者能够成功地把价值观灌输给全体员工，不是靠个人的权利和魅力，而是管理者对企业的价值观十分执着，并且连续不断地传播和加强这种价值观。管理者应该经常了解员工的想法，并坚持灌输企业的价值观。

c. 注意方法。

管理者不能单靠行政命令来灌输价值观，而是要采用比较自然或非正式的方法，像说故事，把其他企业成功的经验讲给员工听，利用其感染力来诱发员工发自内心的共鸣感。管理学家赛尔兹尼克强调认为，你要把公司的价值观灌输到员工每天的行为中去，必须采用多种方法。

d. 丰富企业文化。

员工365天拼命工作的价值观虽然能短时间给企业带来高效率，但是，工作还应该给人带来乐趣。要注意适当地安排丰富多彩的活动，丰富员工的生活。北京九头鸟餐饮企业，安排不同连锁企业的员工参加"超级女声卡拉OK比赛"，员工积极参加。而对优秀员工进行奖励旅游也是激励员工、丰富企业文化的方法。

e. 参与决策。

管理者在向员工灌输企业价值观的同时,应该积极切实地创造条件,鼓励他们参与管理、参与决策。管理心理学的研究成果表明,凡参加团体或组织决策的成员,往往把自己的前途和成就同他们所赞许的组织目标的实现紧密地连在一起。他们在强烈的认同感、责任感和自主感的驱动下,将会自觉地接纳和实践企业的价值观,积极地完成组织交给的任务。另外,让员工参与决策还有利于提高他们的自我价值感,使他们认识到自己在组织中的地位,从而得到一种心理上的满足。

③培养集体荣誉感。

在现代企业管理中,荣誉感,特别是集体荣誉感,常常被用作鼓舞团体士气的重要手段,国外企业家奥基尔维更是一针见血地道出企业成功的秘诀:"我要全体员工都认为,他们是在世界最好的机构做事,荣誉感就会创造奇迹。"然而,怎样才能有效地培养这种荣誉感呢?单就团体而论,目前主要的方法有三种:

a. 团体竞赛。

当一个团体面临另一个团体的挑战时,该团体的内部成员会承受一种心理上的压力,而这一压力将使他们产生一种争胜心或维护集体荣誉的迫切感。于是,他们会为了共同的利益,紧密地团结起来,一致对付外来的挑战。

b. 集体奖。

集体奖励通常有两种表现形式:一种是以团体的工作成绩来评发奖金,即对参加竞赛的各团体的工作成果进行定性和定量分析,然后综合比较,定出资金的等次。资金发放到各团队后,再由他们根据团队内每个成员的贡献大小,分出个人所得资金的级别。另一种集体奖励形式是发给优秀团队一定数量的额外奖励。额外奖励一般是在参照团队或组织创收率的基础上,以季度或年度为时间单位进行发放的。这比普通的月底奖金更高、更富有吸引力和刺激性,是培养集体荣誉感较为有效的途径之一。

c. 奖励旅游。

人力资源管理包括成本管理、培训管理、态度管理和沟通管理等方面,而奖励旅游是福利管理的新形式,现代企业为了吸引和留住优秀团体,除了集体奖外,还会给员工奖励旅游。公司一般到年底都发奖金给员工,资金发放有两种方法,一是发现金给员工,另一种是奖励员工旅游,尽管前面一种很实惠,但后一种更使人高兴,如果把这两种奖励分别给员工,往往是后者的员工在多年后还会津津乐道谈起此事,长久的快乐记忆有助于增强员工愿意为企业效力的凝聚力。

管理者全都明白这样一个道理:团队的力量远远大于个人力量。因此,一个具有高度集体荣誉感的团队,对于实现组织目标最为有利。

2)人性管理

现代会展已越来越重视对员工的人性化管理,它不仅是企业文明经营的需要,更是企业可持续发展的需要。员工作为会展企业对外服务的主体,他可以给企业带来财富,也可以带来包袱;可以让企业美誉多多,也可以让企业臭名远扬;可以让企业如日中天,也可以让企业破产倒闭。这样的结论不是骇人听闻，是经济改革给这个快节奏社会带来的必然变化——人的变化。也许这个结论夸大了员工的作用，但它的确存在，很值得我们关注。我们在提倡为客人实行个性化服务的同时，对员工开展人性化管理也是发展所趋。个性化服务是在原有服务方式上的升华，是会展企业所需，客人所求。同样道理，员工也是人，尽管他们的角色不同，其相应的本性要求是一致的。他们在接受管理的同时，提一些合理合法、接近本身愿望的要求是可以理解并应当满足的。作为管理层，接受并满足要求固然不错，而不等员工提出就把工作做在前面会更受欢迎。从某种程度上说，管理层应该是冲锋在第一线员工的最有力的后勤支持者，包括精神、物质、生活和技能方面。他在接受支持的同时，反过来也会给企业以支持。会展企业与员工一旦签订了用工合同，这种相互支持就会存在下去，继续下去，发展下去。由此，站在企业主的角度对员工实行人性化管理尤其重要。一些会展企业在宏观认识上也知道这种管理的重要，可在微观操作中不是变了形就是达不到目标，不是工作没有做就是雷声大雨点小，员工不甚满意。

一般情况下，会展企业只要做到了人性化管理的几点要求，其工作应该是相当出色的，员工自然会十分满意。

（1）管理者应有亲和力

我国会展企业在刚刚起步向国外同行学习的时候，要避免一种变味的管理理论，即管理者与员工的关系可以是猫和老鼠的关系。人与人之间的人格毫无疑问是平等的，即便工作中存在管理与被管理的关系，但并不含害怕和敌视的成分，而且这种关系只占人际关系的一部分，还有思想、学习、生活等。管理者一旦把自己扮演成猫，把员工假想成老鼠，两者间的交流就会从此终结，工作时的别扭和麻烦也会随即展开，双方进入僵持状态。目前仍有相当部分管理人员持一种观点，说我发出的指令即使是错的下属都必须执行。这是一种过分强调自己权威的做法，表面上看有道理，实则有损和员工间的融洽关系。双方明明知道这种做法是错误的，你还要他去执行，即便下属执行了，他的内心也是绝对看不起你的，你所谓的权威形象不是升了，而是降了。

管理者与员工正常状态下的关系应该是一种亲近、友好、彼此尊重、互相支持的关系，在企业文化和规章制度的约束下，这种关系应该不断巩固和发展，它是保证各项工作正常开展的重要前提。建立和发展这种关系并不难，其主动权掌握在管理者手中，那就是——你有没有亲和力。亲和力是通过自己的言行举止吸引对方的一种力量，它看不见，摸不着，只能靠感受得到。亲和力形成于两个方面：一是性格。天生乐观派，爱和众人打成一片，喜怒哀乐无所顾忌，向大家展示真实的我，从而得到大家的认可和拥戴。二是有意所为。因为认识到这种力量的重要和工作需要，有意识、有目的地走近大家，亲近大家，用一颗真诚的心为大家办实事，从而弥补了性格上的不适应，最终赢得了大家。这种引力容易形成，也不容易形成。有意时就容易，无意时就很难。有管理者说，我天生这性格，改不了。这也容易，改不了就不适应这个岗位，你别干好了。管理心理学是一门学问，必须要学。影响管理者亲和力大小的因素在威严。有些管理者总抱着自己的威严不放，在员工面前放不下架子，有意无意守着那份矜持，给自己亲和力的形成带来很大障碍,实则大可不必。员工不是看你的面相才服从,而是看你的管理德才。

（2）界定好严格与善待的尺度

一个会展企业没有严格的管理规章寸步难行,而太森严了,又不利于员工用愉快的心情对客服务。两者都要抓,后者似乎更能体现人性化管理的精髓。以员工违章处理的办法为例,一个员工看到丢弃的展品,感到很可惜,以为会展企业不要了,一时心血来潮带出,结果被查。针对同一事情,有的会展企业很严厉,哪怕是拿回一根针,也一律开除。而有的会展企业则不这样,他们根据所带物品的价值予以赔偿、罚款,根据所犯错误性质的大小予以警告、降级、降职直至开除等处分。处罚十分明确,尺度也很适当,给一个改正错误的机会,不随便让一个人下岗,这在就业形势十分严峻的今天尤为可贵,令已犯错误和没犯错误的员工都很感动。人不可能不犯错误,会展企业已经给机会了,再不改正再不努力就说不过去了,这就是善待的结果。它除了使犯错的人受惠外,也使没犯错的人认识到会展企业人性化管理的良苦用心,继而提升会展企业的凝聚力。

（3）适度放权

会展主办单位给会展承办单位放权,总经理给部门经理放权等,一级放一级,权责分明。表面上看它是一种行政工作的程序,实则是对每一个人价值的肯定。你在这个位置,就该享受这些权利。人的自尊和欲望在这里得到体现和满足是令人高兴的事,人一高兴,其工作的热情和干劲自然可想而知。放权有方法和技巧。有的上司很会叫下属办事,下属除圆满完成外,心情还很畅快,很乐意甚至很荣幸还想办第二件、第三件。而有的则不行。不信任,不鼓励,总爱用一种挑剔的眼光,这不行,那也不是,很叫下属没面子,久而久之,下属办事的积极性就会丧失殆尽,彼此之间的支持也就无从谈起。这种从表面上看是工作方法不当的问题,其实质是没有学会根据人性的要求进行管理,即我们常说的将心比心。谁都有一颗爱虚荣的心,适时地满足一下,多鼓励,多帮助,工作就是另一番景象了。每一级的权力有大有小,特定情况下能越级的就让他们越级,它丝毫不会削弱上司的权力,恰恰相反,它对提高下属工作积极性、配合协调两级间的工作关系有很大帮助。对员工不敢越权的事有人责怪员工不灵活,缺乏应变能力。这不对,这是上司的错,是上司没有放权。

（4）透明激励机制

有许多方面涉及会展企业员工的切身利益,评功评奖、调资调级、升职重用、养老医疗等各种福利待遇,有明文规定的好说,照章办理即可。对于那些敏感的、伸缩性较强的事一定要慎重,要在阳光下操作,提前做好调查、了解、预防和解释工作,切不可几个经理在一起决定了事。把员工的感受不当一回事的做法会伤员工的心,让他们感觉不到会展企业的温暖,感觉不到会展企业的公平,冷却了那颗对会展企业寄予厚望的心。

（5）给员工更多活动空间

同其他行业相比,员工不仅要承担千头万绪的组织、计划、协调和控制的工作,更要承担来自服务时的种种压力,稍有怠慢,观展的观众、参展商、公众就有所不容。累是实情,但我们可以通过做工作来缓解压力。压力有害,压力影响工作效率,压力影响服务质量。如何减少，如何释放，责任在会展企业。组织员工开展各种文化活动是一个释放压力的好办法。一般会展企业在年初制订工作计划时都有不少活动安排，后因种种原因取消或推迟，这是要补上的。

员工活动有很多好处：①能释放他们工作中的压力，以便轻松上岗；②能培养他们集体荣誉感和团队合作精神；③能融洽管理人员和员工的关系，彼此交流，互相学习；④能展露他们的精神风采，增强自信心。

（6）和员工交朋友

交朋友有三个目的：①人的本能行为，满足交流需要；②工作需要，使其更愉快、更顺利；③了解民情的需要。

员工私底下在想什么、做什么，你想打听什么、知道什么，没有一定的关系、一定的感情基础是达不到目的的。当然，通过比较规范的制度也能得到。欧洲最大仓储式装饰建材连锁超市 B&Q（百安居）在倾听员工心声措施上就有三个独到之处：①在商店和总部每月召开一次"草根会议"（基层员工会），员工和高层直接对话；②设立 24 小时免费录音电话，供员工反映问题；③委托专业调查公司进行员工调查，注意事先沟通调查目的并把问卷设计得简单易答。这些有效持久的措施为公司领导层决策起到了很大的帮助作用。

交朋友还有很多方法，它需要管理者礼贤下士，心胸豁达，把自己等同于普通的一员。在一些著名公司的机关食堂里，就经常看见老总们手持餐具，同普通员工一样排队打菜，自找餐桌。这种被怀疑是"作秀"的举动其实很有好处。能亲近员工，能体察民情，能养成有益的习惯。而更重要的是，通过长期的率先垂范，让员工真切感到管理者对下属人格的尊重和爱护，他会从心底涌起对管理者、对这个集体的拥护和热爱，从而焕发最大的工作热忱，这也是管理者实行人性化管理所要达到的目的。

# 案例举要

## 一位年轻会展人员的从业经历

凯丽是国内市场部的销售经理助理，主要负责悉尼会议和展览中心的市场。市场销售部下属两个部门：国内市场部和国际市场部。国内市场部有五位工作人员：一位销售开发经理、一位销售经理助理、一位销售主管和两位销售人员。凯丽负责销售人员的日常监督和管理工作，所有人员向销售开发经理汇报工作。

凯丽的具体工作包括收集资料、调查公司市场，例如在网上与客户联系，包括提供咨询，联系业务，进行市场调研和安排商务洽谈等。凯丽还要负责初期与客户的业务洽谈活动，直到签订合同，之后才由会展中心的项目人员负责该项目的实施与管理。凯丽要负责场地检查，了解客户的整体需求，与客户进行日常联络。正如凯丽所说："我喜欢这个有价值、富有挑战性的工作，让我的客户满意，使客户与会展中心实现双赢是我的目标。客户希望举办成功的展会,我们的工作是让他们满意。"

资料来源:Kylie Schaefer, Sydney Convention & Exhibiton Centre

**评析:**

通过凯丽这位会展销售部门经理助理的工作,我们了解到了会展企业只有进行市场调研,了解参观者,尤其是专业观众的需求,才能有针对性地举办会展活动;同时还必须与多方进行沟通协调,与组织者、参展商洽谈是会展销售部门的重要职责;参展商通过展览向观众宣传自己的产品或服务并树立了良好的形象时,会展企业和他的客户才会双赢。她饱满的工作热情离不开管理者对员工很好的激励。

# 思考与练习

1. 现代化展馆应具有哪些特征?

2. 会展旅游服务企业有哪些?

3. 马斯洛的需要层次理论在企业管理中主要应用于哪三个方面?

4. 非正式团体产生的原因,除了一致的利益、相同的兴趣爱好和亲朋同学关系以外,还与哪些心理趋向直接关联?

# 参考文献

[1] 刘纯.旅游心理学[M].北京:高等教育出版社,2019.

[2] 秦明.实用旅游心理学[M].北京:北京大学出版社,2013.

[3] 魏乃昌,魏虹.服务心理学:修订版[M].北京:中国物资出版社,2007.

[4] 黄希庭,郑涌.心理学导论[M].3版.北京:人民教育出版社,2015.

[5] 吴信菊.会展概论[M].2版.上海:上海交通大学出版社,2003.

[6] 孙喜林.旅游心理学[M].6版.大连:东北财经大学出版社,2016.

[7] 镇剑虹,吴信菊.会展策划与实务[M].上海:上海交通大学出版社,2005.

[8] 刘德艳.会展胜地形象策划[M].上海:立信会计出版社,2004.

[9] 过聚荣.会展导论[M].上海:上海交通大学出版社,2006.

[10] 刘松萍,郭牧,毛大奔.参展商实务[M].北京:机械工业出版社,2005.

[11] 孙明贵.会展经济学[M].北京:机械工业出版社,2006.

[12] 郑志军.会展商务管理[M].广州:中山大学出版社,2005.

[13] 乔治·费尼奇.会展业概论[M].刘大可,等,译.3版.北京:中国人民大学出版社,2016.

[14] 王保伦.会展经营与管理[M].北京:北京大学出版社,2006.

[15] JeAnna Abbott, Agnes DeFranco,王向宁.会展管理[M].北京:清华大学出版社,2004.

[16] 龚平,赵慰平.会展概论[M].2版.上海:复旦大学出版社,2020.

[17] 向国敏.会展实务[M].上海:上海财经大学出版社,2005.

[18] 华谦生.会展策划与营销[M].广州:广东经济出版社,2004.

[19] 康敏.如何进行以客户为中心的销售[M].北京:北京大学出版社,2004.

[20] 张树夫.旅游心理学[M].北京:高等教育出版社,2001.

[21] 杜金柱,陶克涛.消费心理学[M].北京:中国商业出版社,2001.

[22] 王曼.现代营销心理学[M].北京:中国物资出版社,2002.

[23] 谢苏.旅游公共关系[M].武汉:华中师范大学出版社,2006.

[24] 马勇,冯玮.会展管理[M].北京:机械工业出版社,2006.

[25] 王春雷.会展市场营销[M].上海:上海人民出版社,2004.

[26] 胡平.会展旅游概论[M].上海:立信会计出版社,2003.

[27] 周三多,陈传明,鲁明泓.管理学:原理与方法[M].5 版.上海:复旦大学出版社,2009.

[28] 张文建,金辉.中外会展述论[M].上海:上海人民出版社,2006.